北京师范大学珠海分校学术文库
Beijing Normal University, Zhuhai Academic Library



# 密尔的“大错”

林 航 著

Mill's "Howlers"

北京师范大学出版集团
BEIJING NORMAL UNIVERSITY PUBLISHING GROUP
北京师范大学出版社

**图书在版编目(CIP)数据**

密尔的“大错”/林航著.—北京：北京师范大学出版社，2015.5
(北京师范大学珠海分校学术文库)
ISBN 978-7-303-18794-2

Ⅰ.①密…　Ⅱ.①林…　Ⅲ.①密尔，J.S.(1806～1873)-哲学思想-研究　Ⅳ.①B561.49

中国版本图书馆CIP数据核字（2015）第072675号

营销中心电话　010-58802181　58805532
北师大出版社高等教育分社网　http://gaojiao.bnup.com
电子信箱　gaojiao@bnupg.com

MIER DE DACUO

出版发行：北京师范大学出版社 www.bnup.com
北京新街口外大街19号
邮政编码：100875
印　　刷：北京京师印务有限公司
经　　销：全国新华书店
开　　本：170 mm×240 mm
印　　张：21
字　　数：340千字
版　　次：2015年5月第1版
印　　次：2015年5月第1次印刷
定　　价：68.00元

策划编辑：曾忆梦　　责任编辑：曾忆梦
美术编辑：王齐云　　装帧设计：王齐云
责任校对：陈　民　　责任印制：马　洁

# 目 录

# 绪论　著名的“大错”

“*Howlers*”一词对许多以英文为母语的人来说是一个比较冷僻的多义词，在它的几种词义里，有一种是明显刺目的错误，令人捧腹发笑的错误，或者说“大错”。贝雷尔·兰与格雷·斯塔尔(*Berel Lang*，*Gary Stahl*)说密尔的功利主义证明被看作是密尔的“大错”之中“最恶名昭彰的”。[①] 这是怎么回事?什么地方出了问题?

证明不是一个流行的活动，除了在遥远的少年时期做过的一些数学题，在有些时候要核查考勤或者打官司，它并不特别常见，一下子无法引起多大注意。它也总是引起麻烦。现在我们碰到了一点情况，这件事情和密尔对功利主义原理的证明有关。

“密尔提议了一个功利原理‘应当’作为一个人的基本道德原则被接受的‘证明’。这个‘证明’从那时起就激起了哲学家的兴趣。它以也许比对上帝存在的本体论论证更多的方式被主张为是错误的”。[②] 弗莱德·威尔森(*Fred Wilson*)的这个说法似乎过于夸张，然而这却是真的。

爱德华·贾维斯·邦德(*Edward Jarvis Bond*)把它说成是“声名狼藉的”。[③] 诺曼·克雷茨曼(*Norman Kretzmann*)说《功利主义》有许多“声名狼藉”的部分，但有一个部分在声名狼藉的程度方面“超过了在它们之中的每一个其他部分”。[④] 罗格·克里斯普(*Roger Crisp*)也说该段落是“声名狼藉的”。[⑤] 他继续指出它“在密尔的作品里是最为声名狼藉的(它的后半句是‘这几乎不是惊人的’)”。[⑥] 杰弗里·萨瑞一麦科德(*Geoffrey Sayre-McCord*)的说法更生动些，“一个有才气的哲学家能够在一个单个段落里作出多少严重的错误?许多人认为密尔通过例子——《功利主义》第四章第三段的例子——

① Lang, Berel, and Stahl, Gary. “Mill's ‘Howlers’ and the Logic of Naturalism.” *Philosophy and Phenomenological Research* 29, no. 4 (1969): 562.

② Wilson, Fred. “Mill's Proof That Happiness Is the Criterion of Morality.” *Journal of Business Ethics* 1, no. 1 (1982): 59.

③ Bond, E. J. “On Desiring the Desirable.” *Philosophy* 56, no. 218 (1981): 490.

④ Kretzmann, Norman. “Desire as Proof of Desirability.” *The Philosophical Quarterly* 8, no. 32 (1958): 246.

⑤ Crisp, Roger. *Routledge Philosophy Guidebook to Mill on Utilitarianism*, Routledge Philosophy Guidebooks. London ; New York: Routledge, 1997: 72.

⑥ Ibid., 73.

回答了这个问题"，他接着提醒我们它是"声名狼藉的"。[1] 引用这个段落之后他很快提到它是被人称作"一个著名的(声名狼藉的)谬误"。不仅如此，在引用了密尔的一段原文后，他说"在这个段落里被断定的错误是众所周知的，且似乎在每一个步骤都出现了"(他对此持怀疑态度，理由是，"可某个如此聪明的人将作出人们在密尔的'证明'里发现的刺眼的错误是难以置信的")。[2] 伊利亚·米尔格兰(*Elijah Millgram*)的说法稍有不同，他认为它既可能是著名的也是声名狼藉的，他的说法是在其中"功利主义提供了他对于功利原理的论证"的该段落是"著名的或声名狼藉的"。[3] 并很快说到它是因为"被声称""包含""谬误""而声名狼藉"的。[4]

有些时候它也被冠以别的形容，比如"恶名昭彰的"。它是"失误"，它继而被更简单地说成是"大错"。简·纳维森说的是，它"已经成为一个经典的例子，虽然常常被认作是对哲学初学者的一个经典的坏例子而非一个经典的好例子"，下一个句子里他说它是密尔"被指控"的"著名失误"。[5]

遭受言辞攻击是因为它是一个"谬误"，给予密尔这个称号的最著名的人物当然首推乔治·爱德华·摩尔(*George Edward Moore*)，他不仅把密尔说成犯下了"自然主义谬误"，而且还说这个"自然主义谬误的使用"是"天真的和无虚饰的"。[6] 按照摩尔所说，一个谬误是一个"被犯下"的谬误。情况没有到此为止，因为还有一些更进一步的说法。一个犯下一个谬误的人是一个被指控为犯下一个有罪的谬误的人。蒂姆·莫森告诉我们，那个神奇的段落是"恶名昭彰"的，"已经有无数的和想象的努力，以一种比——例如由摩尔的，揭露它是如此'天真的和无虚饰的'，以至于变得'相当令人好奇的'的是，密尔是否曾严肃地推进它——的更为支持态度的视角，去呈现密尔的证明"。[7] 亨利·罗宾森·韦斯特(*Henry R. West*)论述道，摩尔说密尔"犯有一个自然主义或定义主义的谬误"(尽管韦斯利说的是密尔并不像摩尔说的那样犯有这个谬误)[8]。艾伦·瑞安的说法是"由于摩尔，很大程度上密尔被轻蔑地归入犯有被称作'自然主义谬误'——试图证明伦理学命题的谬误，试图从一个

---

① Sayre-McCord, Geoffrey. "Mill's'Proof'of the Principle of Utility: A More than Half-Hearted Defense." *Social Philosophy and Policy* 18, (2001): 330.

② Ibid., 331.

③ Millgram, Elijah. "Mill's Proof of the Principle of Utility." *Ethics* 110, no. 2 (2000): 282.

④ Ibid., 283.

⑤ Narveson, Jan. *Morality and Utility*. Baltimore, Maryland: The Johns Hopkins Press, 1967: 283.

⑥ Moore, G. E. *Principia Ethica*. Cambridge,: At the University press, 1903: 66.

⑦ Mawson, Tim. "Mill's Proof." *Philosophy* 77, no. 301 (2002): 379.

⑧ West, Henry R. *An Introduction to Mill's Utilitarian Ethics*. Cambridge, U. K.; New York: Cambridge University Press, 2004: 125.

‘是’取得一个‘应当’的谬误——的哲学家”[①]。格伦维尔·沃尔指出“沿循摩尔，许多批评断定了密尔在这里是犯有从‘被欲求的’到‘可欲求的’移动的自然主义谬误的”[②]。

这些当然仍然不是全部，更多的人也不厌其烦地提醒我们这一点。弗莱德·威尔森说密尔被“指控犯下这些谬误”[③]。罗纳尔德·阿特金森（*R. F. Atkinson*）说“非常通常”，在该证明过程里“密尔被争辩为犯有两个非常明显的谬误”[④]。尼古拉斯·格里芬（*Nicholas Griffin*）把它说成“他犯有——或是被声称犯有——合成的谬误”[⑤]。卡尔·韦尔曼（*Carl Wellman*）说密尔“可能在该论证的过程里犯下了自然主义谬误”[⑥]。埃弗里特·韦斯利·霍尔（*Everett Wesley Hall*）（尽管是相当愤慨地）提出“密尔被指为如此天真的和无虚饰的犯下的自然主义谬误”[⑦]。理查德·亨利·波普金（*Richard H. Popkin*）说密尔“因为犯下某些最明显的谬误而被攻击”[⑧]。言辞竞技场的较为终极和重头的展示是把密尔说成是一个“罪犯”。他因此是被“指控”为犯下了“罪行”的，“被指控为有罪的”（一个“罪犯”）。艾伦·瑞安直接以《密尔与自然主义谬误》为题的文章说人们“把密尔作为自然主义谬误的主要罪犯”[⑨]。

经过一系列推导或者是很简单的直觉判断，在此过程之后，尽管大部分人承认其诚实，可从论理上，密尔成了一个犯下了罪行的罪犯，他犯下的失误、谬误或者大错被不同的人看成是要么草率的、要么天真的、要么荒谬的、要么兼而有之的。有些人甚至声称如果密尔的确如此就理当是一个谬误之王，一个犯下如此大错的始作俑者。也许有必要为约翰·斯图尔特·密尔的“谬误”加以辩护，埃弗里特·韦斯利·霍尔就不无激动地说要“还他清白”[⑩]。

---

① Ryan, Alan. *The Philosophy of John Stuart Mill*. 2nd ed. Houndmills, Basingstoke, Hampshire: Macmillan Press, 1987: 188.

② Wall, Grenville. “Mill on Happiness as an End.” *Philosophy* 57, no. 222 (1982): 538.

③ Wilson, Fred. “Mill's‘Proof’of Utility and the Composition of Causes.” *Journal of Business Ethics* 2, no. 2 (1983): 139.

④ Atkinson, R. F. “J. S. Mill's ”Proof“ Of the Principle of Utility.” *Philosophy* 32, no. 121 (1957): 158.

⑤ Griffin, Nicholas. “A Note on Mr. Cooper's Reconstruction of Mill's ”Proof. *Mind* 81, no. 321 (1972): 143.

⑥ Wellman, Carl. “A Reinterpretation of Mill's Proof.” *Ethics* 69, no. 4 (1959): 270.

⑦ Hall, Everett W. “The‘Proof’Of Utility in Bentham and Mill.” *Ethics* 60, no. 1 (1949): 2.

⑧ Popkin, Richard H. “A Note on The‘Proof’Of Utility in J. S. Mill.” *Ethics* 61, no. 1 (1950): 66.

⑨ Ryan, Alan. “Mill and the Naturalistic Fallacy.” *Mind* 75, no. 299 (1966): 425.

⑩ Hall. “The ‘Proof’ Of Utility in Bentham and Mill.”: 4.

# 第一章 一个不可证明的证明

## 第一节 可证明性与不可证明性

密尔的《功利主义》(*Utilitarianism*)有一章以“关于什么类的证明功利的原理是容许的(*of what sort of Proof the Principle of Utility is Susceptible*)”为标题。[①] 在密尔的词汇表里“功利的原理”和“功利主义”、“功利主义原理”是可替换的。很自然地，这样的举动会被理解为是要去证明功利主义的原理或至少是打算去证明功利主义的原理。

这一章的标题不是“证明功利(*Prove the Utility*)”、“证明功利主义(*Prove the Utilitarianism*)”、“证明功利主义的原理”、“证明功利的原理”、“功利主义的证明”、“功利主义原理的证明”这样的短语，而是一个更复杂一些的“关于什么类的证明功利的原理是容许的”。与这些其他的表达式不同，密尔这里真正作出的标题不是一个完全肯定的表达式，根据短语“‘什么’……‘是容许的’”，说明从此标题看，功利主义原理的可证明性的确定性是不明确的。如果约翰·斯图尔特·密尔想要作出一个完全肯定的证明，《功利主义》这一部分的题目会被拟得更直截了当一些，这本书还有其他四个章节，除了第一章是一个一般评论(*general remarks*)之外，其他各个章节的题目分别是：第二章“什么是功利主义(*what utilitarianism is*)”、第三章“论功利原理的终极约束力(*of the ultimate sanction of the principle of utility*)”，以及第五章“论正义与功利的关联(*on the connection between justice and utility*)”。如果密尔想表达更明确的功利主义原理的可证明性的意思，他可以通过一个直接的主谓短语“功利主义原理的证明”或意思同等的动宾短语“证明功利主义原理”来冠名，不必去用这么一个乍看上去实际意思不明确的表述。

说某个事物是容许被执行到什么程度的，存在以下三种可能的提议解释的基本理解：

(PPa)可能意味着它会被执行到任何一种程度(可以得到证明)。这是通常意义的理解；

---

① Mill, John Stuart. Utilitarianism. Edited by John M. Robson. Vol. Ⅹ: Essays on Ethics, Religion, and Society, *The Collected Works of John Stuart Mill* (in 33 Vols): 234. Toronto and Buffalo: (1963—1991) University of Toronto, Routledge & Kegan Paul, 1969.

(PPb)此外它也可能意味着它最终呈现为不容许加以执行的(不容许证明);

(PPc)再者它还可能意味着,处于讨论中的问题虽然可能容许也可能不容许证明,但打算被进行的的确是在不确定的基础上尽力而为的一个尝试(什么类的证明是容许的)。

我们得到了证明的可容许性的三个不同的值:(1)可容许的,也就是肯定的,即 PPa;(2)不可容许的,也就是否定的,即 PPb;(3)一种特殊的呈现开放性质的可容许性,即 PPc。

因此,不令人吃惊的,或令人吃惊的,密尔的《功利主义》第四章论关于功利原理的可容许的证明,恰以对于可证明性的说明——同时恰好是对上述的容许一次的含义(也就是他的章节的标题的提问)的直接回应——为起始,他说:

已经论述过,在通常认可的术语那里,关于终极目的的一些问题是不允许证明的。不能通过推理而证明对所有第一原理、对所有关于我们知识的、也对所有那些我们的行为第一前提都是共同的。[①] (UC4P1)

在密尔的这句话里它也被称作"终极目的"。这一点对于解答功利主义原理的不可证明性是至关重要的,在笔者看来这也是理解密尔的整个证明的一个在重要性方面怎么强调都不为过的地方。这一节接下来的部分将很快回到关于终极目的的产生的疑难上来。

上文那句话所在的完整段落原文是:

已经论述过,在通常认可的术语那里,关于终极目的的一些问题是不允许证明的。不能通过推理而证明对所有第一原理;对所有关于我们知识的、也对所有那些我们的行为第一前提都是共同的。但是前者作为事实的事情,可以是关于一个直接的诉诸有关事实——也即我们的感官感觉与我们的内在意识——的判断的一些感觉官能。关于实践目的的问题,一个诉诸能够作为同样的一些感觉官能吗?或者认识它们是由哪个其他感觉官能?[②](UC4P1)

至此第四章的第一个段落结束。由此,密尔在第一段里似乎只不过讨论了不可证明性,并开放了对于这种不可证明性的可能的补救性质的措施。

这是强的和明显的对于可证明性的否定,即 PPb。如果一个问题或理论原理是不允许证明的,它就是不可证明的。

---

① Mill, John Stuart. Utilitarianism. Edited by John M. Robson. Vol. Ⅹ: Essays on Ethics, Religion, and Society, *The Collected Works of John Stuart Mill* (in 33 Vols). Toronto and Buffalo: (1963—1991) University of Toronto, Routledge & Kegan Paul, 1969: 234.

② Ibid.

与此同时，由于密尔紧接着的确提出了某种(真实或虚假的)“证明”——另外的直接的文本证据是下面将论及的 UC1b 与 UC1c，在那里密尔提出了一种“等同于证明”的可证明性——也就是，无论如何密尔提出了一个“证明”。这导致了与上述三种情况有所不同的第四种情况：

(PPd)虽然功利主义原理是不容许证明的，但是(非常特殊地)它容许一种其他层面的证明或其他意义的证明。

但这是个悖论。因为它既是(明确被指出为)不容许证明的，又是容许证明的。这促使我们需要去重新审视刚才作出的对于容许程度的分析。显然 PPd 不属于 PPa 和 PPb，我们还拥有一个特殊的可能性，“(3)一种特殊的呈现开放性质的可容许性”。这样的可能性是存在的，原因在于 PPc 并不意味着：

(PPc1)无论如何，只要这样的尝试是可容许的，都等于 PPa，即它是可以得到证明的。

即使尝试结果为功利主义原理是可容许证明的，这都将落在 PPa 的范围里，即无论如何，功利主义原理的证明都在可容许范围里。

与绝对落在 PPc1 的范围内不同，非常特殊地，PPc 的情况也蕴含了一种理论上的可能，即尝试的结果是(最终得到的结论为)：

(PPc2)它是不容许证明的，但是由于非常特殊的原因，它与可证明性具有一定的联系。

这进一步可能是更具体的两种情况：

(PPc2－1)它是不容许证明的，但是由于非常特殊的原因，容许一种其他层面的证明或其他意义的证明，这种意义的证明等于是(通常意义的)证明。

这等于 PPd。或者，

(PPc2－2)它是不容许证明的，但是由于非常特殊的原因，容许一种其他层面的证明或其他意义的证明，这种意义的证明不等于是(通常意义的)证明。

因此，除肯定的与否定的之外，可容许性证明的第三个不同的值“(3)一种特殊的呈现开放性质的可容许性，即 PPc”，具体指的是 PPc2－1，即一种特殊的位于不可容许的“证明”的意义范围内的等同于“证明”的可证明性。

下面继续对密尔《功利主义》的引文进行分析。我们称那个引文为 UC4P1。

“终极目的”、“第一原理”和“行为第一原提”指的是同一个事情，也就是“功利的原理”(功利主义原理)。非常显然，或至少目前可以初步断定的是，在这个句子里，被代之以“终极目的”、“第一原理”和“行为第一原提”的就是他打算加以“证明”的功利主义原理。在引用它的时候，之所以说它是“不令人吃惊”的，是因为“容许”一词的多种细微的含义已经在上文论述中得到了一些分析，因此对功利主义原理的不可证明性的这种选择不是毫无准备的；与此同时，之所以说它是“令人吃惊”的，是因为密尔的这个举动或多或少有些出人意料，一个声称在历史上第一次提出功利主义原理的人，一个声称功利主义为其基本思想信念和理论根据的人，到了要建立这种伦理学原理的可证明性的合理性的时候，却就以这种将要被“证明”的理论原则的不可证明性作为开场白，这出乎常规的预料之外。

证明一个事情或证明一个理论原则，就是对所有听众和观众给出这个事情或这个理论原则的可辩护性、可信性。它蕴含的一个层面的含义似乎是，要对这个事情或理论原则加以证明的人自身首先要对它有所相信。对听众和观众提出一个自己都不相信的事情或理论原则的证明，这是不够诚实且或多或少有些奇怪的。约翰·密尔不属于这样的人，他不是在做这样一件言不由衷、自己拆台的事情。那么，如果他不是在提出一个自己都不相信、不认为能够为之辩护的“证明”，为什么要在开篇就毫不隐晦地陈述一个基本理论原则的不可证明性？

原因不在于任何别的，就在于功利主义原理的“第一原理”的特质。如艾伦·瑞安(*Alan Ryan*)[阿兰·莱恩]在《密尔和自然主义谬误》(*Mill and the Naturalistic Fallacy*)里说的：

对于密尔的原理一些理由需要被给出；但是为什么他得去论证只有一个原理？因为，在任何论证里，我们可以诉诸一个更高的原理去解决引起一个原理间冲突的争议；规则以层级制运行，但是所有的层级制都拥有一个顶端。

所以必定有一个原理，对之我们不能够产生一个“证明”，但是从证明的缺席，对之我们不是在推论“它的接受或拒绝必定取决于盲目驱使或任意选择”。①

但是在进一步分析作为第一原理的功利主义原理之前，我们首先需要了解一下在密尔刚才的引文里所说的“已经论述过”指的是什么。

“已经论述过”毫无疑问是在说，他之前就已经指出过功利主义原理的不可证明性。它可能就在《功利主义》里，也可能是在密尔的其他论著里。被密尔的解释者们公认的是，这个他所说的之前已经提及的地方是在同一本书的第一章，在那里，密尔在对比了几种伦理学理论后谈道：

在目前的场合不进一步讨论其他理论，我将试图提供某种对于功利理论或幸福理论，以及对于既然如此可容许的证明的理解和鉴识。明显的是，不能够是在该词语的平常意义和通行意义的证明。终极目的的问题是不受直接

① Ryan. “Mill and the Naturalistic Fallacy.”：423－424.

证明的检验的。[①] (UC1a)

紧随其后的是：

……但是什么证明对快乐是善的是可能给出的？则如果被断言的是有一个全面的公式……该公式可能被接受或被拒绝，但不是一个通常通过证明得以理解的主题。(UC1b)

这个省略性质的引用的全部内容是：

终极目的的问题是不受直接证明的检验的。无论什么能够被证明是善的，必定由被表明是一个对某种不用证明的被承认是善的事物的手段而是如此的。医学艺术由它有益于健康而被证明是善的；但是怎么可能去证明健康是善的？音乐艺术是善的，因为在各种原因之间尤为值得一提的是它产生快乐；但是什么证明对快乐是善的是可能给出的？则如果被断言的是有一个全面的公式，包括了所有就其自身是善的事物，并且任何其他事物是善的不是如此作为一个目的而是作为一个手段，该公式可能被接受或被拒绝，但不是一个通常通过证明得以理解的主题。[②] (UC1b)

不仅如此，

然而，我们不是在推论，它的接受或拒绝必定取决于盲目驱使或任意选择。词语“证明”有一个更大一些的意义，其中这个问题是如同任何一个其他哲学的有争议的问题一样受它的检验的。该主题位于理性感觉官能的认识之内；那个感觉官能不单独地以直觉的途径处理它。考虑可以被提交为有决定或者给予或者保留它的对该学说的同意的智力的能力的；且这是等于去证明。[③] (UC1c)

我们分别称这三段引文为UC1a、UC1b、UC1c。

在我们继续对密尔的“证明”的可证明性进行分析之前，让我们看看解释者们对于UC4P1与UC1a、UC1b、UC1c之间的关系的一些陈述。许多密尔《功利主义》的解释者已经注意到他在这本书里第一章与第四章在这两个地方的关联。

格伦维尔·沃尔(*Grenville Wall*)说的是：

密尔由提醒我们“在通常认可的术语那里，关于终极目的的一些问题是不允许证明的”来开始第四章。然而在第一章里——在那里他第一次做出了这个论点，他声称“词语‘证明’有一个更大一些的意义”，且关于功利主义“考虑可以被提交为有决定或者给予或者保留它的对该学说的同意的智力的

---

① Mill, J. S. UT. *CW*, Ⅹ: 207.

② Ibid., 207—208.

③ Ibid., 207.

能力的；且这是等于去证明”。[1]

亨利·罗宾森·韦斯特（*Henry R West*）[亨利·韦斯特]原般引用了密尔在第一章和第四章的话，不带有任何解释和评论，他的转述是：

在《功利主义》的第四章里，密尔使他自己从事于该问题：“关于什么类的证明功利原理是容许的。”在第一章里，密尔已经解释了“这不能够是在该词语的平常意义和通行意义的证明。终极目的的问题是不受直接证明的检验的。无论什么能够被证明是善的，必定由被表明是一个对某种不用证明的被承认是善的事物的手段而是如此的”，如果“被断言的是有一个全面的公式，包括了所有就其自身是善的事物，并且任何其他事物是善的不是如此作为一个目的而是作为一个手段”，该公式“不是一个通常通过证明得以理解的主题……”。但他继续说，“然而，我们不是在推论，它的接受或拒绝必定取决于盲目驱使或任意选择。……该主题位于理性感觉官能的认识之内；那个感觉官能不单独地以直觉的途径处理它。考虑可以被提交为有决定或者给予或者保留它的对该学说的同意的智力的能力的；且这是等于去证明”。[2]

罗格·克里斯普（*Roger Crisp*）在引用了密尔《功利主义》第一章的一整个段落（UC4P1）之后，如同亨利·韦斯特那样，也作了一个原文转述，克里斯普说：

我们不是在推论，它的接受或拒绝必定取决于盲目驱使或任意选择。词语“证明”有一个更大一些的意义，其中这个问题是如同任何一个其他哲学的有争议的问题一样受它的检验的。该主题位于理性感觉官能的认识之内；那个感觉官能不单独地以直觉的途径处理它。考虑可以被提交为有决定或者给予或者保留它的对该学说的同意的智能的能力的；且这是等于去证明。[3]

并且，克里斯普告诉我们密尔想要在第四章论关于功利主义原理的证明的部分再涉及它，这也是我们已经知道的基本情况。克里斯普继续说道：

功利主义原理不能够提供给那些恰当理解了它的人。它也不能够以一个人能够证明——比如说，基于健康是善的的假定，医学——一个对健康的手段——是善的——的方式，被演绎地证明。密尔的确相信去证明常识道德已经很大程度上由功利主义原理形成了，这将是一件简单的事情，尽管很大程度上那个原理仍然是没被认识到的。那不将表明该原理是正确的。他提议，它不过能够由把它置于一个如同有关医学的主张一样坚定的理性的立足点之上的论证所提供，且是这些论证是他打算在第四章里提供的。[4]

---

① Wall. “Mill on Happiness as an End.”：537.

② West. *An Introduction to Mill's Utilitarian Ethics.*：118.

③ Crisp. *Routledge Philosophy Guidebook to Mill on Utilitarianism.*：70.

④ Ibid.，70—71.

**埃弗里特·韦斯利·霍尔(*Everett W. Hall*)的论点是：**

且第四章的第一句话就是重提对这个任何严格的功利原理的证明的否认：“已经论述过，在通常认可的术语那里，关于终极目的的一些问题是不允许证明的。”密尔不仅由此明确否认了任何给出一个功利原理的严格证明的尝试，而且清楚提出他提供的“证明”是相当不同的一个类。回到第一章，我们发现他继续道：然而，我们不是在推论，它的接受或拒绝必定取决于盲目驱使或任意选择。词语“证明”有一个更大一些的意义，其中这个问题是如同任何一个其他哲学的有争议的问题一样受它的检验的。该主题位于理性感觉官能的认识之内；那个感觉官能不单独地以直觉的途径处理它。考虑可以有能力被呈现为决定给予或保留它对该学说的同意的智力；且这是等于去证明。

目前我们将考察需要考虑之事的本质是什么；以什么方式应用于情况，且因此对于接受或拒绝功利主义公式(formula)什么理性的根据能够被给出。

第四章的标题正是有启发的，“关于什么类的证明功利原理是容许的”。显然，密尔考虑的是，他甚至不是如同当应用于一个伦理学的第一原理的时候讨论的“证明”的意义那样在给出一个功利原理的证明。所以我们发现他关于功利原理说道：“关于这个学说，什么是应当被要求的——什么是一些必要的该学说应该满足的条件——以成功使得它的主张能被相信?”①

**但是紧随上述几段之后埃弗里特·韦斯利·霍尔作了如下一个断定：**

那么这么多就是明显的。密尔完全否认了任何给出一个功利原理的证明的尝试。②

**密尔是否完全否认了任何给出一个功利原理的证明的尝试是有待商榷的。下面继续看看别人对其还有些什么看法。伊利亚·米尔格兰(*Elijah Millgram*)在声称对“密尔的‘证明’的第一段的有效性”的考察时是这样说的：**

密尔由陈述“在通常认可的术语那里，关于终极目的的一些问题是不允许证明的”来引介他的论证。这个段落通常被用于一个对于认为密尔去降低他比起通常而言的论证标准的借口；如果一个关于该论证的解释使得它最后出现为宽松的、或劣质的、或无效的、或单单只是比一个论证要较少的，无论如何，该解释能够通过指出它不是意为一个真正的论证而被捍卫。但另一种对这个段落的看法表明了它是一个较早前讨论的提示：“已经论述过，在通常认可的术语那里，关于终极目的的一些问题是不允许证明的”；这是由于它们共同享有的特点，作为与“关于我们知识的第一前提”一道的“对所有

---

① Hall. “The‘Proof’Of Utility in Bentham and Mill.”：6－7.

② Ibid.，7.

那些我们的行为的第一前提”。[1]

和我们上文进行的讨论一样，米尔格兰提出我们需要回过头去看看密尔之前说过的话：

所以在我们觉得密尔是在告诉我们，我们即将取得取而代之已给论证的是不严格的论证之前，我们需要回头看看这个清楚说明了共同分享的特点的较早一些的讨论，并看看到底为什么它们排除了“证明”。现在在第一章里，密尔告诉我们“[作为功利主义理论或幸福理论]的这样的证明……不能够是该词语的平常意义和通行意义的”。这显然是对之密尔提及的较早一些的讨论，且是在这里，我们将指望去填充介于知识的第一前提和行为的第一前提——在其上从欲求到可欲求性的推论是被断定为转向的——之间的类比。[2]

把解释者的时间轴向前推一些，我们可以看看在密尔时代稍后来自剑桥的声音。人们毫不怀疑亨利·西季威克(*Henry Sidgwick*)的重要、精深和范围广泛的著作《伦理学方法》(*The Methods of Ethics*)在功利主义学说领域与密尔的承袭关系。然而几乎没被人发现的是西季威克与密尔的进一步的一些关联。前者的研究专家J. B. 施尼温德(*J. B. Schneewind*)所考证的他与密尔之间的唯一直接联系的证据是几封在1867年起进行的论道德义务和宗教问题的通信。[3] 在那些通信里，西季威克以请教者的姿态和密尔探讨了一些问题。可在《伦理学方法》里，虽然他讨论了《功利主义》几乎所有的问题——从直觉主义与功利主义的合理性到对常识道德(以及尤为专门的，对美德)的考虑，乃至作为普遍快乐主义的功利主义的证明，但是，他与密尔的见解在一些表面的相似之下却有着差异。在以“功利主义”为题的第四卷之前，西季威克就考察了密尔的证明，

密尔由解释虽然“终极目的的问题是不受”对于“是在该词语的平常意义和通行意义的证明”开始，存在一个在其中它们是容许它的“一个更大一些的意义”。“该主题，”他说，是“位于理性感觉官能的认识之内……考虑可以被提交为有决定智能的能力”接受“功利主义的公式”。他随后清楚表明由“功利主义公式的接受”他不意味着行为者自己的最大幸福，而是作为终极的“人类行动的目的”和“道德的标准”的“最大数量的全部幸福”：在功利主义的见解里，

---

① Millgram. “Mill’s Proof of the Principle of Utility.”：286—287.

② Ibid.，287.

③ Schneewind，J. B. *Sidgwick’s Ethics and Victorian Moral Philosophy*. Oxford：Oxford University Press，1977.：37.

去增进是至高的"人类行为的指导规则"。①

迄今为止关于密尔的功利主义原理不可证明论断的一个令人困惑的问题出现了。这很可能不是常常被人注意到的。我想要提出的这个问题与被引为终极目的的功利主义原理以及被引介为第一前提或第一原理的功利主义原理之间的关系尤其是可替代性相关。

但是，除了伊利亚·米尔格兰在刚才的那些关于密尔"证明"的不可证明性的论述里几次提及终极目的的不可证明之外，其他人似乎都对于不可证明这样一件事情本身，或者对于作为第一原理的功利主义的不可证明的事情更加抱有兴趣。事实上，米尔格兰除在上面的引文里对终极目的多有论述外，他的"密尔对功利原则的证明"的随后部分也说到，"举止的'第一前提'是终极目的，对于工具主义者是就假定来说不是从进一步的前提推论的欲求"、"终极目的是一个被挑选为超出推论或证明的可及范围的类目的项目"。② 除此之外，哈迪·琼斯(*Hardy Jones*)在"密尔对功利原理的论证"里说道：

按照密尔，伦理学理论的中心议题是关于至上善或终极目的的问题。他的论证是被设计于表明，总体幸福(最大量的幸福)是终极的道德善。③

在《伦理学史纲》里，西季威克同样进行了对于密尔的功利主义原理可证明的可能的跳跃：

然而密尔在他的论《功利主义》的简短论述里致力于说服个体去把总体的幸福作为他的终极目的的方式，是多少有些复杂和令人困惑的。④

艾伦·瑞安在他的《约翰·斯图尔特·密尔的哲学》里说道：

下面的密尔所说的不是完全被忽略了的："终极目的的问题是不受直接证明的检验的。无论什么能够被证明是善的，必定由被表明是一个对某种不用证明地被承认是善的事物的手段而是如此的。"从表面判断，可能似乎我得去承认的是，密尔并不相信对于科学里适用的理性的标准在伦理学里也是适用的，且我的论点就是错误的。但如同每一个读过该短文的人将回想的，密尔马上继续说了，证明的缺失并不意味着不存在有关终极目的的理性的根

---

① Various edited versions, including Sidgwick, Henry. *The Methods of Ethics*. London,: Macmillan and co., 1874. 3d ed. London,: Macmillan and Co., 1884. With Emily Elizabeth Constance Jones. 6th ed. London, New York,: Macmillan and co., limited, 1901. 7th ed. Chicago: University of Chicago Press, 1962; et cetera. Here the paragraph is at page 387 of Sidgwick's final editon of the book.

② Millgram. "Mill's Proof of the Principle of Utility.": 290, 292.

③ Jones, Hardy. "Mill's Argument for the Principle of Utility." *Philosophy and Phenomenological Research* 38, no. 3 (1978): 338.

④ Sidgwick, Henry. *Outlines of the History of Ethics for English Readers*. 4th ed, Macmillan's Manuals for Students. London, New York: Macmillan and co., ltd. The Macmillan co., 1896.: 245.

据；且他认为这些告知了对功利原理的支持。[①]

首先，这一节已经提及，“终极目的”这一点是对于解答功利主义原理的不可证明性是至关重要的，在 UC4P1 约翰·密尔告诉我们，“已经论述过，在通常认可的术语那里，关于终极目的的一些问题是不允许证明的”。并且，在密尔自己声称的那个“已经论述过”的地方即 UC1a 那里，密尔同样对此概念说到，“明显的是，不能够是在该词语的平常意义和通行意义的证明。终极目的的问题是不受直接证明的检验的”。这两个地方的表述完全相同。况且，在 UC1b 里密尔继续说到，“则如果被断言的是有一个全面的公式，包括了所有就其自身是善的事物，并且任何其他事物是善的不是如此作为一个目的而是作为一个手段，该公式可能被接受或被拒绝，但不是一个通常通过证明得以理解的主题”，这意味着一个诸如包括了所有终极目的或终极目的的集合在内的公式的不可证明。

问题是，在 UC4P1 里，在说完“在通常认可的术语那里，关于终极目的的一些问题是不允许证明的”之后，密尔马上说的不是同样的对终极目的的概念的进一步分析或阐述，而是“不能通过推理而证明对所有第一原理，对所有关于我们知识的，也对所有那些我们的行为第一前提都是共同的”。在相隔了一句“对于事实的事情可以是关于一个直接的诉诸关于事实的判断的一些感觉官能”这样的话之后，密尔接着又提及了关于终极目的的问题，在与事实的事情对比的语境下，这方面的问题现在被称作“实践目的的问题”：“关于实践目的的问题，一个诉诸能够作为同样的一些感觉官能吗？或者认识它们是由哪个其他感觉官能？”此后，在《功利主义》论功利主义证明的第五段，密尔再次直接使用了终极目的这一术语，在这个很长的句子里，密尔在前半部分里所说的是，不管功利主义道德家们视作由之美德成为美德的原始条件的见解可能是什么，然而他们可能相信（如同他们的确相信的那样）活动和习性是有德的，只是因为它们推动了比起美德的另一个目的；可如果这被授予，且从关于这个描述的考虑，什么是有德的已经被决定，他们不仅把美德置于作为对终极目的的手段的善的事物之首，而且也把它存在的可能性认作一个对于个体的心理事实。[②]

从上述这些不同地方的论述里，我们可以发现一个悖论出现了。虽然显而易见的是，终极目的和第一原理都是在指称着功利主义原理，但是即使在这样认定的预设下，终极目的和第一原理之间的关系从字面上看也不完全明显。它们有可能是完全相同的一个同样含义的不同的名称，也有可能是完全相同的一个同样含义的不同性质的方面的表达，或者，它们也可能是一对层

---

① Ryan. *The Philosophy of John Stuart Mill.*：188.

② Mill, J. S. UT. *CW*, Ⅹ：235.

次方面有等级差异的概念，比如所有的终极目的都属于第一原理，或者所有的第一原理都属于终极目的，等等。两个术语的具体概念有待于进一步的考察，笔者将在第三章论第一原理、目的论与公理系统的第七节对此进行进一步的说明。目前，笔者仅仅指出两者同样都被密尔认定为不可证明的一个事实的情况。为了讨论的简明等原因起见，从现在起直到第三章之前，在论及不可证明的时候，将不再使用诸如“终极目的与第一原理是不可证明的”或“终极目的或第一原理是不可证明的”这样的说法，而只以第一原理作为一个代表。

## 第二节 基于不可证明的等同证明

继续对密尔“证明”的可证明性进行分析。接下来的两节里，笔者将在本节首先讨论可证明性在可容许的意义里的精确的意思，这将使得功利主义原理的“证明”到底是可证明的还是不可证明的、它可以在什么样的意义内被说成是可证明的或不可证明的——至少在表达式的程度上——变得非常清楚。另外，鉴于密尔把功利主义原理作为第一前提或第一原理而提出，作为第一前提与第一原理的功利主义是被密尔在《功利主义》第四章的“证明”里列为与知识领域的第一前提与第一原理的可证明性（以及不可证明性）相类比的，因此，在分析了可证明性的精确含义的表达式之后，笔者将在下一节里分析关于我们行为领域的第一前提与第一原理（功利主义原理）与关于我们知识领域的第一前提与第一原理之间的可证明性（以及不可证明性）的精确的关系。

首先是可证明性的精确含义的表达式。笔者的分析从密尔的已被引述过的文本的比较开始。通过 UC1c，我们印证了（d）“虽然功利主义原理是不容许证明的，但是（非常特殊地）它容许一种其他层面的证明或其他意义的证明”的可能性，即功利主义原理的证明不是可容许的，但是它可以以另外的一个意义等同于证明。

就可证明性的问题，这个说法与 UC4P1 即第四章论功利原理的证明的开篇辞如出一辙。在 UC4P1 与 UC1a 那里功利原理都被称作“终极目的的问题”，都被声称打算尝试进行“证明”，与此同时，这个“证明”不是密尔所认为的通常的“证明”（“不能够是在该词语的平常意义和通行意义的证明”、“在通常认可的术语那里”），都被声称是不容许证明的（“不受直接证明的检验”、“不容许证明”）。

密尔在两个地方对于功利主义原理的可证明性的说法虽然有着一致的地方，但是具体的内容上，UC4P1 与 UC1a 形成了互文的关系，这对我们理解密尔脑海里的功利主义的样貌有着非常重要的价值。它们需要得到进一步的更为详细的分析和解读。以下是更完整的分析。

如同已经指出的，在密尔的词汇表里“功利的原理”和“功利主义”、“功利主义原理”是可替换的，我们现在得知它们其中任意一个也是可以与“幸福理论”可替换的。对比的或平行的地方还包括（上两段已经提及）在两者那里功利原理都被称作“终极目的的问题”，都被声称打算尝试进行“证明”。与此同时，UC4P1 里“证明”一词的通常意义被说成是“通常认可的术语”；UC1a 里“证明”一词的通常意义被说成是“该词语的平常意义和通行意义”。另外，UC4P1 里不可证明性被说成是“不允许证明”以及“不能通过推理而证明”；UC1a 里不可证明性被说成是“不能够是在该词语的平常意义和通行意义的证明”以及“不受直接证明的检验”。

初步可以推测并因此可以初步肯定的是，UC1a 里“证明”一词的“平常意义和通行意义”也就是“直接证明”，同时，也很可能就是 UC4P1 里的“推理”的证明。我们因此得到一个关于功利主义原理的不可证明性的更为完整的表达式：功利主义原理也可以被称作功利的原理，或者功利理论与幸福理论，是关于终极目的的一些问题，是所有第一原理里的其中之一，是我们行为的第一前提。对这个伦理学的理论原则的证明是打算被做出的。“证明”一词有通常意义和非通常意义的区别。通常意义的“证明”是推理的证明、直接的证明，与之对应，非通常意义的“证明”是与推理的证明有所不同的其他某种或某些样式的证明，是非直接的证明。

结合上述对“容许”一词的四种可能具有的不同的含义，现在，可证明性有了更多的维度，因为在这一章开篇的时候，我们只对《功利主义》论功利原理证明的一章的标题进行了语义分析，那个时候我们还没有得知“证明”的两种不同的意义——通常意义和非通常意义。现在，根据（A）“证明”的两种不同的意义，以及（B）可证明性方面的容许（允许）的各种不同的意义——即（1）PPa；（2）PPb；（3）PPc 包括的等于 PPd 的 PPc1，以及（4）PPc 包括的 PPc2，证明的可容许性（可证明性）可以被更加准确地解释为：

前述的（PPa）是“它是容许得到证明的”。这可以是：

（PPa1）通常意义的肯定的证明。

或者也可以是：

（PPa2）非通常意义的肯定的证明。

并且，显而易见 PPa1 是被排除的，对功利主义原理的证明只可能发生在 PPa2 那里。也就是如果功利主义原理无法是通常意义的证明，但它可以在非通常意义的证明那里是可证明的。

问题是密尔认为作为第一前提的功利主义原理是不容许证明的。这也就否定了它可以在非通常意义的证明那里是可证明的。功利主义原理的证明因此既不是通常意义的肯定的证明也不是非通常意义的肯定的证明。

前述的（PPb）是它“是不容许得到证明的”。这可以是：

(PPb1)通常意义的否定的证明。

或者也可以是：

(PPb2)非通常意义的否定的证明。

并且，与从 PPa 到 PPa1 和 PPa2 的推论那里的情况相同，显而易见 PPb1 是被排除的，另外，如同 PPa2 是可能的那样，PPb2 也是可能的，这随即将表示的是此次打算进行的功利主义原理证明在通常意义和非通常意义那里都是否定的，它因此是完全不可证明的。

杰弗里·萨瑞－麦科德(*Geoffrey Sayre－McCord*)——与罗格·克里斯普的侧重点或多或少有些相似——在《密尔的功利主义原理的“证明”：一个多于半心半意的捍卫》(*Mill's "Proof" of the Principle of Utility*：*A More than Half－Hearted Defense*)里说的是，

密尔清楚否认了一个“在通常认可的术语那里”的“证明”能够被提供。如同他注意的：“不能通过推理而证明对所有第一原理；对所有关于我们知识的、也对所有那些我们的行为第一前提都是共同的。”尽管如此，对关于我们知识的第一前提的支持——也就是证据，尽管不是证明——是由“我们的感官感觉与我们的内在意识”提供的。密尔的提议是，当达到行为的第一原理时，欲求扮演了感官感觉在当它达到知识的第一原理的时候的同样的认识论作用。[①]

认为功利主义原理是完全不可证明的虽然是一个看似合理的选择，但这样的看法也不完全符合密尔的想法。密尔说的是，尽管它是不可证明的，但是，它允许一种“被提交为有决定或者给予或者保留它的对该学说的同意的智力的能力的”“考虑”，“且这是等于去证明”。或者说，它是一个不可证明的“证明”，是一个特殊意义或特殊视角下的“证明”。无论如何，如果说“功利主义原理是完全无法证明的”不是不正确的，至少也是不完全公允的。当然，功利主义原理的“证明”到底是一个什么样的“证明”，还需要密尔《功利主义》更多的文本材料的支持，也需要得到更多的分析。让我们继续分析剩下的对于证明的可容许性的情况。

前述的 PPc 是“虽然处于讨论中的问题可能容许也可能不容许证明，但打算被进行的的确是在不确定的基础上尽力而为的一个尝试(什么类的证明是容许的)”，这是非此即彼的证明，如同之前已经论述过的，它不等于 PPc1(无论如何，只要这样的尝试是可容许的)，但是，非常特殊的，这个情况也蕴含了一种理论上的可能，即 PPc2(它是不容许证明的，但是由于非常特殊的原因，它与可证明性具有一定的联系)。这进一步可能是更具体的两

① Sayre－McCord. “Mill's ‘Proof’ of the Principle of Utility：A More than Half－Hearted Defense.”：338.

种情况，其中，PPc2－2(它是不容许证明的，但是由于非常特殊的原因，容许一种其他层面的证明或其他意义的证明，这种意义的证明不等于是——通常意义——的证明)是被排除的，因为它不符合密尔的陈述；与此同时，PPc2－1(它是不容许证明的，但是由于非常特殊的原因，容许一种其他层面的证明或其他意义的证明，这种意义的证明等于是通常意义的证明)等于PPd(虽然功利主义原理是不容许证明的，但是非常特殊地它容许一种其他层面的证明或其他意义的证明)，这是合理的。并且，这也是最后剩下的唯一的一个候选。

因此，我们得到了功利主义原理的可证明性的一个表达式，它不是别的，正是：

(PPc2－1)它是不容许证明的，但是由于非常特殊的原因，容许一种其他层面的证明或其他意义的证明，这种意义的证明等于是(通常意义的)证明。

这样的说法精确地符合密尔的文本，同时在理论上是可行的。问题在于，这样一个表达式虽然比对可证明性的不严格的理解要有益和优越得多，但是无论如何它仍然只是一个高度形式化的陈述。它所表达的意思最多只不过是，功利主义原理的"证明"是一个位于不容许证明的范围内的一种等同于通常意义的证明的"证明"。我们对密尔的"证明"的可证明性的问题虽然获得了一个初步的结论，即它至少不是完全不可证明的，然而，这样的解释是不够的，理由是我们还不知道可证明性的具体的理论规定。

## 第三节　可证明性的初步结论

在此之前，我们一直关注的是功利主义原理的可证明与不可证明这样的可证明性问题，之所以一开始就探讨它，是因为可证明与不可证明是一个声称被证明或打算被证明的对象的第一个要考虑的事情。如果一个声称被证明或打算被证明的对象是不可证明的，那么出现的现象就是使人吃惊的，因为那个作者由此就是在公然证明一个不可证明的对象，这是悖理的。不幸的是，密尔在《功利主义》正式声称要证明功利主义原理的时候却在开篇就提出它是不可证明的。但根据直观来判断，这其中必定有着什么蹊跷。于是笔者对密尔的"证明"的可证明性进行了一个非常详尽的分析，最后得到的结论是一个功利主义原理的可证明性的一个表达式，它不是别的，正是：

(PPc2－1)它是不容许证明的，但是由于非常特殊的原因，容许一种其他层面的证明或其他意义的证明，这种意义的证明等于是(通常意义的)证明。

尽管它仍然只是一个高度形式化的陈述，即它所表达的意思最多只不过是，功利主义原理的“证明”是一个位于不容许证明的范围内的一种等同于通常意义的证明的“证明”，但是，这样一个表达式虽然比对可证明性的不严格的理解要有益和优越得多。我们至少得知了密尔所做的不全然是完全徒劳的——对一个完全不可证明的对象进行的证明，尽管这样的基于不可证明基础上的等同于证明的证明的定位在目前看来相当奇怪。

现在，我们拥有了继续考察密尔对可证明性的说明的基本的、合理的理由。我们接下来要考虑的是功利主义原理的可证明性的其他一些情况。

回顾密尔在《功利主义》里对可证明性做的全部的说明：

已经论述过，在通常认可的术语那里，关于终极目的的一些问题是不允许证明的。不能通过推理而证明对所有第一原理；对所有关于我们知识的、也对所有那些我们的行为第一前提都是共同的。但是前者作为事实的事情，可以是关于一个直接的诉诸有关事实——也即我们的感官感觉与我们的内在意识——的判断的一些感觉官能。关于实践目的的问题，一个诉诸能够做为同样的一些感觉官能吗？或者认识它们是由哪个其他感觉官能？[①] (UC4P1)

在目前的场合不进一步讨论其他理论，我将试图提供某种对于功利理论或幸福理论，以及对于既然如此可容许的证明的理解和鉴识。明显的是，不能够是在该词语的平常意义和通行意义的证明。终极目的的问题是不受直接证明的检验的。[②] (UC1a)

……但是什么证明对快乐是善的是可能给出的？则如果被断言的是有一个全面的公式……该公式可能被接受或被拒绝，但不是一个通常通过证明得以理解的主题。(UC1b)

然而，我们不是在推论，它的接受或拒绝必定取决于盲目驱使或任意选择。词语“证明”有一个更大一些的意义，其中这个问题是如同任何一个其他哲学的有争议的问题一样受它的检验的。该主题位于理性感觉官能的认识之内；那个感觉官能不单独地以直觉的途径处理它。考虑可以被提交为有决定或者给予或者保留它的对该学说的同意的智力的能力的；且这是等于去证明。[③] (UC1c)

约翰·斯图尔特·密尔已经把“证明”说成是一个如此复杂的“不是一个通常通过证明得以理解的”、“不能够是在该词语的平常意义和通行意义的”、“不受直接证明的检验的”，然而却“等于去证明”的“证明”。毫无疑问，这样的说法与人们对于功利主义原理的肯定证明的期待相距甚远，人们本来期待的是他对功利主义原理进行一个直截了当的论证。

---

① Sayre－McCord. “Mill's‘Proof’of the Principle of Utility：A More than Half－Hearted Defense.”：338.

② Mill，J. S. UT. *CW*，Ⅹ：207.

③ Ibid.，207.

到了现在，该议题与“感官感觉”、“感觉官能”的关联进一步使问题复杂化了。有理由相信，人们对于可能出现的论证过程的期待再一次遭到了挑战。他说的是，“事实的事情”是可以“诉诸”“感官感觉与”“内在意识”的“感觉官能”，以及“实践目的”。

除了“实践目的”被认为是伦理学的题材之外，似乎看不出“事实情况”与功利主义原理有什么特别直接的关系，“内在意识”、“事实的事情”也如此，从表面上判断，“感官感觉”、“感觉官能”与之就会被认为更是疏离的。

再一次我们可以看到《功利主义》里的UC4P1与UC1a、UC1b、UC1c这两个地方在论述方面的高度一致性。刚刚说过，“感官感觉”、“感觉官能”之类的论述对于“证明”似乎是不相关的，是让人摸不着头脑的，但是由于它们在这个被称作“已经论述过”的提前告知过的地方(UC1c)也重复出现了，它在第四章即正式宣称打算对功利主义原理加以证明之处(UC4P1)的表述因此就不是一个意外。毋宁它是密尔的一个一贯的和经过考虑的想法。这个想法当然需要得到一些说明。在UC1c那里，他说的是该主题(即对于作为实践目的问题的功利主义原理的“证明”的问题)“位于理性感觉官能的认识之内”，并且，“那个感觉官能不单独地以直觉的途径处理它”。这样的表达虽然比UC4P1里的“诉诸”要清楚一些，却依然不够清楚。什么是“理性感觉官能的认识”？更准确地说，为什么密尔不简单地说“理性地”，或像他在这个地方的引文里说的，仅仅表达为“直觉的”，却取而代之以对于“感官感觉”、“感觉官能”的反复强调？

除此之外，如前所述，不必说，密尔还作出了一个额外的断定，即功利主义原理是以第一原理的姿态出现的，并且第一原理包括了两个部分，一个部分是作为事实的事情——所有关于我们知识的行为第一前提，另一个部分是关于终极目的的一些问题——所有那些我们的行为第一前提。不仅如此，前者可以是关于一个直接的诉诸关于事实——也即我们的感官感觉与我们的内在意识——的判断的一些感觉官能的。

在提出了“第一原理”之后，密尔也显得比较突然地指出了“第一前提”的概念。可是，就像对“第一原理”的解释是付之阙如的，他也没有指出他所谓“第一前提”意味着什么。我们从他的论述里能推定的只不过是第一原理是不容许直接意义的证明的；以及还可以推定，作为我们的知识的与行为的第一前提的第一原理是不容许直接意义的证明的。

表面上虽不很明显，约翰·斯图尔特·密尔不动声色地抛出了许多概念。论证可以从这个地方就充分展开，不用等到什么“可欲求性”与“被欲求性”之间的差别之类的后续话题。仅到现在为止，密尔告诉我们的东西已经为数不少。我们的注意力应该集中在什么方向上？是之前已经探讨过的“证明”与“不可证明”的关系，还是“感官感觉”与“感觉官能”的“事实的事情”的

“诉诸”，还是“知识的第一前提”与作为“终极目的的一些问题——所有那些我们的行为第一前提”，还是“第一前提”、“第一原理”与“可证明性”的关系？许多问题需要得到处理。

为了更好地了解可证明性的具体的理论规定，结合他关于对功利主义原理的“实践目的”的定位，以及对于“感官感觉”、“感觉官能”的一再连带关联，再加上他说的这个模式思维活动将对于可证明性的等同，经过尽力的整合，笔者把迄今所知道的密尔对可证明性的观点解释为：

(EP1)尽管不是词语“证明”的通常意义的范围内的，即所有第一原理(包括作为事实的事情——所有关于我们知识的第一前提，以及关于终极目的的一些问题——所有那些我们的行为第一前提)是不受直接证明的检验的(不能够是通常意义的证明)，但是由于词语“证明”有更大一些的意义，即它可以作为“什么样的可以被推荐给智力的可以作为等同于证明的考虑”。

(EP2)所以，鉴于作为事实的事情——所有关于我们知识的行为第一前提可以是关于一个直接的诉诸关于事实——也即是我们的感官感觉与我们的内在意识——的判断的一些感觉官能的，关于终极目的的一些问题——所有那些我们的行为第一前提，一个诉诸能够作为同样的一些感觉官能？或者认识它们是由哪个其他感觉官能？由此成为一个可以被推荐给智力的考虑，作为一个等同意义的证明。

上述的两个段落的第一部分(EP1)显然对应可证明与不可证明的最终结论(PPc2－1)所告诉我们的。我们可以称它为密尔的“证明”的条件预设的第一部分。根据同样的道理，我们可以把上述两个段落的第二部分(EP2)称作条件预设的第二部分。这第二个部分可以进一步更为公式化地表述为：

(EP2a)我们知识的第一前提是作为事实的事情；并且，

这不属于通常意义的范围的证明。

也即是(EP2a1)我们知识的第一前提或第一原理不容许通常意义的证明。

蕴含着：(EP2a2)不是我们知识的第一前提的至少某些作为事实的事情是可以在通常意义的范围内受到证明的。

(EP2b)关于终极目的的一些问题是所有那些我们的行为第一前提；并且，如同作为事实的事情的我们知识的第一前提一样，作为所有那些我们的行为第一前提的关于终极目的的一些问题也不属于通常意义的范围的证明。

也即是(EP2b1)相似于我们知识的第一前提或第一原理，我们行为的第一前提或第一原理不容许通常意义的证明。

同理蕴含着：(EP2b2)不是我们行为的第一前提的至少某些成分是可以在通常意义的范围内受到证明的。

除了上述对于知识的第一前提(EP2a)与行为第一前提(EP2b)的公式化表述，我们也可以从所有已知的情况得到一些推论，它们属于推导的部分：

(EP3)但是，所有关于我们知识的第一前提可以是关于一个直接的诉诸关于事实——也即我们的感官感觉与我们的内在意识——的判断的一些感觉官能的。

也即(EP3a)我们知识的第一前提或第一原理不容许通常意义的的证明但容许扩大意义的证明。

其中，继续上面的推导，这个部分产生的开放疑问是：

(EP4)关于终极目的的一些问题——所有那些我们的行为第一前提，一个诉诸能够作为同样的一些感觉官能？或者认识它们是由哪个其他感觉官能，以由此成为一个可以被推荐给智力的考虑？

也即是，单独只就可证明性的问题，它是：

(EP4a)鉴于相似于我们知识的第一前提或第一原理，我们行为的第一前提或第一原理是否容许扩大意义的证明。

单独只就可证明性的问题，它是：

(EP4b)鉴于相似于我们知识的第一前提或第一原理，我们行为的第一前提或第一原理是否能够作为一些感觉官能？或者认识它们是由哪个其他感觉官能，以由此成为一个可以被推荐给智力的考虑？

这显然存在正向的或者负向的回答。针对 EP4a 有：

(EP4aA1)鉴于相似于我们知识的第一前提或第一原理，我们行为的第一前提或第一原理容许扩大意义的证明。

(EP4aA2)鉴于相似于我们知识的第一前提或第一原理，我们行为的第一前提或第一原理不容许扩大意义的证明。

同理，针对(EP4b)有：

(EP4bA1)鉴于相似于我们知识的第一前提或第一原理，我们行为的第一前提或第一原理能够作为一些感觉官能，或者认识它们是由某个其他感觉官能，以由此成为一个可以被推荐给智力的考虑。

(EP4bA2)鉴于相似于我们知识的第一前提或第一原理，我们行为的第一前提或第一原理不能够作为一些感觉官能，或者认识它们不是由某个其他感觉官能，以由此成为一个可以被推荐给智力的考虑。

这样就得到了从《功利主义》里所能推测的所有关于可证明性的结论。截至目前这些结论性的陈述句是可行的，对它们进行进一步的确定的尝试也是可以作出的。它可以简略地说成是 PPc2－1 与 EP4 之间的等同性的问题。

这两者之间的对等如果是成立的，将具有几方面的意义。首先，这两者的对等使得我们这章所阐述的各种问题变得最终是有联系的，否则的话——即认为本章论述的各种问题是没有联系的——密尔的《功利主义》的这个部分的段落就只是在说一些毫无关系的事情。其次，这两者的对等使得本章论述的各种问题有了一个形式化的解答，也就是，密尔的功利主义原理的证明虽然被声称是不可证明的，但是它可以被归咎为基于不可证明的证明，与此同时，它与一个开放疑问——即我们的行为的第一前提对于某几种或某种与我们的知识的第一前提可诉诸的感觉官能的可诉诸性——可以形成一定程度的问答的关系的，也就是，这个开放疑问的回答正是对于功利主义原理的可证明性的回答，即这个开放疑问的回答是肯定的(在一种特殊的意义上，我们的行为的第一前提对于某几种或某种与我们的知识的第一前提可诉诸的感觉官能的可诉诸性是成立的)。

如果一个人对密尔的“证明”已有的各种论述有所了解，那他就将发现，笔者现在推导出的这个结论并不被所有的研究者认可。不仅许多密尔的“证明”的激烈的批评者完全忽视或反对介于一方面是感官感觉的诉诸；另一方面是可证明与不可证明的结论这二者之间的关系，比如，最典型的当然是关于密尔的证明的“可欲求的”与“被欲求的”的理论，或者是关于密尔的证明的个别的幸福与总体的幸福之间的悖论的理论；而且，即使在密尔的“证明”的一些捍卫者那里，对这个“证明”的辩护也不是从上述的两个方面之间的正向关系来加以考虑的。

既然这样，提出 EP4 与 PPc2－1 等同和关联的论点就是在密尔的证明的解释之中具有竞争性的。它可能是正确的，也可能是不正确的，并且根据迄今为止的论证，这是所能得出的一个可以言之成理的并且拥有文本证据的论点。

针对开放疑问 EP4，它是在陈述一个功利主义原理的可证明的性质，还是在陈述它的不可证明的性质？也许不难发现的是这两种可能性都是存在的。密尔的叙述方式或多或少是有些令人困惑的。他先指出的是一个被证明对象(功利主义原理)的不可证明的断言，然后，他接着指出的却是另一个话题，即对于诉诸感觉官能的一些问题。乍看上去，或者甚至经过一定程度的思考，这两个话题都显得没有什么关联。当密尔在 UC4P1 的最后作出是否能诉诸感觉官能的提问(EP4)时，它与PPc2－1的关系无法确定。因此可证明性的论述是不清不楚的。

对于 PPc2－1 与 EP4 之间的等同性的问题，我们至少有两种回答的解决方式。一是对之断然拒绝，由此，密尔接下来进行的就将是与我们已经得出的关于可证明与不可证明的结论无关的，即那是与可证明性全然无关的事情。这样的回答不太能令人接受，因为这样一来，密尔接下来所进行的所有论述也就没有丝毫的意义。但显然他的论述不是没有任何意义的。所以我们需要采取的很可能是对之的第二种方式的回答。这种方式将 EP4 认为是与 PPc2－1 等同的。

就上述两个分支情况(EP4aA1 与 EP4aA2、EP4bA1 与 EP4bA2)的真伪，其中，EP4aA2 和 EP4bA2 都是不可接受的，因为如果它们是真的，将与密尔接下来进行的“能给予‘一个对象是看得见的’的唯一证明是人们实际地看到它。‘一个声音是听得见的’的唯一证明是人们听到它：我们经验的其他来源也如此。以同样的方式，就笔者所理解，可能去产生‘任何事物是可欲求的’的唯一证据是人们的确实际地欲求它(UC4P3)”的论述相矛盾。

因此，开放疑问(EP4)是一个被密尔设定为心照不宣的拥有一个正向的回答的设问句，而不是一个提出了一个也拥有被他认为可以得到负向的回答的疑问句。因此它等同于单独只就可证明性的问题的：

(EP4aA1)鉴于相似于我们知识的第一前提或第一原理，我们行为的第一前提或第一原理容许扩大意义的证明。

以及单独只就与感官感觉的类比的问题的：

(EP4bA1)鉴于相似于我们知识的第一前提或第一原理，我们行为的第一前提或第一原理能够作为一些感觉官能，或者认识它们是由某个其他感觉官能，以由此成为一个可以被推荐给智力的考虑。

就上述两个推导的陈述内容，显然，其中 EP4aA1 可以被考虑为，它是否是一个等同于刚才已经得出的 PPc2－1 的陈述。这个疑问的答案是相当显而易见的，由于 EP4aA1 直接论述我们知识的第一前提或第一原理以及我们行为的第一前提或第一原理，与此同时，PPc2－1 直接论述功利主义原理，在这样的情况下，只要在密尔那里，我们知识的第一前提或第一原理以及我们行为的第一前提或第一原理等于功利主义原理，或者更准确地，我们行为的第一前提或第一原理等于功利主义原理，那么 EP4aA1 的陈述就是可以对应于 PPc2－1 的陈述的。在接下来的论述里，我们还将专门涉及作为第一前提或第一原理的功利主义原理，目前先让它们是等同的。因此我们拥有了一个基于 EP4aA1 和 PPc2－1 的综合的陈述，亦即：

(EP4aA3)功利主义原理是我们行为的第一前提或第一原理，功利主义原理(我们行为的第一前提或第一原理)是不容许证明的，但是由于非常特殊的原因，容许一种其他层面的证明或其他意义的证明，这种意义的证明等于是(通常意义的)证明。

以上是 EP4aA1 的情况，同样道理，由于在 EP4bA1 这里，我们也可以认定，只要在密尔那里我们行为的第一前提或第一原理等于功利主义原理，它就可以被表述为一个基于自身以及可证明性的推论 PPc2－1 的综合的陈述，亦即：

(EP4bA3)鉴于相似于我们知识的第一前提或第一原理，功利主义原理(我们行为的第一前提或第一原理)能够作为一些感觉官能，或者认识它们是由某个其他感觉官能，以由此成为一个可以被推荐给智力的考虑。

然而，尽管这与 EP4aA3 是有相似之处的，但是它所包括的意义显然超出了后者。在 EP4bA3 这里，与 EP4aA3 不同，它不是一个单独只关于可证明性的陈述，相反，通过与感觉官能的联系，它是一个拥有实质含义的陈述。问题是，什么是“感觉官能”尚不是清楚的。为了获取关于“与感官感觉的类比的问题的情况到底如何”的解答，我们只能通过考虑密尔的感官感觉方面的见解或理论才可能得到。

值得一提的是，首先，对于与感官感觉类比的联系的不同看法和理解，将会使《功利主义》的研究者或解释者产生对密尔的“证明”相当不同的结果。具体一些是，如果一个人认为与感官感觉的类比的联系与密尔的“证明”无关，根据刚才的分析，这样的见解显然是不可行的，因为它将导致密尔在可证明性这里的论述没有任何意义。其次，如果一个人不认为与感官感觉的类比的联系是无关的，那他也可能依然拥有对于它与功利主义原理的“证明”的具体关联的各种各样的看法。例如，这个人可以认为，与感官感觉的类比的联系仅仅是无关紧要的，仅仅是一些例示，甚至仅仅是一些糟糕的例示。或者，一个人可以认为，该联系与“证明”的关系是实质性的，它影响了密尔的“证明”的脉络，或者甚至决定了密尔的“证明”的样式和本质。笔者还将回到这个问题。目前可以指出的是，在密尔眼里，“证明”很大程度上是一件完全和逻辑学相等同的事情，与此同时，与感官感觉的类比的联系是一个与形而上学有关的事情，而形而上学的考虑在密尔看来属于在逻辑学理论的建立之前的考虑。这样一来，逻辑学与形而上学就产生了一些纠葛。

问题不仅在于从看似是一个伦理学领域的“证明”(功利主义原理的“证明”)到一个逻辑学领域的“证明”(因为“证明”在密尔那里是一件逻辑学的事情)的转移，而且也在于逻辑学与形而上学的纠葛。但这仍然不是问题的全部。事实上，密尔的形而上学在某种程度上又依赖于他的心理学的理论，尤其是他自己的联结心理学的理论。另外，逻辑学也不是完全和心理学绝缘的，在一些地方，密尔甚至直接表示了逻辑学与心理学之间的互补关系。笔者的论证想要表明的恰恰就是，从根本上说，密尔的功利主义原理的“证明”实质上是一个主要与命名理论、命题理论、命题含意理论、三段论理论、谬误理论等有关的逻辑学角度的证明，这个“证明”在一些最为关键的方面完全基于他的逻辑学的理论，并且，在这样的过程中，它也在某些中间阶段和后期阶段大量涉及他的联结心理学的理论，此外，密尔的逻辑学理论的功利主义原理的“证明”最终恰恰受限于如下一些理论的或见解性的因素，分别是他的命名理论、命题理论、命题含意理论，部分的真理与整体的真理的推导性的见解，联结心理学的观察的或观察的正确性，以及非常重要但一直为研究者忽视的密尔的形而上学的理论。

本章以一个关于功利主义原理的可证明性的疑问开始，那个疑问是，由于密尔的说法是它是不是容许证明的，所意味的是，它的“证明”并不完全是肯定的。它既可能是肯定的也可能是否定的，甚至可能是与完全的肯定与完全的否定有所区别的一些层面上的。不出所料或出乎所料的，密尔在论"证明"的一章里马上指出的就是，功利主义原理是不容许通常意义的"证明"的，但是，在他"已经论述过"的一个地方，他又指出，虽然功利主义原理不容许直接的"证明"或者通常意义的"证明"，但是，它容许一种扩大意义的"证明"，且它可以等同于去证明。在这样的情况下，对可证明性的分析就很有必要，因为，如果它没有得到清楚的说明，密尔的"证明"就完全是一件不清不楚的事情，也就是，我们甚至连密尔是不是在进行证明都无法进行一个陈述。我们得到的结论是，它是一种特殊意义的"证明"，无论它可能是什么，它至少是在通常意义的"证明"的含义之外的一个与之等同的"证明"。与此同时，这个"证明"被密尔说成是与感觉官能有关的一个事情。

本章的结论总结如下：我们得出的主要结论是对于密尔在《功利主义》里的"证明"的可证明性的一个整合的表述：

尽管不是词语"证明"的通常意义的范围内的，即所有第一原理（包括作为事实的事情——所有关于我们知识第一前提，以及关于终极目的的一些问题——所有那些我们的行为第一前提）是不受直接证明的检验的（不能够是通常意义的证明），但是由于词语"证明"有更大一些的意义，即它可以作为"什么样的可以被推荐给智力的可以作为等同于证明的考虑"。

所以，鉴于作为事实的事情——所有关于我们知识的行为第一前提可以是关于一个直接的诉诸关于事实——也即我们的感官感觉与我们的内在意识——的判断的一些感觉官能的，关于终极目的的一些问题——所有那些我们的行为第一前提，一个诉诸能够作为同样的一些感觉官能？或者认识它们是由哪个其他感觉官能？由此成为一个可以被推荐给智力的考虑，作为一个等同意义的证明。

它可以推导为以及更具体化为：

功利主义原理是我们行为的第一前提或第一原理，功利主义原理（我们行为的第一前提或第一原理）是不容许证明的，但是由于非常特殊的原因，容许一种其他层面的证明或其他意义的证明，这种意义的证明等于是（通常意义的）证明。

鉴于相似于我们知识的第一前提或第一原理，功利主义原理（我们行为的第一前提或第一原理）能够作为一些感觉官能，或者认识它们是由某个其他感觉官能，以由此成为一个可以被推荐给智力的考虑。

我们由此获得了在《功利主义》里对于功利主义原理的可证明性的完整的形式化的陈述。

现在我们面临一些亟须解决的问题。分别是什么是一个"证明"以及什么构成了一个"证明"？迄今为止我们只知道"证明"至少包括了通常意义的和直接的，但是所谓的通常意义的、直接的证明，与可能的非通常意义的、非直接的证明等的关系是不明确的。我们也看到密尔提到了“推理”，很自然的问题是，一个“推理”是否是一个“证明”？它们之间拥有什么样的关联？除此之外，密尔的“证明”显然也与第一前提或第一原理有着非常密切的关系。从目前的文本来看，正是作为第一前提或第一原理的功利主义原理的特质决定了它的不可证明性，这个决定性的更具体的意义还有待进一步的揭示。与此同时，密尔在可证明性的说明里看似多少有些突然加入的与感官感觉的类比也需要得到解释，迄今为止我们得知的仅仅是，关于我们的知识的第一前提或第一原理是一些“事实的事情”的断言，它们诉诸某些感觉官能，那么，知识的第一前提或第一原理与功利主义原理(行为的第一前提或第一原理)的关联是什么？功利主义原理(行为的第一前提或第一原理)是哪类的断言？它们诉诸某些感觉官能？接下来的篇幅将致力于回答这一系列问题。

# 第二章　证明、推理与演绎

## 第一节　可证明对象

如前所述，可证明性的分析很有必要，否则密尔的“证明”就完全是一件不清不楚的事情，也就是，我们甚至连密尔是不是在进行证明都无法进行陈述。它是一种特殊意义的“证明”，无论它可能是什么，它至少是在通常意义的“证明”的含义之外的一个与之等同的“证明”。但是，所谓的通常意义的、直接的证明，与可能的非通常意义的、非直接的证明等的关系是不明确的。我们也看到密尔提到了“推理”，一个“推理”是否是一个“证明”？它们之间拥有什么样的关联？

《逻辑学体系》第一卷第三章开头有一个地方以“枚举可命名事物的必要性、亚里士多德的范畴分类法”作为所在小节的名称（他告诉人们这么做是对该书的回顾），他说道：

证明假定了某种可以证明的事物，它必定是一个“命题”或“断言”；因为只有一个“命题”是能作为一个信念的对象的，或因此是证明的对象。①

这是一个关于可证明对象的非常明确的主张和强烈的主张。在说可以证明的事物是一个命题或一个断言的时候，它也就肯定了可证明的对象至少包括哪些范围，并肯定了不可证明的对象至少包括了哪些范围，也就是它是一个有益的对于可证明性的划界。按照这样的说法，任何事物只要是一个命题或一个断言，就有可能是可以证明的，或者，所有的命题或断言里有一些是可以证明的，另外一些是不可以证明的。与此同时，任何事物只要不是一个命题或一个断言，就不可能是可以证明的，也就是所有非命题或非断言的事物都是不可证明的。

这样的说法并不与我们在上一章得出的对于可证明性的形式化或结构化的结论相矛盾。我们在那里得出的结论是，功利主义原理是我们行为的第一前提或第一原理，功利主义原理（我们行为的第一前提或第一原理）是不容许

① Mill, John Stuart. A System of Logic Ratiocinative and Inductive. Edited by John M. Robson. Vol. Ⅶ, Ⅷ, *The Collected Works of John Stuart Mill* (in 33 Vols). Toronto and Buffalo: (1963－1991) University of Toronto, Routledge & Kegan Paul, 1973. In Section Ⅰ, Chapter Ⅲ, Book Ⅰ, (this edition's published Volume is Ⅶ): 46.

证明的，但是由于非常特殊的原因，容许一种其他层面的证明或其他意义的证明，这种意义的证明等于是(通常意义的)证明。它的不可证明性至少与它的第一前提或第一原理的性质有关。现在，什么是一个命题？密尔同样在他逻辑学著作里的“系动词的本质与功能”一节给出了回答：

一个命题是一部分的谈论，在其中一个谓语被一个主语肯定或否定。[①]

因此，“恺撒是死的”，“恺撒是未死的”，“恺撒是死的，而且布拉塔斯是还活着的”，“恺撒是死的，‘但是’布拉塔斯是还活着的”，“要么 A 是 B 或者 C 是 D”，“A 是 B 如果 C 是 D”，“如果《古兰经》来自于神，穆罕默德就是神的先知”，“基督教的创立者是被钉在十字架上处死的”，“基督是被钉在十字架上处死的”，“‘整体是比它的部分要更大的’是一个数学里的公理”，“‘圣灵独自地出自圣父’是希腊正教的一个教义”，“‘国王的君权神授学说’是由议会在革命中被宣布放弃的”，“‘教宗的绝对不可错’没有得到《圣经》的支持”等，密尔在他的书里举出的这些例子全都是一些命题。[②]

与此同时，单独的一个主语形成的陈述，或者单独的一个谓语形成的陈述，或者单独的一个系动词形成的陈述，或者一个主语或谓语与系动词形成的陈述，诸如这样一些情况因为不符合命题的定义，就都不属于命题的范围。比如，与“吉尔吉斯斯坦是吉尔吉斯共和国”、“吉尔吉斯斯坦的首都是比什凯克”、“吉尔吉斯斯坦的民族构成包括吉尔吉斯族、俄罗斯族、乌兹别克族、乌克兰族”构成了命题相反，“吉尔吉斯斯坦”、“比什凯克”、“吉尔吉斯斯坦的民族构成”虽然是一些词语或短语，但是都不属于命题的范围。

因此，“吉尔吉斯斯坦的首都是比什凯克”是有可能进行证明的，例如，在楚河州、塔拉斯州、奥什州、贾拉拉巴德州、纳伦州、伊塞克湖州、巴特肯州、比什凯克市和奥什市里，比什凯克里由于历史上的原因被定为首都，或者一些重要的官方或非官方的文件证实了它是该国的首都，或者该国的公民纷纷报告了比什凯克的确是吉尔吉斯斯坦的首都。但是“吉尔吉斯斯坦”、“比什凯克”、“吉尔吉斯斯坦的民族构成”肯定是不可以证明的。“吉尔吉斯斯坦”不是真的，也不是假的，“比什凯克”同样非真亦非假，面对这样一个词语我们无从加以判断、推理或证明。

值得注意的是，从这样的关于可证明对象的说明，或许也将被发现，从严格表述的角度，诸如“功利主义原理”或“功利的原理”之类的短语事实上是不可以证明的，可以证明的是它们的另一些表述形式，即通过一个命题或断言的形式的表述，比如，“功利主义原理”或“功利的原理”事实上在内容上

---

① Mill，J. S. SL：RI. *CW*，Ⅶ：78，Bk. Ⅰ，Chap. Ⅳ，Sec. 1.

② Mill，J. S. SL：RI. *CW*，Ⅶ：81－84，Bk. Ⅰ，Chap. Ⅳ，Sec. 3.

是“最大幸福”或“最大多数人的最大幸福”等，表述成一个命题，它们将可能成为“最大的幸福是一个善”、“最大多数人的最大幸福是可欲求的”等，这些是一些命题，如果它们不属于第一前提或第一原理，它们就将是可证明的。

容易发现，不可证明对象包括了任何不以命题或断言的形式出现的事物，比如一个主语或一个谓语，同时，不可证明对象也包括了第一前提或第一原理。如果把非命题或非断言以及非第一前提或非第一原理这两类事物排除在外，那么，可证明对象显然就是所有的命题或断言的事物里的非第一前提或非第一原理的事物。

上一章里，主要进行的活动是论证密尔的“证明”的可证明、不可证明的可证明性的问题，那样的论证是必要的，因为它是密尔在他进行或打算进行的“证明”的一开始就提出的，他指出功利主义原理不可证明。这当然给人以很强的困惑。但在分析过程里，我们发现密尔的“证明”并不全然是不可证明的，相反，它是一个基于不可证明的基础上的“证明”。不看到这一点将会产生一些最基本的混乱，因为如果功利主义原理的可证明性没有得到清楚认识，我们就将失去对这个“证明”的基本理解，任何进一步的理解都将没有可靠的基础。

在这一节里我主要论述的是可证明对象和不可证明对象的问题。它是一个在某些方面与可证明性的问题有些重合的话题。但它们当然不完全相同。已经了解到的是，任何命题或断言可能是可以证明的，任何非命题或非断言肯定是不可证明的。作为一个第一前提或第一原理，功利主义原理是不可证明的，同时，由于它也是一个命题而不是一个非命题，那么，它就属于一种特殊的情况，即属于一个通常意义上的“证明”术语概念的不可证明的命题。

可证明对象的知识使得可证明性的知识变得更为完善，因为我们不仅了解了功利主义原理的可证明性，而且获知了它在可证明对象和不可证明对象方面的地位的归属。与此同时，可证明对象的知识给予人们的又绝不只限制在这样看似浅显的事物归类的意义之上。事实上，如同上文也已经论述到的，从严格表述的角度，诸如“功利主义原理”或“功利的原理”之类的短语事实上是不可以证明的，在这里不可证明的蕴意是双重的。一方面，这里的不可证明指的是它是在通常意义上不可证明的，原因已经说过多次，因为它是一个第一原理，第一原理在逻辑学或形而上学等相关的论域被规定为是不可证明的。另一方面，甚至在扩大意义的“证明”那里，这里的不可证明也是成立的，原因在于它的表述形式，一个通过“功利主义原理”或“功利的原理”之类的短语表达的陈述无论如何是不可证明的。

我们可以证明“直角三角形中，两条直角边的平方和等于斜边的平方”，比如，我们可以画一幅“勾股圆方图”，通过《周髀算经注》里《勾股圆方图注》的方式(“按弦图，又可以勾股相乘为朱实二，倍之为朱实四，以勾股之差自相乘为中黄实，加差实，亦成弦实”)进行证明，或者，我们也可以像伽菲尔德那样使用梯形面积公式和三角形面积公式进行证明。但是在这样的过程里，被证明的是一个命题，具体在当前情况里是一个数学定理的命题，而从字面上我们无法对“勾股定理”、“勾股弦定理”、“毕达哥拉斯定理”、“百牛定理”、“驴桥定理”进行证明，因为在这样的表述里没有什么主语和谓语的肯定或否定是存在的，也就没有什么是可以证明的。

类似地，在功利主义原理的“证明”这里，可以证明的只是它们的另一些表述形式。也就是，只有“最大幸福”或“最大多数人的最大幸福”等表述成一个命题(比如可能成为“最大的幸福是一个善”、“最大多数人的最大幸福是可欲求的”等)，这样的样式才是一些命题，才是可证明的。

这不是事情的全部。麻烦的地方也就在于功利主义原理的表述不是唯一的。例如，除了上述“最大的幸福是一个善”、“最大多数人的最大幸福是可欲求的”之外，它至少还可以表达为下面一系列的命题，比如，“最大多数人的幸福是一个善”、“全体有感觉的存在物的幸福是一个善”、“全体有感觉存在物里在比例上占大多数的幸福是一个善”、“最大多数人的快乐是一个善”、“全体有感觉的存在物的快乐是一个善”、“全体有感觉存在物里在比例上占大多数的快乐是一个善”等。

根据对这个作为第一原理的功利主义原理的命题的主语和谓语的不同部分的不同的表达和修饰，我们将得到在数量上非常庞大的一系列命题。因此，建构一个功利主义原理的“证明”的非常自然和可行的方式也就是去判断一个经过恰当规定的或某一些经过恰当规定的以命题作为形式的功利主义原理的真或者假，或者其他逻辑上的判定标准，如果它是符合各种标准的，它就是一个合理的“证明”；反则反之。

同样地，考察一个功利主义原理的“证明”的非常自然和可行的方式也就是在此基础上，考察这个“证明”过程的合理性，具体而言，就是去考察功利主义原理的命题样式的选取是否是合理的，证明过程的步骤是否是合理的，等等。无论如何，不管对于这样一个“证明”的建立还是考察，相当重要也相当基本的一点是在众多可能的功利主义原理的命题陈述里选取一个恰当的，作为被证明对象。

但遗憾的是，绝大多数——如果不是说全部的话——研究者都忽略了这个问题。也许一个人会认为这样的忽略并不是有多重要的，它对于这个“证明”的理解没有特别大的影响。恰恰与此相反，在我看来，对这一点的忽视将形成一个相当严重的且是有害性质的后果，它从根本上导致了对这个“证明”的错误解读和理解。然而目前我们的目的仅仅是介绍一个可证明对象应该以一个命题的方式提出。对这一点更多的考察将在后面的许多地方再次涉及。

到目前为止，严格说来在这一节里使用的“证明”指的都是通常意义的证明。鉴于密尔认为功利主义原理虽然作为第一原理是不可以得到通常意义的证明，但是它可以获得一种等同于通常意义证明的“证明”，亦即扩大意义的“证明”，在已经详细了解的通常意义的证明的具体范围之后，我们有必要了解“证明”活动本身的一些更具体的事情。

## 第二节　数学推理

我们已经了解，密尔说过，“在通常认可的术语那里，关于终极目的的一些问题是不允许证明的。不能通过推理而证明对所有第一原理；对所有关于我们知识的、也对所有那些我们的行为第一前提都是共同的”。在这样的话之中，“推理”的使用显然与功利主义原理的“证明”有直接的关系。

密尔对推理概念或推论概念的提及频率显然大大超过证明的概念。他声称逻辑学是“推理艺术”和“推理科学”。① 在一般的定义那里，推理指由一个或几个已知的判断或前提推导出一个未知结论的思维过程，或指一个陈述观点的逻辑过程，更确切地来说是一个推论的集合，并且推论得出的结果也同样可以作为下一个推论的论据存在于整个推理过程之中。与之相较的是，推论指用语言形式表达出来的推理，或指一组命题，这一组命题其中之一是特定的结论，其他的论述都是支持这一个结论的前提。推理与推论在字义上非常接近，常可替换使用。与“证明”一样，“推理”既可用作一个名词也可用作一个动词，或在英文里两个词语都拥有动词形式和名词形式。从两者的名词形式来看，可以说一个证明就是一个推理，反过来，一个推理可能在过程中论证了一个证明；此外，从两者的动词形式看，进行一个证明的过程可以在某种意义上看作一个推理的过程、一个对证据或论证进行推定的过程，进行一个推理也常常可能是一个证明的过程。也就是证明的过程常常是一个推理的过程，推理的过程也常常是一个证明的过程。

但是，问题在于与“证明”一样，“推理”的含义并不确定。我们已经知道，在密尔那里，“证明”至少拥有三种不同层面的含义，即通常意义的、平常意义的，以及密尔所声称的扩大意义的。则这里使用的“推理”也就需要得到我们的注意。也许提问这样的问题不是完全没有益处的：鉴于推理这个术语与功利主义原理的证明问题之间的直接关系，且鉴于密尔的“证明”拥有将导致对于他的“证明”问题的不同理解的一些不同含义，在这样的情况

① Mill，J. S. SL：RI. *CW*，Ⅶ：4，Intro，Sec. 2.

下，这里使用的“推理”指的是什么意义的推理？它是指这个术语的某一种特定层面的含义，还是指与这个词语的通行定义基本相当的含义，或者换言之，这个术语是否也和“证明”一词一样，指的是通常意义的或扩大意义的意思？

我们已经了解，密尔认为证明假定的某种可以证明的事物，必定是一个“命题”或“断言”；因为只有一个“命题”是能作为一个信念的对象的，或因此是证明的对象。可密尔对推理的定位是什么？事实上在他那里，真正的推理最终是作为他自己的真实含意命题的理论的执行，或者说，是对于真正的证明的执行过程，对此，在论“表达一个真命题的两种模式 ”的结尾密尔说道：

“推理(*Reasoning*)”(我们接下来继续进行的主题)是一个过程，其中一些命题不作为一些终极后果(*ultimate results*)加入，而是作为其他一些命题建立的手段加入。因此我们可以期待，关于一个一般命题——在它对于实践使用的应用里表明了它——的含义的展现模式，将最佳的由命题在“推理”之中执行的功能所表达。且据此，在“推理”的理论里，看待被考虑为“一个命题”——作为断定了一个事实或现象是关于另一个事实或现象的一个“标记”或“证据”——的主题的模式，几乎将不可或缺地都能被发现。[①]

推理包括数学推理，这是把这个术语专门地理解为是一种属于数学科学领域的证明的方法。数学中常见的推理样式符合推理本身包括的一般样式，包括归纳推理、演绎推理和类比推理。比如，为证明“一条弧所对的圆周角等于它所对的圆心角的一半”，先分别证明圆心在一段弧所对的圆周角的一边上、在圆周角内、在圆周角外时，定理都成立，从而推出任意一条弧所对的圆周角等于它所对的圆心角的一半的结论。或者，考察凸三边形和凸四边形，它们的内角和均等于其边数减去二所得的差与一百八十度角的乘积，从而得出任意凸多边形的内角和均等于其边数减去二所得的差与一百八十度角的乘积的一般性结论。又或者，与平面几何中直线与直线的关系相类比，导出立体几何中平面与平面关系的有关命题。

举个数学证明的例子。已知在梯形 $ABCD$ 中，$AD//BC$，$E$、$F$ 分别是 $AB$、$CD$ 中点，$EF$ 与对角线 $BD$、$AC$ 相交于 $G$、$H$。证明：$GH=1/2(BC-AD)$。证明过程是：

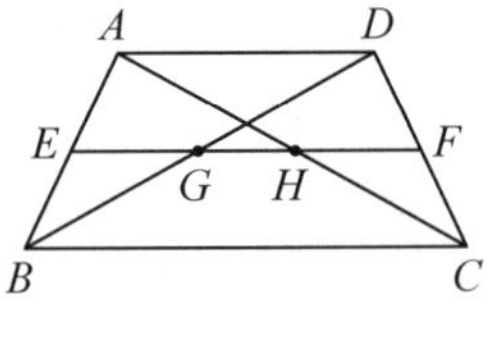


在梯形 $ABCD$ 中

$\because E$、$F$ 为 $AB$、$CD$ 中点

$\therefore EF // AD // BC$

$\because AE=BE$

① Mill，J. S. SL：RI. *CW*，Ⅶ：116，Bk. Ⅰ，Chap. Ⅵ，Sec. 5.

∴$DG=BG$、$AH=CH$（经过三角形一边中点与另一边平行的直线，必平分第三边）

∴$EG$ 为△ $ABD$ 的中位线，

$EH$ 为△ $ABC$ 的中位线

∴$EG=1/2AD$、$EH=1/2BC$

∴$GH=EH-EG=1/2(BC-AD)$。

数学的一个重要活动是对于数学定理的证明。闻名的费马大定理（*Fermat last theorem*）就是一个从证明开始并以证明作为主要内容的轶事，费马（*Pierre de Fermat*）在阅读丢番图（*Diophantine*）的《算术》（*Arithmetica*）时在页边注释的是，“将一个立方数分成两个立方数之和，或一个四次幂分成两个四次幂之和，或者一般地将一个高于二次的幂分成两个同次幂之和，这是不可能的”，对此他接着写道，“关于此，我确信已发现了一种美妙的证法，可惜这里空白的地方太小，写不下”。

直角三角形中两条直角边的平方和等于斜边的平方，这是《周髀算经》提出的勾股定理，众所周知它也被称作毕达哥拉斯定理。证明方法包括赵爽在《周髀注》一书的《勾股圆方图注》给出的证法、伽菲尔德的总统证法、欧几里德的希腊证法等。以利沙·斯科特·卢米斯（*Elisha Scott Loomis*）在《毕达哥拉斯命题》（*Pythagorean Proposition*）一书中指出有不少于三百种证明方式。此外也不必说哥德巴赫猜想的证明，这个数学问题吸引世人的目光也许不少于前面二者。

按照推理以及证明的数学意义的解释，在理解密尔的“证明”时候，我们就需要考虑功利主义原理的证明在分析和论证方面的得失、正确性之余，更多地把注意力放到数学方面的证明的那些特征、合理性上去。毕竟，不仅人们接受的有关“证明”的教育通常以数学之中的平面几何学的证明开始，而且从某种意义上看，在常识意义的可以被说成是直观的证明的思维之余，数理证明的方式的确是影响和构成我们的逻辑思维和推理思维最为关键的部分。下面很快还将回到对数学和逻辑学以及数学的公理系统与密尔的“证明”的逻辑学方面的概念建构的关系上来。

但是，数学推理遭到了密尔的否定。在童年阶段，密尔对数学和逻辑学之间的分别对待和对二者角色的不同对待就已经初露端倪。按照艾伦·瑞安在《约翰·斯图尔特·密尔的哲学》里的说法，数学是理解密尔的理性主题的哲学思想的重要一环。当然，我们大多数人很可能对数学采取略过不看或略过不论的处理。尽管如此，就目前论述的问题，我认为有必要指出数学与逻辑学之间更具体一些的关系。首先，仅就童年时期的学习，密尔已经开始认为：

数学研究自吹自擂的的影响对它不值一提；因为在数学过程里，正确的逻辑推理的真正困难从未发生。①

从表面上看，这句话与我们目前的论述并没有特别明显和直接的关系，它只不过是在论述数学在逻辑上的不真实性。然而笔者想要对这句话做稍多一点的粗略解释。在这里，密尔正式使用了"逻辑推理"一词。逻辑推理这方面的问题构成了他的逻辑学著作中大部分主要想解决的内容。他的逻辑学最终就是关于对逻辑推理更为正确的理解的。在密尔那里，逻辑推理从根本上不能最为恰当地以一般的逻辑推理的三段论的样式来加以演绎和表达，而是通过他提出的在从一般到个别以及从个别到一般之外的第三条道路那里得以发现。

已经看到的是数学不具有真正的逻辑推理的难题。这个说法仍然需要进一步稍多的解释。在这么说的时候，密尔的意思是数学领域——尤其是欧几里德几何学为代表的数学的那些类型——里的从公理到定理系统之间的证明关系与推理关系并不会产生真正的疑难，它们的逻辑推理的实质关系更应该被说成是形式化的。这意味着数学的公理与定理、公理与原理、定则等之间的公式的演绎和推理，与经验论视角下的真实的事物以及事物的关系不是对应的；然而另一方面，当试图穷尽所有事例的时候，由于逻辑学的推理十分显然也需要面对除了数学的公理演绎系统之外的事物、事物的性质、人类的感觉、事物与感觉之间的关系等诸如此类的问题，所以，数学过程被密尔说成并不伴随真正的逻辑推理是困难的。

与数学相反，逻辑学——或更具体地说，命名理论与词语的意义理论——则"塑造"了"精确的思想家"：

我相信了在现代教育里，在恰当地使用的情形下，没有任何事物倾向如

① Mill, John Stuart. Autobiography. Edited by John M. Robson. Vol. Ⅰ: Autobiography and Literary Essays, *The Collected Works of John Stuart Mill* (in 33 Vols). Toronto and Buffalo: (1963—1991) University of Toronto, Routledge & Kegan Paul, 1980: 23. In my further citation will state as *AU* for short. Other editions included New York: H. Holt, 1873; London: Longmans, Green, Reader, and Dyer, 1873; in *John Stuart Mill: Autobiography, Essay on Liberty, The Harvard Classics*, . New York: P. F. Collier & son, 1909; in *Autobiography of John Stuart Mill*. New York: Columbia university press, 1924; with Harold Joseph Laski. *Autobiography, The World's Classics*. 262. London, New York etc. : H. Milford, 1924; with Harold Joseph Laski, and Oliver Wendell Holmes Collection (Library of Congress). *Autobiography, World's Classics* 262. London ; New York: Humphrey Milford, OxfordUniversity Press, 1924; with F. A. Cavenagh. James & John Stuart Mill on Education, *Landmarks in the History of Education*. Cambridge Eng. : The University Press, 1931; New York: Liberal Arts Press, 1957; Essential Works, *Library of Basic Ideas*. New York: Bantam Books, 1961; with Jack Stillinger. *The Early Draft of John Stuart Mill's Autobiography*. Urbana: University of Illinois Press, 1961; with John M. Robson. *Autobiography*, Penguin Classics. London, England ; New York, N. Y. , USA: Penguin Books, 1989; with A. O. J. cockshut. *The Autobiography of John Stuart Mill*. Ryburn library ed. Krumlin England: Ryburn Pub. , 1992; et cetera.

此多地塑造精确的思想家——对词语和命题附加一个精确的意义，不是由含糊的、松散的或模棱两可的术语强加其上的。[①]

约翰·密尔对逻辑学由衷的偏爱从此一直持续了下去，几乎未曾被打断和取消过，也许在某些特定的情况下他对逻辑学的根本作用或效力产生过某些怀疑，但是从他绝大部分的著作来看，没有通过他的逻辑学训练和素养而作出的论说屈指可数。密尔受逻辑思维的影响如此之深，以至于在我正论述的功利主义原理的命题角度的证明问题上，他几乎原封不动地采用了他的逻辑学观点。

由密尔对数学与逻辑学在推理方面的褒贬评价，乍看上去似乎就排除了我们对数学推理或数学证明的考虑。但是这样的看法并不恰当。数学的重要性或许不比已经逐渐被解释者意识到的他的心理学理论的重要性要小，而且甚至也不比还没有被解释者充分意识到的他的逻辑学理论的——这正是笔者想要重点加以揭示和阐述的——重要性要小，无论如何，密尔的伦理学的理论系统完全建立在一个与数学科学的公理系统相对应的框架之上，不管是数学里的公理对应于伦理学领域的第一原理，还是数学领域的定理对应于伦理学领域的规则、准则或训诫，一系列的专属于或基本专属于数学科学的概念或定义都被原封不动地转移挪用到伦理学理论的建构之中。尽管对于约翰·密尔，数学是一个被他认为是不面临真正的推理困难的学科，但是由于数学作为科学领域中的一个角色的特殊地位，即它所拥有的非常明显的理论、概念、逻辑系统的基础地位，在哲学思想尤其是逻辑学思想方面，它实际上是一种密尔最常借鉴的资源。

---

① Mill, John Stuart. Autobiography. Edited by John M. Robson. Vol. Ⅰ: Autobiography and Literary Essays, *The Collected Works of John Stuart Mill* (in 33 Vols). Toronto and Buffalo: (1963—1991) University of Toronto, Routledge & Kegan Paul, 1980: 23. In my further citation will state as *AU* for short. Other editions included New York: H. Holt, 1873; London: Longmans, Green, Reader, and Dyer, 1873; in *John Stuart Mill: Autobiography, Essay on Liberty, The Harvard Classics*, New York: P. F. Collier & son, 1909; in *Autobiography of John Stuart Mill*. New York: Columbia university press, 1924; with Harold Joseph Laski. *Autobiography, The World's Classics*. 262. London, New York etc.: H. Milford, 1924; with Harold Joseph Laski, and Oliver Wendell Holmes Collection (Library of Congress). *Autobiography, World's Classics* 262. London; New York: Humphrey Milford, OxfordUniversity Press, 1924; with F. A. Cavenagh. James & John Stuart Mill on Education, *Landmarks in the History of Education*. Cambridge Eng.: The University Press, 1931; New York: Liberal Arts Press, 1957; Essential Works, *Library of Basic Ideas*. New York: Bantam Books, 1961; with Jack Stillinger. *The Early Draft of John Stuart Mill's Autobiography*. Urbana: University of Illinois Press, 1961; with John M. Robson. *Autobiography*, Penguin Classics. London, England; New York, N. Y., USA: Penguin Books, 1989; with A. O. J. cockshut. *The Autobiography of John Stuart Mill*. Ryburn library ed. Krumlin England: Ryburn Pub., 1992; et cetera.

## 第三节 演绎与三段论

被视为更为专门地偏向逻辑学方面的推理这一术语的含义是什么？

逻辑学里，推理主要指演绎推理与归纳推理。一个演绎的证明可以是与一个归纳的证明相反的证明方式。

一个归纳推理是根据一类事物的部分对象具有某种性质，推出这类事物的所有对象都具有这种性质的推理，一个归纳的推理因此是一个从个别到一般的推理，比如著名的关于天鹅的归纳：

我昨天看见一只天鹅是白色的，今天看见一只天鹅也是白色的，因此所有的天鹅都是白色的；或者我今天看见一只天鹅是白色的，你今天看见一只天鹅也是白色的，因此所有的天鹅都是白色的。

或者，在我面前名叫普里西拉的是一个人，名叫玛格丽特的是一个人，名叫安吉莉亚的是一个人，名叫亚伯拉罕的是一个人，名叫加菲尔德的是一个人，名叫帕特里克的是一个人，因此在我面前所有拥有一个名字的都是一个人。或者，猫是食肉动物，有尖牙利爪；虎是食肉动物，有尖牙利爪；狼是食肉动物，有尖牙利爪；狗是食肉动物，有尖牙利爪；豹子是食肉动物，有尖牙利爪；鬣狗是食肉动物，有尖牙利爪，所以所有的食肉动物都有尖牙利爪，等等。

典型地拥护和阐述归纳法的哲学家是弗兰西斯·培根(*Francis Bacon*)。① 在支持的证据方面，这第一个解释的根据随处可见，因为密尔的逻辑学思想恰恰就是非演绎的，作为一个并列于托马斯·霍布斯(*Thomas Hobbes*)、约翰·洛克(*John Locke*)、乔治·贝克莱(*George Berkeley*)、大卫·休谟(*David Hume*)等代表人物的英国经验主义[经验论]者，约翰·密尔所站的阵营显然在先验论的另一边，他毕生所致力于反对和辩驳的正是哲学里的以先验主义和直觉主义，并且，他的逻辑学思想是归纳的，总的说来，密尔的逻辑学是一种特殊的归纳法。现在可以先简略介绍的是，由于第一原理代表了一些特殊的命题、一些特殊的前提，它们第一前提的地位决定了它们不可演绎的特性。相反，它们是其他所有命题形式的前提的前提，也即第一前提。如果继续追究这个论点的根源，解释应该是，由于它们作为最根本的定律的归纳，它们是无法得以演绎的。在密尔眼里，与培根对于第一原理与第一原理外的其他原理的获得顺序不同，它们是自然科学和社会科学都应该首先确定的。与此同时，由于“证明”从本质上属于一种归纳活动，所以，作为第一前提的第一原理是不可证明的。

---

① Cf. Bacon, Francis. *Novum Organum*.

与之对照，一个演绎推理是一个根据一般性的真命题或逻辑规则导出特殊性命题为真的推理，因此一个演绎推理是一个从一般到个别的推理，在这种意义里，演绎推理的结论与前提的联系是必然的，只要前提真实且形式有效，结论必定可靠。

用密尔自己在他的逻辑学著作里的例子：

所有的人都是必有死的，苏格拉底是一个人，所以苏格拉底是必有死的。①

所有的人都是必有死的，威灵顿公爵是一个人，所以威灵顿公爵是必有死的。②

或者，

亚里斯泰德是邪恶的，亚里斯泰德是一个异教徒，所以某些异教徒是邪恶的。③

三段论是推理或逻辑推理的基本形式。这一点也是密尔的逻辑学所持有的一个观点。

现在，由于推理和三段论之间的紧密关系，在继续论述推理问题、推理与证明的问题以及推理与演绎的问题之前，有必要先对三段论理论进行一些非常简单的介绍，在介绍这一理论的过程里，我将指出他的三段论理论的一个概貌，同时，我也将指出在密尔那里真正的推论是什么样的。通过这样的介绍，密尔眼里的推理与演绎以及演绎与归纳的关系将变得非常明晰，这进而将使我们明确推理之中演绎的地位，同时，将使我们可以很好地继续进行对于推理与证明问题的论述。

一个三段论由一个大前提、一个小前提和一个结论构成，其中，大前提是已知的一般原理或一般性假设；小前提是关于所研究的特殊场合或个别事实的判断，小前提应与大前提有关；结论是从一般已知的原理或假设推出的，对于特殊场合或个别事实作出的新判断。用密尔自己对于三段论的规定来说：

三段论为了拥有合理性，至关重要的是应当存在三个、且不多于三个命题，也就是说，结论，或是要被证明的命题，以及两个其他的共同证明了它的命题，被称之为前提。至关重要的是，应该存在三个且不多于三个的项(*term*)，也就是说，结论的主项(*subject*)和谓项(*predicate*)，以及另一个被称作中项(*middleterm*；中词)——它必须在两个前提里都可以找到，因为只有通过它，另外的两个项才可以被联系在一起——的条目。结论的谓项被称

① Mill，J. S. SL：RI. *CW*，Ⅶ：165，Bk. Ⅱ，Chap. Ⅱ，Sec. 1.
② Mill，J. S. SL：RI. *CW*，Ⅶ：185，Bk. Ⅱ，Chap. Ⅲ，Sec. 2.
③ Mill，J. S. SL：RI. *CW*，Ⅶ：169，Bk. Ⅱ，Chap. Ⅱ，Sec. 1.

作三段论的大项；结论的主项被称作小项。由于只能存在三个项，所以，与既在大项又在小项之中的中项一起，大项和小项必须各自在其中一个——且只能是一个——之中发现。包含了中项和大项的前提被称作大前提；包含了中项和小项的前提被称作小前提。[①]

因此，以前述的三个命题的前两个为例，其中：

所有的人都是必有死的，苏格拉底是一个人，所以苏格拉底是必有死的。

写成三段论就是：

所有的人都是必有死的，

苏格拉底是一个人，

所以苏格拉底是必有死的。

同理，上述的：

所有的人都是必有死的，威灵顿公爵是一个人，所以威灵顿公爵是必有死的。

写成三段论就是：

所有的人都是必有死的，

威灵顿公爵是一个人，

所以威灵顿公爵是必有死的。

显而易见，两个三段论的大前提都是"所有的人都是必有死的"，小前提分别是"苏格拉底是一个人"、"威灵顿公爵是一个人"，它们全部都是三段论的前提。两个三段论的结论分别是"苏格拉底是必有死的"、"威灵顿公爵是必有死的"。此外，两个三段论的大项分别是"苏格拉底"、"威灵顿公爵"，小项都是"必有死的"，中项都是"人"。

"按照中项的位置，可以是，主项在两个前提之中，谓项在两个前提之中，或者主项在一个前提之中谓项在另一个前提之中"。[②] 如果按照三种格(*figure*)的界定方式，在第一种格那儿，"中项是大前提的主项和小前提的谓项"，在第二种格那儿，"中项既是大前提也是小前提的谓项"，在第三种格那儿，中项"是两个前提的主项"；如果按照一共有四种格的界定方式，在第四种格那儿，"中项是小前提的主项与大前提的谓项"。[③]

根据命题的"量(*quantity*)"和"质(*quality*)"，即特称的与单称的，肯定的与否定的，被分为一些"语气(*mood*)"。所有结论能正确遵循前提从而作出的合格语气的例子——在其中 A 是小项，C 是大项，B 是中项——是：

---

① Mill，J. S. SL：RI. *CW*，Ⅶ：169，Bk. Ⅱ，Chap. Ⅱ，Sec. 1.

② Ibid.，164.

③ Ibid.

第一种格

| | | | |
|---|---|---|---|
| 所有的 B 是 C | 没有一个 B 是 C | 所有的 B 是 C | 没有一个 B 是 C |
| 所有的 A 是 B | 所有的 A 是 B | 某些 A 是 B | 某些 A 是 B |
| 所以 | 所以 | 所以 | 所以 |
| 所有的 A 是 C | 没有一个 A 是 C | 某些 A 是 C | 某些 A 不是 C |

第二种格

| | | | |
|---|---|---|---|
| 没有一个 C 是 B | 所有的 A 都是 B | 没有一个 C 是 B | 所有的 C 都是 B |
| 所有的 A 是 B | 没有一个 A 是 B | 某些 A 是 B | 某些 A 不是 B |
| 所以 | 所以 | 所以 | 所以 |
| 没有一个 A 是 C | 没有一个 A 是 C | 某些 A 不是 C | 某些 A 不是 C |

第三种格

| | | |
|---|---|---|
| 所有的 B 是 C | 没有一个 B 是 C | 某些 B 是 C |
| 所有的 B 是 A | 所有的 B 是 A | 所有的 B 都是 A |
| 所以 | 所以 | 所以 |
| 某些 A 是 C | 某些 A 不是 C | 某些 A 是 C |

| | | |
|---|---|---|
| 所有的 B 都是 C | 某些 B 不是 C | 没有一个 B 是 C |
| 某些 B 是 A | 所有的 B 都是 A | 某些 B 是 A |
| 所以 | 所以 | 所以 |
| 某些 A 是 C | 某些 A 不是 C | 某些 A 不是 C |

第四种格

| | | |
|---|---|---|
| 所有的 C 都是 B | 所有的 C 都是 B | 某些 C 是 B |
| 所有的 B 都是 A | 没有一个 B 是 A | 所有的 B 都是 A |
| 所以 | 所以 | 所以 |
| 某些 A 是 C | 某些 A 不是 C | 某些 A 是 C |

| | |
|---|---|
| 没有一个 C 是 B | 没有一个 C 是 B |
| 所有的 B 都是 A | 某些 B 是 A |
| 所以 | 所以 |
| 某些 A 不是 C | 某些 A 不是 C |

所有有效的逻辑推理、所有从概括命题被事先承认，从而同等概括或较少概括的一些命题被推论的推理(*reasoning*)；都列在了上述各种形式的某一个之中。虽然按照这些公式(*formule*)的任何一者而构造的一个三段论是一个有效论证，但所有正确的逻辑推理都只被承认为是第一种格的状态。把一个非第一种格的其他格的论证代入第一种格的规则被称作三段论的“约简

(*reduction of syllogism*)”。它通过两个前提之中的某个或另一个、或两者均是的“转换(*conversion*)”而完成，因此是一个以第二种格的第一种语气的论证。[①] 密尔举了两个例子：

没有一个 C 是 B

所有的 A 是 B

所以

没有一个 A 是 C

可以被约简如下：命题“没有一个 C 是 B”作为一个特称否定命题，允许简单的转换，并且，可以被改为“没有一个 B 是 C”——如同我们已经表明的那样，它完全是一个以其他方式来说的断言，是同一个事实的不同表达。这一转变(*transformation*)是有效的，论证假定了下述形式：

没有一个 B 是 C

所有的 A 都是 B

所以

没有一个 A 是 C

它是第一种格的第二种语气的一个三段论。第二个例子是一个第三种格的第一种语气的三段论，它必定等于：

所有的 B 都是 C

所有的 B 都是 A

所以

某些 A 是 C

其中小前提“所有的 B 都是 A”与上一章里提出的全称肯定命题一致，不允许简单的转换，但可以偶性地(*per accidens*)转换，因此成了“某些 A 是 B”；它虽然没有表达在命题“所有的 B 都是 A”里所表达的全部，但表达了它的一部分，且因此如果整体是真的，它就必定是真的。结果是以第一种格的第三种语气表达的：

所有的 B 是 C

某些 A 是 B

从它明显遵循的，是

某些 A 是 C

以类似方式，每一个有效的逻辑推理都可以以下面两种形式的第一种格来陈述：

每一个 B 都是 C

所有的 A(某些 A)是 B，

---

① Mill，J. S. SL：RI. *CW*，Ⅶ：168，Bk. Ⅱ，Chap. Ⅱ，Sec. 1.

所以

所有的A(某些A)是C。

没有一个B是C

所有的A(某些A)是B,

所以

没有一个A都不是(某些A不是)C。[1]

上述三段论以具有含义的符号来表示，也就是，为了证明一个肯定命题，论证必须允许以这样的形式陈述：

所有的动物都是必有死的；

所有的人(某些人/苏格拉底)是动物；

所以

所有的人(某些人/苏格拉底)是必有死的。

为了证明一个否定命题，论证必须能以这一形式得以表达：

没有一个能够自制的人必然是邪恶的；

所有黑人(某些黑人/A先生的黑人)是能够自制的；

所以

没有黑人(某些黑人不/A先生的黑人不)必然是邪恶的。[2]

密尔接下来讨论的是遍有公理(*The dictum de omni*)的同命题(*identical proposition*)、字面命题，并且在分辨了上述一些非真正命题的基础上得出了三段论推理的真正公理的结论。但是这些话题超出了在目前的整个讨论里需要涉及的范围。在以上的介绍里我主要引介的是一些三段论的基础知识。三段论之所以是被考虑的，是因为三段论被密尔认为是推理之中的演绎推理的基本形式，同时，在许多情况下，三段论也被认为是推理或推论的基本形式。迄今为止的这些三段论的知识，尤其容易让人认为，如果一个推理或推论是可以被得出的，如果一个推理或推论是演绎的，三段论就是这样的推理的最佳形式和理所当然的形式。因此，一个可以通过“因为……所以……”之类的样式陈述的推理，最好是通过一个类似于可以通过上面介绍的三段论的样式来陈述。这样的看法是否正确？

在密尔那里，与这样的理解相反，三段论不是他认为必要的推理样式。此结论是通过对三段论的前提与结论的命题之中的语言成分的分析而达成的。与在《逻辑学体系》里的命名理论与命题理论那里得出的最终观点一致，在三段论里，密尔也用他自己的逻辑学理论得出了一种取消三段论的推理的实际作用的主张的三段论理论。让我们看看这个论点的基本情况。

---

① Mill, J. S. SL: RI. *CW*, Ⅶ: 168, Bk. Ⅱ, Chap. Ⅱ, Sec. 1.

② Mill, J. S. SL: RI. *CW*, Ⅶ: 168—169, Bk. Ⅱ, Chap. Ⅱ, Sec. 1.

## 第四节 归纳、演绎与逻辑推理

推理这一术语是否也在密尔那里拥有诸如“证明”那样的通常意义与扩大意义之类的区别？对此的答案是肯定的。在回答“逻辑是推理艺术还是推理科学”问题的过程里他说道：

则逻辑学包括关于推理的科学，与一门介于那门科学的艺术一样。但再一次地，像大部分其他流行用法里的科学术语一样，词语“推理”非常模棱两可。在它的公认字义(*acceptation*)里，它意味着用三段法推论(*syllogize*)；或者可被称作(对当前目的有充分准确性)从一般到个别进行推断的推论模式。在它的另一种意义那儿，去推理只是去从已经被承认的一些断言推论断言：在这一意义上归纳和几何学证明(*demonstrations of geometry*)[几何证明]一样有资格被称作推理。①

可是密尔这些对推理含义的话并不特别明确。密尔告诉我们的是关于推理、三段论、归纳、几何证明这些涉及甚广的事情。他说的是，推理意味着用三段论推论。与此同时，他也说三段论推论是一个从一般到个别的类型的推论，这完全符合与归纳相对的意义的演绎推理。照此看来，在密尔那里，推理可以意味着模棱两可的从一般到个别的意义的演绎——三段论推论。

在论推理概念的这个地方，一个和论述功利主义原理的“证明”的关于术语使用范围的相似措辞再一次出现了，已经多次指出的是，在那个地方和在《功利主义》里预告将进行一个“证明”的地方，密尔使用的是诸如通常意义的证明、平常意义的证明，以及与之相对应的另一类意义的证明、扩大意义的证明之类的措辞，现在，在这里，密尔使用的是“公认字义”的推理和“它的另一种意义那儿”的推理。笔者接下来将展开对这两个概念的两组不同范围的意义的对比考察。无论两个概念的两组不同范围的意义是否是彼此可以吻合的，推理与证明这两个密尔使用的论功利原理证明时的概念都能得以更好的理解，从而也将为笔者接下来的论述提供具有启发意义的某些结论。

然而，在密尔自己的三段论理论那里一个三段论同时包含了演绎和归纳：

我们将——通常用法相符——把名称“归纳”考虑为更独特地属于建立一般命题的过程，而余下的活动——本质上是解释该一般命题——我们将用它通常的名字“演绎”来称呼它。②

一般命题指的是三段论里的大前提。这些话的意思也就是，一个三段论的大前提是密尔眼里归纳的部分，一个三段论的小前提是密尔眼里演绎的部

① Mill, J. S. SL: RI. *CW*, Ⅷ: 4, Intro, Sec. 2.

② Mill, J. S. SL: RI. *CW*, Ⅷ: 203, Bk. Ⅱ, Chap. Ⅲ, Sec. 7.

分。上述列举的两个三段论“所有的人都是必有死的，苏格拉底是一个人，所以苏格拉底是必有死的”以及“所有的人都是必有死的，威灵顿公爵是一个人，所以威灵顿公爵是必有死的”，其中，“所有的人都是必有死的”是归纳过程，“苏格拉底是一个人”、“威灵顿公爵是一个人”是演绎过程。

但是与密尔自己的三段论理论不同的是，在论推理的性质部分，密尔所说的“公认字义”的推理显然不是指包含了归纳和演绎的一个推理；相反，情况很可能是，在那样的地方密尔指的就只是一种演绎意义的三段论的推理。在这样的情况下，非公认的字义的推论是归纳的，是从个别到一般的。

之所以会采用这样的界定，是因为只有采取这样的说法，密尔接下来说的归纳推理和几何学证明一样有资格被称作推理才是可以言之成理的。否则，如果“公认字义”的推理也包括了归纳的话，那么，他显然没有必要把“归纳”列为“另一种意义”那里去。另外，关于数学的推理和证明这一点，还可以注意到的是，当密尔说“在某种特别的意义那里，归纳性质的推理有资格和几何学证明一样被称作推理”，这意味着无论如何，数理证明或数理推理的确是密尔眼里非常重要的一类推理或证明形式。

我们现在可以很好地理解在密尔在论恰当推理、归纳法与逻辑推理区别的时候说的下述这些论点：

在扩展了的意义上——在其中我使用该术语——“推理”，以及在其中它与“推论”同义的推理，通常被说成是关于两个种类的：从个别到一般的推理，以及从一般到个别的推理；前者被称作“归纳(*Induction*)”，后者被称作“逻辑推理”或“三段论”。……存在着一个第三类的推理，它既不在这些描述之下，而且不仅只对两者之外的其他那些有效，而且也是两者之外的其他那些的基础。[①]

因此约翰·密尔在很大程度上否定了诸如以三段论推理为基本形式的演绎之类的逻辑学的表述，而代之以指出他自己关于推理的更为合理和准确的理论，由此，公认字义的也就是通常意义的逻辑学推理之中的归纳与演绎的区别或步骤，被密尔代之以归纳与逻辑推理的区别或步骤。当结论比起前提中最大的还更为概括的时候，论证通常被称作“归纳”；当比起最大的前提要较少概括或同等概括的时候，它是“逻辑推理”：

有必要观察到，从个别到一般的推理，以及从一般到个别的推理的表达……通过这些表达，意思是，“归纳是从一些比起它自身‘较不基本’的命题推论一个命题”，“逻辑推理是从一些‘同等地’或‘更为’基本的命题推论一个命题”。当对关于一些数量的个别事例观察时，我们追溯到一个基本命题(*general proposition*)，或者当通过结合一定数量的基本命题的时候，本质

① Mill, J. S. SL: RI. *CW*, Ⅶ: 162, Bk. Ⅱ, Chap. Ⅰ, Sec. 3.

上在那些事例里都相同的，此过程被称作"归纳"。当不只是单单从一个基本命题(因为从一个单一命题(*single proposition*)，没有任何事物——不在那些属于里涉及——能被推断)，而是通过把它与其他一些命题结合，从一个关于与它自身同等程度概括的命题而推论，或者从一个较不概括的命题或一个仅仅是个别的命题而推论，该过程是逻辑推理。[①]

之所以出现这样或多或少有些复杂的局面，原因不仅在于密尔曾经指出过演绎与推理在概念上的模棱两可，而且更在于一个特殊的理由，亦即密尔本人恰恰是在提出一种新的关于演绎、归纳与推理的逻辑学理论。具体而言，在演绎、推理的范畴里，他想要做的是把公认字义的与归纳相对的演绎(三段论推理)以及数理证明意义的演绎，转变为一种他认为的真正的推理或推论，即一种符合逻辑的属于归纳的特殊的形式。

从命题"我昨天看见一只天鹅是白色的"、"我今天看见一只天鹅也是白色的"，到命题"所有的天鹅都是白色的"；从命题"在我面前名叫普里西拉的是一个人"、"名叫玛格丽特的是一个人"、"名叫安吉莉亚的是一个人"等，到命题"在我面前所有拥有一个名字的都是一个人"；从命题"猫是食肉动物，有尖牙利爪"、"虎是食肉动物，有尖牙利爪"、"狼是食肉动物，有尖牙利爪"等，到命题"所有的食肉动物都有尖牙利爪"，这些都是归纳，是从个别到一般的推理，是从一些比起它自身"较不基本"的命题推论一个命题。从命题"所有的人都是必有死的"、"苏格拉底是一个人"，到命题"苏格拉底是必有死的"；从命题"所有的人都是必有死的"、"威灵顿公爵是一个人"，到命题"威灵顿公爵是必有死的"，这是一些三段论，是一些"逻辑推理"。

## 第五节　真正的推理及对三段论的否定

我们已经知道，"归纳"被密尔说成是建立一般命题的过程，"演绎"被密尔说成是解释该一般命题的过程。那么，在一个"逻辑推理"的过程中，它既包括归纳，也包括了演绎。现在的问题是，真正的推理发生在什么地方？根据逻辑推理的形式与结构，至少有三种可能，第一种可能是，它发生在逻辑推理的整个过程之中，比如发生从命题"所有的人都是必有死的"、"苏格拉底是一个人"，到命题"苏格拉底是必有死的"的过程之中，或者，它发生在归纳的过程之中，比如命题"所有的人都是必有死的"的建立过程之中，最后，它也可能发生在小前提之中，也就是"苏格拉底是一个人"之中。

密尔本人的观点初看起来是令人有些意外的。让我们回顾刚才说过的话。"公认字义"的推理指的是一种演绎意义的三段论的推理。非公认的字义

---

① Mill，J. S. SL：RI. *CW*，Ⅶ：162－163，Bk. Ⅱ，Chap. Ⅰ，Sec. 3.

的推论是归纳的，是从个别到一般的推理。但是密尔认为，在他的关于推理的观点那里，“在扩展了的意义上”，“推理”或“推论”指的是个别到一般的推理，“逻辑推理”指的是从一般到个别的推理。与此同时，在这两种他认为的扩展意义的推理之外，“存在着一个第三类的推理，它既不在这些描述之下，也不仅只对两者之外的其他那些有效，而且也是两者之外的其他那些的基础”。

这“第三类的推理”是约翰·斯图尔特·密尔所认为的真正的推理。首先，密尔不认为真正的推理发生在三段论的整个过程之中，从命题“所有的人都是必有死的”、“苏格拉底是一个人”，到命题“苏格拉底是必有死的”；从命题“所有的人都是必有死的”、“威灵顿公爵是一个人”，到命题“威灵顿公爵是必有死的”，这样完整的过程并不是必要的，取而代之的，我们可以直接说因为命题“所有的人都是必有死的”，所以命题“苏格拉底是必有死的”；因为命题“所有的人都是必有死的”，所以命题“威灵顿公爵是必有死的”。这是一些直接的推理或推论。其中，“所有的人都是必有死的”是归纳的过程，“苏格拉底是一个人”、“威灵顿公爵是一个人”是演绎过程。

与此同时，密尔否认了真正的推理发生在演绎的过程之中。也就是，真正的推理不发生在因为命题“所有的人都是必有死的”，所以命题“苏格拉底是必有死的”，以及因为命题“所有的人都是必有死的”，所以命题“威灵顿公爵是必有死的”的过程之中。他认为更正确的看法是，命题“所有的人都是必有死的”仅仅是一个中介的过程。真正的推理发生在得出这个中介过程的过程里，也就是，一旦命题“所有的人都是必有死的”是建立起来的，真正的推理就完成了。

密尔认为，证明是推论，且算作一个推论，对于结论必须有比对于前提更多的东西。所以一个同义反复或它的重复都不能够算作一个证明。需要强调的是，这不是一个小的或可有可无的密尔式学说。密尔是在从事激进经验主义者的表明没有诸如演绎推论这样的事物的工程；《逻辑学体系》的更为重要的一个负担是去论证所有的推论(以及作为结果所有的证明)都是归纳的。①

而我们完成命题“所有的人都是必有死的”的建立的手段，也就是，我们完成一个一般命题或普遍命题的手段，是通过对一个具有足够代表的典范的个别的确定而完成的。在这样的手段或方式能够满足的情况下，我们可以跳过命题“所有的人都是必有死的”的中介，直接推理或推论出结论命题“苏格拉底是必有死的”、“威灵顿公爵是必有死的”：

当我们从约翰和托马斯的死，以及每一个其他我们曾经听到过相当可靠的实验情况，威灵顿公爵也会像其他人那样是必有死的；事实上我们经由作

① Millgram. “Mill's Proof of the Principle of Utility.” : 291.

一个中介阶段(*intermediate stage*)的"所有的人都是必有死的";但是,"推论"不存在过程的后一半——从所有的人延承到威灵顿公爵。当我们已经断定"所有的人都是必有死的",推论就已经完成了。[①]

在论述了与枢机主教惠特利(*Archbishop Whately*)对三段论或推理与普通观念的观点的异议后,他接着指出:

从我们关于约翰、托马斯等以前曾经活过但现在已经死了的经验,我们有资格推断,所有人类存在都是必有死的,我们可能不带有任何逻辑不连贯(*logical inconsequence*)地,立即从那些例子得出威灵顿公爵是必有死的。毕竟,约翰、托马斯以及其他人的必有死,是我们对于威灵顿公爵的必有死的全部证据。通过添入一个一般命题,对于证明没有增加一丝一毫。由于个别情况是我们能够具有的所有证据,并且,由于证据要么就其自身是充分的,或者,如果就一者是不充分的,就不能对其他是充分的。[②]

在此之后,约翰·密尔比较了两种推理的路径,他使用了一个旅行到达终点的比喻。在这个比喻里,一般认为的推理——即先得出一个一般命题或普遍命题,也就是三段论的大前提,然后,从这个一般命题或普遍命题得出对于一个小于一般命题或普遍命题范围的结论的过程被称作爬上一座山坡并下坡。密尔认为,这样的路径是传统的,是保险的,而且在旅途的过程中可能因为拥有了一个一般命题或普遍命题这样的至高点而拥有某种非常独特的比如统揽全局的视野,但是,在密尔自己的观点那里,他不认为这样的被称作逻辑学家恣意命名的"高度先验的路(*high priori road*)"是唯一的,是强制必须选择的。他自己认为的旅行到达结论终点的路径是他自己推理的论点,即一种从个别到个别的特殊形式的归纳路径,并且,他认为这两种路径的效果是相同的,都可以抵达终点,不同之处在于所花费的时间和困难。

我不能理解,为什么我们应该被禁止从这些充分前提,以最短路径到达结论,而只能去走那条逻辑学家恣意命名的"高度先验的路"。我不能理解,为什么从一个地方到另一个地方的旅程是无可能的,除非我们"上一座山坡并再下坡"。它可能是最保险的路,而且在山坡的最高处可能有个提供了环顾周围地域的全局视野的休息点;但是,仅仅对于到达我们旅程的终点而言,我们要走的道路是完全可以选择的;它只是一个和时间、困难和危险有关的问题。[③]

在《逻辑学体系》接下来的几页篇幅里,密尔阐述了几个例子,第一个例子是人们在他们人生经历早年时的一些经验:

---

① Mill, J. S. SL: RI. *CW*, Ⅶ: 186, Bk. Ⅱ, Chap. Ⅲ, Sec. 3.

② Ibid., 187.

③ Ibid.

手指曾经被火烧伤的孩子避免把手指再伸到火里面去，已经进行了推理或推论，尽管他从没想到一般箴理(*general maxim*)“火会烧伤”。他从记忆里知道他曾经被烧伤过，且基于这个证据，当他看到一个蜡烛的时候，他相信如果他把他的手指伸到蜡烛的火苗里，他就会再一次烧伤。在每个碰巧发生的情况里他都相信这一点；而不用在每个情况里都展望记忆力的例子。[①]

此后是对于自我与他人之间行为举止的例子的推理过程：

我们经常从我们自己推理到其他人那里，或者从一个人推理到另一个人，而不用自找麻烦，把我们的观察上升为关于人类或外在自然的一般箴理。当我们推断，在某个约定的场合下，每个人将会感到某某或会去做某事，我们有时候是判断自一个扩展的考虑方式——在其中，人类或每个有特殊品格的人基本上惯于去感受和行动；但是，更加经常的是仅仅从回想起同一个人在同一个先前情况里的感受和行为来判断，或者，从我们自己将如何感受或行动来判断的。[②]

在伦理学领域也是如此：

在那些有着较高实践级别的理智者那里，对许多人来说，很显著的是，他们是如何精妙地让他们的手段适于他们的目的，而无法给出任何他们如此做的充分推理；并且应用或似乎在应用一些他们完全无法陈述的深奥原理。这是在心灵之中储存了适当的个例(*particulars*)的自然结果，已经长久习惯于从这些个例到新的个例立即就作出推理，而不锻炼想一个人自己或向其他人陈述相应的一般命题的习惯。[③]

在三段论的大前提、小前提和结论的推理之中，密尔由此认为真正的推理不发生在整个过程之中，也不发生在大前提的建立过程之中。与此同时，三段论的一般命题或普遍命题也就是大前提是可以舍弃的，我们可以直接从小前提得出结论。在三段论“所有的人都是必有死的，苏格拉底是一个人，所以苏格拉底是必有死的”和“所有的人都是必有死的，威灵顿公爵是一个人，所以威灵顿公爵是必有死的”里，我们可以直接从“苏格拉底是一个人”、“威灵顿公爵是一个人”，推论“苏格拉底是必有死的”、“威灵顿公爵是必有死的”：

如果词语“人”涵谓了“必有死”；如果“必有死的”的意思是卷入“人”的意义的；我们可以毫无疑问地从小前提自身就展开推断，因为大前提将已经确定(*assert*)了它。[④]

---

① Mill , J. S. SL：RI. *CW*, Ⅶ：187, Bk. Ⅱ, Chap. Ⅲ, Sec. 3.

② Ibid.

③ Ibid.

④ Mill , J. S. SL：RI. *CW*, Ⅶ：200, Bk. Ⅱ, Chap. Ⅲ, Sec. 6.

密尔在一页之后更具体解释了这个过程：

在论证里，证明了“苏格拉底是必有死的”的这一前提不可或缺的部分如下：“我的父亲，以及我的父亲的父亲等，以及无限数量的其他人，是必有死的。”这只是观察到的他们都已经死去的事实换一种说法的表达。这是从窃取论题(*petitio principii*)里剥离的大前提，并且被缩减到如此的程度，以至于是通过直接证据被真正知道的。

为了把这个命题与结论“苏格拉底是必有死的”联系起来，必要的附加环节如下：“苏格拉底类似于我的父亲，以及我的父亲的父亲，以及其他指定个体。”当我们说“苏格拉底是一个人”时我们断定了这个命题。通过这样说，我们同样断定了他在那个方面类似于他们，就是说，在通过词语“人”涵谓的属性方面。我们推断他在属性“必有死”方面也进一步类似于他们。①

上述引文里提到的“窃取论题”也被称作“窃取论点”、以待决之问题为论据、把未经证明的判断作为证明论题的依据等，大意是，在三段论“所有的人都是必有死的，苏格拉底是一个人，所以苏格拉底是必有死的”之中，“苏格拉底是必有死的”是预设在更为一般的假定“所有的人都是必有死的”里的。除非我们已经确定了每一个个别的人的必有死，否则我们就不能得以断定所有人的必有死。也就是，如果苏格拉底或任何其他一个我们命名的个体是否是必有死的尚且存在疑问，则同样程度的不确定也将威胁“所有的人都是必有死的”的断言。

查尔斯·道格拉斯(*Charles Douglas*)在他的并不受到密尔学的研究者重视的著作《约翰·斯图尔特·密尔：对他哲学的一个研究》(*John Stuart Mill*：*A Study of His Philosophy*)里对此相当正确地说道：

他把三段论视为只是一种陈述的模式，不是一个证明的形式；他对其的见解取决于他对于由之知识是建立其上的因素的概念。如果这些因素是意识的分立状态，且因此只是个别，那么无疑真实的是，一个三段论的大前提只是有关所有各个个别的一个一般陈述，永远不能够证明任何事物。但是如果我们知识的对象被认作有分析的能力的真实事实，则一个需要处理它们的共同因素且从它们的差异里抽象出来的一般陈述可以作为证明的一个手段拥有一个比所有在其上它仍然是以分析为基础的未分析事例要更大的价值。密尔对三段论证明的有效性的否认真正提议的是，论证的真理取决于它的内容，它的一般形式不能证明任何事情。②

---

① Mill，J. S. SL：RI. *CW*，Ⅶ：201－202，Bk. Ⅱ，Chap. Ⅲ，Sec. 6.

② Douglas，Charles. *John Stuart Mill*：*A Study of His Philosophy*. Reprint of the 1895 ed. published by William Blackwood and Sons，Edinburgh and London 1973. Reprint，Folcroft Library Editions.：36－37.

除了对三段论推理的上述言论之外，在回应读者对于《逻辑学体系》的三段论理论的一条增补注释里，密尔声称，在一个三段论的推理里，真正的推理不仅可以不依赖于其中的大前提，或者直接通过其中的小前提而推断出结论，而且，三段论的大前提和小前提都不是绝对必要的。这或多或少可能是令人有些吃惊的。但是，由于密尔持有他自己基于命题含意理论的三段论理论以及真正的推理的理论，也就是，存在除了三段论的大前提建立过程即归纳过程以及小前提的建立过程即演绎过程之外的第三种的推理，因此，他的这种意见事实上也是顺理成章的。就这样，由密尔自己介绍和构造起来的三段论的知识框架被建立起来，并且最终由他自己亲手全部拆除。这个过程与他在《逻辑学体系》里用几百页的篇幅阐述了逻辑推理并最后否定传统的逻辑推理理论，或者，阐述了归纳与演绎并最后否定归纳和演绎是如出一辙的。另外也值得一提的是，虽然三段论不被密尔认为是真正的推理，但是，他认为它可以是任何严格的推理想要验证自身的一个可靠的样式。因此可以很容易理解密尔下面的话：

我乐意承认，比起大前提来，它不是推论的一个更为必要的部分。当存在一个大前提——通过一个类别名称的手段做它的工作——小前提是去解释它所必要的：但推理能够既不带有其中一个也不带有另一个而进行。它们不是推理的条件，而只是对错误推理的防范。在正在考虑中的例子的推理这里，唯一必要的小前提是，苏格拉底像A，B，C，以及其他我们知道已经死去的个别。并且，这是在通过小前提表现的推理过程里那个步骤的唯一的普遍类型。然而，对这个不牢固推理模式的不确定性的经验，教会我们，预先决定对于被观察到例子的什么种类的相似，对于以相同的谓述带来一个未被观察的例子是必要的；而对这个问题的回答是大前提。小前提随即认明(*identify*)苏格拉底拥有的准确相似种类，如同公式所需要的那样。因此三段论的大前提和三段论的小前提同时开始存在，被以相同的紧迫所引入。当我们从个人经验推断而不涉及任何记录的时候——任何一般定理，不管是书面的，或是传统的，或通过我们关于我自己得出结论的心理记录——在我们的想法里，我们既不使用一个大前提，也不使用一个小前提，比如像是三段论所表达的那样。然而，当我们校订这个粗略的从个别到个别的推论，并取而代之以一个更为仔细的推论时，校订就以选取的两个三段论前提构成。但这既不改变也不增添我们之前已经拥有过的证据，它只是就判断我们的从个别到个别的推论是否有良好的根据，给我们一个更好的立场。[①]

① Mill, J. S. SL: RI. *CW*, Ⅶ: 207—208, Bk. Ⅱ, Chap. Ⅲ, Sec. 9.

## 第六节　证明与推理

由于推理问题和三段论问题的上述的讨论或多或少有些复杂，并且也许令人感到有些疑惑，作一下回顾将是有益的。迄今为止本章的论点可以总结如下。

约翰·密尔提出了两种范围的证明，分别是通常意义的证明与扩大意义的证明，与之在措辞上相似的是，在推理的范围上，密尔也提出了两种范围的推理，分别是公认字义的推理与另一种意义的推理。现在，虽然通常意义的证明与扩大意义的证明的含义尚无法精确地确定，但是，通过本章已经作出的对于密尔关于真正的推理理论的论述，已经完全清楚的是，在他那里，公认字义的推理指的是用三段法推论，或者可被称作从一般到个别进行推断的推论模式，也就是通常所说的演绎。在这样的过程里，归纳是被排除在公认字义的推理范围之外的。与此同时，在密尔本人的逻辑学理论那里，一个三段论是典型且基本的演绎和推理的形式，从对于三段论的剖析来看，将更为明白地了解推理、演绎之间的关系问题。一个三段论包括了三个命题，其中，大前提和小前提都属于前提的范畴，第三个命题属于结论的范畴，从证明的角度来看，一般的看法是结论属于被证明的对象，前提之间的推理属于证明的过程。但是，在三段论里，虽然推理肯定是存在的，真正的推理存在于那个过程或步骤之中却是有待商榷的。密尔本人的意见是，三段论的大前提的建立是一个从个别命题到一般命题的归纳过程，小前提的建立是一个从一般到个别的演绎过程，真正的推理可以直接从小前提直接推论出结论，而用不着经过一般命题或普遍命题即大前提的中介，并且，甚至小前提也并不就是更为必要的，因为我们可以通过一个具有代表性的个别直接推论出结论，这也就是密尔所声称的在归纳的推理与演绎的推理之外的第三种推理，并且是他认为的真正的推理。

上文已经多次指出，在密尔那里，证明假定了某种可以证明的事物，它必定是一个“命题”或“断言”；因为只有一个“命题”是能作为一个信念的对象的，或因此是证明的对象。可证明的对象只能是一个命题或断言，非命题或非断言的事物必定是无法证明的。可证明对象与不可证明对象是相当明确的。那么，在可推理或可推论对象与不可推理或不可推论对象那里，情况如何？

逻辑学以两种方式对我们而言是可知的：某些是直接地知道的，是它们自身被知道的；某些是通过其他真理的媒介(*medium*)的。前者是“直觉”的主题，或“意识”的主题；后者是“推论”的主题。由直觉知道的真理是原始前提，由之所有其他前提被推论。……由直接意识(*immediate consciousness*)

对我们是可以知道的真理的情况，是我们的身体感觉(*bodily sensations*)与心理感受(*mental feelings*)。我们直接知道，且是我们自己的知识的是，我们昨天是恼怒的，或者我们今天是饿的。我们只由推论的方式知道的真理的情况，是当我们不在场的时候发生的事件，在历史里记载的事件，或数学定理。前二者我们从被引证(*adduce*)的证言那里推论，或从关于那些仍然存在的过往事件的踪迹推论；后者从写在几何学书本里的以定义和公理为名目的前提推论。①

也就是，如同并不是所有的事物都属于可证明对象的范围内一样，并不是所有的事物都处于在逻辑学上可推论的对象的范围内。在可推理或可推论对象那里，有关的是两类情况，一类是非数理证明的范围的，如密尔提到的当我们不在场的时候发生的事件以及在历史里记载的事件；另一类是数理证明的范围的。那些与直觉和意识有关的我们直接知道了的情况是一些感觉(*sensations*)的对象。它们与推论无关。

密尔视逻辑学为处理人类追求真理的理解的活动，在此基础上，他明确地把与直觉和意识有关的我们直接知道了的情况排除在逻辑学的推理或推论之外，它们被约翰·密尔归入到“一个完全有别的科学部门里”，也就是“形而上学”的范畴中：

关于解释人类在追求真理的理解活动的科学那里，一个本质部分是询问：什么是直觉或意识的对象的事实，什么是那些我们仅仅是推论的事实？但这个询问从没被考虑为逻辑学的一部分。它的未知在另一个和一个完全有别的科学部门里，名称形而上学更显著地属于它……②

根据密尔对推理或推论的这种说法，诸如“我们昨天是恼怒的”或者“我们今天是饿的”这样的情况是不可推理的。但是另一方面，根据可证明对象只不过是一些命题或断言——由于完全符合密尔关于命题的标准——“我们昨天是恼怒的”或者“我们今天是饿的”就完全是可证明的。比如我们可以通过指证我们昨天的确是恼怒的，或者我们今天的确是饿的来证明这两个命题。

如果依据的是密尔关于可推论对象的这样的文本证据，那么，由此可以得出的结论是推理或推论之间不存在完全准确的等同关系。一方面，显而易见，在两对范畴——可推理或可推论的对象、不可推理或不可推论的对象，以及可证明的对象之间与不可证明的对象之间——自身之中，可推理或可推论的对象当然肯定不是不可推理或不可推论的对象，反之亦然，可证明的对象当然肯定不是不可证明的对象，反之亦然。另一方面，在两对范畴的相互

① Mill，J. S. SL：RI. *CW*，Ⅶ：6—7，Intro，Sec. 4.

② Ibid.，8.

关系那里不存在完全准确的等同关系。用不那么准确的说法，可推理或可推论性与逻辑学理论里关于逻辑学与形而上学之间的关系，以及关于逻辑学与科学之间的关系；可证明性与命题理论有关，与逻辑学理论里关于命题理论之间的关系，以及关于语言学之间的关系。

正因为此，与在谈论推理或推论时的具有侵略性质的言辞不同，在谈论第一前提或第一原理的可证明性的时候，密尔并没有使用如此具有侵略性质的言辞，在那个时候他说的只不过是，“词语‘证明’有一个更大一些的意义，其中这个问题是如同任何一个其他哲学的有争议的问题一样受它的检验的。该主题位于理性感觉官能的认识之内；那个感觉官能不单独地以直觉的途径处理它。考虑可以被提交为有决定或者给予或者保留它的对该学说的同意的智力的能力的；且这是等于去证明”。[①] 显然，说“这是等于去证明”，并不是说密尔眼里的更大意义的“证明”是更为正确的证明，或者是更为正确的演绎、推理。在推理或推论的理论部分，密尔认为他的理论是比一般的理论即该术语的公认字义的理论更好的，然而在证明的理论的部分，他不是在表明他的证明的理论是比一般的理论即通常意义或平常意义的理论更好的，情况毋宁是他认为他的证明的理论是与一般的证明有别的。

如果说推理可以等同于推论的话，推理或推论却并不能等同于演绎，同样，推理和推论也不能等同于证明。一个推理的过程是一个或演绎或归纳或两者兼而有之的过程，在一般的看法里它是一个从一般到个别的思维的过程，在密尔那里它是一个建立一般命题的归纳的过程。但是，证明却并不是这样的一个过程。根据密尔逻辑学关于证明的观点，一个证明的过程是对于一个命题的肯定或否定的有效性的判断过程，它事实上依赖于密尔的命题理论尤其是命题含义的理论。

在这一节之前的部分，笔者介绍和论述的是介于推理和证明之间的不对等性，比如，“我们昨天是恼怒的”或者“我们今天是饿的”这样的被密尔明确声称为不属于推理或推论的范围的命题，在可证明性那里却不是不可证明的。但是，笔者认为根据这一点就去设想推论和证明之间的差异并不是恰当的。与此相反，在看到推理与证明的差别之余更应该采取的是对两者的巨大的共性的重视。

仅就“我们昨天是恼怒的”或者“我们今天是饿的”被密尔认为不属于推理范围但属于可证明范围而言，笔者认为也许情况并不如此。原因是，虽然在推理的对象范围问题上密尔作出了清楚的划定，但是在证明的对象范围问题上他并没有专门的涉及，他仅仅告诉我们可证明对象必定表达为一个命题或一个断言的形式，另外，根据之前的论述，我们也已经知道，不可证明的对

---

① Mill, J. S. UT. *CW*, Ⅹ: 207.

象至少包括了非命题或非断言的词语或短语之类的陈述，以及虽然属于命题或断言，但仍然是不可证明的第一原理。现在，对于诸如“我们昨天是恼怒的”或者“我们今天是饿的”这样的命题，首先，如同之前几个段落里说过的，它们是可以证明的，可与此同时，虽然在证明问题上密尔没有像论“推理”那样专门写作一个或几个章节，笔者相信他不太可能认为它们是值得证明的。情况毋宁是，他可能会说的是，类似这样表达一个人的自我感受从而是在表达一个人的意识状态、心灵状态的命题，是一个如同“‘海德’是‘克拉伦登’”、“‘图利’是‘西塞罗’”之类的字面命题或偶然命题那样不属于真正的证明需要去处理的一些命题。

综合这节的这些分析，一个基本观点是，证明和推理之间的正向的关系应该受到更大程度的重视。虽然证明和推理在含义上都是模棱两可的，不是十分清楚的，但是针对两者之间的关系并不是不可以作出一些肯定性的论断。一个证明的过程常常是一个推理的过程，在这么说的时候，意味着推理是证明的方法论。一个推理的过程也常常是一个证明的过程，与刚才的话类似，这也意味着证明是推理的方法论。但是，我们在日常生活里也常常观察到一些两者不对称的情况。一个人要证明所有的食肉动物都有尖牙利爪，他所做的全部事情并不是在做一个推理，比如，进行一个以三段论的形式或者命题演绎的形式的因为猫是食肉动物，有尖牙利爪，所以所有的食肉动物都有尖牙利爪。更准确的情况是，他不仅需要提出猫是食肉动物，有尖牙利爪，而且他还需要寻求一些别的证明的材料，比如，他需要提出“虎是食肉动物，有尖牙利爪”、“狼是食肉动物，有尖牙利爪”、“狗是食肉动物，有尖牙利爪”、“豹子是食肉动物，有尖牙利爪”，等等，在收集了这些材料的基础上，他可以更有把握地提出一个推理。上述的证明材料显而易见是一些证明的证据。对证明证据的推定是一些推理或推论的过程，但是，收集证据和观察证据、评估证据的过程却并不是一些推理或推论的过程。它们是属于证明活动自身的一些事情。

但是，尽管存在这样的情况，证明和推理基本上是对应的。推理和证明都是逻辑学的核心的对象与活动，两者都与命题以及命题之间的逻辑推定息息相关。另外，虽然在密尔那里，他声称的公认字义的推理与另一种意义的推理既然是明确的，那么，有理由相信尚无法明确的他同样声称的通常意义的证明与扩大意义的证明的意思由这样的线索是可以猜测的。

首先，通常意义的证明指的是和推理有关的逻辑学考察的活动，这一点是毫无疑问的，在这样的基础上，通常意义的证明推理指的是密尔所说的公认字义的推理(三段论或演绎)，还是密尔自己持有的真正的推理(一种特殊形式的归纳)，这却是不明确的。也许情况属于前者，也许情况属于后者，具体的情况会是如何或许依赖于进一步的事例资料和背景资料。

其次，扩大意义的证明也并不是完全不能得到更详细的刻画或者设想。表面上看密尔没有在他的论述里对扩大意义的证明进行任何具体的描述，但根据我们已经作出的所有论述，可以完全确定的是，无论他所谓的这样的特殊的不属于证明的证明以及等同于证明的证明指的是什么，它们必定是遵循命题的推理的，这一点的理由也不复杂，它只不过是由于证明对象的形式上的规定性，即我们已经熟悉的一个证明对象只能表达为一个命题或一个断言。换言之无论何种意义的证明，只要它是一个证明，它就必定是一个针对命题或断言的证明。这样，根据密尔在《功利主义》的“证明”里说的一些句子，比如，能给予“一个对象是看得见的”的唯一证明是人们实际地看到它；“一个声音是听得见的”的唯一证明是人们听到它：我们经验的其他来源也如此。以同样的方式……可能去产生“任何事物是可欲求的”的唯一证据是人们的确实际地欲求它。鉴于他继续告诉我们“这作为一个事实，我们不仅拥有所有容许幸福是一个善——即各个人的幸福是对于那个人的善，以及因此总体幸福是对于关于所有人的聚合的一个善——的例子的证明，而且也拥有所有它可能去要求的”，这是在说明证明的实现性。在这样的情况下，密尔的确是在进行一个“证明”。

综合以上的论述，根据推理、演绎术语可能拥有的含义以及密尔本人的规定，我们应该只把推理、演绎的意义限制在一者是与归纳相对意义的演绎——这是密尔所说的“公认字义”的推理——的范围内，以及另一者是作为数学领域的数理证明的意义的演绎——这是密尔所说的通常认为有资格被冠名的推理——的范围内。

如果情况是这样的话，虽然密尔在功利主义原理的“证明”里所说的“证明”的含义不是完全相等的，“公认字义”的演绎或推理，并不等同于“通常意义”、“一般意义”或“公认意义”的证明，但是，它们的使用方式却是有相似之处的。具体一些说，它们的划定和使用都使得密尔的逻辑学思想得到了贯彻，使得对于某个需要采用逻辑学思路的问题——比如我们正在讨论的功利主义原理的“证明”问题——的分析或许能够得到更为恰当的讨论。

在这一节的上述部分里，我们已经讨论了推理与证明的关系。我们的侧重点是从推理概念的角度出发的。那么，一个问题或许是可以被提出来的，在证明的概念那里情况又如何？虽然我们已经考虑了推理的不同的类型，比如数学的推理、三段论的推理、归纳的推理等，但是证明的类型却并没有得到过说明。关于证明这个概念，笔者将在下一章论第一原理的时候进行更仔细的讨论。目前，对于推理与证明的话题，表明这一点就是足够的，即与推理可以归类为数学推理和非数学推理，并进一步被归类为演绎推理和三段论推理等不同的类型一样，这些归类都同样适用于证明概念。因此，可以模仿上一句话，把证明说成是可以归类为数学证明与非数学证明的，演绎证明与三段论证明的，等等。不过，应该注意到且事实上非常明显的是，演绎推理和三段论推理这样的归类是一些属于推理类型的重要因素，但是，对于证明来说情况就不是这样，演绎证明与三段论证明只不过属于证明之中的一些特定的逻辑方式的类型，除此之外，证明包括了证据的因素。这样的论点是这一节之前部分已经论述过的。这里不继续对此进行更多的讨论。

## 第七节 演绎的与非演绎的

以上的论述里，阐述的方向一直是从推理到演绎的，即我们一直是在从推理概念出发，考察推理概念里的演绎的性质。这是可行的也是可以言之成理的，但是这没有涵盖推理与演绎这对概念的全部关系。原因恰恰在于，与从推理到演绎的考虑方向相反，从演绎到推理也是一个可行的考虑方向。在之前的论述里，我们首先考虑了推理所具有的可能的含义，然后判断演绎在其中应该具有的地位。现在我们掉转方向，从演绎出发，看看这个概念本身具有的不同的性质。

一个演绎既可以用于指一个完全与归纳相对应的推理类型，也可以指一个泛泛地符合逻辑的宽松标准的推理类型。在前者那里，它可能被用于“严格演绎”之类的短语。在后者那里，它可能直接等同于宽泛意义的推理的概念。按照这样的演绎的意义的解释，情况也就是密尔的功利主义原理证明是一个非逻辑的证明，或者更恰当地说，一个不按照严格的逻辑的方式去进行的证明。

问题是，当一个人说某个证明是在进行一个演绎时，比如，一个人说“密尔的‘证明’是一个演绎”的时候，我们几乎完全无法判断这个人心里所想的“演绎”概念的意思是什么。那个人既可以指一个完全与归纳相对应的推理类型的演绎，也可以指一个泛泛地符合逻辑的宽松标准的推理类型的演绎。此人究竟选择了何种关于演绎概念的观点，完全取决于他自己对于这个概念的理解以及他赞同的逻辑学知识是什么。不仅如此，即使一个人采用了显得更为明确一些的诸如“严格演绎”这样的说法，事实上，我们仍然无法据此就清楚地得知他意味的“演绎”是什么。此外，更糟糕的情况是，在一个人说出“密尔的‘证明’是一个演绎”或“密尔的‘证明’不是一个演绎”的时候，由于这并没有指明密尔心里所想的“演绎”和“证明”是什么样的，所以，我们也无法判断这个人对于密尔眼里的这些概念的看法。如此看来一切都是无法确定的。

这是作为肯定意义的演绎的情况。如果我们继续考虑“非演绎”的情况，情况就将变得更为复杂。如同这一节之前我们已经论述过的，和“推理”、“证明”这样的概念一样，不仅“演绎”的概念在密尔那里是有着不同的意思的，比如作为公认字义或通常意义的演绎，以及作为扩大意义或真正推理之类意义的演绎，或者是，作为三段论推理的意义的演绎，以及作为逻辑推理的亦即与三段论里的归纳推理相对意义的演绎，而且在“非演绎”那里，无法确定的情况也同样发生了，在说一个证明是非演绎之类的断言的时候，非演绎的意思也完全不是显明的，相反，它可能是非常晦涩或自身就是不清楚的。

比如埃弗里特·韦斯利·霍尔的这个说法：

密尔完全否认了任何给出一个功利原理的证明的尝试。因此步骤 1A 和 1B 不能够如同摩尔和布拉德利解释它们的那样被解释；因为那样的话，它们就将完全是在进行严格的演绎，不幸地是一些是失败的演绎，因为委以了任何学童都能够觉察到的谬误。①

在这里，演绎的意义显然就不是非常明确的。它取决于霍尔对密尔的证明与演绎概念的看法，以及霍尔自己对于证明与演绎的概念的看法。

让我们考虑几种情况。最简单的情况是这样的，一个人可以只考虑密尔的证明的可证明性，比如，强调指出密尔的证明不是一个证明，并且在此基础上不继续对演绎推理方面发表意见。另一种简单的情况是只考虑密尔的证明的演绎推理的性质，不考虑它在证明方面的可证明性。

或者，一个人可以认为密尔的证明是非演绎的，同时，它不是一个证明。罗格·克里斯普的选择就是如此，他告诉我们：

这不是去说功利主义能够被演绎地证明。按照密尔式功利主义，唯一善的或终极的目的是幸福，且终极目的不能够被证明。②

它[功利主义原理]也不能够以一个人能够证明——比如说，基于健康是善的假定，医学——一个对健康的手段——是善的——的方式，被演绎地证明。③

弗莱德·伯杰（*Fred R. Berger*）在《幸福、正义与自由：约翰·斯图尔特·密尔的道德哲学与政治哲学》（*Happiness, Justice, and Freedom: The Moral and Political Philosophy of John Stuart Mill*）里说的是：

大部分密尔的捍卫者从他指出的“在通常认可的术语那里，关于终极目的的一些问题是不允许证明的”的重要提醒开始。在《功利主义》的导论里，密尔已经写过，在进行决定时，我们能够诉诸不止是我们的直觉，因为“考虑可以被提交为有决定或者给予或者保留它的对该学说的同意的智力的能力”。

① Hall. “The ‘Proof’ Of Utility in Bentham and Mill.”: 7.

② Crisp. *Routledge Philosophy Guidebook to Mill on Utilitarianism.*: 70.

③ Ibid.

在意识里保有这些警示是重要的，因为它们提议了从前提到一个结论的推论不需要基于一个演绎的关联而被采取。这仍然不足以捍卫密尔，因为（所谓的）终极目的不能够通过证明而被建立起来的事实，并不使得坏的论证将建立起它们是可以成立的（并且密尔的论证不仅在演绎上是不稳固的，而且也是完全不令人信服的）。[①]

如果把演绎推理的性质即密尔的证明属于一个演绎的推理或非演绎的推理也纳入考虑，情况马上就变得复杂起来，我们拥有了更多可能的看法。有些密尔学的研究者认为这样一个功利主义原理的证明在可以证明与否的性质上是不清楚的，同时在演绎的性质上也是不清楚的，这样的观点也就意味着对密尔的证明和密尔的“证明”的演绎属性持有不进行定论的见解。格伦维尔·沃尔是这方面观点的一个代表：

通过在“该词语的平常意义和通行意义的证明”的“证明”密尔意味的是什么——他认为对他不可行的证明的种类——不是完全清楚的。通常他被认为是去意味着严格的演绎证明。但可能的是他意味着某些更具体的东西，因为他关注的是终极目的：“无论什么能够被证明是善的，必定由被表明是一个对某种不用证明地被承认是善的事物的手段而是如此的。”

一个人不能够如同一个人能够建构一个实践的证明去表明某个事物是作为对于那个终极目的的一个手段而是善的相同方式，建构一个实践的证明去表明一个终极目的是善的。这可能是密尔所意味的全部。如果这样，它开放了关于存在另一个种类的证明的可能性——即便是另一类演绎证明——至少如果我们对于在此处什么是需要去证明的是清楚的话。[②]

与刚才这种观点对比，还可以认为，虽然在可证明与否的性质上不清楚，但是密尔的证明在演绎的性质上却是清楚的。显而易见我们可以认为，根据演绎推理的一般论点，功利主义原理的证明不是一个证明。证明指的是演绎的。密尔否认他的证明是一个证明，并且他认为证明指的是演绎的证明，因为这样的原因，密尔的证明不是一个演绎的证明，而是一个非演绎的证明。萨瑞—麦科德在他的论文《密尔的功利主义原理的“证明”：一个多于半心半意的捍卫》的脚注里提出：

他们注意到，如果没有证明是拥有的，那么密尔必定不是提供他作为对他结论的演绎上有效的根据的考虑。……密尔推进一种被算作一个真正的证明的独特见解，据之演绎上有效的“证明”根本不是证明，因为任何在这样一

---

① Berger, Fred R. *Happiness, Justice, and Freedom : The Moral and Political Philosophy of John Stuart Mill*. Berkeley: University of California Press, 1984. : 52.

② Ibid., 537—538.

个“证明”的结论里发现的事物必定已经是呈现在它的前提里了，且由此是被假定的而非被证明的。相反，他假定，真正的证明不需要建立超出它们的前提的结论——一个建立了某些新东西的证明，情况复杂化了。密尔是否认为“在通常认可的术语那里”的“证明”包括演绎有效的例证是不清楚的。①

这非常正确地指出了一个密尔的证明的论点，“他假定，真正的证明不需要建立超出它们的前提的结论——一个建立了某些新东西的证明”，也就是说，在证明“苏格拉底是必有死的”、“威灵顿公爵是必有死的”的时候，不需要建立超出“所有的人都是必有死的”的结论，单就大前提的必要性的这个观点，萨瑞—麦科德完全捕捉到了密尔的意思。并且，通过说“密尔是否认为‘在通常认可的术语那里’的‘证明’包括演绎有效的例证是不清楚的”，这也就没有确定证明与演绎之间的关系，就目前我们的论述已经取得的结论，这是一个可取的论点，因为演绎的性质在密尔那里的确没有得到明确规定。被他称作“被算作一个真正的证明的独特见解”的观点，即“演绎上有效的‘证明’根本不是证明”也基本是正确的，这句话的意思是说，根据一般的演绎概念的定义，一个证明应该是符合演绎推理的，但是密尔不同意这样的关于演绎的概念。情况的确如此。让我们再看一下与萨瑞—麦科德的观点直接相关的另一位密尔学的解释者的看法。从伊利亚·米尔格兰那里我们还可以看到诸如下面这样的说法：

[密尔的]该立场是如此迥异于当代的鉴赏感受，当他们阅读密尔的政治学和伦理学作品时注释者倾向于遗留它们；作为一个后果，他们糟糕地错误解释了我们在重新建构的段落。密尔否认他的论证是一个“证明”，不是因为它不是演绎上有效的，而恰恰因为它是演绎上有效的。

对于“密尔的论证的第一段不是一个证明”我们拥有两个被提交讨论的理由。一个是它的主观情况；终极目的是一个被挑选为超出推论或证明的可及范围的类目的项目。另一个是该论证的形式：该论证是(我们将说)演绎上有效的并且(密尔将坚持)仅仅是“表面的，不是真正的”。②

通过说“密尔否认他的论证是一个‘证明’，不是因为它不是演绎上有效的，而恰恰因为它是演绎上有效的”，在密尔的“证明”的演绎性质方面，伊利亚·米尔格兰的上述观点显然有些难解。它的意思可以表达如下：密尔的“证明”被密尔否认为是一个“证明”；一般认为这是因为密尔的“证明”在逻辑演绎上是无效的，但在密尔那里真正的情况是，密尔自己认为，他即将作出或打算作出的对功利主义原理的“证明”因为是一个逻辑上有效的“证明”——

---

① Sayre—McCord. “Mill's‘Proof’of the Principle of Utility：A More than Half—Hearted Defense. ”：341.

② Millgram. “Mill's Proof of the Principle of Utility. ”：292.

因此不符合密尔自己的对逻辑演绎的功能的看法——从而不能被说成是一个“证明”。这仍然是比较晦涩的。

更清楚一些的表达是，一般认为，一个论证式的证明如果是有效的，它应该在逻辑演绎上是有效的。在密尔的功利主义原理的“证明”那里，密尔否认他的论证是一个“证明”，按照一般的理解，顺理成章的是，密尔之所以否认他的论证或证明的有效性，是因为它不符合演绎的有效标准，即它在演绎上是无效的。但是，真正的情况是，密尔之所以否认他的论证或证明的有效性，是因为他作出的或打算作出的“证明”不是演绎上有效的。

这是种这样的看法，根据演绎推理的密尔式论点，功利主义原理的证明不是一个证明。证明指的是非演绎的，因此密尔的证明不是一个演绎的证明。由于密尔不认为一个演绎的证明是一个真正的证明，他否认他的证明是一个证明。

但是就演绎这个术语的意义本身，无论如何这些话始终是不明确的。我们并不能从他的话里看出其中所指涉的演绎到底是与归纳相对的意义的演绎，还是符合一般逻辑的宽泛意义的演绎。密尔当然不打算作出一个在公认字义那里的或者通常意义的演绎性质的推理，这一点并没有问题。然而问题在于，公认字义或通常意义的演绎的推理并不被密尔认为是无效的——虽然公认字义或通常意义的演绎的推理对于推理活动的理论不是完全恰当的选择。相反，在密尔看来，它们之所以无法是他自己的理论路线的选择，只不过是由于它们无法真正捕捉到推理的真正要旨。公认字义或通常意义的演绎的推理对于推理活动的理论不是完全恰当的选择，但是，这并不意味着它们是无效的，它们只不过在效力上低于真正的推理。因此米尔格兰的上述说法是成问题的。

如果情况像上面所说的这样，那么，我们应该怎么处理目前遇到的密尔的“证明”的演绎与推理的性质判定的问题？也许就像这些例子表明的那样，直接把密尔的“证明”说成是一个演绎的或非演绎的，演绎证明的或非演绎证明的，严格演绎的或非严格演绎的，以及严格证明的或非严格证明的，这些说法也许都是不那么可取的。取而代之的是什么？密尔自己对于这些问题的逻辑学观点恰好形成了一个可选的替代。也就是，我们也许可以按照密尔的观点那样，认为对于“演绎”和“三段论”的样式和概念都是应该放弃或不继续使用的，相反，我们更应该使用的是诸如“归纳”、“逻辑推理”和真正的推理之类的概念和思路。如果我们采取这样的思考路线，那么，我们就将和密尔一样去考察一个命题或一些命题的含意，考察这个命题或这些命题的属性关系，并根据这些命题含意的理论标准来进行它们之间的真正推理。

不仅如此，笔者想要指出的是，如果我们按照这样的方式来处理任何一个命题或一些命题，那么，这样的方式正好是《功利主义》里密尔在提出功利主义原理的“证明”时所采用的。由此一来，我们也就不用再继续困惑于诸如演绎这样的概念或性质，而是直接考虑在《功利主义》里，密尔的“证明”提出的是什么样的一个命题，它的真正的推理依据到底是什么。笔者相信并且试图论证的，恰恰是这些问题的提出是富有启发性的，而且将对功利主义原理的“证明”问题的最终解释、理解与解决非常有益。

同时，如果采取这样的方式，那么，我们就需要与密尔一道认为一个真正的证明是一个非演绎的证明。在这里，演绎的概念既可以指诸如公认字义的演绎那样的三段论形式的推理(因为三段论不是密尔认为绝对必要采取的推理样式)，而且，演绎的概念也可以指与归纳推理相对的形式的推理(因为只有某种特殊的归纳才被密尔认为是一种第三种类型的同时也是真正的推理)。如果情况是这样的，我们就可以有把握地说，无论它可能是什么样的，就演绎性而言，密尔的“证明”不是一个演绎的证明，相反，它是一个非演绎的证明。一个演绎的证明既可能是有效的也可能不是真正有效的，但是按照密尔的观点，一个符合他的标准的第三种类型同时属于归纳范畴的一种归纳推理却肯定是一个有效并且是真正有效的推理。

迄今为止，我们对可证明性和“证明”的推理或逻辑推理的结论可以进一步陈述如下：

一个功利主义原理的“证明”由于它第一原理的性质，从而是不允许通常意义的推理的证明的。但是“证明”这个术语还有其他的意思，它允许一种扩大意义的“证明”，并且，可以推荐给致力作为赞同或拒绝的意见的考虑，这可以对于是去进行证明。在这样的陈述里，通常意义的证明与扩大意义的“证明”的意义不是可以得到密尔著述的支持的，无法发现什么明显的证据。并且，可证明的对象只能表达为一个命题或一个断言。一个非命题或非断言的陈述肯定是不可证明的或无从证明的。

但是，对于推理的概念，如同本章阐述和论证的那样，它的公认字义的意义指的是三段论形式的或一般意义的演绎，它在密尔那里的更恰当的样式和意义应该是，在将三段论推理作为一种包括了作为一般命题或普遍命题的归纳以及随之对于这个命题的解释的演绎或称作逻辑推理的同时，也将三段论视为不必然需要作出的一种推理形式，相反，密尔认为的真正推理发生在从个别得出一般命题或普遍命题的过程中，在这样的过程中推理就已经完成了，与此同时，一类特殊的归纳是他认为的真正的推理。

密尔在《功利主义》论“证明”的地方，在进行证明之前，除了论及以上这些事情之外，密尔还突然开始谈论一个感官感觉的概念。他对此所说的是，“前者作为事实情况，可以是关于一个直接的诉诸关于事实——也即我们的感官感觉与我们的内在意识——的判断的一些感觉官能。关于实践目的的问题，一个诉诸能够作为同样的一些感觉官能吗？或者认识它们是由哪个其他感觉官能?”它的意思是，关于我们的知识的第一前提或第一原理是一些“事实的事情”的断言，它们诉诸某些感觉官能。但这方面的问题是尚不清楚且有待进一步讨论和论证的，接下来将会对此专门涉及。

现在，仅就功利主义原理的“证明”的推理问题，我们可以有把握地提出的看法是，无论如何，由于密尔的确提出了一些“证明”的说法或步骤，比如：

能给予“一个对象是看得见的”的唯一证明是人们实际地看到它。“一个声音是听得见的”的唯一证明是人们听到它：我们经验的其他来源也如此。以同样的方式，就我理解，可能去产生“任何事物是可欲求的”的唯一证据是人们的确实际地欲求它。①

那么，鉴于他继续告诉我们“这作为一个事实，我们不仅拥有所有容许幸福是一个善——即各个人的幸福是对于那个人的善，以及因此总体幸福是对于关于所有人的聚合的一个善——的例子的证明，而且也拥有所有它可能去要求的”，这是在说明证明的实现性。在这样的情况下，密尔的确是在进行一个“证明”。又由于在密尔那里一个可证明的对象只能表达为命题或断言的形式，鉴于诸如“一个对象是看得见的”、“一个声音是听得见的”、“任何事物是可欲求的”之类的句子无疑是一个标准的命题，则根据可证明对象的非此即彼的情况，可以得出的是，密尔是在按照一个标准的证明的样式，即对一个命题或断言这样的可证明对象的证明方式去处理功利主义原理的“证明”问题。结合本章论述的关于推理的界定，即一个推理可能是公认字义的意义的，也可能是密尔理解的真正推理的意义的，并且，由于密尔没有在《功利主义》里指出他进行的是什么推理，那么，我们目前能推论的是他的“证明”所使用的推理就有可能是其中的任何一种意义。但是，就推理或演绎这样的概念的使用而言，无论如何我们都应该尽量避免赋予其模棱两可的多义和歧义的“演绎”，并使用诸如“归纳”、“逻辑推理”这样的在他那里具有更为明确和准确的逻辑学精确性的概念。

在以上的总结里，我们对功利主义原理的“证明”的可证明性以及它所可能运用的推理方式的说明是结论性的或决定性的。它基本完全清楚且不必再加以修改。我们因此可以开始论述《功利主义》里的“证明”的其他一些问题，比如作为第一原理的功利主义原理的问题，以及密尔所说的诉诸感官感觉之类的问题，对这些问题进一步的讨论和论证将使得密尔的“证明”的轮廓和实质都变得真正明晰起来。但是在进入下一阶段的论述之前，笔者还想解决一个额外但并非完全没有意义的问题，这个问题与作为一个“考虑”的论证以及作为一个“证明”的论证的功利主义“证明”有关。

---

① Mill，J. S. UT. *CW*，Ⅹ：234.

## 第八节 “考虑”与证明

迄今为止，笔者对密尔的功利主义原理的“证明”的论述，在《功利主义》一书的引用方面基本上仅仅限于其中对于此话题讨论的第一章短短几句话的范围内。之所以这么做，是因为笔者希望通过这样的方式更为限定地讨论功利主义原理的“证明”的可证明性问题。现在，我们到了一个更充分地采纳密尔对此的其他说法的时候。在第一段之后，密尔接着说的是：

有关目的的问题，换言之是什么事物是可欲求的问题。功利主义的学说是幸福是可欲求的，并且是唯一一个作为目的可欲求的事物；所有其他事物只作为对于那个目的的手段是可欲求的。关于这个学说，什么是应当被要求的——什么是一些必要的该学说应该满足的条件——以成功使得它的主张能被相信？

能给予“一个对象是看得见的”的唯一证明是人们实际地看到它。“一个声音是听得见的”的唯一证明是人们听到它：我们经验的其他来源也如此。以同样的方式，就我理解，可能去产生“任何事物是可欲求的”的唯一证据是人们的确实际地欲求它。如果功利主义学说就自身提出的目的在理论和在实践之中不是被公认为是一个目的的，没有任何事物将说服任何人相信它是如此。除非在其相信它是可获得的程度内，各个人欲求他自己的幸福，否则对于为什么总体幸福是可欲求的就没有什么理由能被给出。然而，这作为一个事实，我们不仅拥有所有容许幸福是一个善——即各个人的幸福是对于那个人的善，以及因此总体幸福是对于关于所有人的聚合的一个善——的例子的证明，而且也拥有所有它可能去要求的。“幸福”名目成了作为关于行为的目的之一，结果是成为道德的标准之一。[①]

许多密尔学以及功利主义伦理学的解释者和研究者认为这是密尔的“证明”的第一个阶段或第一个步骤。如果按照这样假设的证明步骤，他的第二个步骤就是以下面的方式呈现的：

但单独通过这个，它还没有证明它自身是唯一的标准。为了做到那一点，由相同的规则，将看到有必要不仅表明人们欲求幸福，而且他们从不欲求任何其他事物。现在，易觉察的是他们的确欲求一些以通常语言来说断然区别于幸福的事物。比方说他们欲求美德以及恶习的消除，不亚于快乐以及痛苦的消除。美德的欲求比起幸福的欲求来不是那么普遍的，但它是同样可信的一个事实。所以功利主义规范的反对者通常认为他们有资格推论在幸福之余关于人类活动还有其他一些目的，幸福不是赞许与不赞许的规范。

① Mill, J. S. UT. *CW*, Ⅹ: 234.

可功利主义学说否认了人们欲求美德，或坚持美德不是一个被欲求的事物？恰恰相反。它不仅坚持美德是被欲求的，而且它是就它自身无偏私地(*disinterestedly*)被欲求的。不管功利主义道德家们视作由之美德成为美德的原始条件的见解可能是什么；然而他们可能相信（如同他们的确相信的那样）活动和习性是有德的，只是因为它们推动了比起美德的另一个目的；可如果这被授予，且从关于这个描述的考虑，什么是有德的已经被决定了，他们不仅把美德置于作为对终极目的的手段的善的事物之首，而且也把它的存在的可能性认作一个对于个别的心理事实——一个就它自身的善，不用寻求任何超出它的目的；并认为除非它的确以这一方式喜爱美德——作为一个就它自身可欲求的的事物，甚至尽管在个别事例那儿，它将不产生那些其他的它倾向于产生的可欲求的的结果，由之它被认为是美德——否则心灵就不处于一个正确的状态中，不处于符合"功利"的状态中，不处于最有助于总体幸福的状态中。幸福的成分是非常多样的，它们各个是就其自身可欲求的，不只是当被考虑为增加一个聚合的时候。功利原理并不意味着任何快乐——比方说像是音乐，或任何约定的痛苦的免除——比如健康，是由于那个原因是被欲求。他们是就它们自身和为他们自身被欲求的和可欲求的；除了是手段之余，它们是目的的一个部分。按照功利主义的学说，美德不是自然的和原始的是目的的部分，但它能成为如此；在那些无偏私地喜爱它的人那儿，它已经成为如此，且不作为对幸福的一个手段，而是作为他们幸福的一个部分被欲求和珍视。①

在此之后还有几个段落，在这里继续的引用在篇幅上将会是过长的，笔者将在此后必要的时候再去引用那些剩余的段落。让我们来处理一个关于可证明性的剩余问题。有些论者认为密尔的"证明"不是一个证明而只不过是一个考虑。一个考虑是一个在程度上比证明显得要弱的推理、验证或说服的过程。这样的看法原因显然来自密尔在《功利主义》第一章里对于可证明性的话："然而，我们不是在推论，它的接受或拒绝必定取决于盲目驱使或任意选择。词语'证明'有一个更大一些的意义，其中这个问题是如同任何一个其他哲学的有争议的问题一样受它的检验的。该主题位于理性感觉官能的认识之内；那个感觉官能不单独地以直觉的途径处理它。考虑可以被提交为有决定或者给予或者保留它的对该学说的同意的智力的能力；且这是等于去证明。"②

这种密尔"证明"的考虑论的观点的一个典型例子是罗格·克里斯普在他的《劳特里奇哲学指南系列之密尔论〈功利主义〉》里作出的：

① Mill, J. S. UT. *CW*, Ⅹ: 234—235.

② Ibid., 207.

欲求能够走向错误，且如同密尔提议的，一个滴水不漏的功利主义的证明是不可行的。他能够提供的所有的是去决定他的读者的智能的一些考虑。这样的决定可以肯定是他在这个章节里的主要关切：他在第一段里说到“一个诉诸”。在第二段里说到“被相信的”功利主义的“主张”。且在第三段里说到“给出证明”，“产生”的证据，对作为一个目的的幸福的“承认”，以及使一个人“信服”它是如此的。第四章的最后一句恰留给读者自己去拿他们自己的主意。通过诉诸对他的读者以及所有其他人类存在欲求的自然事实，而非任何不证自明的或直觉的命题，密尔相信他已经为他的读者接受幸福是可欲求的提供了一个哲学上值得尊重的理由。①

显然，在上面这几句话里，克里斯普采取了对密尔的“证明”的“考虑”论的看法，也就是，采取了一种不把密尔的证明视为严格的证明而仅仅是一个考虑的看法。在克里斯普的评价里，“他在第一段里说到‘一个诉诸’”指的是密尔的“关于实践目的问题，一个诉诸能够作为同样的一些感觉官能吗？或者认识它们是由哪个其他感觉官能?”克里斯普“在第二段里说到‘被相信的’功利主义的‘主张’”指的是密尔的“有关目的的问题，换言之是什么事物是可欲求的的问题。功利主义的学说是幸福是可欲求的，并且是作为唯一一个目的的可欲求的事物；所有其他事物只作为对于那个目的的手段是可欲求的。关于这个学说，什么是应当被要求的——什么是一些必要的该学说应该满足的条件——以成功使得它的主张能被相信?”克里斯普“在第三段里说到‘给出证明’，‘产生’的证据，对作为一个目的的幸福的‘承认’，以及使一个人‘信服’它是如此的”指的是密尔在这一节开头部分已经被引述过的整个第三段。克里斯普“第四章的最后一句恰留给读者自己去拿他们自己的主意”，指的是密尔《功利主义》第四章的最后一句话(“可如果这个学说是真的，功利原理是被证明的。它是否如此，现在必须留待有思想的读者的考虑了”)。由此认为密尔提议的功利主义原理的“证明”不是“一个滴水不漏的”“证明”：“一个滴水不漏的功利主义的证明是不可行的。”

这些显然是削弱密尔的“证明”的可靠性的证据。克里斯普认为它们是成立的以及对“证明”的考虑论起到支持作用的。与此相反，笔者认为这些话成立与否是成问题的，且并不能对考虑论起到支持作用。首先，需要指出和注意到的是克里斯普的上面这些话是在一个特殊背景下提出的，他当时谈论的是他对密尔的“证明”的“欲求能够走向错误”的观点，而不是密尔的“证明”的可证明性问题本身。当时正在谈论的问题的全部背景事实上是：

某人可能反驳这一点道，我们的欲求不是绝对可靠的(*infallible*)。可以肯定有可能我们欲求的不是善的，或者甚至是有害的。此外，可能存在不被

---

① Crisp. *Routledge Philosophy Guidebook to Mill on Utilitarianism*.：70.

欲求的可欲求的对象，且这给密尔的证明的最后阶段带来了疑问，在其中他提议单独幸福自身是可欲求的。密尔将可能已经接受了这些论点。如同我们在第二章里看到的，他在其中的第七段里许可了人们只欲求较低的快乐，如果他们是去接受在第四章里的密尔的方法论的话，这将导致他们认为幸福只包含了较低的快乐。[①]

在笔者看来，在谈论可欲求的问题的时候，一下子转而去提出一个密尔的"证明"不是"一个滴水不漏的""证明"的论点是有些突兀的。但是我们现在当然不必去考虑它的这样一个背景，我们现在关切的主要是密尔的"证明"是否像克里斯普认为的那样是一个考虑论的而不是严格证明论的"证明"。首先，从他的最后一个论据谈起。克里斯普的"第四章的最后一句恰留给读者自己去拿他们自己的注意"在这里的引介不是恰当的，对于密尔，类似于"它是否如此，现在必须留待有思想的读者的考虑了"之类的话并不是一个表明他自己的论述是一个不那么具有说服效力，或者说不是滴水不漏的一个托辞，相反，它毋宁是密尔在期刊或作品的结尾经常使用的一个文体方面的常用句子。它起到的是一个语气的作用而不是一个实质语义的作用。其次，克里斯普的"在第三段里说到'给出证明'，'产生'的证据，对作为一个目的的幸福的'承认'，以及使一个人'信服'它是如此的"，这一系列密尔《功利主义》里原文词语的引述显得非常有说服力，但是就笔者的理解，虽然它们都表明密尔是在说服读者，在试图使得读者信服和相信他自己对于功利主义原理的"证明"，然而，在这么做的时候，它们并不能表明正在进行的"证明"就不是一个严格的或滴水不漏的证明。更恰当的说法应该是，在使用那些词语的时候，密尔的用意在于引出他的"证明"的第一个步骤，也就是，鉴于密尔刚刚陈述的是功利主义原理的不可证明的论断的情况，为他提出扩大意义的"证明"进行的一个准备。这样的看法同样适用于"他在第一段里说到'一个诉诸'"的论据。

当然，笔者认为罗格·克里斯普对感官感觉的诉诸的问题的看法是正确的，他对此说的是：

在事实的情况里，一个人能够诉诸判断它们的感觉官能：感官感觉和内在的意识…… 在第一段的结尾，密尔问道，在我们的行为的第一前提的情况里我们是否能够诉诸感官感觉或某些其他感官感觉。在该章的第二段，他问了另一个问题。鉴于功利主义的见解是幸福是唯一一个作为目的的可欲求的，且所以不能够被"直接地"证明，在功利主义是被相信的之前什么条件是必须被满足的？在该章的剩余部分里，密尔提供了对这些问题的回答。对之诉诸能够被作出的感官感觉是欲求的(第三段)。且必须被满足的条件是：

① Crisp. *Routledge Philosophy Guidebook to Mill on Utilitarianism.*：70.

(1)幸福必须是被欲求的；(2)没有任何其他事物必须是被欲求的。[①]

对于感官感觉的诉诸的问题笔者在目前整个讨论的此后章节里还将专门涉及。现在让我们继续看看“证明”的考虑论的其他一些例子。

这种解释如果走的更远，就将得出密尔所声称的“证明”根本就不是一个证明而只是一个诉诸有理性的人们的诚实的观点，笔者认为多少有些令人吃惊的是不少密尔的当代解释者接受了这样一个观点。

例如，埃弗里特·韦斯利·霍尔最先提出了密尔“证明”的诉诸读者诚实的论点：

在作出伦理的判断的时候，有必要回到一个伦理学的一般原理来应用一般原理：“一个个别行为的道德不是一个直接感知的问题，而是对一个个别情况的一个定律的应用的问题。”因此论理学的经验主义者面对这个严重的问题：一个人的伦理学的第一原理(比如功利原理)是如何能够被建立的？不证自明的不是可行的，因为诉诸它将是一个对直觉主义的包括；归纳概括也不是可行的，因为个别行动的正确或错误不面向直接的感知。

在这个情况下，密尔走出了对两个考虑的使用，两者都是他从边沁那里得来的，不是去证明功利原理而是去使得它对于能推理的人是可以接受的。这些的其一本质上是对于人们的诚实的。当通常人们试图理性地验证他们的道德判断的时候，他们由心照不宣的对功利原理的使用来做到如此。当一个研究伦理学的人试图表明为什么他的伦理学的第一原理(如果它不同于功利原理的话)应该是被接受的，他由功利主义的论证来做到如此。我坚信这不是老旧的普遍同意论证(*Consensus gentium argument*)[公论论证]，它也不取决于一个对真理的社会协议理论(*social-agreement theory*)。如果它是的话，一个对功利的严格的证明就将是可能的。如同我已经说过的，它毋宁是一个对于智力诚实的诉诸。它说道：“我亲爱的伦理学研究者，无论任何你是措手不及的时候，或者在日常情况里或者在对于某个伦理学原理的论证里，你发现你的理由回到了一个心照不宣的作为伦理学的第一原理的功利的假定之上。比起把回复你对此的注意，功利主义者需要做什么更多的？”[②]

霍尔的这个说法这导致理查德·H. 波普金在他的《密尔对功利的“证明”的一则注解(*The “Proof》Of Utility in Bentham and Mill*)”里报告道：

霍尔在他的论文里表明了处于争议中的该段落如果在背景中得以考察，并不允许这样一个解释，而取而代之的既是合理的而且也不具有任何逻辑错误。在这个段落之前密尔指出过，基本的伦理学原理是不容许严格证明的，且所以密尔取代以唯一类的“该情况允许的证明”。这个类型的“证明”只包含

① Crisp. *Routledge Philosophy Guidebook to Mill on Utilitarianism*. : 71.

② Hall. “The‘Proof’Of Utility in Bentham and Mill.” : 7—8.

了某些密尔认为可能诱使一个诚实的和有推理能力的人去接受功利主义的考虑。[1]

哈迪·琼斯(*Hardy Jones*)在《密尔对功利原理的论证》(*Mill's Argument for the Principle of Utility*)里对此的报告是：

这些结论对最近捍卫密尔的证明的努力有一个重要影响。埃弗里特·韦斯利·霍尔认为该论证涉及了一个对人们的智力诚实和对他们的被考虑为有关什么是善的和正确的的判断的含蓄诉诸。[2]

与此类似，在《对密尔的证明的重新解释》(*A Reinterpretation of Mill's Proof*)里，卡尔·韦尔曼(*Carl Wellman*)说的是：

也许我们的错误压根在于寻求任何逻辑的论证。我们必须不忽略他方反复的警告，即没有什么真正的证明是打算作出的。我们不应期待找出严格的推理，而只是"决定智能的考虑"。这些可能是什么？

密尔可能已经简单地解释了他的立场。一个人任何能够以别的方法劝服某个人相信一个如此基本的原理，以至于没有任何更为终极的能由之论证？从属原理能够由把它们从更为基本的前提演绎出来而被证明，但是最终这些前提必须不带证明地站立。当一个人到达第一原理的时候，没有任何事物去做，而只是解释它们的意义以及解释其余情况。然而这不是密尔心里想的，因为他把这些"考虑"从仅仅是解释那里区别开。

另一个可选的是，他是在诉诸读者的诚实。他是在请求读者去承认他已经接受了这个原理。由于所有的推理依赖于被同意的前提，对终极原理没什么可做的，除了试图使得其他人去承认他已经同意于你了。[3]

伊利亚·米尔格兰似乎也采纳了这样的看法，他认为可能的情况是"密尔是在试图引出的是一个关于读者已经作为一个目的拥有的之物的承认"：

密尔不处于一个去论证幸福是我们真正追求的位置上，但是他能够把它以一种方式放到他的读者面前，提醒读者对于他自己利害攸关的，是他想要的，且这是他称之为"幸福"的。"如果功利主义学说就自身提出的目的在理论和在实践之中不是被公认为是一个目的的，没有任何事物将说服任何人相信它是如此"。[4]

艾伦·瑞安的观点是：

鉴于密尔对艺术与科学的关系的说明，且鉴于他声称道德是一门艺术不是一门科学，我们了解了为什么他认为他自己仅就是不是不得不去试图证明

---

① Popkin. "A Note on The'Proof'Of Utility in J. S. Mill."：67.

② Jones. "Mill's Argument for the Principle of Utility."：350.

③ Wellman. "A Reinterpretation of Mill's Proof."：270.

④ Millgram. "Mill's Proof of the Principle of Utility."：292—293.

功利原理，而毋宁不得不去指出一个证明是严格而言不可能的。因此问题变成了一个找出什么类的“能决定智能的考虑”是密尔的确诉诸的，且它们具有什么重要性。

与这样的观点相反，笔者认为，与密尔的“证明”不是一个逻辑学的证明而是一个非逻辑的证明相反，至少在他的“证明”的第一个步骤——如果我们认为他的“证明”包括了多余一个的步骤而不是只拥有一个步骤的话——他的功利主义原理的证明完全是一个逻辑学的证明，而且，恰恰由于密尔把这个证明完全依照他的命名理论、命题理论及尤其是其中的命题含义理论(也包括关于真理的整体与部分的关系的理论)，他的证明才变得如此这般，并出现了广为人诟病和争辩的种种问题。

笔者的论据从理由上说非常简单：密尔虽然告诉我们他的“证明”是一个可以推荐给智力作为判断对功利主义原理赞同与拒绝的“考虑”，但是在《功利主义》论“证明”的部分他也多次表明他的“证明”的确是作出甚至是成功地作出的。其中的一个论点已经在这一章的“证明与推理”的第六节里提到过了，在那个地方笔者说的是，鉴于他继续告诉我们“这作为一个事实，我们不仅拥有所有容许幸福是一个善——即各个人的幸福是对于那个人的善，以及因此总体幸福是对于关于所有人的聚合的一个善——的例子的证明，而且也拥有所有它可能去要求的”，这是在说明证明的实现性。在这样的情况下，密尔的确是在进行一个“证明”。事实上，与此相同，密尔的下述说法，“能给予‘一个对象是看得见的’的唯一证明是人们实际地看到它。‘一个声音是听得见的’的唯一证明是人们听到它：我们经验的其他来源也如此。以同样的方式，就笔者理解，可能去产生‘任何事物是可欲求的’的唯一证据是人们的确实际地欲求它”，这难道不也是在进行对于“证明”的完全的肯定？

还有一些证据。在说完上面这些话之后，密尔很快开始询问，“但单独通过这个，它还没有证明它自身是唯一的标准。为了做到那一点，由相同的规则，将有必要看到不仅表明人们欲求幸福，而且他们从不欲求任何其他事物。现在，易觉察的是他们的确欲求一些以通常语言来说断然区别于幸福的事物。比方说他们欲求美德以及恶习的消除，不亚于快乐以及痛苦的消除”。[①] 对于这个问题，他的回答是肯定的，在几个段落之后他告诉我们：

则我们现在拥有对于关于什么类的证明功利原理是容许的问题的一个回答。如果我现在陈述过的意见在心理学上是真实的——如果人类本性是如此构成的，至于与不欲求任何既不是幸福的一个部分也不是幸福的一个手段的事物，我们不能够拥有其他的证明，且我们不要求其他的这些是唯一一些可欲求的事物的证明。如果这样的话，幸福是人类行动的唯一目的，且它的增

① Mill, J. S. UT. *CW*, Ⅹ: 234－235.

进是由对所有人类行为的判断所测试的；自此处必然沿循的是它必定是道德的标准，因为一个部分是包括在整体之中的。

且现在去决定这是不是真正如此的；是否人类的确不欲求任何对它自身的事物，而是欲求一个对他们快乐的事物，或者是一个痛苦的缺席；我们已经明显到达了一个事实和经验的问题，像所有相似的问题一样依赖于证据。它仅能够由实践的自我意识和自我观察决定，由对其他人的观察协助。我相信，这些证据的源泉在公平无私地考虑的情况下，将宣布欲求一个事物和发现它快乐的，对它厌恶和认为它做作痛苦的，是完全地不能分离的现象，或者毋宁是同样现象的两个部分；在语言的严格中，两个不同模式的关于同一个心理事实的命名：去认为一个对象作可欲求的(除非为了它的结果之故)，以及去认为它作快乐的，是一个事物且是同一个事物；并且，去欲求任何——除非与作为它是快乐的观念成比例的——事物，是心理上和形而上学的不可能性。[①]

通过说"我们现在拥有对于关于什么类的证明功利原理是容许的问题的一个回答"，说"我相信，这些证据的源泉在公平无私地考虑的情况下，将宣布欲求一个事物和发现它快乐的，对它厌恶和认为它做作痛苦的，是完全地不能分离的现象"，毫无疑问都是在表明他的论证或证明以及论据的可靠性。我们的证据因此是充分的。无论如何，我们不能认为密尔的"证明"仅仅是一个考虑，是一个诉诸读者即有理性的人的诚实。密尔的"证明"虽然是要被推荐给有理性的人，作为对他们的赞同和拒绝的一个考虑，是诉诸读者的诚实的判断的，这话不假，但在严格的界定里，这表明的是他的"证明"算是一个考虑，而不表明他的"证明"的性质也同样是一个考虑。在密尔那里，一个"证明"只能是对于命题或断言的真的论辩，或者是对于可靠证据的合理归纳与推理。

并且，由于密尔在逻辑学上亲自阐述并支持的是一种特殊的归纳法，这使得他对于证据的收集和证据的可靠性给予了相当大程度的重视。由此一来，在密尔眼里，术语证据和术语证明在词语的意义上是同样强的，而不是前者弱于后者。因此，诸如克里斯普那样认为因为密尔提出的是"证据"，所以他的"证明"不是严丝合缝的论点就是不恰当的，相反，密尔是在基本相同的含意上使用证据和证明两个词语的。这在《功利主义》里论"证明"的部分随处可见。不过，对这两个术语的意味强弱的误解并不只属于一个人，还有其他一些学者也持有证据和证明的不同意味的观点，内尔·库伯(*Neil Cooper*)在《密尔的功利原理的"证明"》(*Mill's "Proof" of the Principle of Utility*)一文里说道：

---

① Mill, J. S. UT. *CW*, Ⅹ: 237－238.

“唯一证明”，他说，“能给予‘一个对象是看得见的’的，是人们实际地看到它”，因此蕴意了他是在关注于充分条件，且他在下一个句子里随着提到可听性(*audibility*)重复了词语“证明”。当然，词语“证明”的这样一个用法是无可非议的，因为任何一个“从存在到知道”(*ab esse ad posse*)的论证都是一个击倒论证(*knock－down argument*)。现在，如果密尔继续说了“可能去产生‘任何事物是可欲求的’的唯一证据是人们的确实际地欲求它”，他就将肯定地宣称给予我们一个击倒论证，以及一个在那方面的无效的论证。但是他关于该种类没有说任何话，且所以去反驳不像他的批评者假定的如此容易。他试图提供的是一个对于证明的代替，“可以有能力决定智能的考虑”，且因此他停止了词语“证明”而选择了较弱的词语“证据”。[①]

“他停止了词语‘证明’而选择了较弱的词语‘证据’”的说法也就完全误解了密尔的意思。与之作为对比，在“密尔对功利原则的论证”里论述‘照心理快乐主义解释的论证，可能去产生‘任何事物是被欲求的’的唯一证据是‘人们的确实际地欲求它’要求为不是真的。幸福是可欲求的的结论是与相当不同于对之密尔限制我们的唯一证据不同的”的时候，哈迪·琼斯补充解释的是，“可能被反驳道，在论证里使用的逻辑上充分的条件严格说来不是‘证据’。但密尔对‘证据’的用法是非常自由的。可见性类比涉及词语‘证明’。这个词被用于关于‘理性根据’的宽泛意义”。[②] 这显然更接近密尔的意思。

所有待证明的对象可以通过是否是一个命题或一个断言的方式来进行划定。如果一个待证明的对象不是一个命题或一个断言，那么它无论如何肯定是不可证明的。如果一个待证明的对象是一个命题或一个断言，那么，在其中，第一原理的类型的命题或断言是不可证明的，除此之外的其他各种命题或断言很可能是可以得到证明的。但是如果一个对象是可证明的，那么它必然是一个命题或断言，则在这样的证明之中它必定遵循密尔认为的推理，并且很有可能采用的是他自己提出和支持的真正的推理类型。也就是说，一个证明必定是一个采用了恰当的推理或推理逻辑的证明，而不会只是一个考虑或一个诉诸读者诚实的事情。在作出这样论断的时候，笔者指的“证明”是完全归属于证明的范围内的部分，它不指证明的范围之外的部分，比如对证明的其他部分的论述。密尔说过：

在一个归纳里，结论是从证据自身推论的，不是从关于证据充分性的认识推论的；就如同我们推论，我的朋友正在朝我走来，因为我看到他，不是因为我认识到我的双眼是睁开的，以及认识到眼球是知识的一个手段。在所有需要注意的活动里，对我们自己假定该过程已经正确地执行了是好的；但

① Cooper, Neil. “Mill's ‘Proof’ of the Principle of Utility.” *Mind* 78, no. 310 (1969): 278.

② Jones. “Mill's Argument for the Principle of Utility.”: 345.

过程的测验不是过程本身。[①]

同样的道理，一个证明的过程可能的确包括了作为一个考虑或者作为诉诸读者的诚实的事情，但是就证明的推理过程本身以及证明的实质，考虑论的看法是不恰当的。任何一个证明不会是不严丝合缝的或不滴水不漏的，相反，它们必定是严丝合缝和滴水不漏的。如果坚持考虑论的看法，亦即把密尔的功利主义原理的"证明"看作只不过是一个不严格的事情，从而不把它看作一个证明，或者把它看作仅仅是一种松散的符合逻辑的谈论，这都将使得我们从根本上误解密尔的"证明"的真正本质，并进而影响我们对于他的"证明"的各种其他的理解。这里还可以指出的是，在笔者看来，密尔的证明是否严格和周全，这个问题也与我们对密尔"证明"的步骤的判定有关系，这个问题笔者将在此后加以专门论述和分析。目前让我们考虑一个此前经常出现但一直没有恰当机会加以充分讨论的问题，即功利主义原理作为第一原理出现，这样一个性质也恰恰在很大程度上导致了它的不可证明性。下一章开始就是对此的探讨。笔者认为，第一原理或第一前提的性质不仅是对功利主义原理及功利主义理论理解的一个至关重要的要点，而且，它与数学公理系统的比较以及它与命题理论的结合从而引发的功利主义原理的命题陈述式的确定，将最终成为我们对于密尔的"证明"的恰当解释与理解的钥匙。

① Mill，J. S. SL：RI. *CW*，Ⅷ：204，Bk. Ⅱ，Chap. Ⅲ，Sec. 8.

# 第三章　第一原理、目的论与公理系统

## 第一节　边沁主义者

尽管有争议，但是总体来看密尔一直是一个坚定的功利主义者，是一个功利主义理论或功利主义原理的信徒和实践者。密尔从青年时期起就以功利主义的哲学激进主义学派中的温和派主张中的一员的身份出现，他从他的父亲詹姆斯·密尔那里接过了社团协会的创立者、领导者的角色，且他最终接过了杰里米·边沁(*Jeremy Bentham*)在一系列功利主义思想的先驱——包括托马斯·霍布斯(*Thomas Hobbes*)、霍尔巴赫男爵(*Baron d'Holbach*)[保罗·海因里希·迪特里希(*Paul Heinrich Dietrich*)]、克劳德·阿德里安·爱尔维修(*Claude Adrien Helvétius*)、约翰·洛克(*John Locke*)、威廉·葛德文(*William Godwin*)等人物在内——之后所振聋发聩地重申的快乐或苦乐原理，并且，按照密尔在同名著作的一个脚注里的说法，由他首次直接命名为“功利主义”。

约翰·斯图尔特·密尔乐于接受最大幸福的功利主义。他从童年时期起已有的心理学、哲学和逻辑学学习正好符合他对于功利主义学说的接受。非常小的时候，小密尔就在老密尔的要求下阅读了边沁的《立法论》(*Traité de Législation*)。

与《政府片论》(*A Fragment on Government*，全名《评威廉·布莱克斯通爵士〈诠释〉一书导言中关于政府问题的一般理论》)和《道德与立法原理导论》(*An Introduction to the Principles of Morals and Legislation*)一样，它正是边沁在其中明确提出功利主义学说的著作之一。在前者那里，简单地说，边沁的功利主义认为政府的统治应该根据功利主义的原理，即人民的最大的幸福和最小的不幸福(痛苦)；不仅如此，它是政府应该依据的唯一的原则，要提出除此之外的另一个原则是不可能的。边沁详细分析并着重强调了利益和权力的计算与考虑。把对利益的后果预计作为功利主义原则的重要特征。《立法论》与《道德与立法原理导论》的观点如出一辙，都在书籍的开始部分就宣称功利主义原理是第一原理、基本原理。

功利主义原理是什么？对于功利主义伦理学，众所周知的是，杰里米·边沁在《道德与立法原理导论》开宗明义就指出：

功利原理是指这样的原理：它按照看来势必增大或减小利益有关者的幸

福倾向，亦即促进或妨碍此种幸福的倾向，来赞成或非难任何一项行动。我说的是无论什么行动，因而不仅是私人的每项行动，而且是政府的每项措施。

功利是指任何客体的这么一种性质：由此，它倾向于给利益有关者带来实惠、好处、快乐、利益或幸福（所有这些在此含义相同），或者倾向于防止利益有关者遭受损害、痛苦、祸患或不幸（这些也含义相同）；如果利益有关者是一般的共同体，那就是共同体的幸福，如果是一个具体的个人，那就是这个人的幸福。①

这样的说法也许是耳熟能详的。在简单论述了功利主义原理之后，绝大部分篇幅里他谈论的是针对立法理论这样的法律学说的内容。其中，道德的或快乐与痛苦的计算学的方法论是他的论述重点。这些具体学说毋庸置疑一直受到争议。有些人认为边沁的道德计算学对于伦理学、法学、政治学是有益的，它是一种边际效益的经济学的形式，恰当应用和理解的道德计算学、快乐痛苦计算学将给社会科学和人文科学带来意想不到的帮助。论边沁的功利主义原理的论文和著作习以为常的一种介绍方式是把边沁的道德计算学言论搬出来，快乐或幸福的衡量是最常出现的：强度、持续性（持续时间）、确定性或不确定性（确实程度）、邻近或偏远（远近程度）、丰度（继生性）、纯粹性（纯度）、范围。还不够？典型的边沁是这样的：以简单快乐为例，它包括感官之乐，财富之乐，技能之乐，和睦之乐，名誉之乐，权势之乐，虔诚之乐，仁慈之乐，作恶之乐，回忆之乐，想象之乐，期望之乐，基于联系之乐，解脱之乐。以简单痛苦为例，它包括匮乏之苦，感官之苦，棘手之苦，敌意之苦，恶名之苦，虔诚之苦，仁慈之苦，作恶之苦，回忆之苦，想象之苦，期望之苦，基于联系之苦。

这当然是非常突出的。把快乐的衡量进行了这样类型规定的一个人要么是一个天才，要么就是脑子有问题。有些人认为边沁属于前者，另一些人认为他属于后者，还有一些人认为他既属于前者也属于后者。边沁哲学的意义就这样被引入到一些偏离了他本来的要义方面。但是非常显然，包括约翰·密尔在内，更大多数的人对边沁的道德计算学持否定意见。人们把边沁在他的那些论著里撰写的无比详细的、甚至是不厌其烦的包括快乐和痛苦计算在内的事物分类感到不耐烦，结局是边沁的快乐痛苦的计算学只不过被当成一个援引的好例子，一个表明边沁在哲学修辞方面的特点的例子。人们喜欢的是一些简洁的、容易理解的东西而不是过于繁复的规定。道德计算学和苦乐

① Bentham, Jeremy. *An Introduction to the Principles of Morals and Legislation*. London New York and Toronto: Clarendon Press, reprint of 1780's first edition(and first published in 1789), 1907. : 1 n6.

分类学不幸地拥有了一个社会科学理论所有可能拥有的不那么讨人喜欢的特点。

但归根到底，就功利主义原理本身来说，重点之处完全在于它在杰里米·边沁那里都是作为一个非常彻底的第一原理的角色被隆重提出的。

包括密尔在内，更大多数的人对边沁的道德计算学是持否定意见的。但道德计算学和苦乐分类学不完全一样。密尔对前者持否定意见，认为他的这位导师对经验的观察有重大欠缺。然而在苦乐分类学方面这种方法论却是密尔完全乐于接受的。他把这称作"具体的方法"，也就是在遇到任何经验的时候，遇到任何新的东西的时候，都对这个事物进行详细的考察，尽可能对它作最彻底的分析。密尔认为边沁的这个方法论给他的哲学和他的思想带来了巨大的教益。蒙特克莱尔州立学院的路易斯·B. 齐默尔(*Louis B. Zimmer*)在《约翰·斯图尔特·密尔的功利主义的"负面论证"》(*The 'Negative Argument' in J. S. Mill's Utilitarianism*)里对此作出了一个很好的叙述。[①]

而到了功利主义原理作为一个第一原理这里，密尔的回应则完全是正面的。在《评论边沁的哲学》(*Remarks on Bentham's Philosophy*)里，这位边沁的弟子表达了他所认为的边沁的功利主义，也许不令人吃惊的是，密尔突出地强调了边沁的功利主义是一种作为第一原理的功利主义。其模样如下：

> 边沁先生的哲学的第一原理是这些；——由快乐和免除痛苦的术语意味的幸福，是在其自身可欲求的唯一事物；所有其他事物只是作为对那个目的的手段可欲求的：因此，最大幸福的可能的产生是所有人类想法和行为——并由此是所有道德和治理的——唯一适当目标；不仅如此，快乐和幸福是由之人类的行为是事实上被统治的——无论个别置身在什么环境下，且无论他是否觉察它——的唯一中介。[②]

毫无疑问，约翰·密尔完全把功利主义原理当作一个第一原理，且因为这个原因他才对边沁的这个学说如此推崇备至。

> 培根对物理知识所做的是边沁先生对哲学的立法所做的。在培根的时代之前，许多物理事实已经被确定了；在边沁先生之前，对法律的制定，人类已经拥有许多公正的和有价值的分离的观察。但他是试图有规律地通过从一

---

① Zimmer, Louis B. "The 'Negative Argument' in J. S. Mill's Utilitarianism." *The Journal of British Studies* 17, no. 1 (1977): 119—37.

② Mill, John Stuart. Remarks on Bentham's Philosophy. Edited by John M. Robson. Vol. X: Essays on Ethics, Religion, and Society, *The Collected Works of John Stuart Mill* (in 33 Vols). Toronto and Buffalo: (1963—1991) University of Toronto, Routledge & Kegan Paul, 1969: 5. Other editions included, with Geraint Williams. *Utilitarianism* ; *on Liberty* ; *Considerations on Representative Government* ; *Remarks on Bentham's Philosophy*. New ed, The Everyman Library. London Rutland, Vt. : Dent ; Tuttle, 1993; et cetera.

个伟大的一般功利的公理或原理的直接的和系统的推论，演绎法律的所有的次级和中间原理的人。在所有现存的法律体系里，那些次级原理或判决附带意见——体系的本质存在于其中——已经详细地发展起来了，甚至当从功利的视角被发现的时候，不是任何科学的和全面的探究过程的后果；而更经常地是纯粹技术的；也就是，它们已经发展为超出纯粹“历史的”环境了，且当那些环境已经变化了的时候没有得到任何改变，而只能依赖法律的拟制和无意义的范式。①

在《逻辑学体系》里、在《论边沁》(*Bentham*)里，上面的说法在约翰·斯图尔特·密尔的所有的作品里还能找到很多。在第一原理的归纳性这一点上把边沁和培根联系起来，对此密尔显然没有找错对象。培根的《新工具》(*Novum Organum*)所热衷讨论的的确是中间原理、普遍原理的层次。密尔的意思是，后者是自然科学领域的第一原理的领头人，与之对比，边沁是法学、道德哲学等社会科学领域第一原理的领头人。第一原理所涉及的经验内容在他们首次以第一原理的概括形式提出之前久已存在，但由于自然科学和社会科学都需要一些可以演绎出其他所有次级原理或中间原理的第一原理，第一原理的发现绝不是可有可无的，相反，在密尔那里它具有非常重要的作用。对于第一原理的推导顺序，在《尼各马可伦理学》里亚里士多德曾经借用柏拉图的问题对此表示过一些迟疑，可密尔不面临这样的困惑。

以上论述强调的是密尔对边沁功利主义原理作为一个第一原理的认可方面，不过密尔也不是完全没有异议。他有异议的是这一点的其他一些层面的事情，他想要修正边沁的功利主义第一原理的其他一些方面。这些密尔想要修正的方面是什么？答案是它的形而上学基础、人性论观察和逻辑学基础。

首先看一下有关密尔所认为的边沁在功利主义原理形而上学基础方面不足的问题。《评论边沁的哲学》里，在说完“边沁先生的哲学的第一原理”是“快乐和免除痛苦”、“是在其自身可欲求的唯一事物”、“最大的可能幸福”等之后，约翰·斯图尔特·密尔紧接着评价的是，“边沁先生显得没有很深地涉足这些学说的形而上学根据之中”。② 那么什么是形而上学问题，它和伦理学的关系是什么？已经被一些密尔的研究者发现并指出的是，在那个时代“形而上学”这个术语指的是心理学。这个说法是有吸引力的。如果采纳它，我们就可以非常方便地把约翰·密尔的逻辑学、心理学、伦理学、形而上学这些他的哲学思想的基本领域更为简单地按照这个等同，转变为再简洁一些的几个部分，即逻辑学、心理学、形而上学。但是，“形而上学”似乎不等于“心理学”，《塞奇威克的讲谈》里密尔说到了什么是形而上学、什么是功利主

① Mill, J. S. Remarks on Bentham's Philosophy. *CW*, Ⅹ: 9—10.

② Ibid., 5.

义伦理学的问题：

对这第二个理论塞奇威克先生称为“否认道德感受的存在”。首先这是在说错(misstate)[作虚伪叙述]问题。没有人否认道德感受的存在。感受存在着，明显地存在着，是不能够被否认的。基于其上有一个不同之处的问题是——首先，它们是简单感受还是复杂感受，且如果是复杂的，它们由哪些基本感受组成：这是个形而上学的问题；其次，什么种类的行为和习性是那些感受的恰当对象，换言之，什么是道德的原理。这些问题，尤其是后者，是被称作功利主义的理论公开宣称去解决的。①

就笔者所理解，对于形而上学和心理学的关系，密尔似乎是在说，判定感觉的属性，比如判定是简单感受还是复杂感受这样的问题是形而上学问题，与此同时，心理学研究的是人类本性的科学，比如简单感受和复杂感受的起源等，除此之外，心理学通过内省、自我观察和工具手段设施方面不断发展的实验的操作来完成。简单而言，形而上学是思辨的，代表了哲学的处理；心理学是实证的和实验性质的，代表了一种科学的处理。

《塞奇威克的讲谈》的上面几句的引文在说法上同样符合《休厄尔论道德哲学》(*Whewell on Moral Philosophy*)里密尔为边沁进行的辩护，在后者那里密尔在认为休厄尔没有正确理解前者的时候说的也是伦理学与形而上学之间的区别。密尔在这个地方同样认为边沁没有考虑功利主义原理的形而上学问题，他还断定在这么说的时候边沁把这个问题留给了别人去完成。

这些直接朝向行为的天然自满和天然惧怕和厌恶的感受，达到假定我们称为“道德感受”的特别特征，不是一个伦理学的问题，而是一个形而上学的问题，并且非常适合在它的恰当的场合得以辩论。边沁自己没有考虑它。他把它留给了其他思想家。

他接着谈道：

在理由和事实上，行为对人类幸福的被感知的影响是对于赞成某些行为和某些对他人的憎恨的强烈感受的足够原因，这使他满意……无论最大幸福是否是道德原理，人们的确欲求他们自己的幸福，的确作为结果地喜欢在别人那里的他们认为推动了它的举止，且不喜欢明显危及它的举止。这完全是

① Mill，John Stuart. Sedgwick's Discourse. Edited by John M. Robson. Vol. X：Essays on Ethics，Religion，and Society，*The Collected Works of John Stuart Mill* (in 33 Vols). Toronto and Buffalo：(1963—1991) University of Toronto，Routledge & Kegan Paul，1969：51—52. Other editions included，in *Dissertations and Discussions*，The New Universal Library. *The Works of John Stuart Mill*. Iv，Series I. London New York：G. Routledge & sons E. P. Dutton & Co.，1905；Named Professor Sedgwick's discourse on the studies of the University of Cambridge in History of British Educational Thought. *British University Education*. 6 vols，Thoemmes Reprints. London：Routledge/Thoemmes Press，1994；et cetera.

边沁假定的全部。同意于此，并且你也有他的通行制裁，以及它对行为者自己心灵的作用，两种影响倾向——与人类的启蒙成比例——使得各个行为与推动最大幸福保持一致。边沁认为没有比这更真的道德……休厄尔博士的确发现在这个理论里的任何非逻辑或不连贯的企图，只能证明他还不理解它。[①]

边沁提出的没有在形而上学等方面加以充分考虑的功利主义原理的论证说明的任务被密尔认为是他自己应该去加以实现完成的。从某种程度上说，密尔的"证明"就是这个实现的一个组成部分，并且，《功利主义》里涉及的幸福的质与量、功利主义的最终约束力、正义与功利的关系等，事实上全部都属于对于边沁功利主义理论的补充或修正的一些组成部分。

## 第二节　一般真理与特殊真理，或第一原理与次级原理

"第一原理"的术语也被中译为"第一原则"、"始点"、"起点"、"开端"等。辞书式的概念是，"第一原理"是一个系统研究中的基本原理、规则或法则。该系统或体系的其他原理、规则或法则都是从它那里推导出来或从它那里得到解释的，本身却不是从那个体系或系统中的任何其他原理或规则推导出来或得到解释的。没有第一原理的体系不可能是连贯的或前后一致的。有些人认为第一原理不是要说明从属的规则，而是第一原理本身需要通过在组织或推导一套适当的从属规则方面的成功而得到说明。

如果采纳这样类型的对"第一原理"的理解，它是无法被推理的，原因在于它位于推理的过程之前，就其本身而言它无法被其他命题所推理，根据这样的情况，先不论"第一原理"的可证明或不可证明的问题，仅就"第一原理"与推理的关系，《功利主义》里密尔论功利主义原理的"证明"开篇所说的"第一原理"不能通过"推理"而被"证明"，在第一原理的概念意义那里显然完全是标准的。

我们可能会期待约翰·密尔对这个概念给出定义。可他并没有在《功利主义》里告诉人们什么是第一原理。与之对照，稍微详细的了解之后我们发现的是，边沁反而对此更为详细对"原理"的概念作出了更清楚的说明。一个原理是一个类似于数学公理的起点：

一个原理是一个人们将其作为推理的体系的出发点或拱心石的首位的观

---

① Mill, John Stuart. Whewell on Moral Philosophy. Edited by John M. Robson. Vol. X: Essays on Ethics, Religion, and Society, *The Collected Works of John Stuart Mill* (in 33 Vols). Toronto and Buffalo: (1963—1991) University of Toronto, Routledge & Kegan Paul, 1969: 184—185. Other editions included, with Jeremy Bentham, and Alan Ryan. *Utilitarianism and Other Essays*, Penguin Classics. Harmondsworth, Middlesex, England ; New York, N. Y. , U. S. A. : Penguin Books, 1987; et cetera.

念。用一个具体的比喻，它可以被比拟成一个锁链的第一环被扣上的定点。现在，这样一个原理必定是显而易见的：如果它被清晰宣布，并且它的意义是清楚作出的，单就那一点就足以使它的采纳得以确保。它像是不由任何直接过程，而是由表明对它的拒绝将使一个人陷入一个悖理的数学的公理。①

不难发现边沁对于原理这一概念的上述阐述是相当清楚明白的，其中不存在任何晦涩难解之处，并且边沁的这个解说高度符合第一原理的公认含义。在这几个句子里他不仅清楚地指出了原理的基础性，除此之外基本原理的不可证明性也明确地指了出来。强调以追求人们的更大的快乐和更少的痛苦为表达的功利主义原理的“原理性”，并且更具体地强调这个原理作为一个第一原理以及唯一的一个原理，以及由此可以顺理成章认为的推导性，即所有的其他原理、原则、规则等都通过它得以演绎出来。对于边沁的功利主义学说的这个论点无论怎么强调都不过分。

功利主义作为第一原理是边沁功利主义的一个表面上为人所熟悉但实质上在人们的理解那里却常常匮乏的一个现象。作为一个伦理学的研究者和功利主义的研究者，一个人当然很好地知道边沁那里功利主义原理是作为一个理论的基础被提出的。不过说到这个原理的具体性质，也许并不是所有人都能马上反应出来。它是重要的、奠定了其他后续纷繁复杂的原则的，这没有丝毫问题，可是对这些观点的模模糊糊的认知和感觉不代表一个人就将同时对第一原理的角色和性质也同样知晓。

但作为第一原理的功利主义原理对于约翰·密尔却完全不是一个含糊的观念。如同这一节之前引述已表明的，边沁的功利主义原理理论的第一原理的角色在密尔眼中确定不移。他自己的《功利主义》一书开篇谈的是什么？在指出伦理学领域里行为的正确与错误的标准古往今来一直纷争不断，没有定论，“至善”作为道德基本问题引发了各种流派的相互攻击之后，密尔以一个提供答案的人的潜台词继续他的论述。密尔接着说到的就是第一原理，他指出，各门科学的第一原理都存在着这样的混乱和不确定，甚至一般被认为是确定性的学科典范的数学也是如此。但是，密尔不认为在各门科学里第一原理的不确定性对它们是有特别大的害处，原因不在于别的，正好在于这些学科的学说并不是从它们各自的第一原理推导演绎出来的。这方面的例子是代数。密尔的意思是在暗指代数的定理的多元性，他说道，如果情况是第一原理需要占据理论体系的基础推导者地位的话，就不会有比代数更不可靠的科学。

---

① Bentham, Jeremy, Étienne Dumont, and Charles Milner Atkinson. *Bentham's Theory of Legislation; Being Principes De Législation and Traités De Législation, Civile Et Pénale*. London, New York etc. : H. Milford, Oxford university press, 1914: 4.

这恰恰也是亚里士多德的看法。在《尼各马可伦理学》第六卷第六节论第一原理与科学、知识、艺术的地方，亚里士多德肯定了第一原理的必定存在，并且通过排除的手法断定了第一原理所涉及的能力。

既然知识是一种关于普遍事物和必然事物的概念，并且，在所有证明性的推理的过程中，自然都包括特定的第一原理(那对所有科学而言都是如此，因为这与推理有关)：在知识领域内第一原理涉及的能力，既不是知识，也不是技艺或实践智慧，因为，知识的对象必定来自于证明性的推理；它也不是技艺或实践智慧，因为技艺或实践智慧只作用于经验型的偶然事物。它也不是科学，因为从事科学的人在有些情况下要依赖于证明性的推理。[①]

亚里士多德在这些话里异常明确地告诉我们，第一原理不仅存在，而且它与可推理性与不可推理性是密切关联的。既然亚里士多德认为从事科学的人在有些情况下要依赖于证明性的推理，这就意味着证明性的推理在第一原理所涉及的能力的范围之外。

回到密尔。《功利主义》里紧随上面的开场白之后，他接着说：

作为一门科学的第一原理被终极地接受的真理，事实上是形而上学分析的最后结果，以与之科学是精通的初步概念实践；它们与科学的关系不是对一个大厦的基础，而是对一棵树木的根源——尽管它们从未被挖掘并暴露于阳光下，可以同等良好地执行它们的职能。但是，尽管在科学里特殊真理在一般真理之前，对一门实践艺术——比如道德的和立法的——的情况被期待的可能是相反的。[②]

笔者相信，密尔的这些话一直没有得到充分和正确的解释。但是笔者认为从许多方面来看，它都当之无愧地是论功利主义整本书里最能体现他哲学思想全貌的一些话。在其中，密尔谈到了作为一门实践艺术的伦理学与科学之间在真理性质方面的某些联系，比如，两者是与特殊真理与一般真理都有关系的，此外它也谈到了科学的第一原理与形而上学的关系，谈到了第一原理对科学的比拟的关系，它还谈到了对于伦理学与科学在特殊真理与一般真理提出顺序方面的说明。

恰当的理解方式也许是把这几句话看成是在说三件事情，它说的第一件事情是任何一门科学——包括了涵盖伦理学的各门艺术在内——里的第一原理与它的理论体系的具体学说的关系，第二件事情与第一件事情有关，它在所有科学之中，一方面，在自然科学里的第一原理(一般真理)与具体学说(特殊真理)的关系，以及另一方面在各门艺术里的第一原理与具体学说的关系。还有第三件事情，这非常容易被人忽略，在这些话的最后一句，密尔说

---

① Aristotle. *Ethica Nicomachea*. 1040b－1041a.

② Mill, J. S. UT. *CW*, Ⅹ: 205－206.

科学里的第一原理(一般真理)与具体学说(特殊真理)的关系与在艺术里，在顺序方面相反，情况为什么会是这样有待进一步的考察。

先考虑前两件事情，看看它们能够得到什么解释。

在这里，被称作特殊真理或具体学说的原则或原理也可被称作次级原理或中间原理、中层原理，或者直接按照以数学为代表的几门基本理论科学的说法称之为定理。有第一原理就肯定有非第一原理。一个公理系统由一些第一原理与数量庞大的非第一原理性质的表达式构成。那么那些数量庞大的非第一原理具体有哪些类型？在这个方面与人们想象的一直有很大差距，密尔不是一个不善于使用繁复术语来对公理系统里的各种表达式进行差别标记的哲学家，相反，他在这方面所做的工作从某种意义上与康德对哲学范畴所进行的规定没有什么差别。一般说来，人们很熟悉康德对于哲学概念精心和细微的划分，比如职责、义务、法则、准则等。然而到了密尔的功利主义这里，看法马上就会发生变化，功利主义只不过被认为是一种在表述上简单的学说。——问题在于，这句话里“表述上简单”指的是在功利主义原理的表述上是简单的(最大幸福原理或最大多数人的最大幸福原理)。这不一定代表功利主义伦理学的术语表的语汇也简单或简陋。《功利主义》是否是一本只使用了最大幸福原理或其他寥寥一两个道德规则体系的概念的书？如已论述的，如果不仔细考察，随口而出的直觉反应是它是这样的一本书。但是如同约翰·M. 贝克(*John M. Baker*)在《功利主义与次级原则》里指出的：

密尔对这些学说有各种各样的术语。除了只是“规则”、“定律”、“准则”和“戒律”之外，他常称它们为“次级”或“从属”原理，强调它们对于最大幸福原理的大前提的依赖。有两次(第22、25页)他称它们为“系论(*corollaries*)”，第二次里与术语“原始定律”结合在一起，再一次强调了它们的演绎品格。他也说成“中级概括(intermediate generalisations)[中间概括；中介概括]”。①

贝克没有穷尽密尔所使用的全部术语。在密尔的术语表里，这些衍生定律的全部名单所包括的是一些非常复杂的概念，它们是系论、定理、原理、原则、规则、定律、经验定律中层原理、中介原理、中间原理、次级原理、训诫、定则、准则、公设、公式，等等。

继续对《功利主义》里关于第一原理与具体学说的根与树的比喻进行讨论。

问题是刚才引述的这些话包含了许多疑难的地方。很可能是由于这些疑难，即使一些功利主义或密尔学的研究者注意到了它们，可由于避免难点这

① Baker, John M. “Utilitarianism And Secondary Principles.” *The Philosophical Quarterly* 21, no. 82 (1971): 69.

样的论述上的一些考虑，人们放弃了对密尔的这些部分观点的解释与理解。毫无疑问，把第一原理与科学学说之间的关系说成不是大厦的基础与大厦，而是树木的根须与树木的关系的说法是令人费解的。在我看来，由于密尔在这个地方使用了过于隐晦且过于复杂的科学学说的公理系统的命题演绎关系，与此同时，由于这些问题完全位于《功利主义》的论述范围之外，人们关注的焦点很自然地转移到这本书接下来的其他论述上去，并且在随后的阅读过程里忘记了密尔在一开始就提出的对于作为第一原理的功利主义的这些容易被忽略但却极为重要的规定。[①] 亨利·韦斯特在《对密尔的功利主义伦理学的一个引介》里几次提及不应该忽视《功利主义》的第一章，原因就在于此。[②]

树木的根与树木的可见部分的关系不像一个大厦的基础与一个大厦的可见部分的关系那么明显。但这不是对密尔上述言论的解读的最关键部分。就我理解这句话的要旨是，一个大厦的基础与一个大厦的可见部分的关系是直接承载的，大厦的基础直接承载大厦的上面部分。与之对比，树木的根是树木可见部分的起源，它是一个生长的关系，对应于非植物的事情，比如在道德规则的体系里，它是一个演绎的事情。树木的根是最开始拥有的，在此之后从根生长出了幼苗、树干、树枝、树叶，等等；类似地，在一个道德规则的体系或者说伦理学的公理体系里，最开始拥有的是一个第一原理或一些第一原理，由这个或这些第一原理演绎出与它的层次最直接关系的一些次级原理，这些次级原理在所有次级原理之中层次是居于最基础的部分的，然而是由这些次级原理继续衍生其他的道德原理或道德原则的。当然，需要指出的是，伦理学的公理系统的这个原理的演绎过程的表述不完全准确，这部分与我提出的三件事情里的第三件(科学与艺术那里第一原理与特殊真理的推导顺序)有关，在密尔那里，由于艺术和人类本性的科学的一些特殊性质，它与科学的各个门类里的公理系统的原理演绎过程在方向、过程上都不尽一致。不过鉴于目前我们讨论的目的，这样的表述是可以容许的。

关于密尔的伦理学的原理系统的特征，艾伦·瑞安在论朝向伦理学中的理性的一章的时候对此说道：

> 我自始至终蕴意了这个理性的概念是旨在如同理性在物理科学和道德科学里一样，在伦理学里的理性的应用；实际上这本书(指《约翰·斯图尔特·密尔的哲学》)的整体目的是去表明，一旦我们理解了这个理性的概念是如何与他对于从数学到正义的事情的见解一道持有的，对密尔的哲学的暗处怎样的视线将能得以探明。所以我们现在的任务是精确确定当他试图制造一个归纳的伦理学——一个适合于归纳主义者在他们对于直觉主义者的进攻之中的

---

① Mawson. “Mill’s Proof.”：379.

② Cf. West. *An Introduction to Mill’s Utilitarian Ethics*.

理性的伦理学——的时候，密尔所做的是什么。如同我们期待的，它是一种在其中很大程度以原理为特点的伦理学，因为密尔相当清楚，正如同一个信念的验证要求我们从某个一般原理那里得来它，所以一个行为的验证也是如此；再者，它是一个系统化的伦理学，因为密尔认为应该有某一个在其上所有其他的原理得以依靠的原理，它站立在系统的核心。①

对于第一原理的这样的定位至关重要。密尔使用的树木的根与树木之间的比拟实际上相当恰当，但是如同我在这一章开头部分指出的，研究者要么忽略了他在《功利主义》开篇所说的这些话，要么即使是看到了它具有的可能的重要性也依然故意忽略了它。这么做的后果相当严重。我们将因此无法拥有理解《功利主义》或密尔伦理学的一个基础，即我们无法理解他的功利主义学说的最基本的要旨——作为第一原理的功利主义的定位。

由于没有注意到密尔那里的这个论点，我们会给予它要么过大要么过小的适用范围。无论是把它加以超出它原本应有范围的看待，还是小于它原本应有的范围的看待，情况都不是不常见。让我对此加以更具体一些的阐述。在第一种情况那里，比如，如果我们选择了把功利主义原理不视为一个第一原理，而仅仅是一个普通的伦理学学说，那么，失去了逻辑学的限定的功利主义原理就成为一个可被非常随意地对待的教条，我们可以不用考虑逻辑学，不用考虑它在逻辑学、哲学基础理论里占据的第一原理的如此重要的地位，而只根据个人的理论喜好对之加以随意的评论，它因此就要么成为容易被人嘲笑的，要么成为各种各样其他伦理学观点的一个阶段性的脚手架。在第二种情况那里，比如，如果我们选择了把功利主义原理视为一个第一原理，并且超出密尔对它的规定，认为它是一个服务于直接干预各个层次之间道德原则冲突或任何在道德实践过程里遇到的冲突的原则，那么该原理就被夸大了。密尔说的是它是一棵树木的根。树木的根是埋在地表之下的，是潜在的但是对树木具有最终的决定性的事物。如同密尔本人所说的，"它们从未被挖掘并暴露于阳光下"，与此同时它们"同等良好地执行它们的职能"。

## 第三节 科学与艺术

除了上面讨论的第一原理与次级原理的问题，一个疑问在对上述《逻辑学体系》引文解读的开始时候就很可能自然地产生。这个疑问是，密尔显然是在把知识与行为、知识与目的、科学与艺术进行相互对立。这似乎是在说自然科学与人文社会科学之类的区别。对此无可厚非，因为这毕竟是哲学领域的一个习以为常的划分做法。真正的问题是，约翰·密尔在《功利主义》开

① Ryan. *The Philosophy of John Stuart Mill*：187－188.

篇进行导论以及进行"证明"的时候都如此强调在知识与行为、知识与目的、科学与艺术之间的区别，并且由此开始了对功利主义原理的"证明"，这是否有更深刻的依据？回答是肯定的。对于密尔，这恰好也关系到逻辑学的知识。

首先了解科学与艺术的关系。《逻辑学体系》第六卷论社会科学——一个再版时增补的并且和奥古斯特·孔德(*Auguste Comte*)的《实证哲学教程》(*Cours de Philosophie Positive*)有不少关系的一卷，同时也是他的这部逻辑学著作的结尾的一卷——的逻辑部分的末尾，密尔声称他要开始讨论道德科学的事情。"道德"被密尔说成是知识的分支。在"道德科学"的术语下，不以陈述语气(*indicative mood*)[叙述语气；指示语气]，而以祈使语气(*imperative mood*)[命令语气]或等同于它的迂回的话(绕语)为形式，被称作"义务"的知识，实践的伦理学，或道德的事情。①

祈使语气是艺术的特点，如同与科学所区别的那样。无论任何不以有关事实的事情断言，而是以规则或戒律的方式来言说的，是艺术；并且，伦理学或者道德是对应于人类本性和社会的一些科学的一个部分，这样的看法是合适的。

因此，伦理学的方法除了关于一般而言的艺术的或实践的之外，不会是别的；并且在最后一卷里，我们对自己提出的目标还未完成的部分，是去刻画艺术——与科学有别——的一般方法。②

陈述语气和祈使语气在命题领域引发了事实命题(科学命题)和目的命题之间的区别，在密尔那里很自然引发了"是"与"应当"、"将是"与"应该是"之间的区别。

一个其中谓语由词语"应当"或"应该是"表达的命题，基本上与一个由"是"或"将是"的命题是不同的。③

更具体地说：

建筑者的艺术假定了拥有建筑物是可欲求的；建筑学作为美术的一种，假定了美丽的或壮丽的拥有它们是可欲求的。卫生学和医学艺术一者假定了健康的保护，另一者假定了疾病的治愈是适合的和可欲求的目的。这些不是科学的命题。科学命题断定了一个事实：一个存在、一个共同存在、一个继起存在，或一个类似。现在所说的命题不断言任何事物是，但命令或建议某物应该是。④

---

① Mill, J. S. SL: RI. *CW*, Ⅷ: 943, Bk. Ⅵ, Chap. Ⅻ, Sec. 1.

② Ibid.

③ Mill, J. S. SL: RI. *CW*, Ⅷ: 949, Bk. Ⅵ, Chap. Ⅻ, Sec. 6.

④ Ibid.

如同下一章论“可欲求的”与“被欲求的”的自然主义谬误的时候也将涉及的那样，密尔对“是”与“应当”不仅不是盲视的，相反，他把它们作为事实命题(科学命题)和目的命题之间所规定的根本的区别。另一方面，换个角度来看，密尔对“是”与“应当”的这样的看法又表明了他的一个高明之处。他不仅把“是”与“应当”的关系看作规范伦理学理论与目的论伦理学理论之间的区别，而且，他还进一步把这个差异纳入到了他自己的逻辑学理论的范畴里，由它们构成了事实命题(科学命题)和目的命题的本质。这样一来，规范伦理学理论与目的论伦理学理论就得到了清楚的区别和各自的界定，而且，它们可以各自分别非常好地、合乎逻辑地纳入一个更大范围的包含了科学范畴与行为范畴在内的全视野的理论框架里。

上一章第七节里曾经引述过的《功利主义》论功利主义原理的“证明”中，密尔提出，“能给予‘一个对象是看得见的’的唯一证明是人们实际地看到它，‘一个声音是听得见的’的唯一证明是人们听到它：我们经验的其他来源也如此。以同样的方式，就我理解，可能去产生‘任何事物是可欲求的’的唯一证据是人们的确实际地欲求它”。显然，在几个被提出的命题里，“一个对象是看得见的”、“一个声音是听得见的”是一些事实命题(科学命题)，与此同时“任何事物是可欲求的”是一个目的命题。

密尔对两种不同语气和性质的命题之间的划定也可以很好地解释《功利主义》绪论里的一段话，那是笔者在第一章第一节就引述过的一段话，那个地方说的是，“医学艺术由它有益于健康是被证明是善的；但是怎么可能去证明健康是善的？音乐艺术是善的，因为在各种原因之间尤为值得一提的是它产生快乐；但是什么证明对快乐是善的是可能给出的？则如果被断言的是有一个全面的公式，包括了所有就其自身是善的事物，并且任何其他事物是善的不是如此作为一个目的而是作为一种手段，该公式可能被接受或被拒绝，但不是一个通常通过证明得以理解的主题”。[①]

其中，“医学艺术是有益于健康的”，“健康是善的”，“音乐艺术是善的”，“快乐是善的”，这些全部都是一些目的命题。并且，《功利主义》里“医学艺术是有益于健康的”完全对应和等同于《逻辑学体系》这个地方的“疾病的治愈是适合的和可欲求的目的”的命题，而《功利主义》里的“健康是善的”完全对应和等同于《逻辑学体系》这个地方的“健康的保护是适合的和可欲求的目的”的命题。且《功利主义》里第一章论述的一个“包括了所有就其自身是善的事物，并且任何其他事物是善的不是如此作为一个目的而是作为一种手段”的“全面的公式”显然就是第四章论功利原理“证明”之处的“任何事物是可欲求的”。

① Mill, J. S. UT. *CW*, Ⅹ: 207－208.

刚才，我们已经考虑了第一原理(一般真理)与具体学说(特殊真理)，在《功利主义》里密尔表达为第一原理与次级原理。在《逻辑学体系》里论科学与艺术的关系的地方，密尔从准则和规则之间的不同说起。密尔指出，在一套明确的成文法典下，有些时候，人们注定使他们的实践与一个预先建立的规则一致，这一点的例子是审判官。审判官不是决定什么情况将是在当前的实践事例里从本质上最可取的，而只是它位于什么法律的规则之内。这里的方法必须完全且排他的是一个关于逻辑推理的或三段论的；且过程显然是我们在三段论那里分析的那样——在那里我们表明了所有的逻辑推理之所是(也就是一个公式的解释)的地方。①

密尔假定了与审判官的情况相反的立法者的立场。如同审判官拥有供参考的法律一样，立法者拥有规则以及政策的准则；但是，假定立法者以如同审判者受法律约束一样的方式受这些准则的约束将是一个明显的错误。立法者必定要考虑准则的理由或根据。立法者或其他的执业者，比起根据规则，毋宁说他们根据的是他们的理由。②

这样，通过艺术领域的法官与立法者的对照，通过准则与规则的对照，通过法官的准则与立法者的规则的对照，密尔建立起了第一原理与次级原理之间的对比。规则的拟定需要理由，它需要考虑因果关系，相当于三段论里的一般命题或普遍命题，即大前提建立的地位，而准则则只是对于规则的解释，相当于三段论里的小前提建立的地位。并且，密尔把科学与艺术通过科学定理的方式联系起来：

> 一个政策准则的理由，或者任何其他的艺术规则的理由，不是别的，只能是对应的科学的定理。③

也就是艺术对应的科学的定理构成了与规则同构的事物，构成了艺术领域的准则的理由。这句话在使用术语方面其实是存在一些问题的。事实上，“定理”常常被认为是一个专门属于数学学科的概念，它与数学里的公理相对。所有的定理都是一些由公理推导出来的命题。按照一种基础科学与非基础科学的分类法，前者指以自然现象和物质运动形式为研究对象，探索自然界发展规律的科学，包括数学、逻辑学、物理学、化学、天文学、地理学、生物学。尽管是备受争议的，公理在物理学和天文学那里也被认为是存在的，如牛顿三大运动定律或狭义相对论的“光速不变”或“物理规律在一切惯性系中具有相同的形式”的公理，欧姆定理、楞次定理、库仑定理、焦耳定理等直接以科学家命名的定理，天文学领域，公理包括“天层是球形的并且

① Mill, J. S. SL: RI. *CW*, Ⅷ: 943—944, Bk. Ⅵ, Chap. Ⅻ, Sec. 2.

② Ibid., 944.

③ Ibid.

在旋转"这样的地心说公理，或者"对所有的天体轨道或天球不存在一个共同的中心"这样的日心说公理。然而，无论其他基础学科的公理与定理被认为是哪些，无疑只有数学里的公理与定理才最经典和最少受到质疑。因此我们对密尔这里使用的定理的概念，最好视为是指它在所有科学或任何一个学科的理论系统里的命题之间可推论的意义，由此，密尔使用的定理指任何从公理或第一原理推导而出的次级原理，相应地公理或第一原理指任何推导出学科具体学说的各种定理的原始命题。

上述的在科学辅助下形成定理的过程被密尔更详细地描述如下，艺术向它自身提议一个去被获取的目的，定义目的，并把它交给科学。科学接收它，把它作为研究的一个现象或一个效应，并且在调查了它的原因和条件之后，把它带上一个关于情况的组合(*combinations of circumstances*)——由之它能够被产生——的定理，送返给艺术。艺术随即考察这些情况的组合，并且，根据它们之中的任何一个是或不是在人类的力量之内，宣布目的是可获取的或不是可获取的。因此，艺术假定的唯一的前提是起源的大前提，它断定了该约定目的的获取是可欲求的。科学随即协助为艺术提供命题(由一系列的归纳或演绎获得)，即约定行为的执行将取得该目的。从这些前提艺术推断出这些行为的执行是可欲求的并发现它也是可实践的，把定理转为一个规则或戒律。①

这样一个过程和步骤显然相当复杂和晦涩。我们接下来还将碰到类似的艺术学说在拟定产生过程里的一些相关言论。现在让我们继续对功利主义原理作为艺术的目的论第一前提的问题进行阐述。科学的第一原理与艺术的第一原理又如何？

尽管每门艺术的手段与目的或意向关联的推理属于科学的论域，目的自身的定义专门地属于艺术，并形成它的独有领域。每门艺术拥有一个第一原理或一般大前提，不借用自科学；宣布了针对的对象，并肯定它是一个可欲求的对象。②

理查德·H. 波普金(*Richard H. Popkin*)对此说道：

我现在乐于表明的是，如果一个人超出《功利主义》去看密尔的《一个逻辑学的体系》，对密尔的情况变得更为清楚一些，且霍尔的解释将更强些。在《一个逻辑学的体系》的最后一章，密尔讨论了"艺术的实践"的逻辑学，且在那里描述了他认为的伦理学原理的具体特点。如果一个人考察这节，他能欣然看到密尔清楚理解了介于事实陈述与规范陈述之间存在一个差别，且非

---

① Mill, J. S. SL: RI. *CW*, Ⅷ: 944—945, Bk. Ⅵ, Chap. Ⅻ, Sec. 2.

② Mill, J. S. SL: RI. *CW*, Ⅷ: 949, Bk. Ⅵ, Chap. Ⅻ, Sec. 6.

常好地意识到后者将不能从前者那里得出。[①]

前已引述和论述过，《功利主义》一开篇密尔就告诉我们：

作为一门科学的第一原理被终极地接受的真理，事实上是形而上学分析的最后结果，以与之科学是精通的初步概念实践；它们与科学的关系不是一个大厦的基础，而是一棵树木的根源——尽管它们从未被挖掘并暴露于阳光下，可以同等良好地执行它们的职能。但是，尽管在科学里特殊真理在一般真理之前，对一门实践艺术——比如道德的和立法的——的情况被期待的可能是相反的。[②]

当时笔者指出过，恰当的理解方式是把这几句话看成是在说三件事情，它说的第一件事情是任何一门科学——包括了涵盖伦理学的各门艺术在内——里的第一原理与它的理论体系的具体学说的关系，第二件事情与第一件事情有关，所有科学之中，一方面，在自然科学里的第一原理(一般真理)与具体学说(特殊真理)的关系，以及另一方面在各门艺术里的第一原理与具体学说的关系。还有第三件事情，这是非常容易被人忽略的，在这些话的最后一句，密尔说科学里的第一原理(一般真理)与具体学说(特殊真理)的关系与在艺术里的，在顺序方面是相反的，情况为什么会是这样，这有待进一步的考察的。

现在，第一件事情已经或多或少得到了一些分析，我们已经了解了第一原理与它的理论体系的具体学说的关系。第二件事情也得到了一些分析，我们已经知道了科学与艺术的一些基本区别，但是第二个问题还没得到完全的解决。因为对《功利主义》里的"证明"问题有关的是诸如"任何事物是可欲求的"这样的目的命题，它与艺术的推理直接相关。我们想要重点加以了解的是在各门艺术里的第一原理与具体学说的关系。并且，第三件事情也没有得到分析。现在第二和第三件事情没有分析的部分将得到揭示。

根据刚才已经看到的说法，即"每门艺术的手段与目的或意向关联的推理属于科学的论域，目的自身的定义专门地属于艺术，并形成它的独有领域。每门艺术拥有一个第一原理或一般大前提，不借用自科学；宣布了针对的对象，并肯定它是一个可欲求的对象"，显然密尔是在告诉我们，每门艺术有两个部分，一个部分是属于科学的，即手段的部分，以及目的或意向关联的推理的部分，另一个部分是专门属于艺术的，即目的自身的定义。同时，艺术的独有领域或目的自身的定义不多不少恰好就是一个第一原理。

回想《功利主义》的"证明"里，密尔告诉我们的是，功利主义原理是作为一个关于我们行为的第一原理的角色的，事情也就非常明显，功利主义原理

① Popkin. "A Note on The "Proof" Of Utility in J. S. Mill."：66.

② Mill, J. S. UT. *CW*, Ⅹ：205－206.

就是艺术或某一门艺术的第一原理或一般大前提。《功利主义》里的“关于终极目的的一些问题是不允许证明的。不能通过推理而证明对所有第一原理；对所有关于我们知识的、也对所有那些我们的行为第一前提都是共同的”，现在可以得到非常好的理解，在这句话里，“终极目的”等同于“那些我们的行为第一前提”或“第一原理”，并且等同于“功利主义原理”或者说“功利原理”，这是一些艺术的或某一门艺术的一般大前提或第一原理，是一些专属于艺术而不属于科学的，且由艺术作为一个可欲求对象提出的目的论命题。与此同时，“关于我们知识的”第一原理或第一前提显然指的是与之对照的不属于艺术而专属于科学的一般大前提或第一原理。

值得一提的是，艺术的一般大前提或第一原理那里，目的命题的提出，即“宣布了针对的对象，并肯定它是一个可欲求的对象”的精确意思是相当令人费解的。这显然是在说和目的论有关的事情，但是，它们为什么是“针对的对象”，为什么是肯定为“可欲求的对象”的？接下来将论及的对目的论及其学理根据的部分会再次涉及这一点，并且，关于目的与可欲求的这样的措辞，事实上引发了密尔的功利主义原理“证明”问题的一个相当大的关键点和疑难之处，是否看到这一点以及理解这一点将对任何一个想要弄清密尔的“证明”的人的结论产生非常不同的影响。

继续我们的讨论：

一个科学的观察者或推理者仅就本身，不是一个对实践的顾问。他的部分只是去表明特定的结果因循特定的原因，为了获得特定的目的，特定的手段是最有效的。目的自身是否是应当被追求的，且如果是应当被追求的，在什么情况下和多大程度被追求，不是他作为一个科学的耕耘者去决定的，且单独科学不能给他对该决定的资格。在纯物理科学里，没有多少区域假定这个隐蔽职责的诱惑；但那些处理人类本性和社会的人持续地主张它；他们总是许诺去说不只什么是，而且也说什么是应当是的。为了使他们有资格做到这一点，一个完整的目的论学说是不可或缺的。关于题材的科学理论无论多完美，都只能被考虑作为自然次序的部分，不能在任何程度上作为一个替代。在这方面各种各样的从属艺术提供了一个误导的类比。在它们中间很少能看到对于验证该目的的必要，因为基本上它的可欲性（*desirableness*）没有被任何人否定，只有当优先问题（*question of precedence*）需要在目的和另一个目的之间得以决定的时候，目的论的一般原理才被召集进来：但一个论道德和政治的作者在每一个步骤都要求那些原理。关于在精神现象或社会现象之间的连续存在和共同存在的定律的最详尽和被良好理解的说明，以及关于它们作为原因和效果的彼此关系的说明，如果由那门艺术定为目标的目的是留待给对自己智力的认定的模糊提议，或没有分析或质疑就认为理所当然的，那么朝着生活的艺术或社会的艺术就是无益的。[1]

在《逻辑学体系》的这段话里，密尔告诉我们"目的论的一般原理"的提出的必要性，他认为这是诸如道德和政治这样的艺术门类里的每一个步骤都需要的，缺少目的论的一般原理或不完善的目的论的一般原理将损害艺术。并且，它与诸如纯物理科学这样的自然科学在顺序和优先性等方面不同。由此非常自然地，目的论的一般原理更详细的说明就可能被提出，密尔在接下来的论述里(也就是下面的这个引述里)把它称作艺术的第一哲学、第一原理、某个标准、某个规则，或者行为的第一原理——再次被看到的情况是它是一个完全等同于《功利主义》"证明"问题的论述。

则就像存在属于科学的一个第一哲学，存在对艺术独有的一个"第一哲学(*philosophia prima*)"。不仅存在知识的第一原理，而且行为也有第一原理。必定有某个标准，由之决定目的或者欲求对象的绝对和相对的好[善]或坏[恶]。无论那个标准是什么，只能够存在一个标准：因为如果存在几个行为的终极原理，同样的行为就可能被那些原理的其中一个赞同并被另一个谴责；某个更为一般的作为它们之间的裁定的原理就将是必需的。

据此，论道德哲学的作者们大部分感到不仅把所有行为规则和所有赞美和责备的判断都归因于原理，而且归因于某一个原理；某个规则或标准，与之所有其他行为规则被要求是一致的，且由之通过终极结果它们将全部都能被演绎。[2]

艾伦·瑞安对此的评论是：

我们可能想要去争辩密尔的作为理性的之物是哪些的说明，尽管对于我们如何从原理在特殊情况里决定是充分的，但对于对高层次原理的论证不是充分的。尽管如此，大部分哲学家将接受理性的演绎图景，且对于他们，选择在于接受密尔的理性要求一个终极原理的论证，或是接受不存在理性的伦理学这二者之间。成为一个演绎主义者且以理性方式在伦理学里相信似乎使一个人牢固接受密尔论终极原理的立场。[3]

在看这些话的时候，也许人们会发现，《逻辑学体系》里这样的一些句子简直就是《功利主义》开篇的话的复述。在那个地方，约翰·斯图尔特·密尔兴致勃勃地声称，在道德的领域，对与错的标准被人们长久以来争执不休，一个统一的、唯一的标准是需要被提出来的。我们因此看到了功利主义原理不仅作为道德的标准，而且是道德的唯一的标准。

---

① Mill，J. S. SL：RI. *CW*，Ⅷ：950，Bk. Ⅵ，Chap. Ⅻ，Sec. 6.

② Mill，J. S. SL：RI. *CW*，Ⅷ：951，Bk. Ⅵ，Chap. Ⅻ，Sec. 7.

③ Ryan. *The Philosophy of John Stuart Mill*：196.

## 第四节 目的大前提

如之前已经陆续论述过的，存在着两个对象领域，一边是关于我们知识的领域，一边是关于我们行为的领域，其中，关于我们知识的领域是各门科学的研究范围，关于我们行为的领域是各门艺术的研究范围。根据上一段的分析，科学与艺术的搭桥是通过目的论的理论实现的。目的论的手段是科学研究的范围，确定目的是艺术的。确定目的是艺术独有的。它体现为一个第一原理或一般大前提，我们也可以如同《功利主义》里所提过的，称它为第一前提。

密尔使用了一个独有的“生活的艺术”概念来指一般大前提与由一般大前提演绎的原理构成的学说的体系，一般大前提与由一般大前提演绎的原理构成了一个范畴学说的主干。具体是，知识领域的第一原理或一般大前提构成了科学的或事实的范畴学说的主干，行为领域的第一原理或一般大前提构成了生活的艺术的范畴学说的主干。[①]

生活的艺术是艺术的一个总称，它包括了三个范畴，密尔认为它们分别是“道德”、“审慎”或“策略(*policy*)”，以及“审美(*esthetics*)”；在人类举止和工作中是“正确(*right*)”、“权宜(*expedient*)[便利]”，以及“美”或“高尚”。[②]从中我们容易看出，这三个不同的层次分别是伦理学的、政治学的、美学的。

| | | |
|---|---|---|
| 伦理学 | 政治学 | 美学 |
| 道德 | 审慎或策略 | 审美 |
| 正确 | 权益(便利) | 美或高尚 |

对于艺术的这个部分即手段与手段和目的之间的推理的部分，还有更详细的但更为复杂的解释：

在构造了最为全面的关于目标的目的——也就是关于是被产生的效应——的可能概念之后，且以同样全面的方式决定了效应基于其上所取决的条件集合后；还要采取一个关于这一调查能够具体表现在可最少的和最广泛的可能命题之中的源泉的一般调查，那些命题将表现介于可行手段与目的之间的一般关系，且将构成该艺术的一般科学理论；由之它的实践方法将被遵循为系论(*corollary*)[必然结果；推论；系理；引申定理]。[③]

之所以出现这样一个复杂的局面，部分原因是约翰·密尔坚持了在科学

---

① Mill, J. S. SL: RI. *CW*, Ⅷ: 949, Bk. Ⅵ, Chap. Ⅻ, Sec. 6.

② Ibid.

③ Mill, J. S. SL: RI. *CW*, Ⅷ: 948, Bk. Ⅵ, Chap. Ⅻ, Sec. 5.

与艺术之间的一些区别。《逻辑学》论社会科学的整卷的一个核心议题就是人类本性的科学，这在密尔那里基本上由心理学和性格学构成。其中，心理学充当了靠近于一般科学的角色，民族学充当了靠近于经验科学的角色，两者之间需要一个中间科学真理的桥梁的连接。除了这个情况外还可以稍微一提，心理学是密尔的人类本性的科学最一般化的理论的部分，他对此持肯定的态度，认为心理学是一门独立的、极为重要的科学，与此同时，他也完全承认与心理学密切相关的生理学的重要性和地位，并认为生理学和心理学应该各自都得到充分的继续研究和实验。由于我现在不是在专门研究诸如密尔的逻辑学理论的经验定律与其他层次的自然定律这样的问题，因此，在这里可以不用继续考虑这样一个相当困难的关于科学与艺术之间的定律或定理的结构层次的逻辑关系问题。毕竟无论艺术的第一原理在科学概括的程度上如何，都并不影响它作为代表第一原理的功利主义原理的地位。

对于这一点密尔还有一个更为复杂一些的说法：

对于这个艺术，（总的来说不幸的仍有待创造），所有其他的艺术是从属的；因为它的原理是那些必定决定了任何特殊艺术的具体目标是否是有价值的或可欲求的以及在可欲求事物的刻度里它的位置是什么的原理。每门艺术因此是关于由科学揭示的自然定律，以及被称作“目的论”（*Teleology*）或“目的学说（*Doctrine of Ends*）”的一些一般原理的结合后果。①

尽管迄今为止笔者还没涉及密尔的逻辑学理论里对于命题的精确定义，但是还是已经可以指出的是，一个第一原理或一般大前提或第一前提显然是一个命题。它构成了被证明的对象。这完全符合密尔的逻辑学理论对可证明对象的规定，即“某种可以证明的事物”“必定是一个‘命题’或‘断言’”。我们了解到一个重要的消息，这个处于“证明”的尝试之中的功利主义原理，事实上是一个属于艺术的，或更准确地说属于艺术的独有的——目的论中对目的部分的确定——的第一原理或一般大前提。它是一个表达了目的论的目的的部分的命题。

一个知识领域的第一原理或第一前提是各门科学的范畴，可以通过下面的形式得到表现：

第一原理或一般大前提

从一般大前提演绎的原理

——

自然定律的第一原理的学说

一个行为领域的第一原理或第一前提是各门艺术的范畴，可以通过下面的形式得到表现：

① Mill, J. S. SL: RI. *CW*, Ⅷ: 949, Bk. Ⅵ, Chap. Ⅻ, Sec. 6.

第一原理或一般大前提
从一般大前提演绎的原理

——

生活的艺术的学说
第一原理或一般大前提
从一般大前提演绎的原理

——

生活的艺术的学说

这也就是艺术的学说系统的推导样式和结构样式。对于这个方面，在这里可以稍作补充和对照的是，按照约翰·M. 贝克的意见，被称作“标准的艺术—科学关系”的是这样一个推导：

大前提，艺术的一个第一原理
小前提，源自科学的定理

——

所以结论，艺术的学说①

在这个过程里，功利主义原理又被密尔说成是“那些必定决定了任何特殊艺术的具体目标是否是有价值的或可欲求的以及在可欲求事物的刻度里它的位置是什么的原理”。我们当然已经很好地知道了它也是一个“目的论”或“目的学说”的一些一般原理。

艾伦·瑞安对此说道：

密尔相当清楚的是，道德同意只是同意的一种形式，道德只是他称作“生活的艺术”的整个艺术的一个部分；且功利原理是整个艺术的命令式大前提。在《逻辑学体系》里，他说我们知道或可能发现如何去生活的戒律“形成了(或毋宁可能形成)学说的一个主干，是恰当地生活的艺术，在它的三个部门里是‘道德’、‘审慎’或‘策略’，以及‘审美’；在人类举止和工作中是‘正确’、‘权宜(*expedient*)[便利]’，以及‘美的’或‘高尚的’。”……因为在科学里我们试图把解释性原理约简为尽可能少量的，所以在艺术里我们试图旨在用一个命令式(*imperative*)大前提：“如果那个原理是正确地被选取的，将被发现的是，就我理解，如同对审慎、策略或品味一样，它将被发现对道德的终极原理也服务得一样好”。②

在修辞方面还有一些话值得一说。密尔对艺术的第一原理以及次级原理采取了过于复杂的一套词汇表，与此同时，在包括了自然科学、艺术在内的所有科学门类那里，密尔同样使用了一套借用自数学的包括公理、定理、引

① Baker. “Utilitarianism And Secondary Principles”: 69.
② Ryan. *The Philosophy of John Stuart Mill.*: 192—193.

申定理在内的术语系统，以及一些借用自逻辑学和形而上学的包括第一原理、次级原理、中间原理在内的术语系统，除此之外，他还在艺术领域采取了一些借用自道德哲学的包括规则、准则、训诫、原则等在内的术语系统。这不是造成复杂情况的全部因素，在第一原理与次级原理的推导关系上他认为自然科学与各门艺术是不同的。

在科学那里，如同《功利主义》第一章开篇也提到的那样，定理不从第一原理那里得来，第一原理不造成很大的影响。但是他认为艺术与自然科学是不同的，艺术在公理系统的许多方面与自然科学相同，然而在艺术那里提出一个专属于艺术而不属于科学的目的论的第一原理是必要的，而且是艺术的分内之事。在提出了一个"宣布了针对的对象，并肯定它是一个可欲求的对象"的目的论第一原理后，结合艺术和科学之间的协作考察的过程，艺术的学说产生出来。

在《逻辑学体系》结尾的地方密尔提出了他心里所考虑和认可的艺术的第一原理，它被说成是有益于人类幸福，有益于有感觉力的存在的幸福，或者是幸福的推动，这也就是我们在伦理学领域里所熟悉的功利主义原理，一个被声称为是最大多数人的最大幸福或者最大幸福之类的表述的理论原则。它是各个门类的艺术共同的目的论第一原理，同时，恰好也是道德科学即伦理学、实践理性领域的第一原理。但是在提出功利主义原理或最大幸福原理的同时，密尔也声称对它的进一步的证明是在他目前所进行的地方所省略的，相反，他只不过是提出这条基本原理：

在这个地方不试图验证我的意见，或甚至去定义它允许的验证的种类，我只是宣称我的确信，即对所有实践规则应当符合的一般原理，以及由之它们将是被经过试验的测试，对于人类幸福是有益的，或毋宁所有有感觉力的存在的：换个说法，幸福的推动是目的论的终极原理。[①]

"对于人类幸福有益的"或"幸福的推动"既然是"目的论的终极原理"，那么，它显然高于任何一个专门的艺术门类的第一原理，也就是，它高于伦理学领域的道德门类艺术的第一原理(正确)，也高于政治学领域策略门类的艺术的第一原理(权宜)，对美学的艺术也是如此(美或高尚)。与此同时，我们不用花费任何心力就能轻而易举地知道，在《逻辑学》的这个地方密尔所说的"对于人类幸福有益的"或"幸福的推动"不多不少正好完全是功利主义原理，或者以它的内容来说是最大幸福原理。最大幸福原理因此高于正确的标准，高于权宜或便利。密尔之所以口口声声在《功利主义》的开篇就提到要为道德领域的对与错提出一个标准，并且怀有那么明显的自信，原因也就在于他怀揣了一个重要标准，即在道德的艺术之上所有艺术的功利主义原理这样一个

① Mill, J. S. SL: RI. *CW*, Ⅷ: 951 , Bk. Ⅵ, Chap. Ⅻ, Sec. 7.

终极标准。艾伦·瑞安对此说道：

在《逻辑学体系》里他并不试图论证他在功利作为这个第一原理里的信念，而只是表述了他自己的信念，即“对所有实践规则应当符合的一般原理，以及由之它们将是被经过试验的测试，对于人类幸福是有益的，或毋宁所有有感觉力的存在的：换个说法，幸福的推动是目的论的终极原理”。这解释了众多在《功利主义》里的要不然相当难以理解的段落，比如功利原理的“证明”的结论：“……幸福是人类行动的唯一目的，且它的增进是由对所有人类行为的判断所测试的；自此处必然因循的是它必定是道德的标准，因为一个部分是包括在整体之中的。”换言之，在《功利主义》给出的情况的说明，是在《逻辑学体系》的说明里假定的，且只有在后者的视线下才能形成完整的意义。①

遗憾的是密尔没有在《逻辑学体系》的这个地方对功利主义原理进行证明。密尔本人曾经在他别的著述里提到过证明的必要性和时机的问题。在为詹姆斯·密尔的《人类心灵现象分析》(*Analysis of the Phenomena of the Human Mind*)第一卷论信念的一章进行的注释里，约翰·斯图尔特·密尔通过对比詹姆斯·密尔杜和格尔·斯图亚特(*Dugald Stewart*)的意见的例子指出，对于老密尔来说，他需要一个证明，可是老密尔没有在恰当的和需要的时机进行一个被人们需要的证明。

为了捍卫这些悖论，让我们现在考虑一下《人类心灵现象分析》的作者可能会说些什么。他将肯定会说一件事情：他确定，存在于这些错觉(*illusion*)例子之中的信念，只是一瞬间的；而其他那些时刻里具有的信念可能是不一致的。例如，有些人——他们早年在介于黑暗与灵魂之间形成了联结——尽管他们具有坚定的不相信鬼魂的信念，可处于黑暗中会感到恐怖，作者的见解是，在感受到恐怖的时刻，存在着一个暂时信念。这也是杜格尔·斯图亚特持有的意见：两个思想家之间的对如此独立趋势的同意，让我们想起“一个英国人和一个法国人都同意，肯定会有理由”的说法。可作者对这个观念的接受不是出自对于例子的观察，而是出自一个先在的见解，即“恐惧蕴含了信念，且是一个无法控制的信念”，他说，“他是我们不需要停下来为之进行证明的”。在这个例子里，人们希望他停下来为之进行证明：因为他的证明比他想的要更加困难。②

密尔在他自己写作《逻辑学体系》的这个地方也同样存在这个情况，本

① Ryan. *The Philosophy of John Stuart Mill*：193.

② Mill, J. S. Note for James Mill's *Analysis of the Phenomena of the Human Mind*. With notes illustrative and critical by Alexander Bain, Andrew Findlater and Geogge Grote. Edited with additional notes by John Stuart Mill. Second ed. 2 vols. Vol. I. London：Longmans, Green, Reader, and Dyer, 1878：408.

来，他应该像读者可能期待的那样，在这个专门论述了科学与艺术的问题、艺术自身的学说体系的问题、目的论第一原理的问题，并明确指出这样一个作为一般原理或第一前提的目的论第一原理也就是有益于人类幸福，有益于有感觉力的存在的幸福，或者如他的另一个说法即幸福的推动之后，马上给出一个他认为的可以言之成理的证明、验证，或任何其他别的更多的说法、解释。

但是，他"在这个地方不试图验证"他的"意见"，"或甚至去定义它允许的验证的种类"，而只不过是"只是宣称"他的"确信"。功利主义原理的证明没有被给出。在这之后，到了为杂志写作功利主义的时候，他在那些后来组成《功利主义》一书的其中一章里专门论述了这种原理的"证明"，并且，这样一个"证明"是他在《功利主义》的第一章里就提前重点预告了的，他反复声称了该原理的不可证明性（这是我们在之前的讨论里已经充分论证和了解过的）。遗憾的是，密尔在《功利主义》里提出的"证明"并不更为明确和丰富多少。整个"证明"被过于仓促地在一个或几个非常有限和简短的段落里完成。

随后，在那个"证明"里，他认为他需要解决的是如下问题：

但单独通过这个，它还没有证明它自身是唯一的标准。为了做到那一点，由相同的规则，将看到有必要不仅表明人们欲求幸福，而且他们从不欲求任何其他事物。现在，易觉察的是他们的确欲求一些以通常语言来说断然区别于幸福的事物。比方说他们欲求美德以及恶习的消除，不亚于快乐以及痛苦的消除。美德的欲求比起幸福的欲求来不是那么普遍的，但它是同样可信的一个事实。所以功利主义规范的反对者通常认为他们有资格推论在幸福之余关于人类活动还有其他一些目的，幸福不是赞许与不赞许的规范。[①]

论功利主义原理的"证明"的一章的大部分篇幅随即被献给了这个独特的问题。不多不少，这个问题正好是密尔本人在《逻辑学体系》里紧接着上面这个对于功利主义原理的证明过程的省略之后所论述的：

我不意味着断定幸福的推动应当是它自身是所有行为的目的，或甚至是所有行为的规则。它是所有目的的验证和控制者，但不是唯一的目的自身。存在许多有德的行动，甚至许多有德行动的模式（尽管我认为事例比通常被假定的要少一些）——由之在特殊事例里幸福是被牺牲的，比起快乐更多的痛苦是被产生的。[②]

这看起来当然完全就好像是巧合的事情。并且，除了认为它们是巧合之外，更恰当的方式是把这些问题和对于问题的解决看作是密尔本人深思熟虑的，并且是的确认为如此的。笔者认为更为惊人的是另一个在内容上与上述

---

① Mill, J. S. UT. *CW*, Ⅹ: 234—235.

② Mill, J. S. SL: RI. *CW*, Ⅷ: 952, Bk. Ⅵ, Chap. Ⅻ, Sec. 7.

二者同样的巧合的论述，他在《功利主义》里对这个现在可以被称作“证明”的补充问题——或者也可能是额外的问题——的论述，恰好也是在为《人类心灵现象分析》第二卷的“快乐感觉和痛苦感觉的观念及其原因”、“被理解为过去或未来的快乐感觉和痛苦感觉”、“被理解为过去或未来的快乐感觉和痛苦感觉的原因”等章节的注释里所阐述的。在那些地方，如他的解释对象是一本联想主义心理学的代表作一样，密尔直接采用了心理学的理论解释。

## 第五节　数学公理系统

引起问题的是第一原理与公理之间的关系。迄今为止这一点在功利主义理论以及密尔学的研究之中都没有得到过重视。之所以要把公理问题引入作为第一原理的功利主义的讨论，是因为它们二者是有许多相似之处的两个概念。公理指经过人类长期反复的实践检验为真实的，不需要由其他判断加以证明的命题和原理，此外也指某个演绎系统的初始命题，这样的命题在该系统内不需要其他命题去证明，并且，它们是推出该系统内其他命题的基本命题。

谈到数学公理不得不谈的是欧氏几何。欧几里德(*Euclid*)的《几何原本》(*Elements*)所包含的几何学是密尔眼中数学的重要代表。据说与圣经一道是人类知识传播最广泛的著作，同时这部书也是公理化体系的一个典范。欧氏几何有五条公理、五条公设、一百多个定义和四百多条命题。它以定义和公理为起点。这些定义包括，点是没有部分的；线段只有长度而没有宽度；线的极端是点；直线是其组成点，均匀地直放着的线 ；面只有长度与宽度面的极端是线；面的极端是线，等等。

五条几何公理(公设)分别是：

过相异两点，能作且只能作一条直线(直线公理)；

线段(有限直线)可以任意地延长；

以任一点为圆心、任意长为半径，可作一个圆(圆公理)；

凡是直角都相等(角公理)；

两直线被第三条直线所截，如果同侧两内角和小于两个直角，则两直线作延长时在此侧会相交。

此外还有五条一般公理，分别是：

跟同一个量相等的两个量相等(等量代换公理)；

等量加等量，其和相等(等量加法公理)；

等量减等量，其差相等(等量减法公理)；

完全迭合的两个图形是全等的(移形迭合公理)；

全量大于分量(全量大于分量公理)。

有几何学学者指出，在欧几里德自己的观念里，上述的前五条公理应该更准确地成为共设，后五条则是公理。公理适合于一切科学，而公设是几何所特有的；公理本身是自明的，公设没有公理那样自明，但也是不加证明而承认其真实性的。人们一般已经不再区别公设与公理，把欧几里德的这十条公理都统称为公理。

在目前的讨论里，对公设和公理的这样更为深入的区别相当有必要，理由非常明显，我们正在讨论的正是一个公理化体系对于一般被认为属于伦理学理论范畴的功利主义原理——它被认为属于实践的艺术的一个门类，并且实践艺术属于生活艺术的一个门类(并且再次与科学有关，下文还将对此提及)——的运用的问题。

欧几里德几何学的特征包括，它是以公理系统的形式提出和得以建立的，也可说成是采取了一个公理化体系的样式。每一个公理都是一个命题。每一个公理都不证自明，不需要证明也不可以被证明。公理的数量不是唯一的，可以拥有多于一个的公理。从这些公理可以演绎出许多定理，如全等多边形的定理、平行线定理、勾股弦定理等。定理是通过真命题(公理或其他已被证明的定理)出发，经过受逻辑限制的演绎推导，证明为正确的结论的命题或公式。定理一般都有一个设定即一些条件，并且有结论即一个在条件下成立的数学叙述。通常写作“若条件，则结论”。比如，勾股定理，前提假设是直角三角形，隐含假设是平直的欧几里德空间。在可证明性方面，与公理的不可证明的属性不同，定理可以被证明。所有的定理都从一些确定的、不需证明而必然为真的基本命题即公理演绎出来。在这种演绎推理中，对定理的每个证明必须或者以公理为前提，或者以先前就已被证明了的定理为前提。

为了更好地了解公理化体系，下面看看其他学科的一些借鉴了数学的公理化体系而构建或提出的公理。

在物理学领域，是否存在真正的公理化体系仍然有不同意见，但至少在牛顿(*Isaac Newton*)那里，参考了数学的公理化体系的确定性却不存在疑问，在《自然哲学的数学原理》(*Philosophiae Naturalis Principia Mathematica*)中，他把三大定律称为公理——尽管它们到底是公理还是定律也是有争议的——既是由归纳法得出的普遍结论，又可用演绎法去推演出其他结论：

第一运动定律　一切物体在任何情况下，在不受外力的作用时，总保持相对静止或匀速直线运动状态。

第二运动定律　物体的加速度跟物体所受的合外力成正比，跟物体的质量成反比，加速度的方向跟合外力的方向相同。

第三运动定律　两个物体之间的作用力和反作用力，在同一条直线上，大小相等，方向相反。

爱因斯坦(*Albert Einstein*)在《论物体的电动力学》(*On the electrodynamics of objects*)里把相对性原理和光速不变原理作为狭义相对论的基本公设和出发点：

物理体系的状态据以变化的规律，同描述这些变化时所参考的坐标系究竟是用两个在相互匀速移动着的坐标系中的哪一个并无关系。(光速不变)

任何光线在“静止的”坐标系中都是以确定的速度 v 运动着，不管这道光线是由静止的还是运动的物体发射出来的。(物理规律在一切惯性系中具有相同的形式)

与物理学相类似，同样在很大程度上依赖数学的天文学——同时也是约翰·密尔本人高度评价的一个自然科学门类——的情况可以介绍如下。托勒密(*Claudius Ptolemaeus*)在《天文学大全》(*Apotelesmatika*)里提出的是公理是：

天层是球形的，并且在旋转；

地球作为一个整体也是球形的；

地球位于诸天的中心，像一个几何中心一样；

与恒星的大小和距离相比，地球可以看成是一个点；

地球本身不具有任何位置运动。

和牛顿一样对数学偏爱有加的哥白尼(*Mikolaj Kopernik*)不同意地心说的学说，他在《天体运行论》(*De Revolutionibus Orbium Coelestium*)里提出的七条公理(假设)则是：

第一条：对所有的天体轨道或天球不存在一个共同的中心。

第二条：地球的中心不是宇宙的中心，而是重力中心和月球轨道的中心。

第三条：所有的天体都绕太阳旋转。太阳俨然是在一切的中央，于是宇宙的中心是在太阳附近。

第四条：日地距离和天穹高度的比小于地球半径和日地距离的比。因此，与天穹高度比起来，日地距离就是微不足道的了。

第五条：天穹上显现出的任何运动，不是天穹本身产生的，而是由于地球的运动。正是地球带着周围的物质绕其不动的极点作周日运动，而天穹和最高的天球始终是不动的。

第六条：我们看到的太阳的各种运动，不是它本身所固有的，而属于地球和其所在的天球。就像任何别的行星一样，地球和其所在的天球一起绕着太阳运动；这样，地球就具有几种运动了。

第七条：行星的顺行和逆行不是它们在运动，而是由于地球在运动。因此，只要用地球运动这一点就足以解释天上见到的许多种不均匀性了。

公理系统有三个要求。相容性，所有的公理不能互相矛盾；独立性，任何一条公理都不能由其余的公理推出；完备性，从这些公理出发，可以按部就班地推出本数学系统中的全部定理。一般认为相容性是必要的，后二者不绝对必要。下面是对这三个要求更具体的介绍。

第一个基本问题或要求是相容性。也可称为无矛盾性或者是和谐性。公理体系的各个公理以及经过一串推导得出的命题不能相互矛盾，首先要求公理之间不相互矛盾。而且，由这些公理推出的所有结论中也不能含有两个相互矛盾的命题。任何一组公理如果它能够成为有数学意义的公理系统，一定要符合相容性，这是公理系统的最基本的要求。一个重要的附带结论是，一个已知公理体系的对象可以是任意种类的事物，而且在公理中提到的它们之间的关系可以有任何具体意义——只要公理的要求得到满足。

第二个基本问题或要求是独立性。公理系统中的每个公理都不能由其他公理用逻辑推导的方法导出。公理系统具有独立性保证了公理系统尽可能的简洁。从这个意义上来说，具有独立性的公理系统是极小化的，即要求公理系统中的公理数目尽可能的少，不允许出现多余的公理。如果公理体系中有一个公理可以由其余公理推导出来，它就不是独立的，可以把它从公理表中挪走，减少一个公理。一种几何学可以用不同的公理体系作为基础，所以去掉多余的公理(如果有的话)之后，一般来说可以得到不同的最少个数体系。因此，最少个数的公理体系绝不是唯一的。

第三个基本问题或要求是完备性。如果公理系统的所有模型都同构，则称公理系统是完备的。欧氏几何公理体系是完备的，从本质上讲它们只有一个模型。但是，完备性与独立性一样，它对一个公理系统来说并不是必要条件，实际上存在着不完备的公理体系。

由上述几点，首先，我们看到的是公理并不唯一。可在密尔那里，功利主义原理却肯定是一个性质和内容上唯一的第一原理，诸如以最大幸福原理的样式提出。在我看来这一点是成问题的。虽然单就直观的感觉来说，在想到第一原理时我们往往容易认为它必定表达为单一的一个原理，但是在考虑到第一原理与公理的高度相似性以及公理系统的公理并不要求只能有一个的情况下，一个包括了第一原理的理论体系是否只允许一个而不允许多于一个的第一原理就有待讨论。反对的意见可能会是，为什么需要包含多于一个的第一原理？任何多于一个数量的第一原理都可以约简，并进而达到在数量上唯一的程度。这样的说法在学术理路上当然是常见的。问题是情况并不总是会如此。也许一个单一的第一原理无法言之成理地包含所有所需要的起步理论假定，也许需要另一个或另外的一些第一原理从而形成一个公理之间的相互关系，从而更好地确保整个理论的合理性，总而言之，各种各样的可能性都是存在的。一个单一的第一原理在样式上可能显得更为优美或显得更为原初，然而无论如何，从对于功利主义原理的各种批评意见来看，如果它拥有一些其他的恰当的第一原理，如果它的推导系统比现有的状态更合理一些，也许对这种道德哲学理论的批评将不会如此之多。

其次，注意到几何学可以采用不同的公理作为基础。这一点显然使得“欧几里德几何并不是唯一的几何学的公理体系”可以成立。除了欧氏几何，也有其他一些著名的非欧几何的数学理论，它们也构成了与欧氏几何多少有别的自成一体的一套公理化体系。在这些非欧几何的公理系统的代表那里，罗巴切夫斯基(*Nikolai Ivanovich Lobachevskii*)的罗氏几何学用“从直线外一点，至少可以做两条直线和这条直线平行”代替欧几里德的“一对分散直线在其唯一公垂线两侧无限远离”的几何平行公理。由于这个公理的差异，在这个公理基础上演绎的定理也不同，例如同一直线的垂线和斜线相交将成为同一直线的垂线和斜线不一定相交，垂直于同一直线的两条直线平行将成为垂直于同一直线的两条直线，当两端延长的时候离散到无穷，等等。黎曼(*Georg Friedrich Bernhard Riemann*)则在绝对几何基础上把欧氏平行公理换为黎曼平行公理：“过平面上一直线外一点没有直线不与原直线相交”，由此推出黎曼非欧几何或椭圆几何。事实上是由于相同的原因，在上面列举的物理学和天文学这样的与数学密切相关的理论基础学科里，才会出现不同的公理系统相互竞争和交替的局面。

## 第六节　伦理学归纳学派与直觉学派

假设有四个人在为密尔提出他们的道德原理的状态作评论。

第一个人告诉密尔，他现在发现了或拥护的是一个这样的道德体系，在其中功利主义原理占据了第一原理的地位，可是，还有另一个伦理学的原则也占据了第一原理的地位，比如绝对命令的义务法则。

第二个人告诉密尔，他现在发现了或拥护的是道德体系里绝对命令的义务法则占据了第一原理的地位，可是还有另一个伦理学的原则也占据了第一原理的地位，比如功利主义的最大幸福原则。

第三个人告诉密尔，他的道德体系里功利主义的最大幸福原则占据了第一原理的地位，而且最大幸福原理是唯一的。

第四个人告诉密尔，与前一个人相反，虽然在他的道德体系里第一原理的位置也只有一种伦理学原则占据着而非被两个原则占据着，但是他的伦理学原则是绝对命令的义务法则。

密尔会对这四个介绍各自情况的人作出什么样的评论?

显然，第三个人完全符合密尔本人在伦理学第一原理方面的意见，即一个人按照功利主义的最大幸福原则为其道德体系的起点，并且各种道德原则从一个数量上唯一的原理出发。

与之相反，第四个人恰恰相反，这个人虽然在各种道德原则方面从一个数量上唯一的原理出发，但是这个唯一的道德原则的内容不是功利主义的最大幸福原理，而是义务论的绝对命令之类的原理。再考虑第一个人和第二个人，我们容易理所当然地认为密尔会认为前二者更可取，因为在前两个人那里，虽然他们都同时把两个而非一个的道德原则作为道德规则体系的第一原理，但不管怎样，他们至少都把功利主义的最大幸福原理列为第一原理，所以这样的选择比第四人唯一的只把义务论原理列为他的第一原理要更可取。

对密尔的评价的这种看法不完全准确。毫无疑问，如同上一段所论述的，第三个人正是密尔伦理学第一原理意见的良好代表。但是，第四个人，也就是把第一原理的位置也只有一种伦理学原则占据着而非被两个原则，与第一原理的位置也有（即使包括功利主义的最大幸福原则在内的）两种伦理学原则占据着而非在数量上唯一的原则占据着相比，这不仅会被他否定，而且甚至是被密尔周密地考虑过的。

在《功利主义》里我们很容易想起密尔批评义务论的第一原理的情况，在那个密尔直接提及康德的地方，我们记得密尔批评了义务论原理相比于功利主义原理的不可取性。

他没能表明，由所有理性的存在对于最为残暴的不道德的行为规则，将会有任何矛盾，任何逻辑不可能性（更不必说自然法则不可能性）。他所表明的全部是，它们普遍采纳的结果是没有任何一个人将会选择去遭受的。[1]

乍看上去，密尔的意思是在说，康德虽然坚持了道德哲学的第一原理，但是他没有在第一原理数量上的唯一性和逻辑上对于这样的唯一性进行足够的、恰当的解释。也就是说，在密尔的眼里，康德类似于绝对命令之类的道德哲学原理的问题甚至不在于这样的非功利主义原理的伦理学原则是作为一个第一原理的，而在于这样的无论是功利主义原理的还是非功利主义原理的伦理学原则在作为一个第一原理的时候，或者在数量上没有完全坚持它的唯一性，或者在公理系统或道德规则系统的逻辑次序上没有对第一原理的起源地位进行足够的、恰当的解释。

由于这样的情况，密尔非常自然地推测和设想的是，当不同的道德原理发生冲突时，一个人就会因为其道德规则系统的第一原理的不恰当性而产生不可解决的问题，比如，或者那个人的第一原理在数量上不是唯一的，这样的话无法确定应该最后诉诸哪一个第一原理，或者，如果有多于一个的数量的第一原理，那么在发生原则之间的冲突的时候，应该为不同的第一原理确

---

① Mill, J. S. UT. *CW*, Ⅹ: 207.

定一个次序。[1] 经过这样的分析，显然，情况不再是第四个人的状态就一定比第一个人与第二个人的状态更为可取。如果第一个人和第二个人把两个的第一原理排定了确定的前后次序，他们甚至可能更可取。

在第一个人和第二个人那里，也就是在同时把两个道德原则作为第一原理的人那里，如果两者的优先性已经得到确定，那么在密尔的眼里这样的状态就比没有得到确定的排序要好。因此，一个在其中功利主义原理占据了第一原理的地位，可是还有另一个伦理学的原则也占据了第一原理的地位，比如绝对命令的义务法则的人，他没有对两个第一原理排定优先次序；另一个人把先验的义务论作为第一原理，而不是功利主义的最大幸福原理，但他排定了两者在原则实际发生冲突时的次序。那么后一个人的状态就是更可取——而不是前一个人，即使前一个人把功利主义作为主导的第一原理。

功利原理可以以和每一个其他规则或原理可能具有的不同角度一样多的角度去看待。如果它是易于被有害地曲解的，这也是对所有一般原理、并因此是所有第一原理是真的。一个伦理学信条或一个功利的追随者将是否导致他为道德结果或不道德结果，取决于他认为什么是有用的；——恰如一个相反学说的信徒一样——即内在良心学说——它取决于他认为他的良心所命令的是什么。但一个理论或另一个理论都可以是真的。取代对二者的滥用和误用吹毛求疵的，真正的勇敢将由接受这个真——与所有滥用和误用的可能一道——构成；然后尽我们智力的全部力量去建立此类的第二公理或中间公理，作为对该原理应用的善意的探究者的引导，也作为对诡辩家和不诚实的决疑论者的有益制止。[2]

与此同时，约翰·密尔认为一个真正的伦理学理论很大程度上肯定会被研究它的道德哲学家认为只存在一个道德原则。“论道德哲学的作者们大部分感到不仅把所有行为规则和所有赞美和责备的判断都归因于原理，而且归因于某一个原理”。并且，这样的道德原则作为一个公理系统里的第一原理，或者一个道德规则系统的第一原理的身份出现，“某个规则或标准，与之所有其他行为规则被要求是一致的，且由之通过终极结果它们将全部都能被演绎”。具体一些也就是说，义务论的伦理学会把一个先验的道德原理作为一个唯一的第一原理，而功利主义的伦理学把一个经验的最大幸福的功利主义原理作为一个唯一的第一原理。

上面，我们已经讨论了密尔第一原理在可推理性和数量性上都被得到了要求，在可推理性上它必须是不可推理的，是起源的，但是能够演绎出所有的其他的原理，在数量性上它是唯一的，或者如果数量是多于一个的，至少

---

① Mill, J. S. UT. *CW*, Ⅹ: 206—207.

② Mill, J. S. Sedgwick's Discourse. *CW*, Ⅹ: 52.

也需要确定在原则实际发生冲突时的优先次序。这些都是约翰·密尔的逻辑学训练对他的伦理学理论的方法论产生的影响。比起具体的伦理学原则，他更想要探究的是一个起源性的、具有最高的因果定律的归纳的第一原理，与此同时，比起数量上多于一个的第一原理，他更想要探究和追求的是一个数量上唯一的，因此在逻辑关系上更为明确和确定的第一原理的状态。他的经验主义的根深蒂固的训练当然决定了他会以经验主义的、科学主义的苦乐原理作为他的伦理学的第一原理，而不是像康德等人那样把先验主义的原理作为第一原理。但是，与这样的或许可以被称作实质性的第一原理的内容无关，在第一原理的逻辑学的规定的部分，各种伦理学理论都共同受到制约。在这一点上各种提出了第一原理的伦理学都是共同的。因此，在几个地方密尔都声称这个部分的规定也适用于非功利主义的伦理学。或许也同样可以用密尔对逻辑学作用的话来验证这个论点。

我们定义逻辑学为处理人类追求真理的理解的活动……逻辑学负责我们智力的活动，只是因为它们有益于我们自己的知识，以及有益于我们为我们自己使用的对那个知识的掌握。如果在宇宙之间只会有一个理性的存在，那个存在可能是一个很好的逻辑学家；逻辑科学和逻辑艺术对于那一个人将与对所有人类是一样的。①

毫无疑问人们知道，密尔的功利主义伦理学是一种与义务论伦理学差别很大的学说。那么两种理论真正的差异在哪些方面？不同的人肯定将提供各种各样极为不同的回答。在密尔自己看来，两种伦理学理论虽然在道德原理的感觉官能那里是相当不同的，但是他明确地认为，功利主义与义务论都肯定了各自的道德哲学理论在理论系统的推导性质方面是相同的，都承认了一个基础性的道德原理的起源，并且甚至在道德原理的具体内容上也没有什么区别。他在《功利主义》里告诉我们：

按照所有那些有资格以思想家冠名的它的解释者，我们的道德感觉官能只提供给我们道德判断的一般原理；它是我们推理的一个分支，不是我们有感觉力的感觉官能；并且必定表现为对道德的抽象学说，不是对它在具体之中的感知。不亚于被称作归纳学派，伦理学直觉学派坚持一般定律的必要。他们都同意一个个别行为的道德不是一个直接感知的问题，而是对一个个别情况的一个定律的应用的问题。他们也都在很大程度上认可一些同样的道德定律。②

这段谈论涉及许多事情。首先，密尔口中的那些有资格以思想家冠名的它的解释者，主要指的是赞同其论敌一派的一些人物，也就是密尔认为在当

① Mill，J. S. SL：RI. *CW*，Ⅶ：6，Intro，Sec. 3.

② Mill，J. S. UT. *CW*，Ⅹ：206.

时一直占据了伦理学理论主流——与他认为的功利主义伦理学的地位相反——的先验论伦理学、直觉主义伦理学，或者义务论伦理学。第一句话里的“我们道德判断的一般原理”指的是伦理学学说的第一原理、一般原理，或者一般前提。

现在，密尔把两种伦理学说成是伦理学归纳学派和伦理学直觉学派，毫无疑问，功利主义伦理学属于两种流派里的归纳学派。密尔说的是，伦理学直觉学派与功利主义伦理学在相同的程度上坚持主张第一原理的存在性和必要性，并且，不仅第一原理被认可是存在和必要的，而且在理论学说的推导次序和推导结构上，两种伦理学学派都同样认为，一个具体的道德，也就是作为一个伦理学理论的最终表现的一个个别的行为，事实上是一个次级原理——在密尔的这段谈论里它被称作定律——的推导性的应用。在这里笔者的理解是，在这个地方术语定律指的不是之前密尔刚刚谈论过的等同于一门学科的第一原理的一般原理的术语，相反，它指的是基于一个一般原理衍生的和推导性的次级原理。

除此之外，如同已指出且在密尔的上述一段谈论的最后一句话里已体现出来的那样，密尔甚至认为伦理学直觉学派与功利主义伦理学这两种学派在具体的一些次级原理方面也是共同的，“都在一个很大程度上认可一些同样的道德定律”。

密尔关于两种不同的伦理学理论的上述意见是否将被一般读者以及专门的学术研究者所认可当然有待商榷，不过我们最好继续考虑与我们目前一直讨论的主题更密切相关的一些事情。在说这样的话的时候，笔者指的是密尔眼中的两种伦理学理论在第一原理方面的差异。道理非常简单，事到如今，似乎两种学派的共同点在许多方面都有着一致意见，具体而言，在一个第一原理的存在一些更大数量的次级原理的存在，以及第一原理与次级原理之间的推导性关系，乃至于在特殊的那些次级原理的内容方面，两者如果都有着共同的一些认识和许可，那么两者的差异看来只能是在关于第一原理的一些比较专门的方面。在上面那段谈论之后密尔紧接着说的是：

但在对它们的证据，以及由之它们取得它们的权威的源泉的方面区别开。按照一个意见，道德原则是明显先验的，除了术语意义被理解外不需要任何去赢得同意。按照另一个学说，和真理和虚假[谎言]一样，正确和错误是观察和实验的问题。但双方都同等地认为，道德必定从原理演绎而来；直觉学派与归纳学派一样强地肯定有一门道德的科学(*science of morals*)。可他们甚少试图拟定一个服务为科学的前提的先验原理的目录；他们还更少作出任何把他们的各种各样的原理约简到一个第一原理(*first principle*)或职责的共同基础的努力。他们或者假定道德的通常训诫[戒律]作为先验权威，或者，他们把某个明显比准则自身要更少权威的概论放置为他们的准则的共同地基［基础；根据］，这从没获得通行接受的成功。可为了支持他们的自负，应当要么必须有某一个在所有道德的根源之处的基础原理或定律，或者如果是有几个的话，应该有一个它们之间优先性的确定的［决定的］次序；并且此一个原理或对于决定介于当它们冲突时的各种原理的规则应当是不证自明的。①

显而易见，在《功利主义》的这个地方，一门道德的科学所指称的意思完全等同于《逻辑学体系》里的生活的艺术之中的道德的艺术或道德科学的学说。伦理学直觉学派与功利主义伦理学在理论的证据方面有所区别，根据这一点，并且鉴于证据一词在密尔那里就意味着与证明活动密切相关的一些事情，马上可以推出的是这意味着两种伦理学理论必定将会有着不同的证明。密尔认为前者是由被该派学说认为是管辖着道德的第一原理的专门或特殊的一种道德感觉官能所先验的和命令式地指定的，只需要人们根据这样的指定去把握，而不能再寻求过问进一步的根据。但是包括了功利主义伦理学的伦理学归纳学派却认为进一步的根据可以通过诸如观察这样的方法得以寻求。这当然是与密尔同样非常重视的伦理学感觉官能理论有关系的一些论点。鉴于目前我们的焦点在第一原理的方面，我们将马上考虑在上面这些话里密尔对此说了什么。

密尔对于两种伦理学在第一原理方面的差异的基本观点包括了几个不同的方面。

他认为的两者的第一方面的差异在于对第一原理的明示程度。密尔认为伦理学直觉学派没有完全尽力去给出其自认为的先验伦理学的第一原理的目录，而且，除了第一原理目录的缺乏，伦理学直觉学派也没有给出一个最终的第一原理，密尔认为这在先验伦理学那里是职责的基础。鉴于这一点，这种伦理学显然只能在第一原理缺乏的情况下，在自身伦理学学说系统里只给出演绎性质的一些命题，在这里密尔称这些次级原理为道德的通常训诫，这也就是密尔在其他一些地方曾经说过的与在演绎系统里更为基础的道德的规则相对照的道德的准则。这是第一种情况，另一种情况是采用一些演绎推理的性质或程度较低的命题作为准则的基础。且密尔认为先验伦理学这样的做法是不成功的。这意味着很重要的一点：按照这一节之前的说法，根据当时我们已经知道的，情况似乎是义务论伦理学会把一个先验道德原理作为一个唯一第一原理，而功利主义伦理学会把一个经验的最大幸福的功利主义原理作为一个唯一第一原理。

现在，我们可以很好地了解到这个当时的初步看法的实际情况其实是怎样的。在密尔看来，该论点后面的一半是真实的，功利主义伦理学把一个经

① Mill, J. S. UT. *CW*, Ⅹ: 206－207.

验的最大幸福的功利主义原理作为一个唯一的第一原理，但是对于该论点前面的一半情况却不是真实的，义务论的伦理学虽然是一个与功利主义有差异的理论，但是它们的差异在第一原理的拥有方面并不对等，功利主义伦理学拥有一个第一原理，义务论表面上看或者自己声称也拥有，然而根据密尔对于第一原理的系统的看法，义务论伦理学拥有的只不过是一个或一些次级原理，或者是一些次级原理衍生的推导性原则，这些通常的道德原则或日常的道德原则，就其伦理学的规范性戒律与规范性原理的内容和属性，都是可以被赞同的、有着积极作用的，并且也可以被诸如功利主义这样的归纳伦理学学派或非先验论、直觉主义的伦理学学派所承认。不过一旦涉及理论系统的融洽的领域，诸如义务论这样的先验论、直觉主义的伦理学就不再可以言之成理了。从大的方面来看，它们甚至不拥有密尔所认为的真正的、合乎标准的一个第一原理，一个处于所有次级原理以及进一步的衍生原则的根源部分的一般原理。

第二方面的差异在于第一原理的次序方面。密尔认为，为了支持先验伦理学上述说法的可靠性，即一种把道德的通常训诫或准则作为一些伦理学的理论系统的基础的说法的可靠性，那么，必须假定的和要求的是，如果被设定为理论基础的道德的通常训诫或准则在数量上最终呈现的是唯一的，那么它拥有一个第一原理，这个事物密尔在此称之为基础原理或定律。另一方面，如果被设定为理论基础的道德的通常训诫或准则在数量上最终呈现的不唯一而是多于一个，它也需要一个第一原理，由之当这些次级原理在冲突的时候才能有一个最终的判断标准或裁定。

上述问题对于伦理学归纳学派无疑都不存在。并且，密尔认为无论是对于任何一种伦理学学派，一个共同的第一原理都是被认可的，即使一种伦理学学派在表面上不承认密尔所设想的功利主义原理的伦理学第一原理，但是，由于它在人类情感方面的决定性以及它对于实际道德问题的决定性，这种原理的内容——幸福——都是人们不得不真实地承认的。

现在，这一节之前部分曾经引述过的《功利主义》里唯一一个提到康德的那个地方，对于密尔的那些谈论因此可以得出如下更准确的理解。密尔不同意康德的普遍化原理，要点并不在于密尔不认同义务论学说的内容，也就是在具体的伦理学原则上密尔完全赞同义务论的具体学说，但是虽然这一点密尔没有异议，在伦理学理论系统的逻辑学范畴里，密尔却完全不同意康德。康德被认为没有提出第一原理，与此相反，他提出的仅仅是一个训诫，即一个本来应该更恰当地基于一个在演绎关系方面更为基础的第一原理的次级原理。除此之外在道德学说演绎的逻辑次序方面康德伦理学也犯有错误。密尔认为，本来康德应该表明的是一个逻辑上融洽的理论体系，伦理学理论首先应该满足的是逻辑融洽或融贯的要求。但是康德却没有让其理论符合这一点，而是关切于一些其他被密尔认为是不恰当的非逻辑融洽的标准。这样的情况或多或少令人吃惊。我们看到密尔对逻辑学的如此突出的强调和重视，以至于很明显，他的确首先关切的是一个伦理学理论——无论它是目的论或者是任何类其他型的——在逻辑方面的一些标准。

本节开篇提出的四个持有不同的第一原理系统的形态的人的例子现在也可以得到更好的分析。在当时所做的分析那里结论是第三个人正是密尔的伦理学第一原理意见的良好代表。在他的道德体系里功利主义的最大幸福原则占据了第一原理的地位，而且最大幸福原理是唯一的。现在的问题是这个道德体系里的第一原理是否需要只能拥有一个且不多于一个，换言之，用公理数量的话来表达，我们想要了解的问题是该公理体系——如果它可以被视为是一个公理体系的话——的数量是否需要具有唯一性。

当时我们考虑的是，或者是这样的情况，那个人的第一原理在数量上不是唯一的，这样的话无法确定应该最后诉诸哪一个第一原理，或者情况是，如果有多于一个数量的第一原理，那么在发生原则之间的冲突的时候，应该为不同的第一原理确定一个次序。鉴于在第一个人和第二个人那里，他们都同时拥有多于一个数量的第一原理，与此同时第四个人虽然以义务法则作为他的道德体系的第一原理，但它是他的唯一的一个第一原理，当时的初步结论是，第四个人的状态不一定比第一个人与第二个人的状态更为可取。如果第一个人和第二个人在同时把两个的第一原理排定了确定的前后次序，他们甚至可能是更可取的。

## 第七节　公理数量与终极目的

现在这个结论也可以很容易得以更正确和更准确的修正。首先，第四个人的道德体系的情况是不可能发生的，虽然在他的道德体系里第一原理的位置也只有一种伦理学原则占据着而非被两个原则占据着，但是他的伦理学原则是绝对命令的义务法则。这是不可能的。我们已经了解到的是，根据密尔，义务论伦理学并不具有任何符合他的标准的第一原理。根据同样的道理，第一个人和第二个人的情况也是不可能的，因为在那两个人那里，诸如绝对命令的义务法则这样的义务论伦理学也占据了第一原理的地位。

问题在于如果现在的分析是正确的，如果最后可能出现的情况是这样的，那么，上述的分析虽然表明了只有第三个人才可能是真实存在的一种可能，即一个道德体系里功利主义的最大幸福原则占据了第一原理的地位，而且最大幸福原理是唯一的情况，这意味着被允许的情况是，一个道德体系只拥有一种第一原理，并且这种第一原理的内容是确定的，不可能是其他的——也就是它是不可替代的。换言之，第一原理系统里的第一原理的数量唯一性和可替代性都是确定的。

然而这是否的确完全是所有被允许的情况？是否一个道德体系只能拥有一种第一原理且它必须是功利主义原理？它是否是不允许替代的？为了回答这样的问题，我们将根据这一章第五节介绍过的数学公理系统的情况来加以分析。诸如欧几里德几何学的公理系统这样的数学公理系统对于密尔的艺术与科学的第一原理系统不仅相关，而且它们的对比将有助于我们更好地理解后者，解决后者那里具有的一些疑问。并且，这样介于不同的公理系统或第一原理系统之间的对比和分析将有益于我们的整个主题即密尔的“证明”，原因在于这个对伦理学领域而言重要的“证明”的解释与正确的看待，很大程度上取决于我们是否意识到它的第一原理的属性，也就是我们是否意识到功利主义原理是作为一个第一原理被提出的，与此同时，一旦我们这么做，那么第一原理的自身被规定的属性——比如马上将要加以讨论的数量以及可替代性——就必然影响到它的定位，从而很大程度上影响到对于它的“证明”的背景、方法与举措。

密尔的伦理学理论或者他关于科学与艺术理论系统的理论是否完全以数学公理系统作为蓝图，这一点不是可以得到彻底肯定的。也许他设想的恰恰是一个欧几里德几何学式样的数学公理系统，但也许情况并不是这样。我们之所以不能对此加以完全肯定，是因为从严格的数学公理系统的特征来说，密尔关于科学与艺术的理论系统的理论并不精确地与之相对等。

这种不对等性最突出地体现在公理的数量方面。已经在这一章第五节的结尾部分论述过，公理系统中的公理数目尽可能的少，不允许出现多余的公理。如果公理体系中有一个公理可以由其余公理推导出来，它就不是独立的，可以把它从公理表中挪走，减少一个公理。这也就意味着一个数学公理系统的公理的数量并不一定是唯一的。

但是在密尔的学说那里，虽然他并没有在论伦理学归纳学派和伦理学直觉学派在第一原理与次级原理的共同之处与差异的时候告诉过我们，可在两种伦理学的诸多相同之处之余，二者的差异之处却肯定包括了是否存在第一原理，并且，虽然密尔似乎没有明确地在论述这些问题的时候明确规定一般原理、第一原理是否就不允许在数量上是多于一个的，但是，他对于一般原理、第一原理的数量的唯一性倒是有着反复的提示的，他告诉我们对先验伦理学需要“把他们各种各样的原理约简到一个第一原理”，“必须有某一个在所有道德的根源之处的基础原理或定律”，“不证自明”的“一个原理或对于决定介于当它们冲突时的各种原理的规则”，除此之外，在功利主义伦理学的第一原理或艺术的第一原理方面，该原理自然在数量上是唯一的，它是“某一个原理、某个规则或标准”，而不是某几个原理、某几个规则或标准。

之所以出现这样的情况，一个很重要但是却相当容易为人所忽视的地方在于在密尔那里，艺术的第一原理或包括在艺术之内的伦理学的第一原理是一个目的论的或目的学说的一般原理、第一原理或一般大前提。也就是，这个类型的第一原理有着自身独特的性质。此外，我们也已经在这一章第二节论述过这样一个密尔对于科学与艺术的观点：

作为一门科学的第一原理被终极地接受的真理，事实上是形而上学分析的最后结果，以与之科学是精通的初步概念实践；它们与科学的关系不是对一个大厦的基础，而是对一棵树木的根源——尽管它们从未被挖掘并暴露于阳光下，可以同等良好地执行它们的职能。但是，尽管在科学里特殊真理在一般真理之前，对一门实践艺术——比如道德的和立法的——的情况被期待的可能是相反的。[①]

现在，这些话的重要性再一次体现了出来。与数学公理相对照，艺术的第一原理与之是更为相似的，因为在科学的第一原理那里特殊真理在一般原理之前，这也就意味着科学领域里第一原理不受到特殊真理的影响，但是由于在艺术或任何一门实践艺术的领域里这二者的顺序相反，那么在其中特殊真理也就在一般原理之前，这意味着艺术领域里第一原理在次级原理之前，从而完全等同于欧几里德几何学式的数学公理系统的特征。

然而，一个艺术的第一原理却是唯一的一个在艺术学说的领域里不属于科学而专属于自身的事物。它是包括了伦理学在内的艺术学说的一般大前提。是由艺术根据一些标准提出的，它“宣布了针对的对象，并肯定它是一个可欲求的对象”。与此同时，艺术学说的整个过程在与科学的关系方面的配合过程是在这一章第三节里论述过的，艺术向它自身提议一个去被获取的目的，定义目的，并把它交给科学。科学接收它，把它作为被研究的一个现象或一个效应，并且在调查了它的原因和条件之后，把它带上一个关于情况的组合——由之它能够被产生——的定理，送返给艺术。艺术随即考察这些情况的组合，并且，根据它们中的任何一个是或不是在人类的力量之内，宣布目的是可获取的或不是可获取的。因此，艺术假定的唯一前提是起源的大前提，它断定了该约定目的的获取是可欲求的。科学随即帮助给艺术提供命题(由一系列的归纳或演绎获得)，即约定行为的执行将取得该目的。从这些前提，艺术推断出，这些行为的执行是可欲求的，并发现它也是可实践的，把定理转为一个规则或戒律。[②]

问题在于，不同于数学公理系统的公理在数量方面的要求，在密尔的目的论大前提的艺术第一原理那里，它的数量显然只能是唯一的。它是一个如同《功利主义》论功利主义原理的“证明”的开篇就谈到的终极目的，是一个处

---

① Mill, J. S. UT. *CW*, Ⅹ: 205—206.

② Mill, J. S. SL: RI. *CW*, Ⅷ: 944—945, Bk. Ⅵ, Chap. Ⅻ, Sec. 2.

于所有目的的源头或顶端的目的。现在，在讨论只能表达为在数量上唯一的一个终极目的的问题前，笔者将对介于伦理学归纳学派与伦理学直觉学派之间的目的论与义务论的基本的理论选择进行一个尝试性的论述，也就是对目的论的理由进行一个论述。

这是一个特殊的哲学理论的问题。目的论常常被认为是伦理学的，然而，事实上它甚至在论证的难度上超过了许多形而上学的问题。我认为目的论的理由属于最为基础的几个哲学理论之一。亚里士多德著名的四因说里，质料因即形成物体的主要物质，形式因即主要物质被赋予的设计图案和形状，动力因即为实现这类设计而提供的机构和作用，目的因(*hou heneka*)即设计物体所要达到的目的，是一件事物存在的原因或是改变的原因，包括了有目的的行动和活动。一件事物的目的因是它之所以存在的原因，或者说是它之所以改变的原因。目的因也被称作所为因。

目的论是很难理解的。它是一种相当基本的理论。一个目的是一个趋向。一个目的和一个手段对立。并且，目的论是一个以目的为导向的或至少与目的有关的理论。对于目的论，除了这些我们还能说些什么？似乎比较困难。目的论过于基础，牵涉的东西过多，这导致它本身的定位相当模糊。

与此同时，我认为更为困难的是给出拥护目的论理论的理由。也许目的论的理由属于最为困难的几个哲学理论之一。如果被问到的是，为什么一个伦理学要采用目的论？被提问者的回答不那么容易作出。毕竟，说一个伦理学理论是目的论的，或者一个人支持一个伦理学的目的论理论，或者甚至说一个目的论理论的伦理学比起其他的伦理学理论是更有优势的，这些都是容易的。可提出一个说法是一回事，对说法提出可以令人信服的或至少是可以在自己方面可以言之成理的理由是另一回事。在这一章论一般真理与特殊真理的那节里笔者曾经引用过亚里士多德的话，由之作为与密尔的观点相独照和呼应的一个代表。现在再一次出人意料的或不出人意料的，亚里士多德再次被提出作为对比。《尼各马可伦理学》的开篇是：

每一门艺术和每一个探究，以及类似地，每一个行为和追求，都被认为是意在某个善的；由于这个理由，善被恰当地宣称为是所有的事物意指的。但是在各个目的之间有一点区别是被发现的；有些活动，有些是在活动之外产生的事物。目的在行为之外的部分时，产物自然比活动要优越。既然有许多的行为，比如各门艺术和科学，它们的目的也是众多的；医学艺术的目的是健康，造船艺术的目的是建造一艘船舶，军略的目的是胜利，经济学的目的是财富。①

这与我们已经引述过几次的密尔的话如出一辙："无论什么能够被证明

① Aristotle. *Ethica Nicomachea*. 1094a

是善的，必定由被表明是一个对某种不用证明地被承认是善的事物的手段而是如此的。医学艺术由它有益于健康是被证明是善的；但是怎么可能去证明健康是善的？音乐艺术是善的，因为在各种原因之间尤为值得一提的是它产生快乐；但是什么证明对快乐是善的是可能给出的？”①

亚里士多德不仅提出了各种事物都有一个目的这样通常的目的论的学说，而且，亚里士多德也认为在各种各样繁多的目的里存在着某种次序：

这些艺术被归入一个单一的能力之中，比如制作马勒和其他关于马匹的艺术都被归入骑术，每一个军事行为都归入战术，以同样的方式其他的艺术也被归入一些别的其他艺术里——在所有这些里面，一些主要艺术的目的是比所有从属的目的更可取的；因为后者之所以被追求是为了前者的缘故……则如果有我们从事的事物的某个目的，它是我们为其自身之故欲求的(每一个其他事物是为其故而被欲求的)，并且如果我们不为了某个其他的缘故而选取每个事物(因为照那样下去过程将变成无限的，所以我们的欲求将是空洞的和徒然的)，显然这必定是善且是首要的善。②

对于亚里士多德这些谈论的完整分析并不是这里意在给出的，因为他对目的论的看法事实上相当复杂。各个目的之间有所区别，有些目的意在活动，有些目的意在活动之外产生它们的事物，不仅如此，亚里士多德还认为艺术与人类存在的能力有关系。不过对于我们目前的讨论，重要之处在于看到在他的谈论里的如下这些意思。一个事物的目的是为它的自身的缘故和为了一些别的事物的缘故的，这样一来就可以寻找到一个线索，在这样的线索上继续形成一个序列，我们多少像是一个为自身之故的目的的事物的追索者，不断试图去了解什么是为了自身之故的目的的事物。这样的事物毫无疑问且众所周知地被亚里士多德确定为幸福。当然，现在看起来像是碰巧的，在功利主义伦理学那里最终目的也是幸福。笔者接下来会详细讨论功利主义原理的幸福概念的问题。现在先把注意力放在最终目的或终极目的上。已经表明了，如果认为目的是可以有为了自身之故和为了其他的事物之故，那么很自然的，目的论会形成序列形式的一个理论。在序列的终点是一个终极目的。

为什么目的可以提出为一个终极目的？关于终极目的这个概念，再一次地，我们可以得益于《尼各马可伦理学》，亚里士多德对这一点作了非常宝贵和富有价值的说明。他的话可以作为密尔终极目的理由的一个替代回答。

让我们回到我们寻求的善，并询问它能是什么。它在不同的行为和艺术里似乎是不同的；它在医学，在战术，在其他类似的艺术里是不同的。那么

---

① Mill, J. S. UT. *CW*, Ⅹ: 207—208.

② Aristotle. *Ethica Nicomachea*. 1094a.

各自的善是什么？可以肯定是为了每一个其他事物能被达成的缘故。在医学里这是健康，在战术里是胜利，在建筑学里是一座房屋，在任何一个其他的艺术、行为和目的的追求里是某些其他事物；因为这一点的缘故，所有的人才做任何其他他们所做的。因此，如果有一个我们从事的目的，这将是通过行为可以获取的善，且如果有多于一个的话，这些将是通过行为可以获取的一些善。所以论证由一个不同的过程抵达了相同的点；但我们必须试图把这表述得更为明晰。由于显然有多余一个的目的，且我们为了一些别的缘故而选取这些(比如财富，长笛，大体而言的各种工具)，显然，不是所有的目的都是一些最终的目的；但是首要的善显然是某种最终的事物。因此，如果只有一个最终的目的，这将是我们寻求的，且如果有多于一个的目的，这些目的里面的最为最终的将是我们寻求的。①

亚里士多德不仅认为在各种各样的目的中存在着一个最终的目的，而且，这个终极目的肯定是数量上唯一的。如果只有一个终极目的，那么它正好就如其所是，如果有多于一个的终极目的，那么必定在其中有一个是最为终极的。与此同时，亚里士多德把这样的终极目的作为一个首要的善。目的的事情和善的事情有关。密尔对于终极目的的论述的路线与亚里士多德的当然有类似之处。如同这一章第三节已经论述过的，密尔说过，医学艺术有益于健康，在这个命题里健康是目的，医学艺术是手段。音乐艺术是善的，同理，善的是目的，音乐艺术是手段。密尔似乎是在和亚里士多德一道认为，在所有目的的链条尽头必定有一个终点，一个终极的目的，一个只为自身而不为任何其他的目的，亦即一个不作为任何其他目的的手段的目的。并且在证明方面，“无论什么能够被证明是善的，必定由被表明是一个对某种不用证明地被承认是善的事物的手段而是如此的”。

如果情况是这样，则作为第一原理的密尔式的目的论大前提就呈现为一个终极目的，显而易见并且确定无疑的是，一个密尔式的道德体系或第一原理系统的第一原理在数量多少方面只能有一种可能性，即它只能拥有一个第一原理。

数量唯一性的这样一个结论对于密尔的“证明”的问题有何借鉴参考意义？事实上，对于密尔的“证明”本身的理解而言，知道了它要证明的是一个数量上唯一的第一原理就是足够的，因为该数量唯一性本身是一个确定的结论。按照这样一个情况，问题的思路顺理成章地应该是确定这样一个第一原理在内容上的表述是什么，比如，它是否可以言之成理地被表述为最大多数人的最大量的幸福，并且在这样的基础上，我们可以继续分析密尔本人的“证明”的各种得失。

---

① Aristotle. *Ethica Nicomachea.*，1097a.

但是我们实际上面临的麻烦在其他一些方面。问题在于对密尔的“证明”的不同解释这一点。实际的密尔“证明”的解释那里，对于“证明”的过程和本质的看法是五花八门的，在所有那些令人眼花缭乱的“证明”的解释里，试图通过只表明截至目前的结论就让所有的研究者都信服是不可能的。

在数学公理独立性的要求里，公理系统中的每个公理都不能由其他公理用逻辑推导的方法导出。公理系统具有独立性保证了公理系统尽可能的简洁，具有独立性的公理系统是极小化的，即要求公理系统中的公理数目尽可能的少，不允许出现多余的公理。如果公理体系中有一个公理可以由其余公理推导出来，它就不是独立的，可以把它从公理表中挪走，减少一个公理。迄今为止密尔艺术领域的目的论第一原理的说法与此很好地相符合。但是数学公理系统接下来的规定就显得与密尔的目的论第一原理格格不入，在前者那里，一种几何学可以用不同的公理体系作为基础，所以去掉多余的公理(如果有的话)之后，一般来说，可以得到不同的最少个数体系。因此，最少个数的公理体系决不是唯一的。这样的不相符合的现象当然取决于公理数量的多寡。我们已经知道数学公理系统的公理数量不是唯一的。然而，由于密尔的第一原理系统那里一个第一原理是一个目的论大前提且同时是一个终极目的，它在数量方面与数学公理就失去了对应性。迄今为止的论述和公理系统的数量有关。下面让我们考虑密尔的艺术学说包括第一原理在内的理论系统在与数学公理系统比较的情况下所能凸显的另一个方面，一个与公理的可替代性问题有关的方面。

但在继续考虑公理系统的问题之前，由于我们在这一节里已经论及了终极目的的一些事情，并且，由于在第一章里，终极目的的可证明性的问题曾经被提出并且暂时搁置过，现在，这个问题在该概念得到阐述后可以得到更好的解答。

在那个地方，一眼看上去功利主义原理似乎同时既被说成是终极目的，又被说成是第一前提或第一原理。它们有可能是完全相同的一个同样含义的不同名称，也有可能是完全相同的一个同样含义的不同性质方面的表达，或者，它们也可能是一对层次方面有等级差异的概念。对此精确的答案是怎样的？在那个时候我们并没有介绍多少关于密尔的目的论的思想，然而这一点现在变得相当清楚。快乐，幸福，第一原理，快乐主义原理，功利主义原理，至善，终极目的，总体的幸福，最大量的幸福，道德的标准，行为的标准，显然这些概念彼此之间有着千丝万缕的关联。其中，诸如总体的幸福这样的事物是终极目的是被密尔明确指明的说法。按照《逻辑学体系》结尾部分的表述，对人类幸福的有益，幸福的推动，这是目的论的终极原理，是终极目的，同时也完全是功利主义原理。与此同时，目的论是艺术领域学说系统的第一原理。也就是说终极目的是位于一个目的论或目的学说顶端的一个目的，是被艺术学说系统区别于科学而专属于自身的提出的一个可获得的可欲求对象，由于艺术领域和伦理学领域的第一原理必定是目的论式的，第一原理也就与终极目的一致。

《功利主义》里密尔既告诉我们终极目的是不可证明的，也告诉我们第一原理是不可证明的，这样的说法也就既不是他的笔误，也不是一个没有理由的说法。

从终极目的的角度来看，它之所以是不可证明的，除了第一原理不可证明的惯例规定之外，原因也在于一个终极目的是位于所有的手段和目的的序列以及目的集合序列顶端的事物。建筑艺术是为了一座房屋，造船艺术是为了一艘轮船，其中目的分别是一座房屋以及一艘轮船，它们可能有进一步的目的，并且，它们的证明可以通过手段和目的的结论来得以进行，但是终极目的是不可证明的，它不为了别的任何事物，而只是为了自身。“论什么能够被证明是善的，必定由被表明是一个对某种不用证明地被承认是善的事物的手段而是如此的。医学艺术由它有益于健康是被证明是善的；但是怎么可能去证明健康是善的？音乐艺术是善的，因为在各种原因之间尤为值得一提的是它产生快乐；但是什么证明对快乐是善的是可能给出的？”因此“在通常认可的术语那里，关于终极目的的一些问题是不允许证明的”。

从第一原理的角度来看，它之所以是不可证明的，除了终极目的的不可证明的惯例规定之外，原因也在于第一原理是位于所有的学说系统的演绎推导的起点的事物。一个第一原理类似于数学领域或物理学、天文学领域的公理或公理之一，它是最基础的、不证自明的一些被选取的理论事实或理论预设。从公理可以推导、推理、推论或证明别的各种各样的定理、定律或衍生原则，但是从理论上说，对第一原理的证明既不必要也不可能进行。第一原理也被密尔在一些地方称作第一前提，在学说系统里它处于所有前提之首，在这样的情况下，既然能被证明的必定是一个通过命题或断言的形式表述的结论，那么，如果说一个前提或原理不是第一前提或第一原理，它们可以通过被置于另一个更为起源性质的前提与结论的结构中得以推理，但显而易见第一前提或第一原理无法被置于另外的任何一个前提与结论的结构中，它们无法成为结论。“不能通过推理而证明对所有第一原理；对所有关于我们知识的、也对所有那些我们的行为第一前提都是共同的”。

## 第八节　目的论的理由与公理的可替代性

我们的讨论关键在于，在伦理学或者生活的艺术的第一原理被认为只有唯一的一个，即最大幸福的功利主义的情况下，这样一个第一原理是否允许被不同的第一原理所代替。如果功利主义原理不允许被其他的原理代替，那么我们就需要有足够的理由来解释这个与数学、物理学、天文学等学科有所不同的现象，另一方面，如果它是允许被其他的原理代替的，那么，我们也同样需要提出密尔对此的看法，了解他为何能够对他自己坚持的第一原理作出让步。

公理数量的情况影响了密尔的第一原理系统与数学公理系统在完备性方面的比较。这么说不意味着密尔自己的第一原理系统不完备。恰恰相反，它是相当完备的。然而，如果考虑到一个诸如先验论或直觉主义伦理学之类的其他的道德哲学体系，在这个时候问题就出现了，本来，我们会理所当然地认为任何一个伦理学理论都是有着自身可以与数学公理系统相比照的理论体系的。但是，由于在密尔的眼里直觉主义伦理学根本就不具有一个第一原理，因此，我们就完全无法说一个直觉主义伦理学理论是一个可以与数学公理系统相比的理论体系。与此相同，由于功利主义原理既属于伦理学领域的目的论大前提，也属于所有行为领域或者说所有艺术门类领域的总体的目的论大前提，这样的情况决定了功利主义原理是一个压倒性的和排他性的第一原理。按照密尔在论归纳学派伦理学与直觉主义学派伦理学之时的说法，两种不同的伦理学思想都共同分享了一些次级原理以及其他各种衍生的道德原则，然而只有前者才是一个公理系统，后者不是，因为后者是不完备的。

但完备性对一个公理系统来说并不是必要条件，实际上存在着不完备的公理体系。这不意味着直觉主义学派伦理学有可能是完备的，因为这个完备性指的是公理自身在数量上的不完备，与之完全相反的是直觉主义学派伦理学根本就没有具备任何一个公理。这使得归纳学派伦理学与直觉主义学派伦理学之间在公理系统方面的关系，无法像欧氏几何与罗氏几何学以及黎曼欧几何学那样形成一种整体上的可替换的关系。在欧氏几何学与非欧式几何学那儿，两种不同类型的公理系统之间在各自的各个公理和各个衍生定理那里全部都不相同。在归纳学派伦理学与直觉主义学派伦理学这里，按照密尔的说法，一种奇特的现象产生了，在这两种不同类型的伦理学理论体系里次级原理是相同的和都被各自所能够认可的，但是密尔认为只有自己的理论才拥有第一原理，与之相反，直觉主义学派则认为归纳学派伦理学包括的功利主义理论的第一原理的地位是完全站不住脚的，而且，直觉主义学派事实上很难承认他们与功利主义一样，共同分享着一些密尔声称的次级原理并且对于这些次级原理是共同认可的。从密尔的方面来说，密尔对直觉主义学派伦理学法则的次级原理而非第一原理的定位关上了这种可能性的大门。

一个非常严重的问题出现了。即使我们与密尔一道承认包括直觉主义学派在内的其他伦理学不存在第一原理而只不过把一些次级原理或其他的衍生原则作为它们自身理论大厦的基础，并且，即使我们与密尔一道承认一个伦理学理论体系需要包括一个第一原理，从而作为次级原理的根据以及不同的次级原理或衍生原则在发生冲突时最终的裁决判断的依据，在对这些情况都承认的情况下，直觉主义学派之类的其他非功利主义伦理学是否将同意密尔式的第一原理体系的学说仍然打着问号。想要解释这一点事实上并不困难。无论是功利主义伦理学还是非功利主义伦理学，按照密尔的说法，都需要承认一个功利主义原理这样的第一原理，并且即使后者在口头上不承认，但是实际情况中却也不得不承认。

这很难是真正发生的。要做到这一点，不仅需要我们承认在一个伦理学理论的体系之中第一原理的存在是就位和必要的，而且，我们也需要去认同一种以目的论作为其基本样态的学说。用更显明的话来说，密尔的说法所隐含要求的是，非功利主义伦理学的拥护者也需要去承认其理论的最终基础与功利主义一样，是目的论或目的学说的，而这显然不是真的。一个人可以是一个功利主义者，他可能是一个目的论者，也可能不是一个目的论者，比如，对于前一种情况，那个人可能是一个快乐主义的非目的论者，一般而言这样一个人是符合功利主义拥护者的标准的，因为即使是密尔本人也明确指出功利主义最重要特征是对于快乐主义的承认。然而按照我们这一章里所论述的密尔的学说，这样一个快乐主义的非目的论者就无法是一个功利主义的拥护者，因为在现在的语境下目的论已经成为一种功利主义理论性的基本要求。一旦情况是这样的，那么，功利主义就将对于他的拥护者和信奉者形成一个额外且日益沉重的准入负担。

问题并没有就此结束。在数学公理系统的相容性那里，公理体系的各个公理以及经过一串推导得出的命题不能相互矛盾，首先要求公理之间不相互矛盾。而且，由这些公理推出的所有结论中也不能含有两个相互矛盾的命题。现在，既然密尔式第一原理系统只拥有一个目的论第一原理，第一原理之间也就不可能有什么矛盾，因为在这样一个理论体系之内根本就没有其他并列性或竞争性的其他第一原理。另一方面，数学公理的相容性蕴含了一个已知公理体系的对象可以是任意种类的事物，而且只要公理的要求得到满足，在公理中提到的它们之间的关系可以有任何具体意义。把这样的规定转移到密尔的伦理学理论那儿，情况就将变成他的第一原理不必然表达为目的论，相反，这样一个第一原理可以根据对于不同的理论基础的赞同或认定从而进行不同的组织和选择。如果说我们可以构造和推崇一种目的论或目的学说的第一原理，那么根本说来，理论上我们也可以构造和推崇另一种非目的论的第一原理。

根据已经在这一章第六节里引述过的密尔在《塞奇威克的讲座》里的说法，“功利原理可以和每一个其他规则或原理可能具有的不同角度一样多的角度去看待。如果它是易于被有害地曲解的，这也是对所有一般原理和所有第一原理是真的。一个伦理学信条或一个功利的追随者是否将导致他为道德结果或不道德结果，取决于他认为什么是有用的；——恰如一个相反学说的信徒一样——即内在良心学说——它取决于他认为他的良心所命令的是什么。但一个理论或另一个理论都可以是真的”。这意味着密尔肯定了不同的第一原理的公理系统的可能性。然而，这与我们上面几节里进行的分析却背道而驰，因为在之前的讨论里我们已经充分看到了密尔是怎样把目的论大前提规定为一个唯一的可能的第一原理的。对于这样的情况，言之成理的解释方法显然有两种，我们要么可以认为密尔对于第一原理只能表达为功利主义原理的说法是真的，这样一来他自己的说法自相矛盾，要么我们就需要认为，第一原理只能表达为功利主义原理的说法不是真的，这样一来随即需要被承认的就是这样的第一原理在某种意义上仍然不是完全排他的，而是可替换的。

如果目的论的第一原理是被奉为圭臬的，事到如今，目的论的理由就是需要被给出的。《功利主义》没有对“目的”和“终极目的”的理由提出任何说明。不过密尔曾经在别的文章里对目的论的理由作出过非常详尽和生动的说明。密尔的这些话解释了为什么他在伦理学理论方面采取了目的论的，并且在这个过程中，他也反驳了为什么直觉主义伦理学的道德规则的理论是错误的。由于这些话是在他的所有作品里最为集中地，本身能够说明问题，我将直接引用他的话来论述。首先是关于直觉主义伦理学的逻辑错误的：

他承诺去解释我们如何可以知道什么是正确的。当他说去违犯法定权利[合法权利]是不正确的时候，一眼看上去他就要给出一个标准。按照这个，当我们想要知道什么是正确的，我们得去请教法律，并看看什么权利是它认可的。但现在看来这些权利将是与正确的相反的；所有我们能够看到的对此的肯定的，是应该有某类权利是正确的。我们了解到了在休厄尔博士的意见那里终究是为了一个“道德目标”“法律存在着”。所以，当“应当”的意义是我们应当尊重权利的时候，这些权利必须是作为“应当”被尊重的，是一个先前条件。道德必定符合法律，但法律必须先符合道德。这是第二个恶性循环(*vicious circle*)。休厄尔博士逃开了第一个；但这次做出了一个更大的扫除；他描绘的曲线是更宽的，但它仍然返回它自身……是否曾经有过一个形而上学家陷入如此一个困境？我们想要知道道德是什么，休厄尔博士说它是符合权利的。我们问道他如何知道存在权利，他回答道因为否则的话就将没有道德存在。这是第三个恶性循环，且是三个循环里最奇妙的。印度人把他们的大象放在一只乌龟的背上，但他们没有在同一时刻把乌龟放在大象的背上。

休厄尔博士在不可能成功的地方失败了。每一个在推理形式方面装饰于直觉的尝试，都必将以同样的方式崩溃。体系必定从该情况的条件就旋转成一个圆圈。[1]

接下来密尔告诉我们在道德规则里需要一个目的，因为如果没有一个目的，我们就没有一个可以依凭的点。用刚才引述过的亚里士多德的话，照那样下去过程将变成无限的，所以我们的欲求将是空洞的和徒然的。密尔采用的是房屋的侧翼和中心的比拟：

如果道德没有被引于任何目的，而是自我平衡的悬在空中，把它从一个点假定在另一个点上是无用的尝试。没有目标把这些观念的一个与另一个分离，并说它们中的一个必定因为另一个的确存在而存在。把道德学家迫向更远的一步，他只能够说另一个必定因为第一个而存在着。因为它有侧翼，房屋必定拥有一个中心，且因为它拥有一个中心，必定拥有侧翼。但问题是有关整个房屋，以及它如何达至存在的。[2]

在这些话的一两页之后，约翰·密尔对于为什么道德哲学理论需要目的论，或者为什么道德需要一个目的这样的问题进行了更为生动的论辩。这里他使用了砌墙和砌墙的目的的比拟：

我们是在从四个考虑“演绎这样的规则”。首先，“必定有这样的规则；”一个必要预备，可以肯定。如果我们要建造一堵墙，是因为之前已经决定了必须有一堵墙。但我们必须知道这堵墙是为了什么的；它打算服务的目的是什么；否则我们将不知道需要的是哪类墙。道德规则打算服务的是什么目的？按照休厄尔博士，没有目的。它们不为了一个目的而存在。去拥有它们是人的本性的一部分，就像(这是休厄尔博士自己的例证)血液的循环。现在随即被需要的是什么规则是我们本性的部分。这从三个事物那儿发现：它们必须是“对人的规则；因为人活在人们中间；且为了人的整个存在”。这只是用更多数量的词语再次说了我们想要什么，不是我们是如何发现它的。首先，它们必须是“对人的规则；”但我们被告诫不去假定这个手段为了人的益处；它只意味着它们是为了人去遵守的。这把我们留在了完全是之前所在的地方。其次，它们是对“活在人们中间”的人的，也即是，按照休厄尔博士的解释，它们是为了统治我们的欲望和我们的行为的；但是我们想要知道的是，它们是如何去统治我们的欲望和我们的行为的？在被给出的作为前提的四个命题——由之所有的道德规则是被演绎的——没有一点是对任何介于一个种类的道德规则与另一个种类之间的区别的。无论规则是去爱我们的邻居还是去恨我们的邻居，它都将同等地回答所有休厄尔博士的条件。这些就是比起那些“抽象和处理不了的”命题更为“简单和令人满意的”前提，如此全然

---

① Mill, J. S. Whewell on Moral Philosophy. *CW*, X: 189.

② Ibid.

无法保证，以至于某些行为是有用的，且另一些是对人类幸福有害的！[①]

密尔接着提到了在航面上行驶的轮船的例子：

试一下一个对比例子。要求找到航海艺术的原理。边沁说，我们必须寻求一个“外在目的；”在海面上从一个地方到另一个地方。休厄尔博士说，不，只有一个更为“简单和令人满意的”模式，也就是去考虑必须有这样一门艺术；它必须为了一艘船；为了一艘在海上的船；并且为了一艘船的所有部分。休厄尔博士是否将说服任何一个人去假定，这些考虑使得与边沁一道考虑一艘船打算去做什么是没有必要的？[②]

以上是目的论的理由。但是密尔提出这样的解释是否对于论证目的论是可以充分成立的？

目的论可以通过各种各样的不同方式加以论述。典型的目的论的方式是目的一手段的，一个目的论的学说必然包含了关于目的与手段的学说，在其中，一个手段是为了一个目的的，一个目的是一个手段的所为了的对象。医学艺术是有益于健康的，意味着医学艺术是对于健康这样一个目的的手段。建筑学是有益于一座房屋的，意味着建筑学是对于一座房屋的建筑这样一个目的的手段。音乐艺术是有益于快乐的，意味着音乐艺术是对于考虑到这样一个目的的手段。

问题在于在密尔上述目的论的理由的那些谈论里他并不以一个明显的手段一目的的学说在进行阐述。密尔对于目的论的上述谈论的更为准确的描述是把它们看作是一些对于任何一个行为系统的目的的存在必要性这样一个话题的论述。一个行为可以被认为是无目的的，这样非目的论的看法可能会认为一个行为就只是为其自身的，不作为为了除自身之外的某种其他事物，比如一个外在的事物。在抬起一只胳膊的时候，这个行为本身不需要得到目的论的解释，它意味着的就只是抬起胳膊，或者意味着其他非目的论的一些事情。但是，根据密尔上述的目的论的理由的谈论，行为不需要一个目的的解释的论点站不住脚，恰恰相反，一个行为或任何一个行为的系统都需要有一个它所指向的目的或它所倾向的目的，这个行为或行为系统必定是为了某个目的的。在抬起一只胳膊的时候，这个行为可能是为了去拿起一个橙子，可能是为了去推开一扇窗户，但是，无论如何我们不能认为这样的一个行为是无目的的，是无所指向的。

然而这样的论证与手段一目的的学说的论证从根本上说并不相同。一个行为或任何一个行为的系统都需要有一个它所指向的目的或它所倾向的目的的论证是对目的本身的论证，它的意思并不是一个行为需要作为其他另外的

---

① Mill, J. S. Whewell on Moral Philosophy. *CW*, X：190—191.

② Ibid.，191.

一些事物的手段。但是，在密尔的包括《功利主义》在内的其他一些论著里，手段一目的学说的论证却是常见的，医学艺术是有益于健康的，医学艺术是手段，健康是目的。音乐艺术是善的，善的是目的，音乐艺术是手段。为了表明健康是目的以及善的目的，只需要表明医学艺术是作为健康的手段的，音乐艺术是作为善的手段的。与这样的手段一目的学说不同，在表明目的本身是一个行为或一个行为系统的不可或缺的和必然的指向的时候，为了表明健康是目的以及善的目的，需要表明的是，健康不是目的以及善不是目的的情况，或者健康自身是自足的以及善自身是自足的情况是荒谬悖理的。

目的论的论证的同样不确定性也表现为一个目的论式的第一原理系统之中的第一原理与次级原理的推理关系。根据密尔的见解，任何一个伦理学或艺术的理论体系里次级原理都需要一个以目的论大前提作为形式的第一原理。所有的次级原理可以从第一原理那里推论出来，这个过程完全和数学领域的公理与定理情况相同，且密尔自己也在《逻辑学体系》里直接把这样一个过程通过艺术与科学在目的大前提与定理之间的协作的论述里进行了直接阐明。现在的问题是这样一种第一原理与次级原理的推论的性质是如何的？一方面，答案可以是一个目的一手段的学说的样式的。次级原理与第一原理的关系处于一种手段与目的的关系的类型之中，“无论什么能够被证明是善的，必定由被表明是一个对某种不用证明地被承认是善的事物的手段而是如此的”。但这样的解释或多或少是牵强的。一个第一原理和次级原理的关系不需要是一个手段一目的的关系。与之相似，所为其他事物与不为其他事物而仅仅为其自身的解释看起来也并不是更可行的。如果按照这样的解释，一个第一原理就是完全为其自身的，一个次级原理是不为其自身而为了第一原理的，这不符合对这对关系的一般认识。

笔者在这一节里迄今为止的讨论似乎表明了密尔那里没有什么对他自己坚持的第一原理作出让步的迹象。对于密尔，正义与功利的关系问题是可以探讨的，功利主义的最终约束力也是可以探讨的，但是在所有可以探讨的问题里，目的论形式的第一原理却不在有可探讨余地范围的名录之内。然而这一点却是非功利主义理论的拥护者和信奉者所无法同意的，并且，由于目的论的学说被设定为功利主义的一个基本要求，而功利主义的基本特征到底是快乐主义、幸福主义还是目的论的确有争议，因此目的论在功利主义的拥护者和信奉者那里也不被完全采纳。无论如何目的论是一个困难的问题，与此同时它也不是一个被所有人所考虑到和欣然接受的事情。

按照密尔自己在《逻辑学体系》第六卷里的说法——如同这一章第三节已经提及的那样——当优先问题需要在目的和另一个目的之间得以决定的时候，目的论的一般原理被召集进来。目的论是关于在精神现象或社会现象之间的连续存在和共同存在的定律的最详尽和被良好理解的说明，以及关于它们作为原因和效果的彼此关系的说明。目的的问题是有关目的自身是否是应当被追求的，且如果是应当被追求的，在什么情况下和多大程度被追求的问题。

目的的问题因此是与欲求有关的。这样的可欲求的解释路线将马上使得密尔自己的下述说法完全是可以言之成理的，“建筑者的艺术假定了拥有建筑物是可欲求的；建筑学作为美术的一种，假定了美丽的或壮丽的拥有它们是可欲求的。卫生学和医学艺术一者假定了健康的保护、另一者假定了疾病的治愈是适合的和可欲求的目的”。此外也使得“评论边沁的哲学”里的这样的说法完全是可以言之成理的，“由快乐和免除痛苦的术语意味的幸福，是在其自身可欲求的唯一事物；所有其他事物只是作为对那个目的的手段可欲求的：因此，最大的可能幸福的产生是所有人类想法和行为——并由此是所有道德和治理的——唯一适当目标”。艺术的第一原理或一般大前提宣布了针对的对象，并肯定它是一个可欲求的对象。

有关目的的问题，换言之是什么事物是可欲求的问题。功利主义的学说是幸福是可欲求的，并且是唯一作为一个目的可欲求的事物；所有其他事物只作为对那个目的的手段是可欲求的。随后，在“证明”的过程里他说道，可能去产生“任何事物是可欲求的”的唯一证据是人们的确实际地欲求它。如果功利主义学说就自身提出的目的在理论和在实践之中不是被公认为是一个目的的，没有任何事物将说服任何人相信它是如此。除非在其相信它是可获得的程度内，各个人欲求他自己的幸福，否则对于为什么总体幸福是可欲求的就没有什么理由能被给出。然而，这作为一个事实，我们不仅拥有所有容许幸福是一个善——即各个人的幸福是对于那个人的善，以及因此总体幸福是对于关于所有人的聚合的一个善——的例子的证明，而且也拥有所有它可能去要求的。

对于“可欲求的”以及“可欲求的”与“被欲求的”之间的论述构成了密尔的“证明”的很大的一个部分。这个部分也是引起了许多争议的。许多密尔的“证明”的反对者或批评者认为他对这个问题的错误在整个证明的错误方面是决定性的。尽管在密尔自己看来，如同《功利主义》的绪论所表明的那样，此一原理或对于决定介于当它们冲突时的各种原理的规则应当是不证自明的，这从公理系统或第一原理与次级原理的系统的规定角度看当然是成立的，一条公理或一个第一原理是不可证明的也不用证明。但是对于许多考虑这样一个问题——无论它是功利主义原理的证明或者是功利主义原理自身——的人来说，与作为第一原理的功利主义原理的不可证明性这样一个断言有所差异的是，正是第一原理的不可证明性以及在艺术与伦理学领域一个第一原理需要是一个目的论大前提这样的事情才是需要得到充分说明，进行某种意义的论证的。如果这样的看法正确，那么对于密尔的证明，更需要进行推荐给可以作为给予赞同或拒绝的智力考虑的，首先不是或主要不是他自己反复声称的扩大意义的证明或非通常意义的证明，而毋宁是某种对于第一原理的不可证明以及某种目的论的证明。遗憾的是，与许多在我对于密尔的证明的整个探讨里出现的关键问题一样，密尔把诸如此类的人们关切的问题和希望得到解释、解决的问题全部视为是不言而喻的。

# 第四章　“可欲求的”与“被欲求的”

## 第一节　自然主义谬误

在《功利主义》论功利原理证明的这章里，密尔接着在第二段谈到：

有关目的的问题，换言之是什么事物是可欲求的问题。功利主义的学说是幸福是可欲求的，并且是唯一一个作为目的可欲求的事物；所有其他事物只作为对于那个目的的手段是可欲求的。关于这个学说，什么是应当被要求的——什么是一些必要的该学说应该满足的条件——以成功使得它的主张能被相信？[①]

初看起来这只不过是在介绍功利主义的定义，并且重新说了一些关于手段与目的的工具主义的论断。在此之后就是传说中的、神奇的“大错”、“谬误”的段落，也许对一些人来说它已经耳熟能详了——尤其是它的前半部分——它说的是：

能给予“一个对象是看得见的”的唯一证明是人们实际地看到它。“一个声音是听得见的”的唯一证明是人们听到它：我们经验的其他来源也如此。以同样的方式，就我理解，可能去产生“任何事物是可欲求的”的唯一证据是人们的确实际地欲求它。如果功利主义学说就自身提出的目的在理论和在实践之中不是被公认为是一个目的的，没有任何事物将说服任何人相信它是如此。除非在其相信它是可获得的程度内，各个人欲求他自己的幸福，否则对于为什么总体幸福是可欲求的就没有什么理由能被给出。然而，这作为一个事实，我们不仅拥有所有容许幸福是一个善——即各个人的幸福是对于那个人的善，以及因此总体幸福是对于关于所有人的聚合的一个善——的例子的证明，而且也拥有所有它可能去要求的。“幸福”名目成了作为关于行为的目的之一，结果是成为道德的标准之一。[②]

既然都说“不仅拥有……证明，而且也拥有所有它可能去要求的”，而且已经指出“‘幸福’……成了作为关于行为的目的之一，结果是成为道德的标准之一”（这恰恰是《功利主义》从一开篇就提出的，在那个地方他开宗明义地指出他要论述的正是道德的标准），我们很容易随着这些论证认为密尔的证

① Mill，J. S. UT. *CW*，Ⅹ：234.

② Ibid.

明迅速结束并且戛然而止了。

但是约翰·斯图尔特·密尔的论功利主义原理的证明这一章在篇幅上还远未结束，他笔锋一转，开始非常认真地讨论另一个问题，他把它说成是“单独通过这，还没有证明它自身是唯一的标准”，所以，在密尔的眼里，需要继续做的是“不仅表明人们欲求幸福，而且他们从不欲求任何其他事物”。[①]为此他把论功利主义原理证明的这一章的所有剩余部分都投给了这最后一个问题。

这是《功利主义》所给予我们的。现在它已经摆在我们的面前，我们该说些什么？对于密尔的“证明”我们可以有几种不同的解释。根据上面提出的材料，它们分别都能获得一些原文的证据的支持。其中，“可欲求的”与“被欲求的”之间的含义的混淆是最常被提出的。这也许是一个自然的反应。约翰·斯图尔特·密尔的确在“证明”的最明显的表述，即文中的“能给予‘……’的唯一证明是‘……’”这样的并列句式来说明他的至少是第一个的证明的论证。另外，这一现象的存在还有着一个特殊的原因：对于现代的读者，密尔对于“可见的”、“可欲求的”、“被欲求的”之类的词语的使用很容易被习惯了进行概念辨析并从中找到一些哲学解答的钥匙的读者认为是关键所在。

考虑到“可欲求的”与“被欲求的”方向的批判造成了众口铄金的局面，这种方向的解读可以被首先纳入考察的议程。它被纳入第一个考察议程的原因还包括——更为重要地——这个类型的解读极大程度偏离了对密尔的“证明”的命题理论角度的解读，或者密尔逻辑学的解读，而代之以一种错误的分析哲学、分析伦理学、分析元伦理学之类的不管怎么称呼的其他进路的解读，我将表明这形成了一个对“可欲求的”与“被欲求的”——以及随之一道的对“可见的”——的纷繁复杂的可能的词语含义的分析。

它们对密尔伦理学理论可能是有启发性的和有益的，因为它们揭示了功利主义原理的证明在措辞或可能具有的理论扩展方面存在哪些问题；但是，它们对于密尔的功利主义原理的“证明”本身的理解是误导性的。也就是，当试图加以理解的正好就是功利主义原理的“证明”的时候，它们没有帮助，而且由于没有抓住密尔的“证明”的要旨，它们的误导有害处。按照通行的说法，对约翰·斯图尔特·密尔的“谬误”是由摩尔最著名的提出的。下面以后者的指控开始。

根据伯纳德·H. 鲍姆林(*Bernard H. Baumrin*)在《是否有一个自然主义谬误?》里的概括，乔治·爱德华·摩尔对于善的分析如下：

前提(A)“善”指谓或者：

(1)一个简单(simple)[单一](部分或特质)

---

① Mill, J. S. UT. *CW*, Ⅹ: 234.

(2)一个复合

(3)一无所有

前提(B)“善”是可定义的或不可定义的。

前提(C)如果“善”是可定义的它必定指谓一个综合体，因为只有复合是可定义的。

前提(D)如果“善”是不可定义的它必定指谓：

(1)一个简单

(2)一无所有

前提(E1)(C)它并不指谓一个复合(complex)[综合](开放问题论证1)。

前提(E2)所以(D)它是不可定义的(B&C)。

前提(F1)(D2)它的确指谓某个事物(开放问题论证2)。

前提(F2)所以(D1)它的确指谓一个简单。

假定(I)：“善”指谓一个简单的观念。

假定(II)：“善”指谓一个简单的观念且因此是不可定义的。①

“善”的分析是否是伦理学的核心议题、“善”是否可以被看作非简单即复杂的，这些都有待商榷。问题是摩尔对“善”的概念的这种看重导致了他在解读其他哲学家体系的时候都戴上了有色眼镜，一眼跃入他眼睛的必定是某个人对于“善”的概念是否犯有自然主义谬误。这促使摩尔必定需要指出一个伦理学理论是否犯有自然主义谬误。功利主义因此被当成快乐主义，快乐主义犯有自然主义谬误，密尔是快乐主义的一个典型，密尔对功利主义原理的“证明”又在他的理论过程里占有重要位置。密尔的“证明”被摩尔推到了前台。

密尔认为逻辑学的一个很有用的方面即对于谬误的分辨，除了用于演说领域对于论辩对手的观点的反驳，它也是校正错误的手段。他认为逻辑学的明晰才能达到这一点。表现在《逻辑学体系》里，第五卷整卷都在讨论谬误，可见密尔对谬误问题的重视程度。在后来再版时增补第六卷之前这是该书的最后一卷。在他那里，谬误理论是它的“必要部分”。谬误有五个层级。该卷的第三章里他首先考察了简单检查的谬误(或先验谬误)，包括错把主观定律作为客观定律的天然偏见(如流行迷信)；认为共同性的事物必须共同存在，以及不可想象之物必定是错误的天然偏见；把客观存在归咎为抽象的天然偏见；质的差异对应于语言的区别的天然偏见；一个现象的条件必须与现象相似的偏见等。第四章考察了观察的谬误，包括失察和错误观察；对例证的失察，以及对环境的失察。第五章考察泛化的谬误，包括试图把完全不同的现

① Baumrin, Bernard H. “Is There a Naturalistic Fallacy?” *American Philosophical Quarterly* 5, no. 2 (1968): 79.

象化约为相同现象；错把经验定律作为因果律的谬误；倒果为因以及对应于它的演绎谬误；错误类比的谬误。第六章考察泛化的谬误，包括三段论推理的谬误；命题的转换和等同的谬误；三段演绎推理法过程中的谬误；改变前提的谬误。第七章考察混淆的谬误，包括意义不明术语的谬误；窃取论题的谬误；转移论题的谬误。

现在，我们在了解密尔眼中的谬误的概貌的时候，也恰好能看到，如同在笔者已经论述过的上面两章所表现的，一个如此条分缕析地研究谬误的人为何会被指控为犯下了谬误。与这样的指控相反，如果世界上有任何一个被指控为犯下谬误的人，那个人都不应该首当其冲是约翰·密尔。对命题的逻辑明确的要求是密尔的一个主要的追求和基本的标准。把密尔想当然地断定为在《功利主义》里作出了幼稚、天真、简单的逻辑错误的想法如果不是错误的，也至少是不负责任的。从更弱一些的意义来说，假如密尔的确在《功利主义》里给人产生了和逻辑方面有关的错误，那么，它们恰恰应该从密尔的逻辑学的观点那里寻找答案——无论是合于我们所理解的逻辑还是不合于我们理解的逻辑，被认为的错误恰恰是因为密尔自己的逻辑学。

在《伦理学原理》的为人熟悉的地方，摩尔从重申密尔是快乐主义原理的代表开始：

……快乐主义的原理(*Hedonistic principle*)[快乐论的原理]。让我重述那个原理是什么。我把它说成是，快乐是唯一一个对之我们应当去意欲的事物，为一个作为一个目的且就其自身是善的事物。并且现在让我们转向密尔，并看一下他是否接受这个处于争论中的问题。他在开头说，“快乐”“以及免于痛苦是唯一作为目的可欲求的事物”；且他在例证的末尾再次说，“认为一个对象作可欲求的(除非为了它的结果的原因)，且认为它作快乐的，是一个事情且是同一个事情”。这些陈述放在一起似乎蕴意着我已经陈述的原理；且如果我成功表明了密尔对它们的理由没有证明它们，至少必须承认的是我不是在和影子战斗或在打败一个稻草人。①

事实上到此为止摩尔的论述并没有什么问题，这些介绍还没有开始误解密尔。如果一个人把密尔说成是快乐主义的，密尔可能不会完全接受这个主义的标签，但可能会欣然同意对他的理论学说的这种正确总结。毫无疑问，在快乐主义和快乐主义作为心理学的中心方面，摩尔正确看到了一些要点。摩尔接下来的一段话是我们在上一章的第三节和第四节里已经非常熟悉的一些论点：

则密尔认为，“幸福是可欲求的，并且是唯一一个作为目的可欲求的事物；所有其他事物只作为对于那个目的的手段是可欲求的”。幸福已经被定

① Moore. *Principia Ethica*：64.

义为“快乐和痛苦的缺席”；他没有佯装这不只是一个专断的字面定义；且就此我对于反对它无话可言。则他的原理是“幸福是唯一一个可欲求的事物”，如果我们可能被允许，当我说“快乐”，就包含了在其中的痛苦的缺席(迄今是必要的)。现在什么是他对于持有那个原理为真的的理由？他已经告诉过我们，“终极目的的问题是不受直接证明的检验的。无论什么能够被证明是善的，必定由被表明是一个对某种不用证明地被承认是善的事物的手段而是如此的”。对此我完全同意，实际上我的第一章的主要目标就是去表明这是如此的。无论什么能够被证明是善的，必定由被表明是一个对某种不用证明地被承认是善的事物的手段而是如此的。到目前为止我们是同意的。密尔甚至使用了我在我的第二章里使用的例子。他说，“医学艺术由它有益于健康是被证明是善的；但是怎么可能去证明健康是善的?”“什么证明对快乐是善的是可能给出的?”很好，在第四章里，在其中他处理他的功利主义原理的证明，密尔以这些话重复了他的上述陈述，他说，“已经论述过，在通常认可的术语那里，关于终极目的的一些问题是不允许证明的。”在这个段落里他继续道，“有关目的的问题，换言之是什么事物是可欲求的问题。”①

这段话对于摩尔的要点是他的一个等式的得出，即“善的”与“可欲求的”的等式。摩尔认为密尔在上述引文里的意思是，由于说“幸福是可欲求的并且是唯一一个作为目的可欲求的事物；所有其他事物只作为对于那个目的的手段是可欲求的”，以及(在《功利主义》第一章里“已经告诉我们”的)“终极目的的问题是不受直接证明的检验的。无论什么能够被证明是善的，必定由被表明是一个对某种不用证明地被承认是善的事物的手段而是如此的”，通过说这些，密尔是在说，“善的”是“可欲求的”。用公式化的表述单独呈现就成了：

($P1_a$)“善的”是“可欲求的”。

迄今为止摩尔的引用已经不少，他接下来更是引用了密尔的《功利主义》的第二段与第三段的全部。在继续论摩尔的自然主义谬误的指控之前有必要整理一下摩尔已经作出的分析。他已经说的是：

“快乐”“以及免于痛苦是唯一作为目的可欲求的事物”；而且，

“认为一个对象作可欲求的(除非为了它的结果的原因)，且认为它作快乐的，是一个事情且是同一个事情”；

所以，快乐是唯一一个对之我们应当去意欲的事物(快乐主义原理)。

以及，

“幸福是可欲求的，并且是唯一一个作为目的可欲求的事物；所有其他事物只作为对于那个目的的手段是可欲求的”；

① Moore. *Principia Ethica*：65.

即幸福被定义为“快乐和痛苦的缺席”；

密尔的快乐主义原理是“幸福是唯一一个可欲求的事物”。

以及，

这一快乐主义原理的理由是一个目的论的：

“终极目的的问题是不受直接证明的检验的。无论什么能够被证明是善的，必定由被表明是一个对某种不用证明地被承认是善的事物的手段而是如此的”。（无论什么能够被证明是善的，必定由被表明是一个对某种不用证明地被承认是善的事物的手段而是如此的）。

因此在功利主义原理的证明里所说的是，“已经论述过，在通常认可的术语那里，关于终极目的的一些问题是不允许证明的。”在这个段落里他继续道，“有关目的的问题，换言之是什么事物是可欲求的问题”。

其中包含的全部等式是：

“快乐”等于“可欲求的事物”；“认为一个对象作可欲求的”等于“认为它作快乐的”；

“幸福”是“可欲求的”且是“唯一一个作为目的可欲求的事物”；

“幸福”等于(被定义于)“快乐和痛苦的缺席”；

“幸福是唯一一个可欲求的事物”

“有关目的的问题”换言之是“是什么事物是可欲求的问题”。

这可以被进一步概括为：

($P2_a$)“快乐”(“幸福”)等于“可欲求的”。或直接表述为：

($P2_b$)“快乐”等于“可欲求的”。

如上所述，他接下来引用了密尔《功利主义》的第二段与第三段的全部。由于在这些话里面密尔提到了“可能去产生‘任何事物是可欲求的’的唯一证据是人们的确实际地欲求它”，摩尔因此在他想象的密尔的快乐主义理论那里又加上了一些可等同的等式。以摩尔的习惯，他显然是在认为一旦密尔说了这句话，那么密尔的意思就等于是，“可欲求的”任何事物等同于“实际地欲求的”(或至少是前者的发现必须由后者得以发现)。

摩尔马上接着说：

你瞧，这是足够的。那是我的第一个论点。密尔像任何一个人将要求的那样做出了同样天真的和无虚饰的一个自然主义谬误的使用。他告诉我们，“善”意味着“可欲求的”。并且你只能够由寻求发现什么是实际上被欲求的而发现什么是可欲求的。当然，这只是朝向快乐主义的证明的一个步骤；因为如同密尔继续说的，可能还有除了快乐之外的其他事物是被欲求的。如同密尔承认的，无论快乐是否是唯一被欲求的事物，都是一个对之我们将马上着手的一个心理学问题。对于伦理学重要的步骤是一个刚才做出的，自命为证明了“善的”意味着“被欲求的”的步骤。①

这段话的要点如下：首先，密尔犯下了自然主义谬误。为什么？因为密尔认为“善”意味着“可欲求的”，以及，密尔把“什么是可欲求的”认定为只能通过发现“实际上被欲求的”而达成。这构成了对快乐主义的证明的第一个步骤。密尔的第二个步骤是证明一个其他事物也被欲求的心理学的问题。无论如何，密尔在这第一个步骤里“自命为证明了‘善的’意味着‘被欲求的’”。

用公式化的语句表述，摩尔的意思是快乐主义的证明的第一个步骤：“善的”意味着“被欲求的”。其中，“可欲求的”只能由“被欲求的”被发现。快乐主义的证明的第二个步骤：其他事物也是被欲求的。

图谋的重点在于另外的两个等式：

($P3_a$)“善的”等于“被欲求的”。以及，

($P4_a$)“可欲求的”等于“被欲求的”。

这几点的得出对摩尔很重要。如果他只拥有比所有他认为的密尔的命题的数量要少的材料，或许他不会那么无礼地对密尔提出不公正的揶揄和挑衅。但现在他认为他拥有了。他的情绪当然是膨胀的。

不过，希望已经被注意到的是，在这些以及与之类似的推导过程里，摩尔的路线已经体现出了牵强。他的表现是着急的，就好像非要产生一些联系。这样的动机促使他千方百计地阅读《功利主义》，以便从中找出有利于摩尔本人的一套想法的句子。他由此从《功利主义》的“证明”的第四章找到它的第一章——在所需定位的文本的位置方面他是正确的——但是他的概念联系以及进一步的随意等同是不正确的。为了把“可欲求的”与“被欲求的”等同起来，除了在“证明”的过程里密尔说的话，摩尔还认为必须加上一个两者共同拥有的中介概念，这个中介概念的负担落在了“快乐”与“善”的肩上。

如上分析，我们因此拥有了乔治·爱德华·摩尔提出的他认为的密尔式快乐主义一系列的四个要点，分别是：

($P1_a$)“善的”是“可欲求的”。

($P2_b$)“快乐”等于“可欲求的”。

($P3_a$)“善的”等于“被欲求的”。

($P4_a$)“可欲求的”等于“被欲求的”。

埃弗里特·韦斯利·霍尔“把摩尔在说的看作是，密尔是论证能够被公式化为一个以 AAA (*Barbara*)形式的三段论”：

善的是同一于可欲求的。

可欲求的是同一于被欲求的。

---

① Moore. *Principia Ethica*：66.

所以，善的是同一于被欲求的。①

按照摩尔本人在上述引文里的说法，摩尔能够同意的是第一个前提，但摩尔坚决反对第二个前提以及结论。尤其重要的是摩尔认为这三个命题都是由密尔本人提出的。

在笔者概括的四个要点里，第二个等式“快乐”是“可欲求的”正是摩尔认为的快乐主义的原理。如果我们取出这个等式，与此同时在上述第一个和第三个等式之内进行置换，我们就得到了下述三个新的等同的等式，它们构成了摩尔接下来的论证的基本依据：

($P1_b$)“可欲求的”是“善的”。

($P3_b$)“被欲求的”等于“善的”。

($P4_b$)“可欲求的”等于“被欲求的”。

笔者将很快分析摩尔的这些论点的可靠性。在此之前继续看看摩尔其他的话。摩尔继续说的话随即由上面的一些介绍和总结转为同时对密尔进行的激烈的指责，这些话同样是为伦理学和哲学的研究者熟悉的：

很好，在这个步骤里谬误是如此明显的，相当令人好奇的是为何密尔没有看到它。事实是“可欲求的”不像“可见的”意味着“能够被看见的(*able to be seen*)”那样意味着“能够被欲求的(*able to be desired*)”。“可欲求的”只不过意味着“应当是被欲求的”或“应得是被欲求的”；正如“可憎恨的”不意味着“能够是被憎恨的”而是“应当被憎恨的”，“被诅咒的”意味着“应得是被诅咒的”。则密尔是在词语“可欲求的”的掩护下走私他恰是相当清楚的概念。“可欲求的”的确真正地意味着“去欲求的善的”；但是当这是被理解的之时，说我们关于那个唯一的测试，是什么实际上被欲求的，就不再是言之成理的。

摩尔的这种观点不乏支持者，在约翰·格罗特(*John Grote*)的《功利主义哲学的一个考察》(*An Examination of the Utilitarian Philosophy*)的编者注释里，约瑟夫·比克斯特·梅尔(*Joseph Bickersteth Mayor*)在介绍了密尔的下述论证——“‘一个对象是看得见的’的唯一证明是人们实际地看到它。‘一个声音是听得见的’的唯一证明是人们听到它；我们经验的其他来源也如此。以同样的方式，就我理解，可能去产生‘任何事物是可欲求的’的唯一证据是人们的确实际地欲求它”——之后说道：

由“可见的”和“可听的”，我们意味着有是被看见的能力的和有是被听到的能力的，且在这个例子里该论证良好成立；如果一个对象是被看见的，它必定已经拥有了是被看见的能力；后一个命题仅仅是前者的一个部分的复述。但是词语“可欲求的”并不意味着有是被欲求的能力的，而是应得是被欲

① Hall. “The ”Proof“ Of Utility in Bentham and Mill. ”: 5.

求的。[①]

关于“可欲求的”与“有是被欲求的能力的”的这样的论点，简·纳维森(*Jan Narveson*)的看法是与之对立的：

通常的“可欲求的”意味着“值得是被欲求的”而非“有是被欲求的能力的”在这里并不像所需要的那样是有意义的。首先，“有某种能力的”在非评价性背景里是有点薄弱的。“可听的”的确意味着“易于成为被听到的(在正常条件下)”且不只是“有能力”是被听到的(由谁？古斯塔夫·马勒，或我们其余的人?)，并且，是可欲求的事物是由那些对于讨论中的种类的事物在他们自己那里对于了解和感兴趣有麻烦的、或者如果他们不是的话将不能明智地将之认为是可欲求的人是易于被欲求的。

从“是—应当—能够”这样的路线来说，摩尔刚才的话的意思也就是，“可见的”意味着“能够被看见的”(“是”蕴含了“能够”)，但是，“可欲求的”并不按照这样的方式意味着“能够被欲求的”(“是”不蕴含“能够”)。相反，“可欲求的”只不过意味着“应当是被欲求的”或“应得是被欲求的”(“是”蕴含了“应当”)。

由此可以推理，摩尔认为在“可见的”那里“是”蕴含了“能够”；但在“可欲求的”这里“是”蕴含了“应当”，但是“是”不蕴含“能够”。具体一些是，一个事物是“可欲求的”，这等于这个事物是“应当是被欲求的”或“应得是被欲求的”，但这个事物是“可欲求的”不等于它“能够被欲求”，也就是不等于它是实际地“被欲求的”。所以——与摩尔认为的密尔的“可欲求的”等于“被欲求的”的见解相反——“可欲求的”不等于“被欲求的”。

由此 $P4_b$(“可欲求的”等于“被欲求的”)被认为是被驳倒了的。

贝雷尔·兰(*Berel Lang*)与格雷·斯塔尔(*Gary Stahl*)在《密尔的“大错”以及自然主义的逻辑》里对此介绍：

在那里[《功利主义》第四章的一个单个的段落]密尔据说是把“被看见的”和“可见的”间的关系直接描述为对“被欲求的”和“可欲求的”间关系的类比，并随即推断到由于“各个人的幸福是对于那个人的善……因此总体幸福是……所有人的聚合的一个善”。对这些论点的传统批判断定，首先密尔展现了他对于“可见的”的“是”和“可欲求的”的“应当”之间的区别的忽视。[②]

杰弗里·萨瑞—麦科德的介绍是：

不管怎样，就许多人看来，一旦一个人注意到“可欲求的”可以拥有两种意义：如同“可见的”意味着“有是被看见的能力的”，它可以意味着“有是被欲求的能力的(*capable of being seen*)”，或者它可以以一个使得鉴定它为“善

---

① Grote. *An Examination of the Utilitarian Philosophy*. : 65.

② Lang, Berel, and Gary Stahl. “Mill's ‘Howlers’ and the Logic of Naturalism.”: 562.

的”或“有价值的”是可行的方式意味着“值得欲求的(*worth desiring*)”，对于从可见性到可欲求性的证据原理扩展的该论证就完全崩塌了。以第一个方式解读，与视力(*vision*)、听力(*hearing*)的类比，以及其他感官感觉的类比是易于且很好地支持证据原理的，但是是与什么是实际上值得欲求的事物不相关的问题。可被辩护的主张关乎什么是值得欲求的。以第二个方式解读，证据原理如果是真的将是相关的，但是与我们感官感觉的类比似乎整个是离题的。①

摩尔的这个批判相当成问题。如同卡尔·韦尔曼在《对密尔的证明的重新解释》里评议的：

密尔如何能够把应当是被欲求的(*ought to be desired*)与能够成为被欲求的(*able to be desired*)混淆起来？可能作出的提议是，他没有注意到介于应当与是之间的区别。这个提议也不是没有根据的。明显的，他把善认作或多或少是与欲求的存在有相互关系的……可在《逻辑学》里，他在规范命题和事实命题之间鲜明区别了。且这里，在《功利主义》的第四章里，他反复对比了关于实践目的的问题和关于事实的问题。他坚持介于应当与是之上的区别，尽管他可能没有清楚地看到该区别的本质。因此，虽然他可能在该论证的过程里犯下了自然主义谬误，他的推理不是意在取决于它。

则去相信他把是可欲求的与是能够成为被欲求的等同起来似乎没有什么好的理由。指控密尔于这么重大的混淆而没有令人信服的证据是最不厚道的。如果有另一个可言之成理的解释，它就是更被偏好的。②

亨利·韦斯特说的是：

也难以置信的是去认为……密尔是被“可见的”和“可听的”的字尾的类似所误导，认为“可欲求的”意味着“能够成为被欲求的”。他做出的介于“可见的”和“可欲求的”之间的类比的含义是在该章的第一段已经告知过的：我们的知识的第一前提不允许通过推理的证明，但受制于一个对于感官感觉的直接诉诸；行为的第一前提受制于一个对于我们的欲求感觉官能的直接诉诸。如果“可欲求的”意味着“能够成为被欲求的”，它将成为一个知识的事情。但是密尔并不把可欲求的作为是一个事实的事情。③

我认为值得高度重视的是在摩尔的这个分析过程里，他的观点是，密尔的这个移动是通过一个“可欲求的”与“可见的”的类比来形成的。密尔当然是通过一个类比形成的。这正好是笔者将详细阐述议题的内容。

---

① Sayre－McCord. “Mill's‘Proof’of the Principle of Utility：A More than Half－Hearted Defense.”：335.

② Wellman. “A Reinterpretation of Mill's Proof.”：270.

③ West. *An Introduction to Mill's Utilitarian Ethics*：125－126.

对于摩尔的这些论点，埃弗里特·韦斯利·霍尔以如下方式驳斥：

这个段落是经典的。它难道没有表明密尔对功利的证明的彻底破产？但有一个小问题。什么是去假定密尔没有完全地觉察到"可欲求的"并不意味着"能够成为被欲求的"，且在这方面由此根本不是对"可见的"的类比？比起在词尾增添形容词标识(*designation*)，难道将没有其他的方式，在其中对于可欲求性的证据必定是相像于对于可见性的？我认为对整个论证的一瞥表明了是有的。[①]

霍尔接下来的情绪是更为强烈的或者愤怒的：

且基于什么根据摩尔如此蛮横地继续道："'可欲求的'的确真正地意味着'去欲求的善的'；但是当这是被理解的之时，说我们关于那个的唯一的测试，是什么是实际上被欲求的，就不再是可言之成理的"？他是在意味着把它认作他似乎作出的令人惊骇的断言，即任何一个人说A的发生是B的发生的测试，必定是在把A同一鉴证为B的测试？[②]

由于霍尔在代表密尔的捍卫者回应摩尔的方面是突出的，这里有必要继续直接引述他所说的与我们这里正在讨论的议题的一个有力抗辩：

我们发现密尔说道："可能去产生'任何事物是可欲求的'的唯一证据是人们的确实际地欲求它。"摩尔自己正确地在一个地方释义了这句话："你只能够由寻求发现什么是实际上被欲求的而发现什么是可欲求的。"但在随后，他则不带有任何基础地作出了令人惊骇的断言，即密尔自命为"证明了'善的'意味着'被欲求的'！对这个把密尔纳入定义主义谬误的极端恶劣的解读，我只能由假定摩尔不能对密尔的论证领会任何其他的含义，且由此认为密尔必定犯有这个谬误，才能加以解说。[③]

回到摩尔的批判。他对密尔的指控的这一段的后半部分更技术化一些，它们是：

当祈祷书谈及善的欲求的时候是不是仅仅是一个同义反复？不是坏的欲求不也是可能的？否，我们发现密尔自己谈及一个"更好的和更高尚的欲求的对象"，归根到底就好像是被欲求的不是照其事实(*ipso facto*)[根据事实]是善的，且善等比于它是被欲求的数量。不仅如此，如果被欲求的是照其事实善的；那么善的是根据事实的我们的行动动机，且发现对于做它的动机将没有问题，如同密尔如此尽力去做的。如果密尔对"可欲求的"的解释是真的，那么他的行动规则的陈述可能将与它的动机是不真的相混淆……这些是矛盾的范例，如同我试图表明的，是必定总是沿循着自然主义谬误的使用

---

① West. *An Introduction to Mill's Utilitarian Ethics*：4.

② Ibid.

③ Ibid.，4—5.

的……

他继续指责道：

很好，那么由之密尔试图建立他的快乐主义的第一个步骤是只不过谬误的。他试图由混淆“可欲求的”的恰当意义，在其中它指谓它是善的去欲求的，把随着被欲求的善，鉴定为如果它是对诸如“可见的”这样的词语的类比它将支持的意义。如果“可欲求的”是被等同于“善的”，那么它必定支持一个意义；且如果它是等同于“被欲求的”，那么它必定支持完全不同的意义。可对于密尔的被欲求的是必然善的的争辩，非常必要的是这两种“可欲求的”的意义应该是相同的。如果他认为它们是相同的，那么他就在别处和他自己矛盾；如果它认为它们不是相同的，那么在他对快乐主义的证明里的第一个步骤就绝对是无价值的。①

也就是对于密尔，“可欲求的”可能或者等同于“善的”，或者等同于“被欲求的”。但是由于密尔认为“被欲求的”等同于“善的”，所以“可欲求的”以同等的含义等同于“善的”和“被欲求的”。

摩尔所谓的“快乐主义的证明的第一个步骤”的批判至此结束，他随即进行的是对第二个步骤的批判。目前我们关注的恰好是这个所谓的第一个步骤。总体来看，在摩尔对密尔的这个阶段的批判里，他“完全”同意 $P1_b$，但不同意 $P3_b$ 和 $P4_b$，认为后二者是错误的。

## 第二节　神秘的事

笔者对密尔的辩护和对摩尔的反对在这里只集中于一些有限的方面，但这些论述对于密尔的命题理论的阐述的继续进行是充分的。

首先，与一些密尔的解释者——比如埃弗里特·韦斯利·霍尔——一样，摩尔把密尔持有的介于“善”与“可欲求的”、“被欲求的”之间关系的论点视为无中生有。用霍尔的话来说，“密尔意为使用这样一个三段论的证据是什么？我找不到任何的。就整个的三段论，清楚的只是密尔将接受小前提，即可欲求的和善的是同一的”。②

同样，杰弗里·萨瑞-麦科德非常正确地抓住了摩尔的这些论点，他把摩尔对“善的”与“被欲求的”之间的等同更为生动地说成是“神秘的事”：

单单是某个人或其人欲求某个事物的事实，似乎根本没有为我们提供去认为被欲求的是善的理由。因此，或者是该原理是被很好支持的但是是不相关的，或者是相关的但整个地是没得到支持的——且看起来也是没道理的。

① Moore. *Principia Ethica*.：67—68.

② Hall. “The ”Proof“ Of Utility in Bentham and Mill.”：5—6.

如同摩尔指出的，“则密尔是在词语‘可欲求的’的掩护下走私他恰是相当清楚的概念。‘可欲求的’的确真正地意味着‘去欲求的善的’”；“但是当这是被理解的之时，说我们关于那个的唯一的测试，是什么是实际上被欲求的，就不再是可言之成理的”。

把明显不相关的视力与其他感官感觉的类比放在一边，许多人(被摩尔影响)认为证据原理自身要求假定，一个评价性的概念能够以自然主义的术语定义，且由此包含了“自然主义谬误”。摩尔自己声称密尔对于原理的依赖显出“像任何一个人将要求的那样做出了同样天真的和无虚饰的一个自然主义谬误的使用”。摩尔争辩，当密尔“自命为证明了‘善的’意味着‘被欲求的’”的时候，谬误就出现了。然而，为什么摩尔相信密尔做出了这样的表达是一个神秘的事。[①]

萨瑞一麦科德的理由在于：

密尔说的是“‘任何事物是可欲求的’的唯一证据是人们的确实际地欲求它”。虽然可能是夸大叙述事情——可能有其他类证据——它根本不是在认为是可欲求的(*being desirable*)和是被欲求的(*being desired*)是一个特质且是同一个特质，它也不是在认为“可欲求的”和“被欲求的”有同样的意义。[②]

如同上一节结尾说过的，摩尔的话里很清楚地表明，对于密尔，他的理论立场决定了他不能够认为当面对“善的”与“被欲求的”的时候，“可欲求的”的含义必须相同，否则“第一个步骤就绝对是无价值的”。也即是对于密尔，“可欲求的”在等同于“善的”和“被欲求的”的情况里的含义相同。但是根据摩尔的理解这犯下了自然主义谬误。

对密尔犯下这个谬误的辩护很自然地是去表明密尔的意思不是摩尔所理解的那样，如果这一点是做到的，摩尔就误解了密尔，自然主义谬误的指控就无法成立。比如根据我们之前刚引述的萨瑞一麦科德的话，我们可以提出这样的论点，密尔根本不是在通过说“可欲求的”与“被欲求的”之间关系的话去意味着“是可欲求的”与“是被欲求的”是等同的，或者“可欲求的”与“被欲求的”是等同的。同样，根据萨瑞一麦科德，不像摩尔所自以为地断定的那样，在密尔那里“善的”并不意味着“被与欲求的”。回顾上一节里做出的公式化概括，萨瑞一麦科德的话也就等于是在说，由于摩尔所不同意的 $P3_b$ 和 $P4_b$ 是不成立的，所以摩尔的指控无法成立。在其中尤为突出的是，摩尔为什么会认为有 $P3_b$ 这么一个命题是“神秘的事”。

当阅读《伦理学原理》的时候，表面上人们很容易沿着摩尔的论述，推测

---

① Sayre－McCord. “Mill's‘Proof’of the Principle of Utility：A More than Half－Hearted Defense. ”：335-336.

② Ibid. ，336.

认为密尔犯有自然主义谬误；或至少在快乐主义、“可欲求的”与“被欲求的”问题上犯有失误。摩尔引述了大量密尔的话，制造了一系列许多等同的论断。这些论断把善的与可欲求的等同起来，把快乐与可欲求的等同起来，把善的与被欲求的等同起来，也把可欲求的与被欲求的等同起来。奇怪的是，就笔者的阅读，密尔并没有明显地做出上述任何一个等同。这里涉及密尔在措辞上的定义等同问题。他是否具有这个问题？摩尔认为当然有；一些密尔的专门解释者也认为有，比如，伊利亚·米尔格兰说道：

你通过表明它是被欲求的表明某个事物是可欲的。然而，它基本上被指为，功利主义对他的作模型用的论证的使用似乎产生了模棱两可的话。“可听的”意味着“能够被听到的”，“可见的”意味着“能够被看见的”。但是在由论证的结论要求的意义上，“可欲的”并不意味着“‘能够’被欲求的”，而是沿行“‘应该’被欲求的”或者“‘值得’被欲求的”的某个事物。论证的第一段显然被认定为只不过是一个坏的双关语。①

在大概七页之后他继续指出：

……回到密尔论证的第一段。它的结论是各个人的幸福是对于他自己可欲求的。让我们固定在密尔的对于不只是作为对于进一步的目的的手段、而是基于它们自身被欲求的目的的限制的位置上，那么回想幸福只不过是作为一个一个人欲求什么的术语的情况。再一次地，随着这个限制的就位——也就是当我们爱行为者的手段一目的的验证的序列的终点的时候——“可欲求的”只意味着“被欲求的”：对于它不存在任何去意味的其他事物。所以该论证的结论只意味着一个人欲求(非工具性的)一个人(非工具性的)欲求的。进一步回想该论证的前提最后呈现为只意味着各个人欲求他欲求的……在密尔的论证里起作用的是什么？论证的第一段约简为一系列连锁的定义，并且连锁的定义自身只产生了空洞的同义反复。②

密尔的措辞的确是有问题的。摩尔之所以会认为他在进行一连串的等同定义并不是完全没有理由。密尔的确把快乐说成与幸福相关，或者说成是只不过是同义语；同样，密尔也把快乐与欲求说成是相关的；更不幸的是他也把可欲求的和被欲求的相提并论，把快乐与可欲求的相提并论，把快乐与目的、幸福与目的等一系列概念相提并论(但如同刚才指出过的，在所有这些“相提并论”之中，密尔并没有把“善”[“善的”]与快乐、可欲求的或被欲求的直接放在一起)。这是一个非常不利于密尔的状况，如果我们最后知道的就是这些，密尔就既在功利主义理论上有一些似乎过于轻率的大漏洞，要么犯下了一些初级的逻辑失误。对此我们该说什么？

---

① Millgram. “Mill's Proof of the Principle of Utility.”：283.

② Ibid.，：290.

答案不在于密尔的逻辑学理论的缺陷，而是多少有些相反地，这一系列貌似等同的关系的论点恰好都是依赖于密尔的逻辑学理论。让我们回想密尔在功利主义原理证明真正开始之前进行的论述，在那里他说的是，“……什么是应当被要求的——什么是一些必要的该学说应该满足的条件……”。也就是，密尔在询问什么样的一些必要条件是能够给出的——至少从表面上看是这样。密尔随即所说的是，“能给予‘一个对象是看得见的’的唯一证明是人们实际地看到它。‘一个声音是听得见的’的唯一证明是人们听到它：我们经验的其他来源也如此。以同样的方式，就笔者理解，可能去产生‘任何事物是可欲求的’的唯一证据是人们的确实际地欲求它”。亦即：

“人们实际地看到一个对象”是“一个对象是看得见的”的唯一证明；

“是人们听到一个声音”是“一个声音是听得见的”的唯一证明；

“人们的确实际地欲求任何一个事物”是“任何事物是可欲求的”的唯一证据。

很明显，根据必要条件的基本含义，它是一个代表了一个假言命题的陈述，一般形式是只有在某个事物存在的情况下才会有另一个事物的存在。必要条件的意思是，如果一个事物是另一个事物的必要条件，那么该事物可以推出另一个事物，但是另一个事物无法推出该事物。或者用字母的代入是，如果A是B的必要条件，那么A可以推出B。用条件与结论的术语来说也可以是，若能够从某个结论推出某个条件，然而从该条件推不出某个结论，那么该条件是必要条件。据此，相当明显，这三个平行的证明的形式分别可以被表述为：“人们实际地看到它”是“一个对象是看得见的”的必要条件；“是人们听到它”是“一个声音是听得见的”的必要条件；“人们的确实际地欲求它”是“任何事物是可欲求的”的必要条件。正如贝雷尔·兰与格雷·斯塔尔评论的：

> 不管怎样它的一个方面是清楚的：它没有断定(如同摩尔认为它断定了的)任何一个被欲求的是可欲求的。它主张这个“A、”命题的反题；也就是，所有可欲求的事物是被欲求的。①

用完整的话来说是：

“人们实际地看到一个对象”是“一个对象是看得见的”的必要条件；

“是人们听到一个声音”是“一个声音是听得见的”的必要条件；

“人们的确实际地欲求任何一个事物”是“任何事物是可欲求的”的必要条件。

或者以另一种形式，被表述为：

“人们实际地看到一个对象”可以推出“一个对象是看得见的”；

① Lang, Berel, and Gary Stahl. “Mill's‘Howlers’and the Logic of Naturalism.”: 563.

“是人们听到一个声音”可以推出“一个声音是听得见的”；

“人们的确实际地欲求任何一个事物”可以推出“任何事物是可欲求的”。

或用弗莱德·威尔森的话：

“如果某个事物是被看见的则它是可见的。这个原理是在分析上真实的，因为“可见的”由定义意味着“能是被看见的”且“这是可能的”……因此如果某个事物不是由我被看见的，则它并没有被证明对于我是可见的；也就是说基于置换，如果某个事物已经被证明了对于我是可见的，则它已经是由我被看见的。换言之，某个事物是由我是被看见的是对于证明对于我它是可见的必要条件。[①]

同样道理，在欲求的方面：

密尔不是在说某个事物是被欲求的是足以证明它是可欲求的。他断定的全部是某个事物的是被欲求的对于证明它是可欲求的是必要的……我们必须是对于我们提倡的道德原理在心理学上是现实主义的。因此，某个事物的是由我被欲求的对于证明对于我它是可欲求的——即它是对于我的一个善——是必要的。[②]

弗莱德·威尔森在《密尔对幸福是道德标准的证明》的另一个地方作出了“是”与“应当”以及“应当”与“能够”的分析，在那个地方他说：

在这个步骤里的关键前提，一个验证了从“是”到“应当”的移动，是我们必须在心理学上现实主义的原理。这个原理就只是如果某个事物应当是被欲求的则它能够是被欲求的原理，或者换而言之，如果它是在规范性意义里可欲求的则它是在非规范性或规约性意义里可欲求的。如果某个事物是事实上被欲求的，则在非规范性意义里它已经表明了它自身是可欲求的，由这个关键的原理，这随即反过来意味着它满足了如果它在规范性意义里是可欲求的必须被满足的必要条件。[③]

现在，有谁会认为在说这些话的意思是在说它们二者是等同的？摩尔可能会这么认为，所以他会说“可欲求的”与“被欲求的”是等同的。也就是根据$P4_b$（“可欲求的”等于“被欲求的”），如果一个事物是“可欲求的”可以推出一个事物是“被欲求的”，或者一个事物的可欲求性可以推出一个事物的被欲求性，那么它们等同。这样一来必要条件的设定就被完全无视了。我们转而是在做一些与定义有关的事情。然而尽管定义也是逻辑学的职责的一部分，但无论如何定义为等同的不等于必要条件与结论的关系。把一个必要条件与结论的关系说成是两个可相互等同的定义之间的关系的看法不可取。

---

① Wilson. “Mill’s ‘Proof’ of Utility and the Composition of Causes. ”：140.

② Ibid.

③ Ibid.

“人们的确实际地欲求一片面包”是“一片面包是可欲求的”的唯一证据，或者，“人们的确实际地欲求一片面包”可以推出“一片面包是可欲求的”的唯一证据，前者是后者的必要条件。“人们的确实际地欲求一支曲子”是“一支曲子是可欲求的”的唯一证据；或者，“人们的确实际地欲求一支曲子”可以推出“一支曲子是可欲求的”的唯一证据，前者是后者的必要条件。这是密尔所说的。无论它们是对是错，它们都不意味着是在同等地说两个分句等同。相反，它们说的是两个分句之间的一种条件性关系，一种对于事实的逻辑分析的肯定。

因此，与 $P4_b$(“可欲求的”等于“被欲求的”)相反，正确的表述应该是：

“可欲求的”是“被欲求的”的必要条件；或，

“可欲求的”可以推出“被欲求的”；或，

“可欲求的”是“被欲求的”的唯一证明(证据)。

在这里我之所以首先分析摩尔的第四个命题，是因为“可欲求的”与“被欲求的”问题是现代的人们最容易感兴趣也最容易起争议的问题。从根本上说，上述的简单的分析基本可以回应类似自然主义谬误之类的指控，可单凭这个简单的分析是不够的。注意到摩尔在《伦理学原理》里强调的事实上并不是“可欲求的”与“被欲求的”的等同，而是“快乐”与“可欲求的”的等同(也就是他的第二个命题)；以及“善的”与“可欲求的”及“被欲求的”等同(也就是他的第一个与第三个命题)。这三个命题与刚才分析过的第四个命题的错误有关联之处，但是有所不同。

按照摩尔的引述，既然“‘快乐’‘以及免于痛苦是唯一作为目的可欲求的事物’；且他在例证的末尾再次说，‘认为一个对象作可欲求的(除非为了它的结果的原因)，且认为它作快乐的，是一个事情且是同一个事情’”。那么，密尔认为的 $P2_b$(“快乐”等于“可欲求的”)似乎是确凿无疑的。情况是否如此？并不尽然。在说快乐是作为目的可欲求的之时，以及说一个对象是可欲求的就是认它作快乐的，这的确是在赋予两个陈述以很强的相关性。按照密尔的这个说法，我们可以合理地说，“我欲求一片面包”或“我欲求一支曲子”，是等于在说，“我欲求快乐(一片面包)，它是作为目的可欲求的”以及“我欲求快乐(一支曲子)，它是作为目的可欲求的”；并且，“我把它们(一片面包或一支曲子)感知为快乐的”。

与此同时，“快乐”与“作为目的可欲求的”，以及“可欲求性”与“快乐性”之间并不总是等同。它们的等同的可能性不是不存在，因为按照密尔的联结主义心理学，两个现象——一个对象与一个感官感觉——经常的同时存在或继起存在将会逐渐形成心理方面的联结，以至于把它们作为同时存在的等同。但是严格进行考察将会发现，“快乐是唯一作为目的可欲求的”与“认为一个对象作可欲求的且认为它作快乐的是一个事情且是同一个事情”，事实上应该被理解为：

“我们的唯一作为目的可欲求的事物是快乐的”，以及

“认为一个对象作可欲求的等于认为一个对象是快乐的”。

这两个句子的准确含义通过它们扩展了的语句成分可以更清楚地被看到。在第一个句子那里“快乐的”是一个形容词，它必定指一个事物，这个事物事实上是一种感觉，也就是“快乐的感觉”。完整的第一句是“我们唯一作为目的可欲求的事物是快乐的感觉”，这是在赋予一个事物以及一个感觉之间以某种关联性，但是毫无疑问这不是在把一个事物和一个感觉等同起来。一片面包或一支曲子是快乐的，给人以快乐的感觉，但是一片面包或一支曲子是一些事物，“快乐的”的是一些感觉，一片面包或一支曲子无论如何不能完全被等同于一些感觉。这也可以通过反面的说法来加以确认，很简单，如果一个事物可以完全等同于一个感觉，那么一片面包或一支曲子的全部就是一些感觉。从一种强的主张的唯心主义、唯感觉主义来说这当然可以是真的。只不过即使在强的主张的唯心主义那里对之的说法也并不完全就是“一片面包或一支曲子的全部就是一些感觉”，相反，一个持有那样一种特定的认识论看法的人更可能会说的是，一个事物的感觉是我们对于该事物所能感知或认识到的全部，也就是，我们能够说“一片面包或一支曲子的一些感觉是我们对于一片面包或一支曲子所能感知或认识到的全部”，严格而言，即使这样的说法当然也不等于这些事物就是感觉。

因此，上面的两个句子，它们分别都不等于：

“可欲求的”等于“快乐的”。或这个等式的置换($P2_b$)“快乐”等于“可欲求的”。

由于同样的道理，密尔真正说的是“‘有关目的的问题’换言之是“‘是什么事物是可欲求的问题’”，而不是“‘目的’换言之是‘可欲求’”。不仅如此，摩尔操之过急的另一个关键的地方是抓住了密尔在《功利主义》里说过一次的“无论什么能够被证明是善的，必定由被表明是一个对某种不用证明地被承认是善的事物的手段而是如此的”，他非常确信地由此补充了他的论证，把“善的”等同于“目的”，然后鉴于“目的”等同于“可欲求的”，把“善的”等同于“可欲求的”，并鉴于为了发现“可欲求的”只能由发现“被欲求”的而实现，把“善的”等同于“被欲求的”。$P1_a$、$P2_b$、$P3_a$的成立与否都值得大打问号。这一系列的联系同样是草率、牵强和误导性的。为了使自己的自然主义谬误的指控能够成立，摩尔把密尔作为一个样品。可惜摩尔的这个选择不够明智。

## 第三节　可欲求的各种含义

笔者在上一节提到过，“可欲求的”与“被欲求的”问题是现代的人们最容易感兴趣也最容易起争议的问题。把哲学文献的阅读看成一个寻找论述错误的活动已经变成人们下意识的反应，它的普遍性如此之广，以至于如果让人停止寻找错误可能会让一个人不知道还能去做些什么。这样的偏执会产生害处。“一片面包是可欲求的”，“一支曲子是可欲求的”；“一个人实际欲求了一片面包”，“一个人实际欲求了一支曲子”；“一个面包是被欲求的”，“一支曲子是被欲求的”。这些话都是简单、显而易见的，也是合理的。这些话有什么问题？可是对它们的过度分析却将产生种种过敏的想法，以至于诸如上面这样的直白陈述最后会拥有无数种含义，并且会被研究哲学的人说成是有问题的。让我们来看看这可能是这么回事。

欲求(*desire*)是最基础的一个词语。它可以指一个主体对一个对象的一种倾向。我们可以说，一个人(让这个人成为 X)欲求 χ。在此基础之上，我们也可以说 X 欲求(*desiring*)χ。χ 因此被 X 欲求(*desired*)，或者按照人们更常使用的说法，χ 是被欲求的，它具有被欲求性(*desiredness*)。与之相反的情况是一个 χ 是不被欲求的(*undesired*)，它具有不被欲求性(*undesiredness*)。

另一方面，一个 χ 被 X 欲求也可能是 χ 是可欲求的(*desirable*)，它具有可欲求性(*desirableness* 或 *desirability*)。很少的时候 χ 也被称作一个专有名词被欲求之物(*desideratum*)。与之相反的情况是一个 χ 是不可欲求的(*undesirable*)，它具有不可欲求性(*undesirableness* 或 *undesirability*)。

上述只是介绍了“可欲求的”与“被欲求的”的词语的意思，并没有指出它们的区别。接下来要做的是继续指出一些“可欲求的”与“被欲求的”可能具有的含义。如果一个对象 χ 是“可欲求的”或“被欲求的”，那么可以说 χ 是可欲求的(*being desirable*)或 χ 是被欲求的(*being desired*)。与之类似的说法还有几种，分别是 χ 能够是可欲求的(*can be desirable*)、χ 能够是被欲求的(*can be desired*)；χ 易于成为被欲求的(*apt to be desired*)、χ 易于成为可欲求的(*apt to be desirable*)；χ 能够成为可欲求的(*able to be desirable*)、χ 能够成为被欲求的(*able to be desired*)。

但是还有几类可能蕴含的含义更为特别，需要更为慎重的考虑。它们分别是 χ 应当成为可欲求的(*ought to be desirable*)、χ 应当成为被欲求的(*ought to be desired*)；χ 值得欲求的(*worth desiring*)、χ 值得是可欲求的(*worthy of being desirable*)、χ 是值得是可欲求的(*being worthy of being desirable*)；χ 值得被欲求的(*worth desired*)、χ 值得是被欲求的(*worthy of *being desired*)、χ 是值得是被欲求的(*being worthy of being desired*); χ 有是可欲求的能力的(*capable of being desirable*)、χ 是有是可欲求的能力的(*being capable of being desirable*); χ 有是被欲求的能力的(*capable of being desired*)、χ 是有是被欲求的能力的(*being capable of being desired*); χ 应该是可欲求的(*should be desirable*)、χ 应该是被欲求的(*should be desired*)。

例如，佩皮塔·海兹拉希(*Pepita Haezrahi*)在《被欲求的与可欲求的》(*The Desired and the Desirable*)里说道：

一个人能够至少分辨出介于“被欲求的”与“可欲求的”之间的至少三种意义的差异，或者单独地或者组合地，涵盖了两个概念的所有通常意义。(a)“倾向性的”(b)“感情性或宣传性的”以及(c)“命令性或绝对性的”。我将假定“X 是可欲求的”在所有情况下意味着“Y 现在欲求 X”，比如 X 已经克服了对于 Y 的最完全的注意的所有竞争主张以及所有的障碍。然而对于匹配三种区别，“X 是可欲求的”似乎(41)能有三种不同的解释。[①]

“可欲求的”的相应意义可以是，(a)“X 是有是被欲求的能力的”或“如果……X 将是被欲求的”；(b)“我赞成我的(或你的)欲求 X”；以及(c)“X 是善的，所以一个人应当去欲求 X”。[②]

在第一种情况那里，“X 是可欲求的”意味着一个伴随诸如“但是不是在这个时刻”的限制从句(*qualifying clause*)的“X 是有激起欲求的能力的”。典型的用法是“做些工作对于我将是可欲求的但我更喜欢去参加派对”，以及“我看到好事赞成好事，而却行坏事”。在这里“X 是可欲求的”意味着“X 适合我的基本的价值体系，我赞成 X，事实上我的确实际地欲求它；但是哎呀，我喜欢某些热烈的欲求，它们是与 X 不相符的，诱使我为了它们的实现而去放弃它”。[③] 第二种“可欲求的”的情况可以分为四种用法：(a)“我欲求 X 并且欲求去继续欲求 X”；(b)“我欲求 X 并且欲求某个别人或每一个人去欲求 X”；(c)“虽然我并不欲求 X 但我欲求去欲求它”；(d)“虽然我自己并不欲求 X 但我欲求某个别人去欲求它”。[④]

卡尔·韦尔曼对于“χ 是有是可欲求的能力的”的解释如下：

他明白地把关于可欲求的问题与关于被欲求的问题区别开。他并没有假定“可欲求的”和“被欲求的”是同义的，而只假定它们是逻辑上相关联的。这个逻辑关联是什么？……它可能是介于潜在的和实际的之间的关系。密尔可

① Haezrahi, Pepita. “The Desired and the Desirable.” *Analysis* 10, no. 2 (1949): 41.

② Ibid., 41.

③ Ibid., 41—42.

④ Ibid., 43.

能把可欲求的与是能够成为被欲求的(*being capable of being desired*)等同起来。由于某个事物是实际地被欲求的事实是它是能够成为被欲求的决定性的证据，则“被欲求的”将蕴意“可欲求的”。①

在“可欲求的”方面，与“是可欲求的”、“能够是可欲求的”、“易于成为可欲求的”、“能够成为可欲求的”这些含义不同，“应当成为可欲求的”是一个规范性的陈述，它的意思是一个对象 $\chi$ 不仅是能够是可欲求的、有能力成为可欲求的，而且它对于主体的欲求性是带有约束性的。根据约束性的强弱，它可能是“应当是”的，也可能是“应该是”的，后者即“应该是可欲求的”。

这看起来是合理的和顺理成章的。我们的直觉告诉我们，“可……的”赋有某种超出一般的陈述的意味，它必定意味着一些别的什么东西，比如规范性的“应当”或价值性的“值得”。直觉上也许的确如此。真实情况又如何？让我们考虑一下这一节开头提出的句子。“一片面包是可欲求的”，“一支曲子是可欲求的”。说它们是“可欲求的”，是否意味着，它们必须是“应当”的？“一个人实际欲求了一片面包”，“一个人实际欲求了一支曲子”，是否必须要求一片面包、一支曲子是应当被欲求的，在此基础上我们才能说它是为我们可欲求的？这似乎成问题。下面将很快讨论到这一点。

类似地，在“被欲求的”的方面，与“是被欲求的”、“能够是被欲求的”、“易于成为被欲求的”、“能够成为被欲求的”这些含义不同，“应当成为被欲求的”是一个规范性的陈述，它的意思是，一个对象 $\chi$ 不仅是能够是被欲求的、有能力成为被欲求的，而且它对于主体的欲求性带有约束性。根据约束性的强弱，它可能是“应当是”，也可能是“应该是”的，后者即“应该是被欲求的”。

既然“应当”是一个规范色彩意味的规定，“值得”就是一个价值论色彩的规定。一个事物是“可欲求的”，既可能必须要求它“应当是可欲求的”，而且也可能要求它必须是“值得是可欲求的”。如果这两个要求没有得到满足，即使我们能够拥有对一个事物的“可欲求”的倾向，我们也不能说它是“可欲求的”。还有一个专门的含义是“有是可欲求的能力的”，这个含义强调了一个事物在拥有可欲求性方面的潜能，它的意思接近于“是可欲求的”、“能够是可欲求的”、“易于成为可欲求的”、“能够成为可欲求的”。

从上面简略的讨论很容易看出，当说出 X 对于 $\chi$ 的欲求的关系的陈述的时候，比如，X 欲求 $\chi$，或者对于 X，$\chi$ 是可欲求的，或者对于 X，$\chi$ 是被欲求的。这样的基本的陈述因为“可欲求的”与“被欲求的”可能具有的某一种含义或某一些含义的组合而复杂化了。在上述各种可能具有的含义的链条上，

① Wellman. “A Reinterpretation of Mill’s Proof.”：269.

每一个条目是相互有关系的——尽管它们之间要不要具有关系、哪一个与哪一个之间具有以及具有的是什么样的涵盖关系都是因不同的人的理解而异的——这使得要作出对“可欲求的”与“被欲求的”的一个直截了当的分析因此变得几乎不可能。为了提出可以言之成理的论点，人们只能寄希望于通过同时分析所有这些因素中的某一些，通过各种可能具有的含义之间的区别来达成。

就密尔本人的措辞，在“可欲求的”与“被欲求的”问题上，《功利主义》里只不过提出了这两个术语，没有对此着墨更多。在对功利主义原理证明的主要篇幅里，他关切的首要问题是其他那些本来不是作为最终目的的快乐或幸福的对象在人们的欲求事实那里该怎么解释，而不是“可欲求的”与“被欲求的”的关系是什么，这两个概念的关系在他的证明的开始部分就——如同上一节已经例证表明了的——通过一个必要的证据条件而证明了的并因此是说明了的。但是他在其他的一些书里的确也指出过“可欲求性”(以 *desirableness* 和 *desirability* 的其中一种的形式)。尽管如此，无论如何，约翰·斯图尔特·密尔没有指出过诸如“应当成为可欲求的”、“应当成为被欲求的”、“是可欲求的”、“是被欲求的”、“能够成为可欲求的”、“能够成为被欲求的”、“值得欲求的”、“是值得是可欲求的”、“值得是被欲求的”、“能够是可欲求的”、“能够是被欲求的”、“有是可欲求的能力的”、“是有是可欲求的能力的”、“有是被欲求的能力的”、“是有是被欲求的能力的”、“应该是被欲求的”等等一系列的概念，所有这些概念是研究者们在批判或捍卫“可欲求的”与“被欲求的”问题的过程中提出来的。下面，我将通过两个论者对于“可欲求的”的意义的解释来对此加以表达，之所以引述他们的看法是因为这些解释将较为全面地让我们看到“可欲求的”、“被欲求的”可能包含的含义的全貌。

约格·J. E.(*Jorge J. E.*)在“‘可欲求的’的意义”里提出，“可欲求的”既可以意味着“值得是被欲求的”，也可以意味着“能够成为被欲求的”，并且后面一种可能的含义是模棱两可的，“能够成为被欲求的”能够被反过来解释为“能够是被欲求的”或“是有是被欲求的能力的”的，所以，“当我们说：‘χ 是可欲求的’，它的意义至少存在三种可能的解释：1)χ 是值得是被欲求的；2)χ 是能够是被欲求的；以及 3)χ 是有是被欲求的能力的”。[①] 其中，按照主观主义、客观主义与价值论的观点，第一种解释“蕴含了 χ 的价值是优先于它在主观那里激起的欲求的，且因此欲求是由它引发的”，第二种解释“是关于一个在其中一个主观欲求 χ 的情况的纯粹描述性的。因此该表述并不对 χ 是什么增加任何事物，而只建立了一个介于 χ 和一个对 χ 有兴趣或可能有兴

① Gracia, Jorge J. E. “The Meaning of ‘Desirable’.” *Philosophy and Phenomenological Research* 35, no. 3 (1975): 398.

趣的主观之间的外在的关系”。

由于“值得是被欲求”的解释与“能够是被欲求的”的解释各自分别面临着有关于主观主义的立场与客观主义的立场的挑战，两种解释因此都不是完全能站得住脚的。第一种解释的缺点在于“χ是可欲求的”的陈述总是由一个欲求或至少想象在其中他将欲求χ的环境的主观才造成。因此“χ是可欲求的”在它是事实上被欲求的之前并不意味着“χ是值得是被欲求的”而只是在它是被欲求的之后。所以一个人将只是因为它是事实上被欲求的而总是随着主观主义者说“χ是值得是被欲求的”。第二种解释的缺点在于去接受“χ是可欲求的”为意味着“χ能够是被欲求的”并没有澄清介于可欲求的对象与欲求的主观之间的关系。在这样的情况下，第三种解释有可能提供一个折中的和更为融贯的解释角度。第三种解释“并不蕴含着由χ具有的价值是在它是根据事实被欲求的之前的，且因此使得主观的对于χ的价值的欲求成为必要的。另一方面，它并不使得客观对于它的价值是边际性的，因为乃是去激起主观的欲求的能力使得对于χ成为由主观所评价成为可能的。则χ具有的不只是一个变成被一个主观欲求或感兴趣于一个主观的可能性，也就是关于获得一个对于它的外在的关系，而是对于吸引主观兴趣的能力”。[①] 显而易见，通过这样的说明，“χ是可欲求的”就既可以在主观主义者那里可以言之成理，也可以在客观主义者那里言之成理。

卡尔·韦尔曼在“对密尔的证明的重新解释”里分析的一部分论点是：“是可欲求的”和“是被欲求的”被等同地看待。“是善的”是“是被欲求的”；这是一个价值的兴趣理论。如果这个价值理论是被接受的，从欲求到价值的推论就能成立。它可能是介于潜在的和实际的之间的关系。密尔可能把“可欲求的”与“是能够成为被欲求的”等同起来。由于某个事物是“实际地被欲求的”的事实是它“是能够成为被欲求的”的决定性的证据，则“被欲求的”将蕴意“可欲求的”。

“被欲求的”与“可欲求的”之间的可能关系是某个人“应当”去做某个事情，蕴意了他“能够”做它。将推导的是，一个人不能够说，某个事物是“应当”“被欲求的”，除非“它是能够成为被欲求的”。密尔不是在提议“可欲求的”意味着“是能够成为被欲求的（*being capable of being desired*）”。他可能被“可欲求的”和“可见的”的字面类似所迷住，但他没有被它所误导。该对应（*parallelism*）真正地涉及四个术语。“被欲求的”对“可欲求的”的逻辑关系是与“被看见的”到“可见的”相同的。在各个情况里，前者是对于后者的唯一的及充分的证据。[②]

---

① Wellman. “A Reinterpretation of Mill's Proof.”：399.

② Ibid.，269—271.

## 第四节 等同误置

我们已经看到了对于“可欲求的”与“被欲求的”问题的可能作出的分析的多样性。它本身可以作为一个独立的话题被加以详细研究。目前笔者想要论述的事情将限制于“可欲求的”与“被欲求的”在摩尔那里的谈论有关的方面。更具体地说，我想做的只不过是表明“可欲求的”与“被欲求的”不应该像摩尔所提出的那样，成为一个在密尔的“证明”的问题里的基本问题，否则它就是错误的和误导的。

摩尔提出的观点是“可欲求的”不意味着“能够被欲求的”。“可欲求的”只不过意味着“应当是被欲求的”或“应得是被欲求的”。这直接与密尔的观点相反。《功利主义》里密尔对于“可欲求的”与“被欲求的”的见解不是相当明确，但在《逻辑学体系》里他明确指出过“是”与“应当”的区别：“现在所说的命题不断言任何事物是，但命令(*enjoin*)或建议(*recommend*)某物应该是(*should be*)。它们是就它们自身的一个类别。一个其中谓语由词语‘应当’或‘应该是’表达的命题，基本上与一个由‘是’或‘将是’的命题是不同的。”①

密尔不是没看到过“是”与“应当”的差距。相反，他非常清楚地看到和了解了它们二者的本质不同。只不过在密尔那里的“是”与“应当”与在摩尔那里的“是”与“应当”的差距又各自有所不同。对于密尔，“是”属于科学判断的范畴，“应当”属于人文社会科学的范畴。一个说“一个事物是可见的”、“一个声音是可听的”的判断是一个由探究科学的人来考虑的命题，它被密尔称为“事实命题”，一个说“一个事物是应当去做的”的断言是一个由探究社会科学的人来考虑的命题，它被密尔称为“目的命题”。

在这一点上摩尔完全误解了密尔。对于密尔，“可见的”、“可听的”严格且精确地蕴含了“是”的意义，与此同时，“可欲求的”的严格且精确地蕴涵的意义却没有那么明确。按照我们已有的讨论，密尔对此可能有两种考虑的方式。

首先，他可以按照“可见的”的“是”的事实命题的意义，以对立的对比方式把“可欲求的”认定为是一个作为“应当”的目的命题的意义。按照这样的方式去理解，整件事情就和目的论有关。另一方面他也可以按照“可见的”、“可听的”的“是”的事实命题的意义，以类比的方式把“可欲求的”认定为是一个作为“是”的事实命题的意义，与“可欲求的”与“可见的”尽管同为这样的类别的意义，但两者的差别在于它们是事实命题和目的命题的不同的代表性地位被提出。按照这样的方式去理解，整件事情就和感官感觉论有关。

① Mill, J. S. SL: RI. *CW*, VIII: 949 , Bk. VI, Chap. XII, Sec. 6.

就笔者的分析仅仅指出下面的一点就是足够的，即无论在上一段的分析里密尔可能持有的是，“可欲求的”与“可见的”、“可听的”的哪种类别的对比意义——无论密尔把“可欲求的”作为对于“可见的”、“可听的”的相反的对立概念还是近似的类比概念——他所关切的都不是“是”与“能够”以及“应当”与“能够”之间的差异。相反，单就“可见的”、“可听的”与“可欲求的”的那几个原文句子，密尔在分句之间的比较方面所想要加以考虑的只可能是“是”与“应当”。

与此同时，密尔并不是对“能够”是盲视的。事实上，恰恰相反的是，他的全部的立论恰恰根据于“是”以及“能够”的基础。目前可以粗略解释的是，事实命题与目的命题都确定了一些存在关系。这些存在关系的发生本质性的要求“能够”，且体现了“是”与“应当”。

“是”与“应当”之间的关系被摩尔误解了，他的关联设置是成问题的。对此，彼得·A. 卡迈克尔(*Peter A. Carmichael*)在《密尔与“可欲求的”》(*Mill And “Desirable”*)里相当正确地指出：

除非存在一个欲求，一个欲求的种子或能力，否则就没由可欲求的，正如如果没有视觉的能力就没有可欲求的；所以如果存在一个可欲求的，就在某个程度上存在欲求。欲求越多(或越少)，可欲求性就越多(或越少)。可欲求的是由欲求衡量的，是一个欲求的函数。与不可欲求的比较。除了取决于不喜欢、不赞成、拒绝之外，是否还有这样的任何事物？这证明了密尔在摩尔之上的正确。

考虑可羡慕的、可破坏的、可错的、可赞赏的。是可羡慕的并不意味着“应得是被羡慕的”。它失去了它的倾向性特征且只意味着“很被欲求的”。“可破坏的”并不意味着某个应当或应得是被破坏的事物，而只是它是在可设想的破坏的意义内。“可错的”并不意味着一个人应当去犯错或应得去犯错(一个恶魔的观念)；而是它意味着某个事物是在已知的错误的范围内的。去说一个表演是可赞赏的并不意味着我们应当去赞赏它，而只是它是在被赞赏的范围内的。那么我们是否去说“可赞赏的”只意味着“被赞赏的”？不完全那样；相反是“赞赏地被看待”或者“带有赞赏”。①

如同刚才提出的，密尔在分句之间的比较方面所想要加以考虑的只可能是“是”与“应当”。但“可见的”和“可欲求的”之间的关系并不是“可欲求的”与“被欲求的”之间的关系。通过提出一些类比的句式来陈述一个对于功利主义原理的证明的时候，密尔当然是想通过类比的方式来表达“可见的”、“可听的”与“可欲求”的某种关系。但是在“可欲求的”与“被欲求的”之间的关系却

① Carmichael, Peter A. “Mill And Desirable.” *Philosophy and Phenomenological Research* 34, no. 3 (1974): 435—36.

无论如何不是如同“可见的”、“可听的”与“可欲求的”之间的那样，相反，它们是如同“可见的”与“被看见的”之间的以及“可听的”与“被听到的”之间的那样。

尽管对于密尔的证明的问题在观点上不同，但卡尔·韦尔曼论密尔的幸福的内在价值论证的一些论点与此相关：

> 我们现在能够看到在什么意义里可欲求的是对于可见的类比。密尔不是在提议“可欲求的”意味着“是能够成为被欲求的(*being capable of being desired*)”。他可能被“可欲求的”和“可见的”的字面类似所迷住，但他没有被它所误导。该对应真正地涉及四个术语。“被欲求的”对“可欲求的”的逻辑关系是与“被看见的”到“可见的”相同的。在各个情况里，前者是对于后者唯一的及充分的证据。然而这个对比只有在成问题的它是内在的可欲求的时候才成立。①

并且按照这样的准确对比，即“可欲求的”与“被欲求的”和“可见的”与“被看见的”之间以及“可听的”与“被听到的”之间的关系的类比，这样的陈述所关切的也就不再是“是”与“应当”、或者“是”与“能够”、或者“能够”与“应当”。在这么说的时候，意思并不是这些陈述不可以被加以这些角度的讨论，但是如果对这些陈述的解读更仔细一些，可以看到的就是它们是我已经在这一章第三节里论述过的必要条件与结论之间的关系，或者也可以说是可推导的关系，或者按照密尔的意图，要体现的是可证明性的关系、可靠证据的关系。密尔因此并没有在他的功利主义原理的证明里意在提出什么规范性的“应当”命题。说一个事物的可欲求性并不是在暗示它的应当被欲求性。因此，与摩尔相反，“可欲求的”不意味着“应当是被欲求的”或“应得是被欲求的”。

“值得”术语的情况有些麻烦。许多人也因此这一点批评密尔的可欲求性的论点。对此的理解不是很困难。说一个事物是可欲求的同时蕴含了三个前提，这个前提的第一个——“应当是可欲求的”——我们刚刚已经通过密尔本人对“是”与“应当”的区别的强调进行了处理，可对于那个事物是值得欲求的，这是一个价值论的要求，它没有从可见性那里推导出来。另一方面，密尔为了使他的证明能够是有效的，就必须对此能给予某些解释。

回答与上一个质疑那里的情况相似。如同密尔并不是在通过陈述一个事物的可欲求性而暗示它的应当被欲求性，在陈述可欲求性的时候也同样不是在暗示值得被欲求性。他意指的更靠近于一个可欲求对象的被欲求的可能性的存在状态。接下来将继续进行的对密尔命题理论的分析里会看到这一点，目前简略对密尔这方面的观点进行一些初步介绍：由于他把事物在我们的感官感觉这里刺激的感觉过程看作一个通过力量起作用的过程——比如，一个视觉对象通过视觉对象本身的力量在我们的感官感觉这里激起了关于它的属

---

① Wellman. “A Reinterpretation of Mill's Proof.”：272.

性的感觉——他也把我们的行为过程说成是一个工具主义的过程，即我们以一些方式进行行动，这些行动是作为某个目的的手段，而那个目的是我们欲求的。欲求一个行动或一个对象意味着那个可欲求对象具有可欲求性，与此同时我们在欲求的过程中形成了实际的欲求，那个可欲求对象因此是被欲求的。

那么“可欲求的”意味着什么？就我的看法，如果不严格地去看待它，它可以意味着“是可欲求的”、“能够是可欲求的”、“易于成为可欲求的”、“能够成为可欲求的”、“有是可欲求的能力的”、“是有是可欲求的能力的”等。这些稍有差别的说法都是能接受的。它们在分析哲学那里可能构成严重的论争，但是把分析哲学的哲学分析活动的战火引到对密尔的“证明”的讨论里很不恰当。如果一个人这样去做了，他取得了他的语言分析或他认为的哲学分析的条件反射的满足，他感到他又用他的分析方法处理了论证。密尔的逻辑因此是混乱的。

原因在于人们欢欣和轻巧地确定的——因为他甚至没有看到，不像是“可见的”包含了“能够被看见的”的含义那样，“可欲求的”不仅包含了“能够被欲求的”，而且也需要具有“值得被欲求的”或“应当被欲求的”的含义。可这么说和去说一个证据对结论的证明的陈述——即“可能去产生‘任何事物是可欲求的’的唯一证据是人们的确实际地欲求它”的陈述——是没有关系的。

“可欲求的”同时意味着这些代表了一个对象的欲求能力或潜能的意思，可不同时就类似地意味着“被欲求的”也对应于“可欲求的”拥有一些类比意思。如果按照对应于“可欲求的”的类比，“被欲求的”意味着的将是“是被欲求的”、“能够是被欲求的”、“易于成为被欲求的”、“能够成为被欲求的”、“有是被欲求的能力的”、“是有是被欲求的能力的”等。

但是对于密尔《功利主义》里“可能去产生‘任何事物是可欲求的’的唯一证据是人们的确实际地欲求它”这句特定的话，“被欲求”的意思专门指一个欲求行为的事实，即“人们”“欲求”了它。副词是“实际地”告诉我们，人们可能是“实际地”欲求一个事物的，与此同时也可能不是“实际地”欲求一个事物的。

在这方面密尔心里想的事实上是一些和他的心理学有关的内容。一个不是“实际地”被欲求的情况是想象。我们可以想象我们欲求了一个事物，或者相似地，我们可以在不欲求过一个事物的条件下也拥有一个有关欲求该事物的想法，甚至还可以是我们没有欲求过一个事物，但是有一个人说服了我，使我相信我欲求过该事物，等等。这些不同的证据和证言的情况都可以成为去提供证明“一个事物是可欲求的”，但是如同密尔说的，唯一能的确证明“一个事物是可欲求的”的只有“人们的确实际地欲求它”。在这里我们用不着去考虑“被欲求”的各种可能的不同状态的含义，我们需要考虑的是各种“实际地”欲求以及各种不属于“实际得”欲求的情况之间的差别。因为构成了证据有效性的是对一个事物的欲求方式的证据可靠性，以及由此而来的使得我们可以去相信它、去拥有一个关于它的信念的程度。

顺便一提，想在《功利主义》里发现密尔对此的观点几乎不可能，因为在《功利主义》里密尔没有篇幅去充分表达他的心理学理论。但是在其他的地方可以，它们包括密尔本人推荐的哈特莱的著作、他的父亲詹姆斯·密尔(*James Mill*)的著作，以及他对詹姆斯·密尔的编辑注释里所撰写的内容。在这个方面，密尔所站列的心理学的阵营同他一贯的哲学立场一样完全是反对直觉主义的。直觉主义的看法是一个观念可以是直觉地给予我们的，对观念我们不能再要求什么详细的解释而只能去接受它。密尔的经验主义以及连带的他的联结心理学则使他认为观念可以有进一步的解释，它们可以通过观察和内省获得。这是密尔说"实际地"欲求的基本理由。一个对象被实际欲求的时候，而且我们也观察到和感知到它的时候，我们可以把这作为一个确凿的证据。

使我有些不解的是，乔治·爱德华·摩尔的心理学知识并不是特别匮乏的，何况他非常明确地看到了密尔在功利主义理论的方面大量依靠这个学科。除了《伦理学原理》，在摩尔的其他书里他展现的对心理学的谈论并不少。可是他对密尔的心理学和哲学还是作出了全面的误解。也许这是学派和所处的学术领域的角色的身份差异这样微妙的原因导致的。

在上一节和这一节里主要介绍的是在"善的"、"可欲求的"与"被欲求的"之间过于草率的关联定义是不可取的。由于摩尔的自然主义谬误的帽子显得来势汹汹，人们不得不或多或少地接受摩尔的暗示并去采取他的解读的角度。然而如同从第三节起到目前为止进行的分析表明的，这一系列牵强的概念关联和连锁等同有错误和误导性。摩尔把密尔没有说过的一些话当作他说过的话，而且臆断为作为对指控后者为犯下谬误的罪状。摩尔的"善的"与"可欲求的"关系是误置的，因为在密尔那里真正的情况是"善"属于目的论的一个目的的概念，"可欲求的"属于心理学的一个概念；摩尔的"善的"与"被欲求的"关系更是误置的，因为它借用了一个强拉过来的"目的"的中介才把二者凑到一起——也即是"神秘的事"；至于"可欲求的"与"被欲求的"，这是一个使人感兴趣的话题，可惜它仍然从根本上误解了密尔的意思。

既然把"可欲求的"与"被欲求的"与"善的"关联在一起的设置无法良好对密尔的"证明"作出理解，那么我们就需要寻求一些别的方式。从这个层面看摩尔对密尔的指控起到了反面的作用，并且遗憾的是它的反面作用无法让人看到一些有益的反面对比。把密尔的目的论、心理学、逻辑学，以及把密尔的"证明"的"可见性"与"可欲求性"、把手段与目的、知识的第一前提的原理与行为的第一前提的功利原理融贯地结合起来，对此，我们还有不少路要走。

# 第五章　功利主义原理

## 第一节　联锁定义

在论证明、推理与演绎的第二章的第一节里笔者曾经讨论过可证明对象的问题。任何事物只要是一个命题或一个断言就有可能可以证明，或者，所有的命题或断言里有一些是可以证明的，另外一些是不可以证明的。与此同时，任何事物只要不是一个命题或一个断言，就不可能是可以证明的，也就是所有非命题或非断言的事物都不可证明。从严格的表述角度来看，诸如“功利主义原理”或“功利的原理”之类的短语事实上是不可以证明的，可以证明的是它们的另一些表述的形式，即通过一个命题或断言的形式的表述，比如，“功利主义原理”或“功利的原理”事实上在内容上是“最大幸福”或“最大多数人的最大幸福”等，表述成一个命题，它们将可能成为，“最大的幸福是一个善”、“最大多数人的最大幸福是可欲求的”，“幸福是可欲求的，并且是唯一作为一个目的可欲求的事物，所有其他事物只作为对于那个目的的手段是可欲求的”，等等。

我们可以证明“直角三角形中，两条直角边的平方和等于斜边的平方”，比如，我们可以画一幅“勾股圆方图”，通过《周髀算经注》里《勾股圆方图注》的“按弦图，又可以勾股相乘为朱实二，倍之为朱实四，以勾股之差自相乘为中黄实，加差实，亦成弦实”的方式进行证明，或者，我们也可以像伽菲尔德那样使用梯形面积公式和三角形面积公式进行证明。但是在这样的过程里被证明的是一个命题，具体在当前情况里是一个数学定理的命题，而从字面上我们是无法对“勾股定理”、“勾股弦定理”、“毕达哥拉斯定理”、“百牛定理”、“驴桥定理”进行证明的，因为在这样的表述里没有什么主语和谓语的肯定或否定存在，也就没有什么是可以证明的。

类似地，在功利主义原理的“证明”这里，可以证明的只是它们的另一些表述形式。只有“最大幸福”或“最大多数人的最大幸福”等表述成一个命题，比如可能成为“最大的幸福是一个善”、“最大多数人的最大幸福是可欲求的”，等等，这样的样式才是一些命题，才是可证明的。这不是事情的全部。麻烦的地方也就在于功利主义原理的表述不是唯一的。例如，除了上述的“最大的幸福是一个善”、“最大多数人的最大幸福是可欲求的”之外，它至少还可以表达为下面一系列的命题，比如，“最大多数人的幸福是一个善”、

“全体的有感觉的存在物的幸福是一个善”、“全体有感觉存在物里的比例上的大多数的幸福是一个善”、“最大多数人的快乐是一个善”、“全体的有感觉的存在物的快乐是一个善”、“全体有感觉存在物里的比例上的大多数的快乐是一个善”等。根据对这个作为第一原理的功利主义原理的命题的主语和谓语的不同部分的不同表达和修饰，我们将得到在数量上非常庞大的一系列命题。因此，建构一个功利主义原理的“证明”的非常自然和可行的方式也就是去判断一个经过恰当规定的或某一些经过恰当规定的以命题作为形式的功利主义原理的真或者假，或者其他逻辑上的判定标准，如果它是符合各种标准的，它就是一个合理的“证明”；反则反之。

同样的，考察一个功利主义原理的“证明”的非常自然和可行的方式也就是在此基础上，考察这个“证明”的过程的合理性，具体而言，就是去考察功利主义原理的命题样式的选取是否是合理的，证明过程的步骤是否是合理的，等等。无论如何，不管对于这样一个“证明”的建立还是考察，相当重要也相当基本的一点是在众多可能的功利主义原理的命题陈述里选取一个恰当的作为被证明对象。

以上是笔者在那个地方曾经进行过的一些论述。在那个时候任务和意图主要在于指出，仅仅作为一个非命题或非断言的定理或原理之类的事物是不能得到证明的，或者说，一个仅仅表述为某个名称的定理或原理是不可证明的，能够证明的仅仅是它们的命题内容。现在，在考虑功利主义原理的证明步骤的时候，一个功利主义原理命题的具体内容就需要被正面提出来，需要得到清楚明确的界定，这不仅将直接影响到证明的步骤，而且将影响到对证明的性质和正确性等的所有关于证明的方面的判断。

但是在进入对于该原理命题的具体内容分析之前，仍然有必要先就该原理的名称多说几句。在《功利主义》第二章密尔专门讨论了功利主义是什么，而且他还加以明确的定义。功利主义把道德的对错、行为的对错置于与幸福和不幸福相关的基础上。幸福是快乐，或痛苦的免除，不幸福是痛苦或快乐的缺失。如此等等。又或者按照我在之前一两个章节经常提及，同时也是众所周知的，功利主义原理可以被说成是“最大多数人的最大幸福的原理”或直接称作“最大幸福原理”、“最大量幸福原理”等。

情况看起来很清楚而且很好。可是等一等，在上一段所作出的种种表述里，“最大多数”、“最大”、“最大量”之类的限定词的精确意思是什么？这个麻烦从杰里米·边沁在他著名的《道德与立法原理导论》，或者在《政府片论》里就引发了。在他一八二二年对《道德与立法原理导论》增添的一个注释里，边沁对功利主义原理的称谓的表述所说的是，在使用“功利原理”的时候，他只不过是用它来简称或代称诸如“最大幸福原理(*Greatest Happiness Principle*)”或“最大快乐原理(*greatest felictity principle*)”这样的更精确但稍显冗长的术语。如同《政府片论》和《立法论》里那样，在边沁眼里功利主义原理的准确的含义是一个和快乐和痛苦的原理、和政府官员的政治治理密切相关的概念。“功利原理”或“幸福原理”因此都削弱了这种原理本来具有的苦乐的意味以及治理的意味。[①]

密尔对功利主义原理的使用也是多样的，从表面上看甚至是有些举棋不定的。在《功利主义》的第一章它被称作“功利原理（*principle of utility*）”、“功利主义原理（*utilitarian principle*）”和“最大幸福原理”（在《功利主义》的第二章里它被说成是，人生的终极目的就是尽可能多地免除痛苦，并且在数量和质量两个方面尽可能多地享有快乐），在这同一章里密尔也提出了“功利主义的理论（*theory of utilitarianism*）”的说法，另一个地方他用了这个另一种英文表达法（*Utilitarian theory*），在这一章里功利主义原理也被称作“幸福理论（*Happiness theory*）”；第二章被称作“功利原理或最大幸福原理（*Utility Principle or Greatest Happiness Principle*）”，接着又被单独称作“功利原理”，不过不久之后它又被单独称作“最大幸福原理”。如此等等。在第四章论“证明”的部分他甚至使用了更为简短的一些术语，功利主义原理被称作“幸福”、“可欲求的”、“所有人的聚合的一个善”。

既然有这么多可选择的术语，在谈到这个原理的时候，我们到底要使用哪一个？是功利原理（功利主义原理），功利理论（功利主义理论），还是幸福原理（最大幸福原理），还是最大多数人的最大幸福原理？它们是否完全可相互代替使用而不影响意思？不像边沁在《道德与立法原理导论》里作出特别说明，密尔的《功利主义》似乎对明确界定这一系列对于功利主义原理的相似的提法不是很感兴趣。

一种常见的对于密尔的功利主义称谓的处理方式是把它称作一个最大幸福原理。从功利主义原理的表述上，如同刚刚看到的，密尔自己的公式更为简单，他明确用“最大幸福原理”来指功利主义原理。“最大幸福原理”可谓是一个一劳永逸的称谓。它涵盖了作为第一原理的功利主义原理的两个最为核心的部分：快乐，以及最大量的快乐。快乐即快乐尽可能的增加以及痛苦尽可能的免除，或者说成是苦乐原理。最大量的快乐同理是最大量的幸福。进一步的分析是，快乐在其中是一个实质的内容与个体化的单位，即所有人里面任何一个人的快乐（幸福），同时，它是所有人里面的任何一个人的。最大量的规定使得快乐（幸福）的实质内容得到了范围方面的要求，它不能只是某一个行为者个人的快乐（幸福），而应该是最大量的幸福。

以上是从名称方面着手试图对功利主义原理的含义加以界定的一些尝试。这样的尝试有成效，它使得对于该原理可能具有的名称的情况更为熟

---

① Bentham. *An Introduction to the Principles of Morals and Legislation*：1，n6.

悉，但是与此同时这样的尝试并没有真正解决该原理的精确含义的问题。我们最终获得的至多只是一些模糊的和不确定的规定。这样一来其他方式的解决就有必要。

首先碰到的问题是术语措辞方面的。迄今为止，快乐和幸福、快乐的和可欲求的、快乐与善 、幸福与善、快乐与目的、幸福与目的，如此这般的一系列的概念的相互关系似乎可以等同，伊利亚·米尔格兰对此分析道：

如果哲学家在超过一个世纪的时间里误读了密尔的论证，是有理由的。其中一个是密尔的哲学文风的习惯——在一个当哲学不如现在所是的这样职业化的时候是必然的——即是将能至少部分地被一个有才智的外行读者赏识(且尤其是被密尔希望去影响的公共政策的作者们)。密尔写作的优雅模糊了在其中他部署哲学词汇的方式。

举例来说，考虑密尔为附在功利主义的善的概念的词语上的润色。在解释功利原理可以等同于什么的过程里，密尔告诉我们是“由幸福是意欲快乐”。将在此之前很短的地方他陈述了“每一个……主张功利理论的作者由它意味着……快乐……”。如同一个人现在可能期待的，在其他地方，他使用了“功利”作为对于“幸福”的同义词，比如在“一个完全公正的功利概念或幸福概念”之中。密尔公然把“功利”、“幸福”和“快乐”引为同义术语。

在把这些术语关联于欲求的观念的时候——几乎是同样接近的——他是同样明显的。“欲求一个事物和发现它是快乐的……是……在语言的严格之中，两个不同模式的关于同一个心理事实的命名”“几乎是同样接近的”，是因为在只作为满足进一步的欲求的手段被欲求的项目，以及基于它们自身被欲求的项目之间有一个重要区别是被作出的：术语的一致只意味着应用于后者。对基于它们自身被欲求的事物的视为同一的范围限制是重要的，且我将很快重返这一点。在有这个限制的情况下，“被欲求的”和“发现它是快乐的”也是同义术语，且作为结果，“除非与作为它是快乐的的观念的相称 ，否则去欲求任何事物都是生理上的和形而上学上的不可能之事”。

如果欲求的对象是——作为一个仅仅是术语的情况——快乐，且如果“快乐”只是对于“幸福”的一个同义语，那么幸福将是——再一次作为一个仅仅是术语的情况——欲求的对象，且唯一的对象。并且它就是如此：密尔沿循我们试图解开进一步论证的论证，标明去表明人们只欲求幸福。①

在同一篇文章的随后部分米尔格兰再次提到了这个问题：

在密尔的论证里做工作的是什么？论证的第一段约简为一系列连锁的定义，并且连锁的定义自身只产生了空洞的同义反复。现在，如同密尔自己评论的，“大部分命名的问题拥有位于它们之下的事实的问题”。在感受终止了

---

① Millgram. “Mill's Proof of the Principle of Utility.”：285－286.

验证的序列——在密尔的意义上——的见解那里，我们已经看到了这个现象的一个例子；这允许了密尔去选择鉴定为快乐、幸福和非工具欲求的词术语措辞。[①]

密尔的词汇表的交叉定义或联锁定义这样的说法当然是有道理的，而且这样的问题所指向的也的确不是一些无关紧要的事情。

在开始我们对于密尔的一系列交叉定义的讨论之前，一个最基本的知识是快乐与痛苦的关联。快乐意味着痛苦的缺席，这在快乐主义的功利主义那里是一个老生常谈的事情。《功利主义》第二章一开始密尔就告诉我们，从伊壁鸠鲁到边沁，都从来没有把功利理解为某种与快乐判然有别的东西，而是把它理解为快乐本身以及痛苦的解除。[②] 至于在论功利主义原理的证明的第四章里，这方面的说法包括："快乐和痛苦很少分离地存在，而几乎总是在一起。"[③]谈论欲求的事物的时候密尔说的是"对他们的快乐的事物，或者是一个痛苦的缺席"。[④] "欲求一个事物和发现它快乐的，对它厌恶和认为它做作痛苦的，是完全的不能分离的现象"。[⑤] "任何快乐，比方说像是音乐，或任何约定的痛苦的免除，比如健康"。[⑥] 在为詹姆斯·密尔的《人类心灵现象分析》第二卷名为"快乐感觉和痛苦感觉的观念及其原因"的第十九章进行的注释里，约翰·斯图尔特·密尔说道，前者所著的该书的"这一章的基本要旨是，欲望和厌恶只不过是一种快乐的感觉的观念，和一种痛苦的感觉的观念：这一学说由此可以声称，欲望是快乐联结于它的未来的一个观念，厌恶是痛苦联结于它的未来的一个观念"。[⑦] 有理由相信类似这样的快乐和痛苦的理解就是密尔的心里所设想的一些事情。对此如同亨利·罗宾森·韦斯特所评价的：

"人类本性是如此构成的至于与不欲求任何既不是幸福的一个部分也不是幸福的一个手段的事物"和"除在它或者是快乐的，或者是关于获得快乐或避免痛苦的一个手段的范围，没有任何事物是对人类存在的一个善"……在这里他使用"快乐"和"快乐的"取代"幸福"只是文体上的。贯穿该短文他说，

---

① Millgram. "Mill's Proof of the Principle of Utility." : 293.

② Mill, J. S. UT. *CW*, Ⅹ : 209.

③ Ibid., 237.

④ Ibid., 237.

⑤ Ibid., 237.

⑥ Ibid., 235.

⑦ Mill, J. S. Note for James Mill's *Analysis of the Phenomena of the Human Mind*. With notes illustrative and critical by Alexander Bain, Andrew Findlater and Geogge Grote. Edited with additional notes by John Stuart Mill. Second ed. 2 vols. Vol. Ⅱ. London: Longmans, Green, Reader, and Dyer, 1878: 262—263. Also in James Mill's *Fragment on Mackintosh*: 194.

由“幸福”他意味着快乐和痛苦的免除。[①]

以快乐的术语与幸福的术语的关系开始。说“‘功利主义’是关于‘功利’”的当然是合理的，说“‘功利’是‘快乐’”也是合理的，同样，说“‘功利’是幸福”也并非会被人直接反对或激烈反对——伊利亚·米尔格兰的上面的说法是他[密尔]使用了“功利”作为对于“幸福”的同义词。但是，与此或多或少有所区别的是，说“‘快乐’是‘幸福’”虽然能够得到一些人的同意，但是它也很可能在一些人那里是不成立的，或至少可以打上一个很大的问号。的确，密尔在《功利主义》第二章里指出过两者的区别，“将伊壁鸠鲁派的生活比作禽兽的生活是一种贬抑，正是因为禽兽的快乐是说明不了人类的幸福概念的。人类具有的官能要高于动物的欲望，当这些官能一旦被人意识到之后，那么，只要这些官能没有得到满足，人就不会感到幸福”。[②] 然而这并没有从根本上降低这两个术语在密尔的词汇表那里的同一性——用伊利亚·米尔格兰的话，“快乐”只是对于“幸福”的一个同义语。

至少在论“证明”的一章里，第二段和第三段密尔使用的是“幸福”的术语，到了第四段，他同时使用了“幸福”和“快乐”，甚至在表达同样一个观点的紧邻的两个句子里，“易觉察的是他们的确欲求一些以通常语言来说断然区别于幸福的事物。比方说他们欲求美德以及恶习的消除，不亚于快乐以及痛苦的消除”。[③] 在这个谈论里，“美德以及恶习的消除”指的显然是“一些以通常语言来说断然区别于幸福的事物”，与此同时，“幸福”显然指的就是“快乐以及痛苦的消除”，也就是，在这两个紧邻的句子里，密尔先使用了“幸福”，然后在完全相同的意义里使用了“快乐”。在此之后他继续使用“幸福”，“美德的欲求比起幸福的欲求来不是那么普遍的，但它是同样可信的一个事实。所以功利主义规范的反对者通常认为他们有资格推论在幸福之余关于人类活动还有其他一些目的，幸福不是赞许与不赞许的规范”。

同样的情况也发生在第六段、第七段、第八段里，以最后一段为例，在这一段里密尔同样不加区别地使用了快乐与幸福。“事实上除了幸福没有任何事物是被欲求的。无论任何除了一个作为对于某个超出它自身目的的手段是被欲求的，且最终对于幸福被欲求的，是作为它自身关于幸福的一个部分被欲求的，且直到它变得如此，否则就不是为了它自身被欲求的”。[④] 与此同时，“那些为了它们自身之故欲求美德的人，也因为它的意识是一个快乐而欲求它，或者因为意识到它们的不存在是一个痛苦，或者为了联合的原因；

① West. *An Introduction to Mill's Utilitarian Ethics*：122.

② Mill, J. S. UT. *CW*, X：210

③ Ibid.，235.

④ Ibid.，237.

因为事实上快乐和痛苦很少分离地存在，而几乎总是在一起，同一个人以获得美德的程度感受快乐，且以不获得更多的程度感受痛苦”。[①] 最后，在论功利主义原理证明的这一章最后几个较长篇幅段落里，密尔不再使用幸福而专门使用并且多次使用术语快乐。

了解快乐和幸福这两个术语更为详尽的使用方式的一个更好办法不是在论证明的这个章节里，而是在名为“什么是功利主义”的第二章里。在那一章里密尔以远为庞大的篇幅描述了这两个术语，并且，在那个地方密尔的论述就快乐和幸福的问题本身。也许密尔认为它们可以互换使用的理由是他在那个地方明确指出过得快乐与幸福的术语的等同性。幸福是指快乐和免除痛苦，不幸福是指痛苦和丧失快乐。[②] 既然这样，两个术语的交叉使用也就完全合理。不仅如此，“什么是功利主义”的一章也是密尔明确提出快乐的质和量的区别的一章，如同密尔的证明的问题一样，这个问题也引发了功利主义研究者无穷无尽的争论。

一个把“功利主义”或“功利”的意义视为快乐的人与一个将之视为幸福的人，很可能分别属于快乐主义和幸福主义的不同的阵营。快乐主义和幸福主义在许多时候相同，但是在同样多的时候这两种理论被认为有着许多重要差别。伦理学里常常看到利己主义的快乐主义与普遍主义的快乐主义——密尔的功利主义就被认为是这样一种快乐主义——的区别，但是在幸福主义的词汇表里这样的划分相当罕见。除此之外，快乐主义常常被说成是包括了一种所谓的心理快乐主义——再一次地密尔的功利主义被认为是这样的一种快乐主义——的分支，按此相应地应该存在着非心理的快乐主义即生理快乐主义或伦理快乐主义，尽管与诸如心理幸福主义与非心理幸福主义这样的称谓一样，非心理快乐主义很少被人论及。还可以这样来看待这两种不同的主义，快乐主义是一个意义更为广泛的学说，它包含了快乐主义与幸福主义，其中，快乐主义是狭义意义的。问题在于这样的说法虽然看起来相当合理，但是反过来的说法似乎也是成立的，比如我们可以说，幸福主义是一个意义更为广泛的学说，它包含了快乐主义与幸福主义，其中，快乐主义是某种形式的幸福主义。最后，这两种不同的主义虽然与功利主义有关，但它们不与目前的“证明”的讨论直接相关。下面进行考虑密尔那里其他的一些连锁定义。

快乐与善的关系以及幸福与善的关系是另一个会引起麻烦的地方。《功利主义》第四章的第三段告诉我们，“然而，这作为一个事实，我们不仅拥有所有容许幸福是一个善——即各个人的幸福是对于那个人的善，以及因此总体幸福是对于关于所有人的聚合的一个善——的例子的证明，而且也拥有所

① Mill, J. S. UT. *CW*, X: 237.

② Ibid., 210.

有它可能去要求的”。[1]

在罗格·克里斯普对于他自己所称的“从各个的幸福到所有人的幸福”的功利主义原理的证明的第二个阶段进行论述的地方，他对此说的是：

回想第四章第三节结束的一些句子。密尔提议的是一个人能够给予的为什么总体的幸福——也就是总体而言的最大量的幸福——是可欲求的唯一的理由在于，各个人欲求他自己的幸福。由于各个人的确欲求他自己的幸福是一个事实，我们拥有了一个人将对“幸福是一个善——即各个人的幸福是对于那个人的善，以及因此总体幸福是对于关于所有人的聚合的一个善”所要求的全部证明。[2]

此外，与之相似，密尔在一封回答《功利主义》的读者疑问的信件里也提到过下面这样的说法，“A 的幸福是一个善，B 的是一个善，C 的是一个善，等等，所有这些善的总和必定是一个善”。[3] 由此一来幸福与善之间的关联似乎是确凿的。既然可以说“幸福是一个善”、“各个人的幸福是对于那个人的善”、“总体幸福是对于关于所有人的聚合的一个善”，那么，幸福就必然与善有某种关系。但这样的关系不明确。我们所能得知的只不过是幸福可以被称作诸如一个善这样的事物。说某个事物——比如快乐或幸福——是一个善，由于在这么说的过程里对于善的定义复之阙如，这没有告知任何关于善的事情。

更进一步的问题是幸福与善或者快乐与善是否可以相互交替使用。如果说“幸福是一个善”、“一个人的幸福是一个善”、“总体的幸福是一个善”，那么，“幸福是善”、“个人的幸福与总体的幸福是善”的说法是否在《功利主义》的语境下是可允许的？这个问题的回答不明确。所幸的是幸福与善或者快乐与善的关系的问题不是一个在密尔证明的复杂难题里所遇到的主要困难。我们似乎可以暂时先满足于诸如“幸福是一个善”这样的说法。但是注意到《功利主义》第一章的一个我们已经引用过几次的段落，在那个地方密尔说的是，“医学艺术由它有益于健康是被证明是善的；但是怎么可能去证明健康是善的？音乐艺术是善的，因为在各种原因之间尤为值得一提的是它产生快乐；但是什么证明对快乐是善的是可能给出的？”[4]显而易见，这个谈论里的“快乐是善的”从属于一个手段和目的之间的关系结构，它们是某种代表着一个与手段相对的目的的事物。我们由此可以把善的术语的使用认为是一个目的论或目的学说的作为目的之物的代名词之一。这样，“幸福是一个善”、“一个

① Mill, J. S. UT. *CW*, X: 234.

② Crisp. *Routledge Philosophy Guidebook to Mill on Utilitarianism*: 77.

③ See, Elliot Hugh Samuel Roger(S. R. Elliot), Mary Taylor, ed. *The Letters of John Stuart Mill*. 2 vols. London: Longmans, Green and Co, 1910. Vol. Ⅱ: 116.

④ Mill, J. S. UT. *CW*, Ⅹ: 208.

人的幸福是一个善”、“总体的幸福是一个善”可以不严密地等同于“幸福是一个目的”、“一个人的幸福是一个目的”、“总体的幸福是一个目的”。这时问题被转换形式出现，但由于目的的术语也没有很好地得到密尔的定义，所以一切困难依然还原封不动地存在。接下来要考虑的是快乐与目的、幸福与目的之间的关系，以及目的与欲求或者目的与可欲求的之间的关系。

非常自然的是，对于一种以快乐主义作为基本特征的伦理学来说，功利主义显然持有快乐的理论，并且同样显然的是快乐是作为功利主义理论体系的手段与目的学说的目的的部分出现的。对于快乐与目的这两个概念的基本解释当然是，对于功利主义，快乐是目的，与此同时目的常常是或者必定是快乐。在为詹姆斯·密尔的《人类心灵现象分析》第二卷第二十二章论动机部分进行的注释里约翰·密尔告诉我们，在接下来对于动机的阐述里他将引用詹姆斯·密尔的《麦金托什片论》(*Fragment on Mackintosh*)一书的第一个附录里的一些段落，这个地方最大程度地以原貌体现了詹姆斯·密尔和约翰·密尔都共同持有的关于目的论和快乐主义的一些观念(尽管它们相当大程度是从一种心理学的角度说出的)。鉴于迄今为止几乎没有人曾经引用过它们，详细地引述这些话是非常有益的。对于老密尔和小密尔：

一个动机是某种产生动性的事物——促动了什么？是对行为。但是如同亚里士多德说的(并且所有人类都同意这一点)，所有的行为都是为着一个目的的。行为实质上是手段。那么，问题就是，什么是行为的目的？各个具体的行为有各自具体的目的。但是各个类别的那些行为，有着可以归入各个类别的一些目的。那些是对感官感觉的快乐有用的行为的目的，我们在理论是赋之以“耽于声色”的名称。倾向于增加权力的那类行为，有一类我们称之为“志气”的目的，如此等等。当我们把这些类别放在一起的时候，并形成一个“属”(*genus*)的时候；也就是说，一般来说的各种行为；我们是否能够用相似的方式形成一个各种目的的属；并给那些基本的目的命名？

如果我们能够发现这些类别的目的是什么；例如，耽于声色、志气、贪婪、荣耀、社交等所共有的，我们就能做到。

既然它们肯定拥有共同之处，那么，它们就是对于所有的行为者来说都是愉快的。一个人为了某种对他愉快的目的而做出举动，或近或远。但是，“愉快的”(*agreeable*)，“对某人是快乐”(*pleasant to*)；“合意”(*agreeableness*)和“快乐”(*pleasantness*)，这些是对于同一样事物的不同名称；一个事物的考虑，就是它所提供的快乐。所以从基本的角度看，或者大致地说——也就是说，用一种包括了所有快乐的种类(*species*)，并且也包括痛苦的减少的方式——快乐是行为的目的。

动机是促动了行为的事物。但是促动了行为的是行为的目的，即被它看到的事物；是所做行为的所为之物。基本说来，那是行为者的快乐。那么，动机从总的来说就是快乐。可能伴随着或关联于事物的动机会是有着无限的种类的。但这些只是附属；本质在于快乐。因此，在一种情况里，快乐可能与一位个别的女性的外表或其他性质关联在一起；在另一种情况里，与一幅画里各种色彩的某种安排联系在一起；在又一种情况里，与某个同胞的处境联系在一起。但是，在所有这些情况里，基本的也就是说本质性的，在于快乐，或者痛苦的减缓。[①]

鉴于快乐的术语与幸福的术语在密尔那里的高度同一性，快乐与目的之间强的关联在幸福与目的之间也相当自然。“人类本性是如此构成的至于与不欲求任何既不是幸福的一个部分也不是幸福的一个手段的事物”，“幸福是人类行动的唯一目的”。[②]“功利主义的学说是幸福是可欲求的，并且是唯一作为一个目的可欲求的事物”。[③]

那么在快乐的与可欲求的、幸福的与可欲求的之间的关系又如何？我们已经知道快乐与痛苦之间的强的关联，“欲求一个事物和发现它快乐的，对它厌恶和认为它做作痛苦的，是完全的不能分离的现象，或者毋宁是同样现象的两个部分”。[④] 紧随其后，密尔接着说的是快乐与可欲求的这两个术语之间的强的关联，“去认为一个对象作可欲求的(除非为了它的结果之故)，以及去认为它作快乐的，是一个事物且是同一个事物；并且，去欲求任何——除非与作为它是快乐的观念成比例的——事物，是心理上和形而上学的不可能性”。[⑤] 因此一个事物是可欲求的也就是一个事物是快乐的。根据快乐与幸福之间关系的同样规则，幸福与可欲求的这两个术语之间也应该具有同样的强的关联和同一性，一个事物是可欲求的也就是一个事物是令人幸福的。当然，如同已经提及过的，幸福还是一个终极目的，功利主义原理在《逻辑学体系》里被说成是有益于有感觉力的存在的幸福或者是幸福的推动。

关于目的与欲求或者目的与可欲求的之间的关系，密尔在论功利主义原理的证明的时候说得非常明确，“有关目的问题，换言之是什么事物是可欲求的问题”。[⑥] 紧随其后密尔接着告诉我们，“功利主义的学说是幸福是可欲求的，并且是唯一一个作为目的可欲求的事物；所有其他事物只作为对于那个目的的手段是可欲求的”。[⑦] 在下一个段落里密尔接着对此进行了下述的谈

---

① Mill, J. S. Note for James Mill's *Analysis of the Phenomena of the Human Mind*. Vol. II. p. 262—263. Also in James Mill's *Fragment on Mackintosh*: 389—390.

② Mill, J. S. UT. *CW*, Ⅹ: 237.

③ Ibid., 234.

④ Ibid., 237.

⑤ Ibid., 237—238.

⑥ Ibid., 234.

⑦ Ibid.

论，“可能去产生‘任何事物是可欲求的’的唯一证据是人们的确实际地欲求它。如果功利主义学说就自身提出的目的在理论和在实践之中不是被公认为是一个目的的，没有任何事物将说服任何人相信它是如此”。[①] 到了第五段论述幸福的成分的地方，密尔说的是，“它们是就它们自身和为他们自身被欲求的和可欲求的；除了是手段之余，它们是目的的一个部分”。[②]

现在，经过这一节的上述介绍，这一节一开始提出的术语的措辞方面的问题（快乐和幸福、快乐的和可欲求的、快乐与善 、幸福与善、快乐与目的、幸福与目的、目的与可欲求的，如此这般的一系列的概念的相互关系似乎是可以等同的）得到的答案似乎是肯定性的。在密尔那里，它们拥有了彼此之间许多相互等同的性质。这对于功利主义原理的理解是一件好事，因为它可以使我们更为自如地在各个概念与各种说法之间选择我们更容易进行理解的方式来加以论述。另一方面这也是一件有害的事情，这样的现象并没有真正解决关于功利主义原理理解的最为关键的问题。知道了一个概念和另一个概念的可等同性是一回事，是否理解其中任何一个概念或者两个概念之间的真正关系是另一回事。

由于证明的对象是以一个命题或一个断言的样式表达的功利主义原理，对该原理的精确的界定仍然处于议程之中。这一节提出的方式到目前为止的成效相当有限，为此另外的考虑路线需要加以采纳。

## 第二节　目的前提视角下的功利原理

《功利主义》论证明的一章，密尔在谈论功利主义原理，直接指出的说法是如下这些：首先，它被称作“终极目的”，其次，它也被称作“第一原理”，更具体的是“我们的行为第一前提”，这也被说成是一个关于实践目的的问题。这些是在第一个段落里发生的情况。在随后的第二个段落里，密尔提出了一个更为详细的功利主义学说的界定，“功利主义的学说是幸福是可欲求的，并且是唯一作为一个目的可欲求的事物，所有其他事物只作为对于那个目的的手段是可欲求的”。在继续进行的第三段的论证里，密尔提出了“任何事物是可欲求的”这样的问题的一个证明，认为唯一证据是人们的确实际地欲求它。“如果功利主义学说就自身提出的目的在理论和在实践之中不是被公认为是一个目的的，没有任何事物将说服任何人相信它是如此。除非在其相信它是可获得的程度内，各个人欲求他自己的幸福，否则对于为什么总体

① Mill, J. S. UT. *CW*, Ⅹ: 234.

② Ibid., 235.

的幸福是可欲求的就没有什么理由能被给出”。[①] 也就是说，功利主义学说和“总体的幸福是可欲求的”如果不完全等同，至少也密切相关。但在这同一段里密尔在最后的部分又继续告诉人们，幸福是一个善——各个人的幸福是对于那个人的善，以及因此总体幸福是对于关于所有人的聚合的一个善——的所需要的要求至此是被满足的，并且他不再采用刚刚的“总体的幸福”的措辞，而是采用“幸福”——“‘幸福’名目成了作为关于行为的目的之一，结果是成为道德的标准之一”。[②]

功利主义原理因此既可能是“幸福是一个善”，也可能是“总体幸福是对于关于所有人的聚合的一个善”，或者“幸福是行为的目的”，除此之外它也可能被表述为“终极目的”、“行为第一前提”、“幸福是可欲求的，并且是唯一一个作为目的可欲求的事物，所有其他事物只作为对于那个目的的手段是可欲求的”，等等。按照上一节的分析，在使用善这一术语的时候，密尔的意思在很大程度上指的是那个事物是一个目的，并且，在使用可欲求的这一术语的时候他所考虑的很大程度上是一个和目的有关的事情。因此，功利主义原理无论如何将是与诸如“幸福是一个目的”、“幸福是一个终极目的”、“幸福是一个行为的终极目的”、“总体的幸福是一个目的，且是唯一的作为目的的而非手段的”这样的表述相类似的。

如果不那么严格地看待这个原理，这些说法事实上都可以接受，它们具有差不多同样良好的对于这个原理的描述能力。只不过我们现在需要的是一个精确的功利主义原理的界定。按照严格的标准，在这些可行的表述里，“幸福”与“总体的幸福”之间存在着矛盾——前者作为一个泛指的幸福、后者作为一个在人群范围和数量累积这样的方面有特指性质的幸福。对于一个功利主义研究者，直觉看法也许是偏向“总体的幸福”的，一个人将认为功利主义原理更接近“总体的幸福”而不是“幸福”。但是，密尔只以“幸福”来指陈该原理的地方却丝毫不比另一种表述来的要少，这使得我们有理由认为“幸福”也是可行的精确解释，也就是功利主义原理可以不必表述为总体幸福——比如这样的一种理解，即总体幸福是一个对于幸福的表述的更好修饰，如果有这样的修饰也很好，但是没有的话也不妨碍该原理的意思。如果情况是这样，那么这个矛盾之处就至少需要得到完全的解释。

在这里提出的解决办法是通过密尔在《逻辑学体系》里作为目的论大前提的第一原理的规定，从而精确地拟定出一个功利主义原理。回顾第三章的第四节曾经讨论过的一些内容。密尔对这个话题所说的主要的论点是：

作为一门科学的第一原理被终极地接受的真理，事实上是形而上学分析

① Mill, J. S. UT. *CW*, Ⅹ: 234.

② Ibid., 234.

的最后结果，以与之科学是精通的初步概念实践；它们与科学的关系不是对一个大厦的基础，而是对一棵树木的根源——尽管它们从未被挖掘并暴露于阳光下，可以同等良好地执行它们的职能。但是，尽管在科学里特殊真理在一般真理之前，对一门实践艺术——比如道德的和立法的——的情况被期待的可能是相反的。①

则就像存在属于科学的一个第一哲学，存在对艺术独有的一个"第一哲学"。不仅存在知识的第一原理，而且行为也有第一原理。必定有某个标准，由之决定目的或者欲求对象的绝对的和相对的好[善]或坏[恶]。无论那个标准是什么，只能够存在一个标准：因为如果存在几个行为的终极原理，同样的行为就可能被那些原理的其中一个赞同并被另一个谴责；某个更为一般的作为它们之间裁定的原理就将是必需的。②

对于这个艺术(总的来说不幸地仍有待创造)，所有其他的艺术是从属的；因为它的原理是那些必定决定了任何特殊艺术的具体目标是否是有价值的或可欲求的、以及在可欲求事物的刻度里它的位置是什么的原理。每门艺术因此是关于由科学揭露的自然定律，以及被称作"目的论"或"目的学说"的一些一般原理的结合后果。③

在这个地方……我只是宣称我的确信，即对所有实践规则应当符合的一般原理，以及由之它们将是被经过试验的测试，是对于人类幸福有益的，或毋宁所有有感觉力的存在的：换个说法，幸福的推动是目的论的终极原理。④

我不意味着断定幸福的推动应当是它自身是所有行为的目的，或甚至是所有行为的规则。它是所有目的的验证和控制者，但不是唯一的目的自身。存在许多有德的行动，甚至许多有德行动的模式(尽管我认为事例比通常被假定的要少一些)——由之在特殊事例里幸福是被牺牲的，比起快乐更多的痛苦是被产生的。⑤

一个行为领域的第一原理或第一前提是各门艺术的范畴，可以通过下面的形式得到表现：

第一原理或一般大前提

从一般大前提演绎的原理

——

生活的艺术的学说

这也可以通过另一种形式表达，

---

① Mill, J. S. UT. *CW*, Ⅹ: 205—206.

② Mill, J. S. SL: RI. *CW*, Ⅷ: 951, Bk. Ⅵ, Chap. Ⅻ, Sec. 7.

③ Mill, J. S. SL: RI. *CW*, Ⅷ: 949, Bk. Ⅵ, Chap. Ⅻ, Sec. 6.

④ Mill, J. S. SL: RI. *CW*, Ⅷ: 951, Bk. Ⅵ, Chap. Ⅻ, Sec. 7.

⑤ Mill, J. S. SL: RI. *CW*, Ⅷ: 952, Bk. Ⅵ, Chap. Ⅻ, Sec. 7.

大前提，艺术的一个第一原理
小前提，源自科学的定理
——
艺术的学说[1]

演绎的具体过程是，艺术向它自身提议一个去被获取的目的，定义目的，并把它交给科学。科学接收它，把它作为被研究的一个现象或一个效应，并且在调查了它的原因和条件之后，把它带上一个关于情况的组合——由之它能够被产生——的定理，送返给艺术。艺术随即考察这些情况的组合，并且，根据它们之中的任何一个是或不是在人类的力量之内，宣布目的是可获取的或不是可获取的。因此，艺术假定的唯一的前提是起源的大前提，它断定了该约定目的的获取是可欲求的。科学随即帮助给艺术提供命题（由一系列的归纳或演绎获得），即约定行为的执行将取得该目的。从这些前提，艺术推断出，这些行为的执行是可欲求的，并发现它也是可实践的，把定理转为一个规则或戒律。[2]

其中，目的大前提的重要规定是：

目的自身的定义专门地属于艺术，并形成它的独有领域。每门艺术拥有一个第一原理或一般大前提，不借用自科学；宣布了针对的对象，并肯定它是一个可欲求的对象。[3]

关于目的论或目的学说的大前提的这些规定给了我们非常有价值的一些提示。按照密尔的这些说法，作为第一原理的一个功利主义原理是在提出一个去被获取的目的，是在断定该约定目的的获取是可欲求的。这很好地回答了上一节里的许多尚且存在疑问的概念之间联锁等同的难题。首先，显而易见的是被提出的是一个目的和可欲求的对象。其次，它可以具有两种形式，如果是一个去被获取的目的，那么，它可以表述为是幸福或者是总体的幸福，如果是在断定该约定目的的获取是可欲求的，那么，它可以表述为作为目的的幸福的获取是可欲求的——如“幸福是一个善”，或者作为目的的总体的幸福的获取是可欲求的——如“总体幸福是对于关于所有人的聚合的一个善”。第三，可欲求的与目的这样的术语得到了稍为明确的说明，这一点的实现通过关于一个对象是否是可获取的这样的主张得以刻画。

另外，由于艺术处理的是人类存在的行为的事务，这一节的开始部分提到的“行为第一前提”与“幸福是行为的目的”这样的功利主义原理的表述就立刻可以得到完全的解释。

---

① Baker. “Utilitarianism And Secondary Principles.”：69.

② Mill，J. S. SL：RI. *CW*，Ⅷ：944－945，Bk. Ⅵ，Chap. Ⅻ，Sec. 2.

③ Mill，J. S. SL：RI. *CW*，Ⅷ：949，Bk. Ⅵ，Chap. Ⅻ，Sec. 6.

但是怎么解释“幸福是可欲求的，并且是唯一一个作为目的可欲求的事物，所有其他事物只作为对于那个目的的手段是可欲求的”这样的密尔指明的功利主义学说的表达式？在这个表达式里，幸福是一个目的、一个非手段性的目的，或者幸福是可欲求的，这都完全合理，然而在其中同时被指明的还有这样一个目的或可欲求对象的唯一性，它是“唯一一个作为目的可欲求的事物，所有其他事物只作为对于那个目的的手段是可欲求的”。按照之前的目的论或目的学说的大前提的规定，数量唯一性并不包括其中。

笔者认为，解决这个问题的方法是去看到在功利主义原理的目的论前提规定之中的潜藏的条件。本来，功利主义原理可以只被说成是幸福是行为的目的、幸福是可欲求的对象，或者总体的幸福是行为的目的，总体的幸福是可欲求的对象。但是由于某种可能的原因，被提出的幸福或总体的幸福需要是排他的，如果情况不是这样，一个非幸福的或非总体的幸福的目的或可欲求的对象就将会占据目的前提的位置，而那不可接受。在这样的看待方式下，行为目的或可欲求的对象的唯一性就是一个必要的条件。进一步地，这个条件可以是不被说出来的或者在某些情况下在表述方面字面省略的，但是一旦情况有所需要，它就需要是就位的并且生效的，甚至还可以认为它必须总是伴随在功利主义原理的精确的表达式之中。

功利主义原理的表达式或者密尔心里考虑的完整的功利主义原理的表达式是怎样的？

蒂姆·莫森（*Tim Mawson*）在《密尔的证明》（*Mill's Proof*）里的介绍更简洁一些，他认为“密尔提供给我们”的在别的地方描述为“等同于（一个）证明”的“重大的快乐初级原理”是：

功利主义：总是行动以至于产生最大量幸福。[①]

如果一个人把对功利主义的这样的定义作为该原理的完整定义，倒也并不是一件彻底不可行的事情。毕竟这样一个对于最大量幸福的行动标准可以构成一个人在道德举止之中的一个参考。但这样的定义显然没有向人们表明对于一个伦理学原理本身，功利主义内容的全貌到底是什么样的。告诉一个人在道德情境之中应当去进行产生最大量的幸福是一回事，告诉一个人正在依赖的道德原理的内容是另一回事。但这是类似的说法并不只是蒂姆·莫森自己持有，亨利·西季威克的看法也基本属于这样一个阵营里，

他［约翰·密尔］……清楚表明由“功利主义公式的接受”他不意味着行为者自己的最大幸福，而是作为终极的“人类行动的目的”和“道德的标准”的“最大数量的全部幸福”：在功利主义的见解里，去增进是至高的“人类行为

---

① Mawson. “Mill's Proof.”：379.

的指导规则”。①

约翰·格罗特在《功利主义哲学的一个考察》里说：

密尔先生得去证明作为人的理想的至善，“幸福”是一个应当统治他的行为的事物(如同他称它的道德的唯一标准)：这不是一个任何观察能够证明的事物。②

与蒂姆·莫森之有些类似，卡尔·韦尔曼也强调数量上的最大化，此外，韦尔曼把密尔的立场说成是普遍快乐主义的功利主义(*universalistic hedonistic utilitarianism*)：

密尔一贯地主张道德的标准是最大多数的最大幸福。也就是，一个人应当总是去做一个行动——在可能的选择中将产生最大的快乐，或将产生所有有关的最小的痛苦，这是普遍快乐主义的功利主义。③

西季威克提及了功利主义原理的目的的性质，但是，无论是西季威克还是蒂姆·莫森、约翰·格罗特、卡尔·韦尔曼，这些论者都没有提及功利主义原理的另一个性质，即它不仅有关于幸福或者快乐，也不仅有关于诸如普遍主义这样的幸福或快乐，而且它是可欲求的。更多的人论及了这一点。罗格·克里斯普的说法简洁明了：

功利主义的见解是幸福是唯一一个作为目的可欲求的。④

这显然是支持以幸福——也就是强调幸福而不是对于总体的幸福的强调——作为功利主义原理内容的立场的看法。持有这类看法的也包括杰弗里·萨瑞一麦科德，他认为密尔的要被证明的功利主义原理包括两个部分，行为的标准或正确行动的标准，以及它的价值理论：

功利主义的一个完整证明要求辩护两个事物：它的行为的标准或正确行动的标准，以及它的价值理论。按照行为的标准，一个行为者已经执行了正确的行为，当且仅当那个行为是在行为者的最佳可行的选项之间的。密尔认为，采取任何比不上最佳可行选项的行为，是执行错误的行为……第四章的第三段交付辩护第一个主张，即幸福是作为一个目的可欲求的，而章节的剩余部分献给了对第二个的辩护，即幸福是唯一一个作为目的的可欲求的事物。⑤

除此之外，我们已经在这一节之前的地方指出过，被提出的是一个目的和可欲求的对象，它可以具有两种形式，如果是一个去被获取的目的，它可

① Sidgwick. *The Methods of Ethics*：387.

② Grote. *An Examination of the Utilitarian Philosophy*：63.

③ Wellman. “A Reinterpretation of Mill's Proof.”：268.

④ Crisp. *Routledge Philosophy Guidebook to Mill on Utilitarianism*：71.

⑤ Sayre-McCord. “Mill's ‘Proof’ of the Principle of Utility：A More than Half－Hearted Defense.”：332.

以表述为是幸福或者是总体的幸福，如果是在断定该约定目的的获取是可欲求的，它可以表述为作为目的的幸福的获取是可欲求的——“幸福是一个善”，或者作为目的的总体幸福的获取是可欲求的——如“总体幸福是对于关于所有人的聚合的一个善”。这也就是在说，根据作为一个目的或作为一个可欲求的对象的说法，功利主义原理可以表述为两种形式，一种是强调宽泛意义的幸福，另一种是强调特指的总体的幸福。上述的各种说法里，卡尔·韦尔曼告诉我们道德的标准是最大多数的最大幸福，亨利·西季威克提到了最大数量的全部幸福，除此之外其他几位论者只告诉人们功利主义原理的关于幸福的。但是，“最大多数的最大幸福”和“最大数量的全部幸福”之类的说法没有完全把所有人类存在的其中的一个个别的幸福与所有个别的聚合这两个不同的视域层面凸显出来。

首先，一个人可以强调个别的幸福才是功利主义原理的内容。这个说法也许罕见，但它并不是没有道理。事实上，虽然作为个别的个人幸福的对比，密尔在有些地方的确强调了总体的幸福的必要性——并且这也更可能是密尔的功利主义原理的题中之意——但是至少在《功利主义》的证明的论述里，不仅总体的幸福是完全基于个人的幸福的已经获得证明的基础上建立起来的(“除非在其相信它是可获得的程度内，各个人欲求他自己的幸福，否则对于为什么总体幸福是可欲求的就没有什么理由能被给出”、“各个人的幸福是对于那个人的善，以及因此总体幸福是对于关于所有人的聚合的一个善”)，而且，在论述功利主义原理的时候，密尔的确也常常只提及只在个人层面上经过论证或论述的幸福，不认真对之考虑其实无法分清它是在指涉个别的个人幸福还是总体的幸福，且很可能是无法分清楚的。

其次，一个人可以强调个别的聚合即总体的幸福才是功利主义原理的内容。一旦对该原理的看法是这样的，它也就很容易最后偏向总体的幸福而非个人的幸福——同时这严格说来也与意义较为泛指化的幸福这一术语的规定有所区别——才是功利主义原理的内容。在这方面可以看看贝雷尔·兰与格雷·斯塔尔的看法：

密尔的“最大幸福原理”的公式能够被划为两个断言：(A)善是在任何既定情况里产生最大可能数量的幸福的；且(B)这个幸福不是一个单个个别的幸福，而是最大数量的个别的。①

这相当明确，幸福不是个别的幸福，而是最大数量的幸福，这接近于总体的幸福的意思。但是，一个人也可以在密尔的功利主义原理到底侧重个别的幸福还是总体的幸福问题上既不采取只强调第一种的选择，也不采取只强调第二种的选择，而是采取另外的第三种路径，即是去认为密尔的这个原理

① Lang, Berel, and Gary Stahl. “Mill's‘Howlers’and the Logic of Naturalism.”: 563.

的视域既是个别层面的，也是总体的个别的层面的。弗莱德·威尔森就同时指出了个别的幸福与个别的聚合的幸福即总体的幸福这两个维度。他认为功利主义的证明是为了建立两个事情，“就它能够被建立的范围内”，这两件事情分别是：

“各个人的幸福是对于那个人的善”，以及“总体幸福是对于关于所有人的聚合的一个善”。①

然而，这样的说法虽然通过“是对于那个人的善”以及“对于所有人的聚合的一个善”从而使得幸福是一个善是被提及的，并且鉴于之前的分析（密尔的词汇表里善或者一个善在很大程度上指的是和目的或一个目的相关的事情），目的的维度被论及。然而，密尔也在目的大前提的规定里告诉人们提出一个目的是在指明它是可欲求的一个对象。可欲求的在上面这样的功利主义原理的内容表述里又是被忽略的。与弗莱德·威尔森相似，伊利亚·米尔格兰认为密尔的论证的几个步骤各自旨在下面的一些目的，只不过后者加入了对于目的或者可欲求的对象的着重：

每一个各自对应于它制定的一段论证。论证的第一段从各个人欲求他自己的幸福前进到各个人的幸福是对于他可欲求的结论。论证的第二段从之前一段个人的幸福是对于他可欲求的结论前进到进一步的结论，“总体幸福是对于关于所有人的聚合的一个善”。②

除此之外，与伊利亚·米尔格兰形成对照，内尔·库伯对于功利主义原理的看法是在前者的基础上认为幸福不是可欲求的而是被欲求的。库伯认为密尔：

断定总体幸福是被各个人欲求的。他继续蕴意了，除了幸福去欲求任何事物都是逻辑上不可能的（“……去欲求任何——除非与作为它是快乐的观念成比例的——事物，是心理上和形而上学的不可能性”）。由于通过“幸福”他似乎意味着“任何就其自身之故被欲求的”，逻辑上别无他物而只有幸福能够是至善。所以只有一个能够就其自身之故是被欲求的事物，总体的幸福。③

如同第一章第一节引述过的，哈迪·琼斯的看法是把总体的幸福等同于最大量的幸福，同时强调功利主义原理的目的论色彩：

按照密尔，伦理学理论的中心议题是关于至上善或终极目的的问题。他的论证是被设计于表明，总体的幸福（最大量的幸福）是终极的道德善。④

哈迪·琼斯在文章的随后部分提出更详细的看法，根据《功利主义》论证

---

① Wilson. “Mill's‘Proof’of Utility and the Composition of Causes.”：139.

② Millgram. “Mill's Proof of the Principle of Utility.”：283.

③ Cooper. “Mill's‘Proof’Of the Principle of Utility.”：279.

④ Jones. “Mill's Argument for the Principle of Utility.”：338.

明的第三段的言论：

这些传说的句子表达了密尔的坚信，即他支持两个中心主张：(a)个别的幸福是一个善，并且(b)总体幸福是一个善。

功利主义学说包括四个其他关键因素：(c)正确的行为是有益于什么是善的，(d)善是可欲求的，(e)幸福是唯一内在地可欲求的人类目的，并且(f)总体幸福是终极道德目的。①

并且根据“充分条件”解释(SC)(“*sufficient condition*” *interpretation*)的学说：

(1)如果某个事物是被欲求的，那么它是可欲求的。

(2)幸福是被欲求的。

所以

(3)幸福是可欲求的。

与基于密尔的关于人类欲求的本性的讨论的两个前提一道，这个结论很快地转向幸福是唯一可欲求事物的结论。有证据表明密尔接受了

(4)如果某个事物是可欲求的，那么它是能是被欲求的，

并且

(5)如果某个事物是能是被欲求的，那么它是幸福。后一个主张是取自于密尔的幸福是唯一一个人们是能内在的欲求的见解的。一个人能够现在推断，幸福是可欲求的，且没有任何其他事物是可欲求的。②

在其文章的第五节哈迪·琼斯也提供了其他的一种理解方式：

(1)如果各个个别的幸福是一个善，那么所有个别的善的总和是一个善。

(2)各个个别的幸福是一个善。

(3)总体幸福是各个个别的善的总和。

所以

(4)总体幸福是一个善。③

现在，在了解了各种各样的对于功利主义原理的表述之后，笔者将主要根据密尔在《逻辑学体系》里的目的前提的规定，以及根据他在《功利主义》的“证明”的部分的规定，对该原理进行一个尽可能精确的分析和陈述。如果这样的精确表述是成功的，我们就可以根据所最终得出的结论，把它当作一个密尔心里所考虑的意欲于进行某种范围的证明——也就是他自己声称的“证明”属于的扩大意义的——的对象。反过来，由于该对象得到精确规定，所以，不仅密尔的“证明”的对象将是清晰的，而且对于这样一个“证明”的本质

---

① Jones. “Mill's Argument for the Principle of Utility.”：339－340.

② Ibid.，341.

③ Ibid.，346－347.

以及步骤的意见也将可以被恰当地提出。

毫无疑问的是功利主义原理是作为一个与艺术相关的事情被提出来的。在密尔那里，所有的科学的各个门类也拥有一些各自的第一前提或第一原理，但是，艺术是与人类存在的活动有关的，更准确地说，艺术与人类的行为有关，与此同时根据密尔的基本的哲学观点，所有的艺术都拥有一定的目的，它们都从属于一定的手段与目的的序列。所有的科学的第一原理不必然是必须首先提出的，相反，许多科学可以在不拥有第一原理的情况，根据它们的定理系统以及其他的衍生原理就良好地运作。至少在科学领域，第一原理与其他原理的关系被密尔说成是一棵树的根与一棵树的地上部分的关系，而不是一座建筑的地基与一座建筑的地上部分的关系。在第一原理的方面，艺术与科学有一些不同。首先，在艺术那里一个目的论或目的学说的第一前提或第一原理需要在一开始就提出。从本质上说它和所有科学的第一原理一样属于一个最高程度的归纳，一个对于世界上的经验现象的基于因果律的规律的归纳。其次，在艺术那里的这样一个第一原理，是艺术的学说里面在来源方面唯一区别于科学的，是由艺术对自身提出的，宣布了针对的对象，并肯定它是一个可欲求的对象。

功利主义原理在《逻辑学体系》里被说成是：

($UP1_a$)有益于有感觉力的存在的幸福，或者是幸福的推动。[①]

总的说来这样的规定就足够。功利主义原理因此可以被简单地说成是幸福或幸福的推动。在这样的说法里幸福是否专门地指称个别的个人幸福或者是个别的聚合的总体的幸福是不明确的，而且很可能也不需要进行说明。亨利·罗宾森·韦斯特指出了这一点，在他看来密尔要论证的是“幸福是可欲求的”，并且“在该章节的其他部分”他要论证的是“幸福是唯一可欲求的事物”，随后韦斯特似乎是在把这两个不同的论证全部放在“幸福是一个善的论证”的名下，他认为它是由“可能去产生‘任何事物是可欲求的’的唯一证据是人们的确实际地欲求它”以及“除非在他[或她]相信它是可获得的程度内，各个人欲求他的[或她的]自己的幸福，否则对于为什么总体幸福是可欲求的就没有什么理由能被给出”从而得以推理的。亨利·韦斯特说道，“尽管他用表述“是一个善”来代替较早的表述“是可欲求的”，我断定这只是为了文体上的原因，且我认为他在这个背景下是把这两个表述认作可替换的”。[②] 继续分析，从 $UP1_a$ 可以得到：

($UP1_b$)一个善可以是一个目的。幸福如果可以是一个善的话，幸福可以是一个目的。有益于有感觉力的存在的幸福是一个善或者一个目的，或者

---

① Mill, J. S. SL: RI. *CW*, Ⅷ: 951, Bk. Ⅵ, Chap. Ⅻ, Sec. 7.

② West. *An Introduction to Mill's Utilitarian Ethics*: 122.

是，幸福的推动是一个善或者一个目的。

所以，如果该原理得到了某种程度的合理的证明或验证，或者说符合密尔自己的证明理论与推理理论的标，它也就是被证明的(比如它的确是“作为一个事实”的)，那么，“我们不仅拥有所有容许幸福是一个善——即各个人的幸福是对于那个人的善，以及因此总体幸福是对于关于所有人的聚合的一个善——的例子的证明，而且也拥有所有它可能去要求的”，由此一来“‘幸福’名目成了作为关于行为的目的之一，结果是成为道德的标准之一”。①

同样根据《功利主义》，“有关目的问题，换言之是什么事物是可欲求的问题”，$UP1_b$因此可以被说成是：

($UP1_c$)有益于有感觉力的存在的幸福是一个善或者一个目的，或者是一个可欲求的对象，或者是，幸福的推动是一个善或者一个目的，或者是一个可欲求的对象。

且根据《逻辑学体系》里目的大前提的重要规定是：

每门艺术拥有一个第一原理或一般大前提……宣布了针对的对象，并肯定它是一个可欲求的对象。②

我们可以很容易得出另一种样式的目的前提的功利主义原理：

($UP2_a$)一个功利主义原理宣布了针对的对象，并肯定它是一个可欲求的对象。

这和 $UP1_c$完全相符。一个更完整的表述是：

($UP2_b$)一个功利主义原理是一个艺术的第一前提、第一原理或一般大前提。功利主义原理宣布了针对的对象，并肯定该目的是一个可欲求的对象。它是有益于有感觉力的存在的幸福——是一个善或者一个目的，或者是一个可欲求的对象，且如果被证明了就是一个标准；或者，它是幸福的推动——同样地是一个善或者一个目的，或者是一个可欲求的对象，且如果被证明了就是一个标准。

又根据《功利主义》的被直接论述的“功利主义的学说”，即“幸福是可欲求的，并且是唯一一个作为目的可欲求的事物，所有其他事物只作为对于那个目的的手段是可欲求的”，功利主义原理似乎也需要在幸福的性质方面是唯一的、排他的，而不能够同时也拥有除了幸福之外的其他终极目的或可欲求的对象。与之前被引介的一些不同详细程度的功利主义原理表达式相比，这样的对于幸福性质维度的规定带来了一个问题——幸福是否需要是唯一的一个目的或可欲求对象？仅就《逻辑学体系》里的功利主义原理而言，没有丝毫迹象表明唯一性是被要求的。但在《功利主义》里该原理的唯一性被明确要

① Mill, J. S. UT. *CW*, Ⅹ: 234.

② Mill, J. S. SL: RI. *CW*, Ⅷ: 949, Bk. Ⅵ, Chap. Ⅻ, Sec. 6.

求。如同刚才引述过的韦斯特的话，幸福是可欲求的事物以及幸福是唯一可欲求的事物是密尔所想要论证的幸福是一个善的总体目标的组成部分。但对于为什么密尔分别论述了唯一性(幸福是可欲求的事物以及幸福是唯一可欲求的事物)，他对此并没有进行专门的解释，也许他认为这是显而易见的从而是不必要的。

在“证明”功利主义原理的过程里，不仅需要证明幸福是目的，是可欲求的对象，而且我们还需要其他一些补充证明或延续证明，我们还需要“证明它自身是唯一的标准”，且因此很自然地，“为了做到那一点，由相同的规则，将看到有必要不仅表明人们欲求幸福，而且他们从不欲求任何其他事物”。[①] 注意到密尔在进行证明的过程中同样也说道，“如果人类本性是如此构成的以至于不欲求任何既不是幸福的一个部分也不是幸福的一个手段的事物，我们不能够拥有其他的证明，且我们不要求其他的这些是唯一一些可欲求的事物的证明”，并且，密尔紧随其后也说到，“幸福是人类行动的唯一目的”。[②]

已经介绍过的是在《逻辑学体系》里功利主义原理的内容中的幸福并没有被明确规定为需要是唯一的目的或可欲求的对象，然而幸福的这个性质在《功利主义》里是被多次要求的。对此需要给出解释。很显然，我们要么需要去认为在前者那里的规定不完善，这样一来后者那里的规定就是完善的，幸福的唯一作为目的的可欲求性就对于功利主义原理必需。另一方面我们也可以认为在前者那里的规定完善从而充足，这样一来后者那里的规定就可能是额外的或衍生的。但是，第二种解释遇到了一个困难，如果第二种解释是真的，他就没有什么理由可以如此言之凿凿地反复断定唯一性的要求。

对这一点的解决也许是把《逻辑学体系》里指出的幸福的要求看作是也蕴含了唯一性的要求。也就是说，在认为功利主义原理是有益于有感觉力的存在的幸福或者是幸福的推动的时候，我们需要去认为约翰·密尔的意思也同时包括了这样的幸福是唯一作为目的可欲求的。根据目的论，一个手段是为了一个目的的，一个目的可能是为了另外的一个目的的，但是一个终极目的之类的事物只为它的自身，它处于所有的手段和目的以及目的之间的环节的终点，由此，如果一个集合是包括了所有终极目的，那么它的内容就是一些只包括了只为自身而不为任何别的事物的事物。鉴于功利主义原理不仅是一个关于目的的原理——在这样的情况下我们只需要说它有益于有感觉力的存在的幸福或者是幸福的推动，而且，如同《功利主义》论证明的部分的开篇就指出的，该原理也是一个关于终极目的的原理，所以它的内容即幸福需要是

① Mill, J. S. UT. *CW*, Ⅹ: 234

② Ibid., 237.

唯一的，其他的也同样是作为目的可欲求的的对象的存在不被允许，从而幸福需要是人类行动的唯一目的。

尽管在上一段里通过目的论的学说或者功利主义原理的终极目的的角色进行的对于幸福作为目的可欲求的事物的唯一性解释可以言之成理，但是我并不认为对于约翰·密尔，功利主义原理是幸福以及功利主义原理只能包括作为唯一目的的幸福这两个或多或少有些差别的主张之间的差异程度有多强，它们分别可以得到密尔本人的多强程度的主张。唯一可以确定的是密尔的确提出了两种并不完全相同的功利主义原理的主张，同样可以确定的是在《功利主义》的“证明”里密尔更为侧重的是对于幸福的唯一性的证明，他为此花费了整个证明的篇幅的一大部分，且只留给幸福是可欲求的这样一个初始证明以短短的一两段的篇幅。除此之外，笔者认为也可以一提的是，对于这个现象的另外的理由也许也可以提出，比如，对于唯一性的着重强调是为了确保功利主义原理的稳固性——既然只有幸福而没有任何其他事物是作为目的可欲求的，那么除了功利主义学说之外的所有其他的第一原理的学说或伦理学学说所已经作出的或可能作出的攻击就将全部失效，如果这是成立的，功利主义学说因此将得到完全的捍卫。

根据目的性或可欲求对象的性质的唯一性的要求，随即得到的是：

(UP2$_c$)一个功利主义原理是一个艺术的第一前提、第一原理或一般大前提。功利主义原理宣布了针对的对象，并肯定该目的是一个可欲求的对象。它是有益于有感觉力的存在的幸福，或者，它是幸福的推动——是一个善或者一个目的(人类本性是如此构成的以至于不欲求任何既不是幸福的一个部分也不是幸福的一个手段的事物，除在它或者是快乐的，或者是关于获得快乐或避免痛苦的一个手段的范围，没有任何事物是对人类存在的一个善)，或者是一个可欲求的对象，并且是唯一一个作为目的可欲求的事物，所有其他事物只作为对于那个目的的手段是可欲求的，且如果被证明了就是一个标准。

这恰好等于密尔自己在《功利主义》里主张的“功利主义的学说”——“幸福是可欲求的，并且是唯一一个作为目的可欲求的事物，所有其他事物只作为对于那个目的的手段是可欲求的”——的实质性内容的部分。有理由相信这是一个密尔心里所认可和考虑的功利主义原理，且它当然是《功利主义》里的“证明”所考虑和谋划的一个针对性的基本对象。就任何一个试图想要更好地解释或理解密尔的证明的人而言，对它的忽视将具有严重的负面后果，因为那个人也许将会认为只需要凭借一个对于诸如功利主义原理这样的名称方面的认知就可以开始自认为合理的对证明的解释。或者，一个人也许将认为在密尔那里功利主义原理的严格界定不是必要的。与之相反，被认为的是除此之外其他的原理内容表述已足够使用，但这样的路线带来的将是在不稳固的和不精确的对这个证明的认定的基础，随即使得整个过程的有效性大打折扣。

但是在该原理之中还存在一个个别幸福与总体幸福之间的矛盾问题。它既可以被视为相对于该原理是一个额外问题，也可以被认为是一个关系重大的问题。无论如何，对总体的幸福以及总体幸福可以作为一个善的观点的讨论对于完整地把握这个原理都有着不小的必要性。这构成了下一章的主要内容，与此同时，“可欲求的”与“被欲求的”之间的关系也将得到继续的分析。由于这一章的目的是得出一个功利主义原理的表述，且这样的表述最终是在幸福概念之中包括的个别幸福与总体幸福的问题已经得到充分澄清之后——也就是在下一章的结尾部分——才能完成的，这里可以预告该原理的最终表述样式：

(UP2d)功利主义原理是一个这样的伦理学理论原则，从定位的角度它是一个艺术学说的由艺术向自身提出的——有别于科学——宣布了针对的对象、并肯定该目的是一个可欲求的对象的第一前提、第一原理、一般原理或一般大前提——有别于所有次级原理和其他所有衍生原则的。从内容的角度它是有益于有感觉力的存在的幸福(最大的幸福)，或者是幸福(最大的幸福)的推动；它是一个善或者是善的——除在它或者是快乐的，或者是关于获得快乐或避免痛苦的一个手段的范围，没有任何事物是对人类存在的一个善；是一个目的——人类本性是如此构成的以至于不欲求任何既不是幸福(最大的幸福)的一个部分也不是幸福(最大的幸福)的一个手段的事物；是一个可欲求的对象，并且是唯一作为一个目的可欲求的事物，所有其他事物只作为对于那个目的的手段是可欲求的。且如果功利主义原理——有益于有感觉力的存在的幸福(最大的幸福)或幸福(最大的幸福)的推动——被证明了就是一个行为的标准，鉴于道德是行为的一部分，它也是一个道德的标准。

或者，如果希望该原理是尽可能简洁的，可以只指出它的最实质，并且在进行了这样的约简之后依然同样完全符合功利主义原理的各个部分的要求，它可以是：

(UP2e)唯一作为目的可欲求的有益于有感觉力的存在的幸福(总体的幸福)以及幸福(总体的幸福)的推动。

# 第六章　总体幸福

## 第一节　各个人的、每一个人的及所有人的

假设所有人里面的任何一个人是$X_1$，比如普里西。所有人是$X_2$，$X_3$，…，比如普里西拉、玛格丽特、安吉莉亚…。最大量的人是$X_1$，$X_2$，$X_3$，…的聚合，即普里西拉，加上玛格丽特，加上安吉莉亚…。她们的一个善是$G_1$，$G_2$，$G_3$，…，亦即普里西拉的一个善，玛格丽特的一个善，安吉莉亚的一个善…。在善是可进行加总的情况下，总体的一个善是$G_1+G_2+G_3$，…，或普里西拉的一个善，加上玛格丽特的一个善，加上安吉莉亚的一个善…。她们的幸福是$H_1$，$H_2$，$H_3$，…，亦即普里西拉的幸福，玛格丽特的幸福，安吉莉亚的幸福…。在幸福是可进行加总的情况下，总体的幸福是$G_1+G_2+G_3$，…，或普里西拉的幸福，加上玛格丽特的幸福，加上安吉莉亚的幸福…。

功利主义原理常常被陈述为是"最大幸福的原理"、"最大量幸福的原理"、"最大多数人的最大幸福的原理"，或者"最大原理"，等等。这将可能拥有各种各样关于人类存在的数量以及幸福的数量的指向。

也许功利主义只不过指的是最大多数人的幸福，即普里西拉、玛格丽特、安吉莉亚，以及亚伯拉罕、加菲尔德、帕特里克等尽可能多的人的幸福。在这样的情况下普里西拉、玛格丽特、安吉莉亚、亚伯拉罕、加菲尔德、帕特里克的全部的幸福就比普里西拉、玛格丽特、安吉莉亚的全部的幸福更可取，也比亚伯拉罕、加菲尔德、帕特里克的全部的幸福更可取。

但这样的功利主义的定义完全没有考虑数量的问题。也许普里西拉、玛格丽特、安吉莉亚、亚伯拉罕、加菲尔德、帕特里克的全部的幸福在总量上——假定它们是可以相提并论的，是可以累加的，且是可以被加总为一个总和即一个总体的——小于普里西拉、玛格丽特、安吉莉亚的全部的幸福。如果认为即使这样，比起后者的情况而言，前者的情况仍然更为接近功利主义原理的真实含义，那么这样的原理就是一个不顾及幸福或快乐的数量而只顾及人数的数量的最大多数人的原理。如果认为比起前者而言后者更接近功利主义的真实含义，这样的原理就是一个顾及幸福或快乐的数量以及人数的数量的最大多数人的最大幸福原理。这将马上引发一个进一步的问题，即关于幸福的数量与人数的数量的重要性的问题，毫无疑问的是，普里西拉、玛

格丽特、安吉莉亚的全部幸福肯定是比普里西拉、玛格丽特的全部幸福是更可取的。但是，如果普里西拉、玛格丽特、安吉莉亚的全部幸福小于亚伯拉罕、加菲尔德的全部幸福，两者之中哪个更可取就将有疑问。

幸福的总量还可能继续朝着更为复杂的方向发展，从静态上看，它将会出现是按照各个人作为一个这样的比例关系来计算快乐和痛苦的总量，或者是按照多数群体对少数群体这样的群体单位的比例关系来计算，其中，根据快乐和痛苦，还可以划分为快乐算作正值并且痛苦算作算术上相当的负值的计算方法，或者快乐和痛苦按照另外的比例方法来计算苦乐总量。从动态上看，它涉及从20世纪五六十年代开始受到伦理学界大量讨论的行为功利主义[行动功利主义]（*act utilitarianism*）与规则功利主义[准则功利主义]（*rule utilitarianism*）的问题，或者更准确地说，涉及信息不对称、多次重复博弈、决策论等方面的问题。

如上面指出过的，“最大多数”、“最大”、“最大量”之类的表述当然是非常重要的。对它们的解释关系到功利主义原理是否能够被人们认为是合理的和可以接受的。功利主义的“最大多数的最大幸福”在人数上可能意味着所有的有感觉的人、大多数的人、比例上大多数的人等；与此同时，在幸福的总量上可能意味着所有有感觉的人的总体幸福的加总、大多数的人对少数人的幸福的差额的总数，并且，随着对于人数的变量的理解不同，尽管密尔被有些人认为是个行为功利主义者[行动功利主义者]，他也被另一些人认为是个规则功利主义者[准则功利主义者]，此外也被另外一些人认为既不是一个行为功利主义者也不是一个规则功利主义者，还有一些人认为密尔的功利主义伦理学既可以接纳行为功利主义，也可以接纳规则功利主义（或者是对二者都是兼容的）。无论如何，鉴于密尔不是一个对道德计算学感兴趣的人，而且他也不认可道德计算学，在目前的讨论里这方面的争论完全可以避免，我们将要考虑的仅仅是一个在规模上要比道德计算学远为狭小的事情，即对于总体的幸福的专门的探讨。话虽如此，我们虽然不用现在去考虑密尔到底是对道德计算持有什么看法，不用去考虑密尔是一个行为功利主义者还是一个规则功利主义者，但是我们的确有需要仔细加以考虑的东西。

在以上功利主义原理的内容的标准下，“幸福”指的是什么？如果密尔的功利主义的视域是个别层面的，那么它就坐落于各个的人类存在的身上。这样的意义的幸福指的是$X_1$的幸福，$X_2$的幸福，$X_3$的幸福……比如普里西拉的幸福、玛格丽特的幸福、安吉莉亚的幸福……

但是在其中存在着几种不同的可能性。刚才论及的只是每一个人自己的幸福。然而，根据各个人的幸福的涵盖的范围，各个人的幸福既可能指那个人自己的幸福，比如普里西拉的幸福，也可能指包括或不包括那个人在内的几个人的幸福，比如普里西拉的幸福、玛格丽特的幸福、安吉莉亚的幸福，也可能指所有人类存在的幸福，比如普里西拉的幸福、玛格丽特的幸福、安吉莉亚的幸福……

为了使人们不遗忘功利主义原理是一个总体最大化的公式而非个体最大化的公式，《功利主义》里有几个地方密尔都重点提示人们：

……但无论如何它不是一个对于功利主义的标准的接受的不可缺少的条件；因为那个标准不是行为者的自己的最大的幸福，而是所有人的最大数量的幸福……①

如果根据这句话的要求，那么，功利主义原理的幸福就不是一个人自己的幸福或最大幸福，而是所有人类存在的最大数量的幸福。也就是，幸福指的不是普里西拉自己的幸福，而是普里西拉的幸福、玛格丽特的幸福、安吉莉亚的幸福……。或者在幸福是可进行加总的情况下，总体的幸福是普里西拉的幸福，加上玛格丽特的幸福，加上安吉莉亚的幸福……

但是，说幸福不是一个人自己的幸福而是所有人的最大数量的幸福，在这个表述过程中这样的幸福的对象所针对的主体是不明确的。它可能针对的是(1)一个行为者自身，比如，是普里西拉的幸福、玛格丽特的幸福、安吉莉亚的幸福……针对的是普里西拉的，是对于普里西拉的。与此同时，它也可能针对的是(2)所有的行为者的，或者说它是关于所有的行为者的，比如，是对于普里西拉、玛格丽特、安吉莉亚……的。它也可能是对于关于所有行为者的聚合的，比如，是对于关于普里西拉的幸福，加上玛格丽特的幸福，加上安吉莉亚的幸福……

上述的功利主义的标准是一个强的标准。各个人的个别维度的视域因此被否定。功利主义的幸福不是普里西拉的一个善，不是玛格丽特的一个善，不是安吉莉亚的一个善，它也不是普里西拉的幸福，不是玛格丽特的幸福，不是安吉莉亚的幸福。

在《功利主义》里论功利原理的“证明”的时候密尔说的是：

……幸福是一个善——即各个人的幸福是对于那个人的善，以及因此总体的幸福是对于关于所有人的聚合的一个善……②

一般认为，这句话如果不是密尔的功利主义原理的“证明”的核心步骤的话，它至少也是他的“证明”的最重要的步骤或居于并列地位的两个重要步骤之一。这当然是另一个关于个别幸福与总体幸福的一个明确主张的地方。亨利·韦斯特把这说成是：

我们可以推断，密尔在第四章里的主要论证，是在关于就其自身之故被欲求的心理分析(*analysis of the psychology*)的基础上，去把个体主义的快

① Mill, J. S. UT. *CW*, Ⅹ: 213.

② Ibid., 224.

乐主义(*individualistic hedonism*)[个人主义的快乐主义；个体主义快乐论；个人主义快乐论]建立为关于人类价值判断(*valuation*)的终极原理。他假定了那些对于不同的个别的作为一个目的可欲求的事物，是能够被加总起来以给出对于一个个别的聚合的作为一个目的是可欲求的之物，这是去成为道德的基础的终极价值。①

在另一个地方他接着说道：

如果智力是得以信服一个人的幸福是善的且是对于那个人的唯一的善的，是否推导将得以信服，总体的幸福是一个善且是对于所有人的聚合的唯一的善？密尔假定地认为这是显而易见的，就只是断定了它而不带论证。他显然认为当他已经建立了“各个人的幸福是对于那个人的善”时他已经实际上建立了“总体幸福是对于关于所有人的聚合的一个善”。②

在这句简短的话——幸福是一个善，即各个人的幸福是对于那个人的善，以及因此总体的幸福是对于关于所有人的聚合的一个善，密尔提到了“幸福是一个善”、“各个人的幸福”、“那个人的善”、“总体的幸福”、“所有人的聚合的一个善”这些虽然相互关联但各自有所不同的概念或短语。它们的意思在密尔的研究者那里引起了许多争议。之所以争议会发生，是因为在“各个人”与“所有人”之间，在“各个人的幸福”与“那个人的善”之间，以及在“各个人的善”与“所有人的聚合的善”之间都发生了各种各样的问题。

从句式结构来看这句话的可能性并非只能被归入一种理解。它要表达的不是各个人的幸福是对于那个人的善，这之所以是不成立的，是因为如果被这样加以理解，那么该理解就既可能是不完善的(比如有可能是，它没有虑及幸福也是关于所有人的聚合的一个善)，或者，它可能是不正确的(比如有可能是，它没有虑及幸福是一个善的真正含义不是在说各个人幸福的可欲求性，而是总体幸福的可欲求性)。

下面是密尔的这个讨论的各种可能的含义。在说“幸福是一个善——即各个人的幸福是对于那个人的善，以及因此总体的幸福是对于关于所有人的聚合的一个善”的时候，密尔想要论述的核心可能是(1)“幸福是一个善”，以及与之含义相同的“总体的幸福是对于关于所有人的聚合的一个善”——这以“幸福是一个善”与“总体的幸福是对于关于所有人的聚合的一个善”的含义完全相同为前提。(2)也可能是“幸福是一个善”，或者“总体的幸福是对于关于所有人的聚合的一个善”——这以“幸福是一个善”与“总体的幸福是对于关于所有人的聚合的一个善”的含义不完全相同为前提。与此对比，这句话表达

---

① West, Henry R. “ Reconstructing Mill's” Proof“ of the Principle of Utility. ” Mind LXXXI (1972): 257.

② West. *An Introduction to Mill's Utilitarian Ethics*: 140.

的重点可能(3)只不过是“幸福是一个善”，在被这样加以理解的情况下，“总体的幸福是对于关于所有人的聚合的一个善”是对于前者在意思上的一个补充，与此同时它还可能表达与上述两个情况都有所不同的第四个意思，即(4)幸福是一个善，且它既在个别的幸福那里是一个善而且在总体的幸福那里是一个善。

鉴于密尔也在《功利主义》里说过“那个标准不是行为者的自己的最大的幸福，而是所有人的最大数量的幸福”，在上述四种理解里，第一种与之完全相同。第二种与之不完全相同，但并不完全冲突。第三种与之不完全相同，且与之有一定程度的冲突，这样的理解把总体的幸福仅仅视为是宽泛意义的幸福的含义的补充而不是等同的。第四种与之不完全相同且有较大程度的冲突，这样的理解把个别的幸福也视为是可取的。

事到如今约翰·密尔在《功利主义》里的几个地方的论述前后不完全一致。他本人对于“幸福”以及“总体的幸福”持有什么样的最终观点显然是不明朗的。

与“总体的幸福是对于关于所有人的聚合的一个善”具有的高度歧义不同，“各个人的幸福是对于那个人的善”的意思却相对明确。在所有的人类存在里，每一个人的幸福是对于那个特定的个人的一个善。因此，在普里西拉、玛格丽特、安吉莉亚等人那里，普里西拉的幸福是对于普里西拉的一个善，玛格丽特的幸福是对于玛格丽特的一个善，安吉莉亚的幸福是对于安吉莉亚的一个善，等等。

如同简·纳维森在《道德与功利》里说的：

> 另一个主要移动是从“各个人的幸福是对于那个人的善”到“总体幸福是对于关于所有人的聚合的一个善”。人们已经指控密尔在这个段落里犯下了合成的谬误，但这不是一个可言之成理的指控。事实上，有关这个移动的主要迷惑的事情是在“对于”的表述里的。在“各个人的幸福是对于那个人的善”里，“对于”是足够清楚的：它只是意味着他认为它是一个善。[①]

在密尔的这句话之前，他刚刚所论述的是，“除非在其相信它是可获得的程度内，各个人欲求他自己幸福，否则对于为什么总体幸福是可欲求的就没有什么理由能被给出”。[②] 因此，各个人的幸福是对于那个人的善完全对应于各个人欲求他自己的幸福，并且，根据密尔的说法，后者完全“作为一个事实”，各个人的幸福是对于那个人的善随即完全是在各个人欲求他自己的幸福的基础上得以建立起来的。根据之前对于可欲求的与善的这两个术语之间的分析，已经得知的是在说一个事物是善的时候，密尔的意思常常是在表

① Narveson. *Morality and Utility*：285.

② Mill, J. S. UT. *CW*, Ⅹ：224.

明它们和目的以及可欲求的对象相关，那么，很自然的事情也就是当各个人欲求他自己的幸福的时候，各个人的幸福是对于那个人的善。个别层面的幸福的目的性与可欲求性是得到完全的肯定的。

杰弗里·萨瑞－麦科德对此说道：

甚至这样，第三个段落引来抱怨甚至嘲笑。这是因为密尔无顾虑地从人们欲求他们自己作为一个目的的幸福的观察——(在证据原理的角度下)这提供了对于认为他们自己的幸福是作为一个目的可欲求的根据，移动到了——但仍然是完全未被支持的——总体的幸福是作为一个目的可欲求的被要求的结论。鉴于证据原理，这个结论将当然从人们欲求作为一个目的的总体幸福的观察推导而来。可密尔没有依赖于这个(乐观的)观察。密尔取而代之明显试图从各个人的幸福是作为一个目的可欲求的主张，移动到总体幸福(它只是所有人的幸福)是“对于关于所有人的聚合的一个善”的结论。[1]

另一方面，根据同样的道理，同样显而易见的是，在前一句话“除非在其相信它是可获得的程度内，各个人欲求他自己的幸福，否则对于为什么总体幸福是可欲求的就没有什么理由能被给出”那里，各个人欲求他自己的幸福是首先被建立起来的，并且在密尔看来，无论因为什么样的原因，总体幸福是可欲求的在各个人欲求他自己幸福的基础上建立起来。再一次地，总体幸福是对于关于所有人的聚合的一个善也完全对应于总体幸福是可欲求的。但是，与总体幸福是可欲求的只意味着一个总体幸福以及对于总体幸福是可欲求的这样一个单一的判断不同，总体幸福是对于关于所有人的聚合的一个善则既是在声称拥有一个诸如总体幸福这样的事物，与此同时也声称它和一个诸如所有人的聚合这样的人类存在的群体相关。

不幸的是在总体幸福与在所有人的聚合那里的关系，可以是相当多样的。首先，它可以指总体的幸福是对于作为一个单一的单位的所有人的聚合，比如普里西拉的幸福，加上玛格丽特的幸福，加上安吉莉亚的幸福，所有人的幸福的总和是对于普里西拉、玛格丽特、安吉莉亚所有这些人的一个善，进一步的更具体情况可以是，对于普里西拉、玛格丽特、安吉莉亚所有这些人，总体的幸福是可欲求的。

在密尔说总体幸福是对于关于所有人的聚合的一个善的时候，他的意思是在说这样的一个事情是一个对于无论被理解为什么层次的主体性是可欲求的，而不是对于任何所被加以理解的层次的主体性是被欲求的。如同卡尔·韦尔曼说的：

他论证道：由于各个人的幸福是由那个人欲求的，各个人的幸福是对于

---

① Sayre－McCord. “Mill's‘Proof’of the Principle of Utility：A More than Half－Hearted Defense.”：336－337.

那个人可欲求的。并且所以，每一个人的幸福是对于每一个人可欲求的。从“被欲求的”到“可欲求的”的推论到如今是熟悉的，但是关于从“各个”到“每一个”的推论是什么？

明显地密尔不是在论证，由于各个人欲求他自己的幸福，他必定欲求每一个人的幸福。从“各个”到“每一个”的变换是基于可欲求的层面的，不是被欲求的层面的。①

问题是，如同简·纳维森指出的那样，的确产生问题的可能是在关于“对于”的表述里的。在“对于普里西拉、玛格丽特、安吉莉亚所有这些人，总体的幸福是可欲求的”这样的陈述里，“对于”指向的是哪些人？一种回答是它指向普里西拉、玛格丽特、安吉莉亚所有这些人。但是什么是“所有这些人”？是否指的是所有这些人的一个单一的主体性？从字面意思上看这句话的确需要偏向这样的意思，它是本来最自然和最有希望的一种理解，然而从现实的事实方面来看，这一点很难被人理解且很难令人感到可以信服。存在普里西拉对于某种可欲求对象或可作为善的对象的欲求性，对于玛格丽特和安吉莉亚也同样可以如此，然而对于一个诸如普里西拉、玛格丽特、安吉莉亚这三个人的综合，如果需要有一个可以由之使得总体的幸福是可欲求的主体，那么将需要的是一个超个体的人格性。这方面如果依然借鉴简·纳维森的话，他接着对此很好地说道：

但是在“总体幸福是对于关于所有人的聚合的一个善”里，“对于”是令人迷惑的，因为聚合不是拥有一个意见的能力的。②

## 第二节　合成谬误

密尔从各个幸福的可欲求性到总体幸福的可欲求性的推论、从而总结出幸福是一个善的举动被一些解释者称作犯下了合成的谬误（Fallacy of Composition）[合成谬误；结合的谬误；组合的谬误]。

合成的谬误是这样一种推理，如果一个整体的每一个部分都拥有某个性质，那么该整体也有那个性质，或者一个集合里的每一个元素都拥有某个性质，那么该集合也拥有那个性质。密尔可能以任何一种方式犯下这样一个逻辑谬误。

如果所有人的聚合里的所有人指的是一个由之使得总体幸福是可欲求的超个体人格性的主体，密尔就犯下了合成的谬误的其中一类。具体而言，如果密尔的幸福的概念指的是一个包括了所有人的幸福——假定它们是可以相

① Wellman. “A Reinterpretation of Mill’s Proof.”：273.

② Narveson. *Morality and Utility*：285.

提并论、是可以累加的，且是可以被加总为一个总和即一个总体的——的聚合的事物，那么，幸福或者总体的幸福是一个整体，其中每一个人的幸福是该整体的一个部分，密尔对于幸福是一个善的结论的推理，由于在幸福之中，各个人欲求他自己的幸福（作为总体幸福的一个部分）是成立的，所以总体幸福（作为一个整体）也是可欲求的，由于各个人的幸福是对于那个人的善（作为总体幸福的一个部分）是成立的，所以总体幸福（作为一个整体）也是对于关于所有人的聚合的一个善。

合成的谬误也指一个集合里的每一个元素都拥有某个性质，那么该集合也拥有那个性质。如果所有人的聚合里的所有人指的是一个由人类存在之中的一个人、另一个人等等相加起来的集合，密尔就犯下了这另一类的合成的谬误。如果密尔的幸福概念指的是一个分立的由各个人的幸福组成的所有人的幸福——同样假定它们是可以相提并论、是可以累加的，且是可以被加总为一个总和即一个总体的——的集合，密尔对于幸福是一个善的结论的推理因此是，由于在幸福之中，各个人欲求他自己的幸福（作为集合之中的一个元素）是成立的，所以总体幸福（作为一个集合）也是可欲求的，由于各个人的幸福是对于那个人的善（作为集合之中的一个元素）是成立的，所以总体幸福（作为一个集合）也是对于关于所有人的聚合的一个善。

由于在密尔那里，在“总体的幸福是可欲求”与“总体幸福是对于关于所有人的聚合的一个善”里，他本人对这个概念缺乏相关的进一步的说明，“总体的幸福”的具体含义迄今为止是不清楚的，我们也就无法很好地知道它指的是一个部分与整体关系的个别与总体的对应概念，或者是一个元素与集合关系的个别与总体的对应概念。但是无论如何有一点是清楚的，那就是一旦一个超个体的人格性的事物被任何人言之成理地认为没有欲求能力，密尔就将不犯有合成的谬误。这样一个类型的逻辑谬误只有在一个整体或集合的概念是成立的情况下才是以被谈论。

另一方面，如果总体的幸福的一个超个体的人格性的路线行不通，另一个可能的替换——尽管在我看来这在密尔原文那里较不符合它的字面意思——是把一个超个体的人格性退减到一个或一些具体的人类存在。与这一章之前曾经对“总体的幸福”进行过的讨论一样，再一次地，“所有人”也是如同前者那样模棱两可的。它的含义可以是指所有的各个人的汇总的，即每一个人的意义的所有的，也可以是指各个人的，即各个人的意义的所有的。也就是，在密尔通过说总体的幸福是对于关于所有人的聚合的一个善的时候，他指的意思只不过是总体的幸福是对于人们的聚合的一个善，或者总体的幸福是对于某一个人、各个人的聚合的一个善。在这样的情况下，密尔的这句引起争议的话的意思是，各个人的幸福是对于那个人的善，所以由之推导的是总体幸福是对于各个人的一个善——在其中主体对象是没有变动的，即主体对象不是从一个个别的幸福到一个个别的聚合，与此同时变动的只不过是幸福的数量，即从一个个别的幸福到一个个别的聚合的幸福。

贝雷尔·兰与格雷·斯塔尔在《密尔的"大错"以及自然主义的逻辑》里说：

他……没有觉察到或不充分觉察到组成的逻辑学谬误[合成的谬误；组合的谬误]，其中一个类别的成员的特质是归咎于该类别自身的。①

更具体而言，

这个论证通常被认为是密尔对证明功利主义原理的第二个部分——认为善不是一个个别幸福的函数，而是最大数量人们的幸福的——的尝试。该陈述在文本里直接因循 A1[能给予"一个对象是看得见的"的唯一证明是人们实际地看到它。"一个声音是听得见的"的唯一证明是人们听到它：我们经验的其他来源也如此。以同样的方式，就我理解，可能去产生"任何事物是可欲求的"的唯一证据是人们的确实际地欲求它。如果功利主义学说就自身提出的目的在理论和在实践之中不是被公认为是一个目的的，没有任何事物将说服任何人相信它是如此]；且因为这个并置(*juxtaposition*)[并列]，密尔的批评者基本上把 B1[除非在其相信它是可获得的程度内，各个人欲求他自己的幸福，否则对于为什么总体幸福是可欲求的就没有什么理由能被给出。然而，这作为一个事实，我们不仅拥有所有容许幸福是一个善——即各个人的幸福是对于那个人的善，以及因此总体幸福是对于关于所有人的聚合的一个善——的例子的证明，而且也拥有所有它可能去要求的]理解为"各个人的幸福是对于那个人的善，以及因此总体幸福是对于关于所有人的聚合的一个善"的意思——或者换言之，理解为如果每一个人想要(对于他自己的)同样的事物，(个别地)各个人想要对于所有人的相同的事物。这是该段落的一个可能的解释，且如果它是正确的一个解释，密尔将对一个初级错误负有责任。②

这不是唯一一个评论，对于这一点，密尔的解释者们的更多的例子也是可以被发现的。在引用密尔的言论——"如果功利主义学说就自身提出的目的在理论和在实践之中不是被公认为是一个目的的，没有任何事物将说服任何人相信它是如此。除非在其相信它是可获得的程度内，各个人欲求他自己的幸福，否则对于为什么总体幸福是可欲求的就没有什么理由能被给出。然而，这作为一个事实，我们不仅拥有所有容许幸福是一个善——即各个人的幸福是对于那个人的善，以及因此总体幸福是对于关于所有人的聚合的一个善——的例子的证明，而且也拥有所有它可能去要求的"——之后，蒂姆·

① Lang，Berel，and Gary Stahl. "Mill's 'Howlers' and the Logic of Naturalism."：562.

② Ibid.，566.

莫森评论道：

在这个段落和围绕它的那些段落里，密尔提供给我们他在别的地方描述为“等同于(一个)证明”的“重大的快乐初级原理”即功利主义：总是行动以至于产生最大量幸福。已经有无数的和想象的努力，以一种比——例如由摩尔的，揭露它为是如此“天真的和无虚饰的”，以至于变得“相当令人好奇的”的是，密尔是否曾严肃地推进它——的更为支持态度的视角，去呈现密尔的证明。太容易把密尔看作是开始于一个极端心理快乐主义的先天不牢固的基础上，且在《功利主义》第四章开篇的篇幅里，通过犯有等同谬误(*fallacy of equivocation*)(以把“可欲求的”意味着“能够是被欲求的”合并于“可欲求的”意味着“值得是被欲求的”)以及合成的谬误(以从各个人欲求他们自己幸福前进到各个人欲求所有人的幸福)，偷工减料地建造了一个表面上是演绎性的他的理论的证明。①

按照蒂姆·莫森自己在其中的说法，在这里使用的“合成的谬误”指的是从各个人欲求他们自己幸福前进到各个人欲求所有人的幸福。与此类似，亨利·西季威克也认为密尔在这一点上有着重大的失误：

如我们已看到的，由密尔提出的功利主义原理是作为一个“正确的和错误的标准”，或“行为的指导规则”的：所以在给出作为这个原理的一个表述的“总体的幸福是可欲求的”的时候，他必须被理解为去意味着(且他的整个论述表明了他的确意味着)它是各个个体应当去欲求的，或至少——在“应当”的更严格意义里——旨在行动里实现。但这个命题不是由密尔的推理建立的——即便如果我们把实际地被欲求的在这个意义里可以合法地被推论为是可欲求的认为是理所当然的。因为一个实际的欲求的聚合——各个被引导朝着一个总体的幸福的不同部分，并不构成一个存在于任何个体里的对于总体幸福的实际的欲求；且密尔将肯定不是在争辩一个不在任何个体里存在的欲求能有可能存在在一个个体的聚合里。②

也许是直接受到西季威克的这样的观点的影响，杰弗里·萨瑞一麦科德在《密尔的功利主义原理的“证明”：一个多于半心半意的捍卫》里除了和前者一样认为密尔从个别幸福到总体幸福的论述是不恰当的，且密尔为什么那么做的原因不十分清楚：

如同西季威克指出的，尽管“实际欲求的一个聚合，各个直接朝向总体幸福的不同部分，并不构成一个存在在各个个体那里的对于总体幸福的实际欲求”。因此，密尔将不能以这个方式试图建立总体幸福是某个个别的欲求的对象。不仅如此，如果密尔认为他仅仅需要去表明某个人或另一个人欲求

① Mawson. “Mill’s Proof.”：380－381.

② Sidgwick. *The Methods of Ethics*：388.

总体的幸福，他自己的情况将就已经足够了。毕竟他的确欲求总体的幸福。然而，密尔显然不试图去建立这样一个事情。

不是如此清楚的是，为什么他认为对各个人的他自己的或她自己的幸福的价值，无论如何是建立了总体幸福的。实际上，该推理似乎要求下述的一者或两者兼具：或者一个未验证的从总体幸福的各个部分的（对某个人的）价值到整体的价值（冒合成的谬误的危险），或者一个未验证的从对所有放在一起的（因为各块的总体幸福是对某个人有价值的）总体幸福的价值到单个采纳的它对各个人的价值。①

如此多的评论的确显得言之凿凿。如果我们遵循这些解释和批评的路线，一个很自然的看法就是认为密尔的从个别幸福到总体幸福的推论是极其错误的。然而，至少从密尔在《功利主义》里已经说过的内容来看，上述的一些评论——尤其是针对密尔的从各个人欲求他们自己幸福前进到各个人欲求所有人幸福的论点的评论——在我看来却难以言之成理。

首先，按照蒂姆·莫森的说法，密尔可能犯下了合成的谬误——在他那里这被说成"从各个人欲求他们自己幸福前进到各个人欲求所有人幸福"。或者按亨利·西季威克的说法，"一个实际的欲求的聚合——各个被引导朝着一个总体幸福的不同部分，并不构成一个存在于任何个体里的对于总体幸福的实际的欲求"，西季威克认为如果按照关于"可欲求的"与"被欲求的"的妥协看法（他声称的去承认"被欲求的"可以推断出"可欲求的"），在这样的情况下，在各个人那里总体幸福的一个部分或一些部分是被欲求的——或者按照他刚才说成去承认的那样是可欲求的，但是在西季威克看来这并不代表总体幸福就同样被各个人欲求。事实上，在《伦理学方法》紧随其后的部分，他的意见是，由于对于总体幸福的欲求——"被欲求的"——是不存在的，所以总体幸福的可欲求性——"可欲求的"——就不成立。则西季威克是潜在地提出两种关于密尔的个别幸福到总体幸福的推断的谬误的样式，其中之一是在认为密尔从各个人欲求一个总体幸福的一部分或总体幸福的一些部分前进到各个人欲求总体的幸福，另一者是在认为密尔从各个人欲求一个总体幸福的一部分或总体幸福的一些部分前进到总体的幸福是可欲求的。前一种情况与蒂姆·莫森的说法从本质上相等同。

这个类型的逻辑谬误在刚才已经得到了介绍和讨论。现在需要对它作出更详尽的分析和运用。如果我在这一节的论证是成功的，对于密尔的合成谬误的委犯的指控——如同这一节之后的部分将马上看到的那样，这样一个辩护的过程恰好是通过对于这些指控的措辞本身的逻辑缺陷而进行的——就将

① Sayre－McCord. "Mill's 'Proof' of the Principle of Utility：A More than Half－Hearted Defense." ：337.

失去部分的效力。并且，如果在下一节里对于合成谬误的进一步的辩护——它将通过对于密尔本人在《功利主义》以及在对于该书批评意见的回应信件里的观点出发——是成功的，那么将被看到的是，不仅密尔对于个别幸福到总体幸福的推断过程并不具有合成谬误，而且，他的功利主义原理的这一部分的证明过程或推理过程，以及在第三章里曾经花费不少篇幅讨论他作为目的论的功利主义原理的观点也将得到更进一步的揭示。

一个合成的谬误只有在认为一个整体也拥有和一个部分拥有的性质一样的性质的时候才可以被说成是成立的。为此，如果一个人想要指控密尔为犯有这样一个谬误，那个人就需要指出在密尔的这个推断那儿，总体幸福因为与个别幸福拥有相同的性质，比如，像在当前讨论的例子那样，一个人需要认为的是，一方面各个人欲求那个人自己的幸福，另一方面在总体的人——所有的人的聚合——那儿情况也是所有的人欲求那些人自己的幸福，或者按照幸福作为一个善的语汇，一个人需要认为密尔是在意为一方面各个人的幸福是对于那个人的善，另一方面总体的幸福——所有人的幸福的聚合——是对于所有人的聚合的一个善。

现在，上述的第一个情况初看起来完全成立，然而就笔者的看法这只不过是一种错觉。对密尔所说的话更仔细的考察是需要的。当一个人指出，一方面各个人欲求那个人自己的幸福，另一方面在所有人那儿他们也欲求那些人自己的幸福，由此密尔犯有合成谬误，并不是完全符合密尔自己所说的话。与之对照，他对于这方面所说的全部是，“除非在其相信它是可获得的程度内，各个人欲求他自己的幸福，否则对于为什么总体幸福是可欲求的就没有什么理由能被给出”。在这句话里密尔使用的最关键的词汇并不在最后两个分句之间绝对平行。首先，在谈论各个人的情况的时候，密尔说的是各个人欲求他自己的幸福，也就是说一个主体对于一个对象的欲求的行为是存在的，一个欲求的行动是发生了的。其次，与之有所差异然而相当容易被人所忽略的是，在后一个分句那里，情况并不是一个聚合的主体——所有的人——对于一个对象的欲求的行为是存在的，而毋宁是一个关于可欲求的事实的判断——总体的幸福是可欲求的，无论如何，至少从词语方面或字面方面这也是与一个欲求行为的发生是不完全等同的。

“可欲求的”与“被欲求的”是在第四章里得到过考察的一个话题，然而，虽然在那个时候笔者介绍并论述的摩尔在《伦理学原理》之中对于密尔的快乐主义的自然主义谬误的指责的不恰当性，可在那个时候，“可欲求的”与“被欲求的”之间的实质性差别以及实质性关系仍然是没有得到详尽讨论的。对于这两个术语我们可以说更多的一些话。毫无疑问，“可欲求的”与“被欲求的”是在《功利主义》论证明的一章第三段的两个经常出现的词汇。在讨论个别幸福与总体幸福之前，密尔已经通过“可能去产生“任何事物是可欲求的”

的唯一证据是人们的确实际地欲求它”这样的谈论涉及过它们。到了个别幸福与总体幸福的话题的时候，虽然只相隔了一句话，但是比起前者，人们对于“可欲求的”与“被欲求的”之间的差异的敏感程度却似乎大幅度降低。在前者那里这两个术语的差异被广泛地注意到并且被频繁地指出。但它与个别幸福与总体幸福之间的“可欲求的”与“被欲求的”的关系是什么？

对于“除非在其相信它是可获得的程度内，各个人欲求他自己的幸福”之中的“各个人欲求他自己的幸福”，这显然是在提议一种实际发生的欲求，一种不同于同一句话里继续说到的“是可欲求的”的事情。对于“各个人欲求他自己的幸福”我提议的可行的理解方式如下。这种方式把它看成是在它所在的位置的上一句话的重复。它是密尔再次提及的可能去产生“任何事物是可欲求的”的唯一证据，也就是人们的确实际地欲求它。由此一来这里的欲求就是一个作为诸如证据这样的事物所提出的欲求。它不是一个被证明的事物或对象，而是一个为证明诸如“任何事物是可欲求的”这样的命题而提出的一个事实性质的证据。这种理解的支持在密尔《功利主义》里较为明显，因为不仅“各个人欲求他自己的幸福”所在的上一句是如此的，而且，实际上在下一个段落里密尔再次在一个地方以实际欲求的语气进行了一个重复，他说道“为了做到那一点，由相同的规则，将看到有必要不仅表明人们欲求幸福，而且他们从不欲求任何其他事物”。①

如果这样的考虑或理解是真的，一个进一步的论点也可以被提出来。既然各个人欲求他自己的幸福是已经在它所在的位置的上一句话里被作为一个事实的情况加以提及，在“欲求”与“可欲求的”被认为拥有着不同的意义的视角下，则密尔似乎是在认为，这个欲求的事实是一个已经得到一定程度的确认的情况。并且，由于它刚刚已经被表明为建立起了任何一个事物是可欲求的命题，通过说各个人欲求他自己的幸福，密尔的意思可能就是在表明各个人的幸福是可欲求的。因此，通过说“除非在其相信它是可获得的程度内，各个人欲求他自己的幸福，否则对于为什么总体幸福是可欲求的就没有什么理由能被给出”，密尔的意思可能是，如果各个人欲求那个人自己的幸福，且由此推断出各个人的幸福是可欲求的，或者任何一个个别的幸福是可欲求的，在被相信是可获得的情况下，或者说，“在理论和在实践之中不是被公认为是一个目的”的情况下，功利主义学说——总体的幸福是可欲求的——也就可以被推断得出。而且，它的下一句话重复了刚刚得出的“总体幸福是可欲求的”的论点，密尔接着所说的是，“然而，这作为一个事实，我们不仅拥有所有容许幸福是一个善——即各个人的幸福是对于那个人的善，以及因此总体幸福是对于关于所有人的聚合的一个善——的例子的证明，而且也拥

① Mill, J. S. UT. *CW*, Ⅹ: 234.

有所有它可能去要求的”。在其中“这作为一个事实”指的不是各个人欲求他自己的幸福这样的事情，而是那句话刚刚得出的结论“总体幸福是可欲求的”。[①]

在以上的分析过程里，密尔在《功利主义》里论证的第三段的后半部分建立的论点因此就是，各个人欲求各自的幸福，由此各个人幸福是可欲求的，且由此可以推断的是总体幸福是可欲求的。各个人幸福是可欲求的推出了总体幸福是可欲求的，或者换言之个别幸福是可欲求的推出了个别的聚合的幸福——总体的幸福——是可欲求的。这样一来，如果任何对于密尔犯有合成谬误的指控是被作出的，那样的一个批评者就有必要指出，即使一个人的幸福是可欲求的是成立的，但是根据部分与整体或者元素与集合的可推断关系，部分或者元素拥有的性质的成立，并不推断出整体或集合就必定拥有它们的构成成分所拥有的性质的成立。也就是，个别的聚合的幸福——总体的幸福——并不如同个别的幸福是可欲求的那样是可欲求的。或者一个批评者也可以按照密尔在另一个句子里所说的那样，声称个别的聚合的幸福——总体的幸福——并不如同个别的幸福是对于那个个别的一个善那样，是对于关于个别的聚合的一个善。

回顾这一节之前提出的照蒂姆·莫森提供的说法以及亨利·西季威克的说法，认为密尔通过这样两种方式犯下合成谬误——从各个人欲求一个总体幸福的一部分或总体幸福的一些部分前进到各个人欲求总体的幸福，或者认为密尔从各个人欲求一个总体幸福的一部分或总体幸福的一些部分前进到总体幸福是可欲求的。这两种说法都不严格符合合成谬误的成立的标准。但是与此同时，诸如杰弗里·萨瑞一麦科德提出的论点——各个人的他自己的或她自己幸福的价值建立了总体幸福的——却严格符合合成谬误的成立标准。

## 第三节　善的聚合

迄今为止合成谬误的诘难不是完全被回应的。上一节仅仅表明了对于密尔这方面的逻辑谬误的指控的主张从表述上成问题。这一节将继续提出对于我所认为的密尔并不真正犯有这样一个谬误的理由。这样的理由包括由密尔本人提供的一些话。并且，这个理由已经在近几十年的密尔学研究里几次被论者所援引。罗格·克里斯普的论著就提供了这方面的一个例子：

> 密尔所需要的是“最大幸福是理性的或合理的行为的一个目的——实际上就是它的目的”的结论。他在第四章第三节的结尾的主张因此是非常使人困惑的，因为总体的幸福在这里不是被蕴意为对于一个个别的一个目的，而

---

① Mill, J. S. UT. *CW*, Ⅹ: 234.

是对于所有个别的“聚合”的一个目的。密尔事实上是否意味的是，总体幸福是对于各个个别的一个目的？亨利·琼斯（Henry Jones）认为是这样的，但是密尔在一封1868年的信件里辩驳了他的提议：

至于你从我的《功利主义》里引用的句子：当我说总体幸福是对于关于所有人的聚合的一个善的时候，我并不意味着每一个人类存在的幸福是一个对每一个其他的人类存在的善，尽管我认为在一个社会的和教育的好的状态里它将会如此。在这个特殊句子里我仅仅意味着去争辩，由于A的幸福是一个善，B的是一个善，C的是一个善，等等，所有这些善的总和必定是一个善。

“每一个人类存在的幸福是一个对每一个其他的人类存在的善”的措辞几乎可以肯定同等意味着“所有的个别幸福（也就是最大的幸福）是对于各个人类存在的一个善”。严格而言，他在这里的最后一个句子可以被说成是一个逻辑谬误，一个许多读者声称在第四章第三节倒数第二个句子那里发现的——所谓合成的谬误，一个人诉诸一组关于它的成员的真。在这里是三个大写的人；但是一个三个人的组合不是大写的。[①]

在上面所论及的密尔本人对于《功利主义》批评意见的回应里，密尔作出了对于他自己该书的直接评注和解释。上一章第一节曾经提及，“各个人的幸福是对于那个人的善”的意思相对明确，与之对照，“总体幸福是对于关于所有人的聚合的一个善”具有较高程度的歧义。这个现象之所以可能出现，原因在于在这样的表述里“对于”和“所有人的聚合”都是模棱两可或者是在解释方面成问题的。一方面，在“对于”的词语那里，如同简·纳维森说的，在“总体幸福是对于关于所有人的聚合的一个善”里，“对于”令人迷惑，因为聚合不拥有一个意见的能力。

就这个问题，亨利·韦斯特为我们提供了两种看待“对于”的理解，一种是行为者的视角的理解，另一种是把幸福看作构成本质福利的事物的种类的理解：

按照密尔“总体的幸福”只是一个个体幸福的情况的总和。仍有两种理解该论证的途径。其一是“对于那个人”代表了当他是在作出审慎决定的时候行为者的视角；“对于聚合”代表了当他在道德地行动的时候仁爱的人的视角。某些事物不能够被说成是在支持这个解释的，但我并不认为它是正确的一个解释。毋宁我认为密尔相信他关于欲求的分析表明了幸福是不管发生什么都构成本质福利的事物的种类。所有幸福的事例将是某个人的个人福利的一些部分，即是“对于某个人的一个善”，但是作为幸福的事例，它们拥有一个使它们作为无论它们发生什么都是相同种类的事物的一个共同的命名者——无论是在一个既定个体的不同经验那里或者是在不同个体的经验那里。

① Crisp. *Routledge Philosophy Guidebook to Mill on Utilitarianism*：77—78.

此外，密尔假定了幸福的不同事例的价值能够被认为加总起来以产生一个更大的善。这些假定是在密尔对关于从(3A)[各个人的幸福是对于那个人的善]到(3B)[总体幸福是对于关于所有人的聚合的一个善]的移动的写作的一封信里被明确说出的：“至于你从我的《功利主义》里引用的句子：当我说总体幸福是对于关于所有人的聚合的一个善的时候，我并不意味着每一个人类存在的幸福是一个对每一个其他的人类存在的善，尽管我认为在一个社会的和教育的好的状态里它将会如此。在这个特殊句子里我仅仅意味着去争辩，由于A的幸福是一个善，B的是一个善，C的是一个善，等等，所有这些善的总和必定是一个善。”……则看起来清楚的是，在(3A)[各个人的幸福是对于那个人的善]和(5A)[除在它或者是快乐的或者是关于获得快乐或避免痛苦的一个手段的范围内，没有任何事物是对人类存在的一个善]里的“对于各个人”并不代表一个“视角”，而只不过是不能再不带有定位和具体化而存在的福利的定位或具体化，且在(3B)[总体幸福是对于关于所有人的聚合的一个善]和(5B)[除在它是或者是总体幸福的一个部分或者是总体幸福的一个手段的范围内，否则没有任何事物是对于所有人的聚合的一个善]里的“对于所有人的聚合”指涉于在一个个别的组里的福利的定位和具体化，不是一个视角。①

另一方面，“所有人的聚合”如果不是可以成立的，则即使使得这样一个短语退减到一个个别的层面，即使得总体幸福是对于关于所有人的聚合的一个善这样的命题，去指涉总体的幸福是对于各个人的或某一个人的一个善这样的替代形式，它仍然面临解释方面的困境，比如面临一个可能的合成谬误的指控。

由于密尔告诉我们的是，当他说总体幸福是对于关于所有人的聚合的一个善的时候，并不意味着每一个人类存在的幸福是一个对每一个其他的人类存在的善，并且，如果我们采纳了罗格·克里斯普在他的功利主义伦理学导论里的上述解释，去认为“每一个人类存在的幸福是一个对每一个其他的人类存在的善”的措辞同等意味着“所有的个别的幸福(也就是最大的幸福)是对于各个人类存在的一个善”，那么，总体幸福是对于关于所有人的聚合的一个善因此就不意味着总体幸福(每一个人类存在的幸福、所有的个别的幸福或者最大的幸福)是对于所有人的聚合(每一个其他的人类存在或者所有人类存在)的善。这或多或少是令人感到纳闷的，因为前一个命题与后一个命题既然相同，但是密尔自己在回应信件里却否认了自己在《功利主义》里提出的论点。它可能是什么？按照密尔所说，这样一个命题的意思并不像它所声称的那样拥有所有的部分，而只是拥有其中的一些部分，并且它的意思在密尔

---

① West. *An Introduction to Mill's Utilitarian Ethics*：140－141.

自己的解释里被置换了，具体而言，“总体幸福是对于关于所有人的聚合的一个善里”，“所有人的聚合”这样一个可能引起各种模棱两可的歧义语句成分被去掉了，或者更准确地，情况仅仅是“在一个社会的和教育的好的状态里它将会如此”，与此同时还有几件事情发生了。首先，不出乎一般的理解范围之外的是，总体幸福指的是所有的个别幸福是汇总，即 A 的幸福，B 的幸福，C 的幸福，等等。其次，第一个分句那里的总体的幸福被密尔解释为个别的聚合的善——总体的善，幸福的术语被密尔通过善的术语替代，即总体幸福指的是 A 的幸福是一个善，B 的幸福是一个善，C 的幸福是一个善，等等。第三，这些幸福或善被密尔确认为是可以进行某种聚合从而拥有一个总和的。

弗莱德·威尔森对这个过程所描述的是：

……密尔的论点在于，只有在一个人能够也同样说关于被欲求的时候，说关于可欲求的才是合理的。如果那是正确的，且如果(如同布劳德相信的)密尔认为心理快乐主义是真的，那么只有把幸福说成是可欲求的才是合理的……

注意到密尔并没有声称去在他的第二个步骤里建立起总体幸福是一个对于任何个别的人的善。他非常小心地说的是，总体幸福是一个对于“所有人的聚合”的一个善。

密尔在这里明白地断定了，他并不想要去声称总体的幸福是一个对于任何个别的善，是对于任何特殊的人可欲求的。那样的情况将只在最佳的情况里才是适用的，但不总是那样的。另一方面，他的确想要得出的结论是被期待去认为社会的状态是否是最佳的。[①]

通过密尔的解释，《功利主义》理论证明的章节的那几句话可以得到更好的表述。在此之前，密尔的话是：除非在其相信它是可获得的程度内，各个人欲求他自己的幸福，否则对于为什么总体幸福是可欲求的就没有什么理由能被给出。然而，这作为一个事实，我们不仅拥有所有容许幸福是一个善——即各个人的幸福是对于那个人的善，以及因此总体幸福是对于关于所有人的聚合的一个善——的例子的证明，而且也拥有所有它可能去要求的。[②]

现在，它们显然可以被转换成下面的一些新的表述：在相信是可获得的程度内，各个人欲求各个人自己幸福，或者由此建立的各个人的幸福是可欲求的，总体幸福是可欲求的，是有理由被给出的。这——总体幸福是可欲求的——作为一个事实，我们拥有幸福是一个善——即各个人的幸福是对于那个人的善，以及因此所有人的幸福的总和(总体的幸福)是一个善——的证明

① Wilson. “Mill's ‘Proof’ of Utility and the Composition of Causes. ”: 141.

② Mill, J. S. UT. *CW*, Ⅹ: 234.

和所有可能要求的事情。

也就是我们在上一节里希望被得出的更为可取的表达式，一方面各个人的幸福是可欲求的建立起了总体幸福是可欲求的，另一方面各个人的幸福是各个人的善建立起了所有人的幸福是一个善。从字面上看这是两个严格合乎合成谬误标准的句子。

问题出现了，本来希望的是，密尔的解释将对诸如逻辑谬误的澄清或者辩护之类的事情起到有益的效应，但是现在看来情况似乎是，经过密尔自己本人这样的解释，一个合成谬误的疑问仍然没有被解开。相反，通过从总体幸福是对于关于所有人的聚合的一个善到所有人的善的总和必定是一个善的解释，命题直接成为一个部分与整体或者元素与集合之间的关系，比如普里西拉的一个善、玛格丽特的一个善、安吉莉亚的一个善的总和是这三个人的一个善，这样一个逻辑谬误的可能性却在某种意义上显得更为突出了。如同克里斯普所说的，在这里所有的人是三个大写的人，但是一个三个人的组合不是大写的。

这一章第一节里曾经论及简·纳维森对此问题的一个看法，当时被引述的是，“在‘各个人的幸福是对于那个人的善’里，‘对于’是足够清楚的：它只是意味着他认为它是一个善。但是在‘总体幸福是对于关于所有人的聚合的一个善’里，‘对于’是令人迷惑的，因为聚合不拥有一个意见的能力”。在此之后他接着说道：

> 除非它意味着各个人认为总体幸福是可欲求的，且当然那可以或不可以是真的，但不从前提推导而来，且无论如何不是他的论证的一个部分。它也不是密尔需要的，这正是为什么“合成的谬误”解释是不令人满意的。因为的确，密尔意为去证明的是，总体的幸福是一个善。不仅如此，他也在他的一封信里面这么说，在那里它意味着仅仅是，由于 A 的幸福是一个善，B 的是一个善，C 的是一个善，等等，所有它们的总和(或者它们的“总和”，比如“总体的幸福”)必定是一个善。只有这一点混淆了议题，因为在这个解释里，他拥有不同于来自《功利主义》的段落里的前提，其中不是 A 的幸福是一个善，而是它是一个对于 A 的善，比如 A 认为它善。因此我们必须承认的是密尔关于这一点显然是糊涂的。①

面对目前所出现的这样的情况，我们对此的处理方式拥有着许多不同的选择。从最基本的方面来看，我们可能拥有的选择是与密尔在对于个别幸福与总体幸福的那两个不同地方直接相关的。具体而言是，一方面我们可以按照密尔在《功利主义》里的说法，认为“总体幸福是对于关于所有人的聚合的一个善”的说法是一个与各个人的幸福是对于那个人的善一样的措辞，在这

---

① Narveson. *Morality and Utility*.：285－286.

样的理解所针对或正在谈论的主体是各个个别的聚合的对象。

在此基础之上就“可欲求的”与“被欲求的”的不同理路仍旧有两种不同的理解，其中之一是把幸福与这个对于各个个别的聚合的对象的关系，视为一个可欲求的对象与可欲求的对象的主体的关系，另一者是把幸福与这个对于各个个别的聚合的对象的关系，视为一个进行实际欲求行动的主体与一个被欲求的对象的关系。两种理解都是可能的，且都具有一定的可言之成理性以及密尔原文的支持。同时，对此如前所述的，前一种方式是被认为更自然一些的解读，这种方式既与它所在的上一个句子所说的总体幸福是可欲求的这样的措辞相符合，而且也与它所在句子的前面的分句各个人的幸福是对于那个人的善相符合。

尽管如此，仍然有一些论者坚持主张这两种继发理解的后面一种，也就是认为在密尔告诉我们总体幸福是对于关于所有人的聚合的一个善的时候，他实际上想说的意思是，所有个别的聚合是在进行实际欲求或可以作为一个拥有欲求能力的对象的。其中，所有个别的聚合——所有的人——既可能就只是各个个别的聚合，也可能在这样的基础之上被认作是一个超个别的单一的聚合体或聚合物。这种理路的一个代表——如果不是唯一一个代表的话——是弗莱德·威尔森，在他的《密尔对功利以及原因构成的“证明”》之中被声称为想要进行论证的事情是：

这提出了关于什么是事实上被密尔在他的第二个步骤里所意味着的问题。通过“总体的幸福”他清楚地意味着个别的幸福的总和。他论证的是，这个总和是一个善，具体而言是一个对于所有人的聚合的一个善。鉴于他的论证的第一个步骤，如果他相信总体幸福是被聚合所欲求的，他就能够得出这个结论。如果总体幸福是被聚合欲求的，那么密尔将争辩它对于聚合是可欲求的。那么，如果我们能够理解为什么他从(A)“各个人欲求他自己的幸福”移动到(B)“所有人的聚合欲求总体的幸福”，我们就将能够理解密尔的论证。我提议去做的是去表明密尔是如何从(A)移动到(B)的。[1]

因此关切的主要的事情是，各个人欲求他自己的幸福是怎么成为所有人的聚合欲求总体幸福的。且与去关切各个人欲求他自己的幸福是怎么成为总体幸福是可欲求的，或者各个人欲求他自己的幸福是怎么成为总体幸福是对于关于所有人的聚合的一个善的不同的是，既然弗莱德·威尔森已经说了个别幸福的总和是一个善，或他所声称的具体而言总体幸福是一个对于所有人的聚合的一个善是成立的，在此基础上，他把他指出了的上述他认为的密尔功利主义原理证明的第二个步骤。

由于这样的原因，对于弗莱德·威尔森，需要表明的主要的事情因此也就

① Wilson. “Mill’s ‘Proof’ of Utility and the Composition of Causes.”: 141.

是，为什么在团体欲求的情况里所被定义的对象是总体幸福而不是别的什么事物。他的回答包括以下的论点：

密尔把团体的欲求定义为把总体幸福拥有为它的对象，因为他相信——如同他定义它的那样——团体的欲求拥有实现团体的总体幸福的因果功能。如果团体对于总体幸福的欲求的功能性关系（*functional relation*）是与个别对于个别的自己的幸福的欲求的功能性关系相同的，那么，如此定义团体的欲求为它以如同个别的欲求把个别的自己的幸福拥有为它的内在的对象相同的方式，把总体幸福拥有为它的对象就是合理的和非独断的。如果介于聚合的欲求与总体幸福之间的关系是成立的，那么把聚合的欲求定义为把总体幸福作为它的对象就是合理的。[①]

最后的结论是他认为密尔自己在论证该阶段的结论——聚合的欲求是个别的欲求的总和，聚合的欲求效应将是总体的幸福。弗莱德·威尔森当然认为他自己进行的分析是成立的，并且得出的最终结论并不是密尔的证明是成立的，相反，如同他告诉我们的，“它的成立很可能是错误的。各个人为了他自己的幸福而进行行动，拥有与如果孤立地进行行动，各个人将实现的幸福的数量相同的社会效应，这不太可能。因为把进入团体的人的关系纳入考虑是必需的。这些是与各个个别的欲求一道介于其中的同等幅度的相关变量”。[②] 但尽管如此，“表明密尔对这个理想的捍卫是不稳固的是一回事。表明一个人不应当把它接受为一个理想是相当不同的另一回事。后者并不从前者推断而来。因此，去接受密尔的理想，与此同时把他认作是没有证明它——且甚至不无可能的是，它不允许证明——是可能的”。[③]

威尔森对密尔的证明的分析是相当令人钦佩的且极为深入。然而，就目前对于总体幸福是对于关于所有人的聚合的一个善的含义的问题，分析却可能偏向另外的几种形式。此前已经被论及的是，一方面我们可以按照密尔在《功利主义》里的说法，认为总体幸福是对于关于所有人的聚合的一个善的说法是一个与各个人的幸福是对于那个人的善一样的措辞，在这样的理解之中，所针对或正在谈论的主体是各个个别的聚合的对象。现在，另一方面的选择可以被介绍如下。我们可以认为密尔在对于《功利主义》的读者意见回应的那封信件里说的是可取的理路。回顾那个地方，密尔评注的是：

至于你从我的《功利主义》里引用的句子：当我说总体的幸福是对于关于所有人的聚合的一个善的时候，我并不意味着每一个人类存在的幸福是一个对每一个其他的人类存在的善，尽管我认为在一个社会的和教育的好的状态里它将

① Wilson. “Mill's ‘Proof’ of Utility and the Composition of Causes.”: 148.

② Ibid., 149.

③ Ibid.

会如此。在这个特殊句子里我仅仅意味着去争辩，由于A的幸福是一个善，B的是一个善，C的是一个善，等等，所有这些善的总和必定是一个善。①

在这样的情况下，“总体幸福是对于关于所有人的聚合的一个善”只不过是在意味着总体的幸福是一个善。也许我们不需要寻求别的解释，相反，也许需要做的全部事情是同意密尔在这里的这样一个看法，与他一道认为在那个句子里全部所被说出的只不过是善的总和是一个善。且这样一来该句所在的整个句子的意思就与它的上一个句子的意思完全相符合。正是由于这样特殊的原因，在说完(如同我们刚才已经看到的)这一点混淆了议题，且我们必须承认的是密尔关于这一点显然是糊涂的之后，简·纳维森继续评价的是：

但是论证不是。如同我们已经看到的，从由之功利主义的证明进行的前提正是各个人认为他的幸福是一个善，且结论正是总体的幸福是一个善，且结论并不因循必需的意义，并且毋宁是作为一件严格的逻辑的事情而非作为一件心理学的事情。至于它是作为唯一的善，根据幸福是唯一的善，我们已经看到了对此所能说的全部。②

或者如同亨利·韦斯特的价值论的语汇所说的：

我们可以推断，密尔在第四章里的主要论证，是在关于就其自身之故被欲求的心理分析(*analysis of the psychology*)的基础上，去把个体主义的快乐主义建立为关于人类价值判断的终极原理。他假定了那些对于不同的个别的作为一个目的可欲求的事物，是能够被加总起来以给出对于一个个别的聚合的作为一个目的是可欲求的之物，这是去成为道德的基础的终极价值。③

贝雷尔·兰与格雷·斯塔尔同样持有此类的看法：

但是它[如果每一个人想要(对于他自己的)同样的事物，(个别地)各个人想要对于所有人的相同的事物]不是唯一可能的解释——且我们拥有密尔自己的话去支持它不是一个正确的解释的主张。另一个解释可能是，在B1[除非在其相信它是可获得的程度内，各个人欲求他自己的幸福，否则对于为什么总体幸福是可欲求的就没有什么理由能被给出。然而，这作为一个事实，我们不仅拥有所有容许幸福是一个善——即各个人的幸福是对于那个人的善，以及因此总体幸福是对于关于所有人的聚合的一个善——的例子的证明，而且也拥有所有它可能去要求的]里密尔不是在扩展他的功利主义原理的视野，而是，他是在巩固在之前他被说成的有关介于被欲求的和可欲求的之间的关系。基于这个说明，“总体的”和“聚合的”都不需要被认为是指称一个超个体(*supraindividu-*

① Elliot Hugh Samuel Roger(S. R. Elliot), Mary Taylor, ed. *The Letters of John Stuart Mill*. Vol. Ⅱ: 116.

② Narveson. *Morality and Utility*: 285—286.

③ West. “Reconstructing Mill's ‘Proof’ of the Principle of Utility.”: 257.

al)的实存——而只是对有利于所有个别的。密尔将因此是在断定，如果我们考虑一组欲求他们自己各自的“幸福”的个别；那么，由于个别幸福是在各自的意义上的一个善，如果所有这些个别——“聚合的”——获取了满足，总体的善——比如所有可分离的善的汇总——将是实现的。密尔写道，“在这个特殊句子里我仅仅意味着去争辩，由于A的幸福是一个善，B的是一个善，C的是一个善，等等，所有这些善的总和必定是一个善”。[①]

尽管在贝雷尔·兰与格雷·斯塔尔那里随后马上被指出的是，“可以承认，基于这个说明，B1对推进密尔的论证几乎没有做任何的。但是由于现在它的目标只是去阐明较早之前关于什么是可欲求的衍生的论点，而不是服务为该论证自身的一个部分，对这一点将没有什么是惊人的。”[②]认为密尔的总体幸福的这样一个说法只不过是可欲求的事物的一个衍生论点、而不是它自身的一个部分，这可能是一种矫枉过正的看法。不过目前我们关切的仍然是在密尔那里总体幸福是一个对于所有人的善的恰当解释的问题。这个问题迄今为止并没有结束，即使按照现在我们正在进行的，把这样一个问题通过采纳密尔本人在信件回应里的善的聚合的意见，然而——同时使得问题进一步复杂化了的一个情况是——善的聚合的确切含义却仍然有着争议的空间。

首先，一个人可以认为当密尔在回应信件里解释“A的幸福是一个善，B的是一个善，C的是一个善，等等，所有这些善的总和必定是一个善”的时候，他的意思是，这些善——比如普里西拉的一个善和玛格丽特的一个善——是可以相加的，并且，同样因为“所有这些善的总和”，这些善的相加是可以得到一个总和的(普里西拉的一个善与玛格丽特的一个善的加总)。

亨利·韦斯特由此分别描述了密尔对于总体幸福的谈论的两个不同的部分，把两个部分都通过可相加的算数性质来加以评述：

对于A、B、C等的一个善密尔解释为是对于A的一个善或一些善，加上对于B的一个善或一些善，对于C的一个善或一些善，等等。他既假定了幸福是算数性的，有被加总以找到一个总体——“总体的”幸福——的能力的，也假定了对于不同的人的一些善是算数性的，有被加总以找到一个总体的善的——“对于所有人的聚合”。[③]

并且，亨利·韦斯特由此认为——在韦斯特的看法里情况显然不像是密尔自己认为的——从各个人的幸福是对于那个人的善无法推导出总体幸福是对于关于所有人的聚合的一个善，

沿着这些假定，(3B)[总体幸福是对于关于所有人的聚合的一个善]并不从

---

① Lang, Berel, and Gary Stahl. “Mill's‘Howlers’and the Logic of Naturalism.”: 566.

② Ibid.

③ West. *An Introduction to Mill's Utilitarian Ethics*: 141—142.

(3A)[各个人的幸福是对于那个人的善]推导而来，因为去说总体幸福是对于关于所有人的聚合的一个善，只不过是去说A的幸福、加上B的幸福、加上C的幸福，等等，构成了一个对于A的一个善、加上对于B的一个善、加上对于C的一个善等。①

但是后一个问题——从各个人的幸福是对于那个人的善是否能够推导出总体幸福是对于关于所有人的聚合的一个善——是我们已经在之前充分讨论过的问题，现在可以暂时让它先搁置起来。与之不同，现在，合成谬误的疑云再一次浮现，而且如果按照密尔的各个人的善是可以被累积以得到一个各个人的聚合的一个善的，那么，如同密尔从个别幸福是可欲求的到总体幸福是可欲求的前进那样，对于善的这样从个别到整体的前进将与之一道真正地具有合成谬误的特征。这一点也正是罗格·克里斯普说“在这里是三个大写的人，但是一个三个人的组合不是大写的”的原因，同时，也正是这一节的之前进行的一个论述的原因，在那个地方我使用的说法是，各个人的幸福是可欲求的建立起了总体幸福是可欲求的，各个人的幸福是各个人的善建立起了所有人的幸福是一个善。从字面上看这是两个严格合乎合成谬误标准的句子。卡尔·韦尔曼也对此说道：

明显地密尔不是在论证，由于各个人欲求他自己的幸福，他必定欲求每一个人的幸福。从“各个”到“每一个”的变换是基于可欲求层面的，不是被欲求层面的。他也不是在论证，由于各个人的幸福是对于那个人可欲求的，每一个人的幸福是对于我们各个人可欲求的。他“仅仅意味着去争辩，由于A的幸福是一个善，B的是一个善，C的是一个善，等等，所有这些善的总和必定是一个善。”如果这是作为一个演绎论证被规划的，它犯下了合成的谬误。从快乐的经验的类别的各个成员是一个善的事实，不必然推导作为一个整体的该类别是一个善。②

一个个别的个人那里的幸福是可欲求的，另一个个别的个人那里的幸福也是可欲求的，所以一个个别的个人与另一个个别的个人的幸福的总和——总体的幸福——是可欲求的，或者，一个个别的幸福是对于那个个别的一个善，另一个个别的幸福也是对于那个个别的一个善，所以一个个别与另一个个别的幸福的总和——总体的善——也是一个善。这就具备了拥有合成谬误的可能性。虽然在各个个别那里幸福或许是可欲求的且那个人的幸福是一个善，但是无论对于任何一个聚合之中的个别或者是整体的聚合，所有个别的聚合的幸福却都不一定也是可欲求的，与此相仿，虽然在各个个别那里幸福或许是一个善，但是无论对于任何一个聚合之中的个别或者是整体的聚合，所有个别的聚合的幸

① West. *An Introduction to Mill's Utilitarian Ethics*: 142.

② Wellman. “A Reinterpretation of Mill's Proof.”: 273—274.

福却都不一定也是一个善。

上述情况有两种可能性。第一种可能性是各个个别的幸福或各个个别的善不可累积相加，或者虽然可以累积相加但是不能得到一个总和。如果情况是这样，类似密尔所说的幸福的总和或者善的总和的说法就站不住脚，因此后续的论点也就都站不住脚。假设一个个别的幸福是那个人欲求某一片面包或某一首乐曲，另一个个别的幸福是那个人欲求同一片面包和同一首乐曲，再假设这两个人的幸福都是可欲求的且都是对于他们各个个别的一个善，在这样的情况下，进一步假设所有的个别幸福都是同样的那一片面包或那一首乐曲，且它们都是对于所有的人可欲求的且是对于各个人的一个善。在这样的理想情况下，从各个个别的事例那里就能推断出总体的情况，所有的个别幸福以及它们所作为的一个善是否可以累积相加；取决于一个人是否认为在不同的个体那里，所针对的同样一个欲求对象是可以被累积的，且如果这是被允许的，所有人的幸福的总和就可能最终体现为那一片面包或那首乐曲的与人数相等的对于各个人的幸福的欲求算数值的算数总和，所有人的善的总和可能最终体现为一个同样的善。比如，在一个个别那里某一片面包的幸福的值为一个单位，某一首乐曲的幸福的值为九个单位，且这些幸福都是对于那个个别的一个善，与此同时在另一个个别那里同样一片面包的幸福的值为六个单位，同样一首乐曲的幸福的值为四个单位，且这些幸福都是对于这另一个个别的一个善，则对于各个个别，各自的幸福可能是十个单位的面包所带来幸福的值以及十个单位的乐曲所带来的幸福的值，总体的幸福是二十个单位的面包带来的幸福值以及乐曲幸福值，且总体的善可能是一个善，一个带来幸福的效应的善。罗格·克里斯普所说的是与此有关的：

> 但这样的主张并不总是错误的：p是一定数量的奶油，q是一定数量的奶油，r是一定数量的奶油；且p+q+r是一定数量的奶油。那么，我们能够看到密尔意味的是什么：善是相加的[累积的]，因为在其他条件相同的情况下，两个人的(同等的)善包含了称量他们各自的善的两倍的善性。①

但是，如果一个个别的幸福是那个人欲求某一片面包(比如一片菠萝面包)或某一首乐曲(比如一首莫扎特的曲子)，另一个个别的幸福是那个人欲求另一片有所不同的面包(比如一片乳酪面包)和另一首有所不同的乐曲(比如一首贝多芬的曲子)，那么，在所有其他条件全部与上一个事例里都等同的情况下，在现在的事例里总体幸福是否是可以被相加以得到一个总体幸福就更成问题一些。除非一个人认为一片菠萝面包和一片乳酪面包以及一首莫扎特的曲子和一首贝多芬的曲子是可以直接相加，且是可以得到一个总和的，比如，一片菠萝面包所带来幸福的值是一个单位，一首莫扎特的曲子是九个单位，并且一片乳

---

① Crisp. *Routledge Philosophy Guidebook to Mill on Utilitarianism*：78.

酪面包是六个单位，一首贝多芬的曲子是四个单位。两个人的总体幸福是什么？是否可以是十个单位的面包的幸福值以及十个单位的乐曲的幸福值？与上一个事例不同，在那里为了各个个别幸福可以加总，所需要的主要预设对于那两个个别的同样的一片面包以及一首乐曲的心理评价是一致的，也就是在一个个别与另一个个别那里，那同一片面包或一首乐曲所带来的幸福的值的评价是拥有着同等的单位价值的。但是，现在，由于两个人欲求的对象并不完全相同，为了使得总体幸福是可欲求的以及总体的善是一个善的结论可以成立，所需要的预设就相应增加了。比如，我们需要对于在一个个别那里的一片菠萝面包与在另一个个别那里的一片乳酪面包对于他们各自——或者更抽象地，使得价值是对于他们都作为一个人类存在——的幸福的评价值赋予一定的计算关系（比如一定的比率），从而使得两个个别对于面包的评价的值可以通约。一首莫扎特的曲子与一首贝多芬的曲子显然也需要经历这样一个特殊的步骤。在此之后总体幸福是可以被得出的，且或许是可欲求的，并且如果它们的总和可能是被认为是一个善的。

在此基础之上，随着情况日益与现实世界的情况相逼近，比如一个个别的幸福是那个人欲求某一片菠萝面包和一首莫扎特的曲子，但是另一个个别的幸福是这另一个人欲求某一杯酒精饮料或一段国际标准舞的舞步，如此等等，个别的幸福或善与总体的幸福或善的可推断性将变得越来越难以成立。例如利己主义与仁爱主义角度的批评，罗格·克里斯普说道：

然而，在他证明功利主义的论证里密尔所需要的，恰是他在那个论证包含的这份信件里否认的。因为利己主义者将同意密尔的相加的[累积的]假定，但否认善性直接转变为目的的理性。也就是，他们能够主张，即使他们将通过以某个方式行动来产生最大的善，但是，作为一个目的这不是对于他们最可欲求的。相反，对于他们最可欲求的是他们自己最大的个别的幸福。密尔需要一个对于不偏不倚性的论证。[①]

在另一个地方他也说道：

容易了解为什么解释者在过去许多年里深深关切密尔的论证的这个部分。利己快乐主义（你追求你自己的最大幸福是理性的）与普遍快乐主义（你应该追求总的最大幸福的功利主义的见解）之间的间隙是巨大的，密尔似乎试图一下子就跨过它。他显然觉察到了在两个见解之间的区别，但可以承认的是他似乎没有认识到它的重要性。[②]

罗格·克里斯普认为“除非密尔真正作出了一个巨大错误，否则，情况

---

① Crisp. *Routledge Philosophy Guidebook to Mill on Utilitarianism*：78.

② Ibid.，77.

必定是在他在第四章的论证的背后有几个假定"。[①] 并且这些情况使得他最终得出了对于密尔的"证明"的一个结论性意见，"那个证明不是最终成功的。此外，如我重建的密尔的功利原理的证明依赖于一个对于在第五章的一个脚注里的功利主义不偏不倚的直觉的似有道理的诉诸"。[②]

密尔的个别幸福到总体幸福或者个别幸福的一个善到总体幸福的一个善的说法当然可能引起利己快乐主义与普遍快乐主义之间的矛盾。事实上这也正是亨利·西季威克所批评的论点的本质。然而与这样的观点不同，笔者并不认为对于密尔，一个对于利己快乐主义的反驳在现在这个地方有着任何程度的必要性。需要记得的是，在密尔的功利主义原理的证明之中，他所需要的仅仅是考察一个被艺术学说自身向自身提出的可获取的目的，判定它是可欲求的对象，如果这样的事情被完成，目的前提或作为第一原理的功利主义原理就是被提出的。与此同时，在"证明"这样一个艺术的原理或伦理学原理的时候，所需要做的是验证该可获取的目的或可欲求的对象的判定的合理性，并且，一旦其合理性(或者在"证明"一词扩大意义方面的证明)得以完成，或者与此类似，按照密尔的逻辑学的见解，一个或一些足够有力的证据得以提出，整个原理的验证也就随即成功，它由此可以成为作为一个考虑被推荐给智力以便由智力决定是否给予这样一个终极目的以赞同或拒绝。

另一种意见是把密尔在论功利主义原理证明的部分的总体幸福的论点视为是在论证各个个别的幸福的均等原则：

> 该论证将很容易被重述以避免这个谬误。从"各个"到"每一个"的推论，如果这意味着从个别的快乐的经验到作为一个整体的总体幸福的转变，是相当不必然的。该谓述能够且应该仍然是彻底周延的。密尔的真正论证是：每一个人的幸福的经验(被各自地采纳的)是(除快乐的质和量的区别外)相等地(由它们各自的所有者)被欲求的，并且因此是相等地(对于它们各自的所有者)可欲求的。也就是，每一个人的幸福应该作为善被相等地计算……每一个人的幸福是平均地关于价值的。密尔的论点只不过是，如果 A 的快乐因为 A 欲求它们是善的，那么 B 的快乐因为被表明为由 B 对它们的欲求是善的。所有快乐的经验是由它们各自的所有者被欲求的；因此所有的拥有对于可欲求性的一个同等要求权。[③]

根据同样道理，卡尔·韦尔曼的这个论点很可能是正确的，如同《功利主义》第五章脚注里密尔对于功利主义的本质含义做的解释那样，他的确认

---

① Crisp. *Routledge Philosophy Guidebook to Mill on Utilitarianism*：78.

② Ibid.，90.

③ Wellman. "A Reinterpretation of Mill's Proof."：274.

为各个个别拥有某种程度的均等权利，但是与此同时，诸如韦尔曼所做的这样的解释在对于功利主义原理的证明这里并不必需，各个与总体之间的关系不需要被推理到这么深入的程度。

## 第四节　欲求目的与欲求对象

既然如此，在面临如此多的岔路与质疑的情况下，密尔论幸福与善的个别与总体(或个别的性质与聚合的性质)之间的问题应该得到什么样程度的解释？我所想要提议的回答相当简单，同时也是密尔在论述该问题的那个地方已经明确提及的。对于约翰·密尔，既然需要做的全部事情只不过是提出一个艺术自身向自身提出的可获取的目的并判定它是可欲求的对象，并且，在论及幸福与善的个别与总体，或个别的性质与聚合的性质的时候，幸福的增加或幸福的推动这样一个被密尔明确指出为功利主义原理的事物(“功利主义的学说是幸福的是可欲求的，并且是唯一作为一个目的可欲求的事物，所有其他事物只作为对于那个目的的手段是可欲求的”)显然是已经被提出的。在论述这些事情的时候，通过可见事物及其被看见以及可欲求事物及其被欲求的类比，欲求的事实已经提供了被密尔声称是唯一需要且全部所需要的证明或证据，因此功利主义原理的证明已经基本被建立起来，只不过密尔认为该原理的内容的唯一性也是在证明的过程里需要保证的(“但单独通过这个，它还没有证明它自身是唯一的标准。为了做到那一点，由相同的规则，将看到有必要不仅表明人们欲求幸福，而且他们从不欲求任何其他事物”)。

在这样的情况下，在建立了幸福是可欲求的之后，密尔需要做的事情是表明总体幸福是可欲求的。原因非常简单，幸福的术语或概念既可以包括个别的个体幸福，也可以包括个别的聚合——所有的人——的总体的幸福。本来这一点不必给予进一步的解释，按照通常的看法，在声称幸福的增加或幸福的推动是一个功利主义原理的时候，所有幸福一词所包括的可能性就都被考虑在内。如果这是真的，密尔为什么还需要特别引介一个介于个别幸福与总体幸福以及个别的一个善与总体的一个善之间的区别？

答案再一次是显而易见的，在密尔看来，功利主义原理虽然可以非常恰当且正式地被表述为幸福的增加或幸福的推动，然而与此同时他也是一个坚持了该原理的另一个含义即最大化含义的功利主义理论家。因此，相比于个别幸福的增进与推动，所有的个别的聚合的幸福的增进与推动显然就是一个更为恰当的目的，是一个更为恰当的可欲求的对象。在某种程度上只专注于个别幸福的增进与推动是违背功利主义学说的，因为如同密尔在《功利主义》里已经强调过的那样，“那个标准不是行为者自己的最大的幸福，而是所有人最大数量的幸福”。

如这一章第二节已经论证过，在谈论各个人的情况的时候，密尔说的是各个人欲求他自己的幸福，一个主体对于一个对象的欲求的行为存在，一个欲求的行动是发生了的。对于“除非在其相信它是可获得的程度内，各个人欲求他自己的幸福”之中的“各个人欲求他自己的幸福”，这显然是在提议一种实际发生的欲求，一种不同于同一句话里继续说到的“是可欲求的”的事情。它是密尔再次提及的可能去产生‘任何事物是可欲求的’的唯一证据，也就是人们的确实际地欲求它。由此一来这里的欲求就是一个作为诸如证据这样的事物所提出的欲求。它不是一个被证明的事物或对象，而是一个为证明诸如“任何事物是可欲求的”这样的命题而提出的一个事实性质的证据。如果各个人欲求那个人自己的幸福，且由此推断出各个人的幸福是可欲求的，或者任何一个个别的幸福是可欲求的，那么，在被相信是可获得的情况下，或者说，“在理论和在实践之中不是被公认为是一个目的的”的情况下，功利主义学说——总体的幸福是可欲求的——也就是可以被推断得出的。各个人欲求各自的幸福，由此各个人的幸福是可欲求的，且由此可以推断的是总体幸福是可欲求的。个别幸福是可欲求的推出了个别的聚合的幸福——总体的幸福——是可欲求的。

另一方面是各个人的幸福是对于那个人的善到总体幸福是对于关于所有人的聚合的一个善。用密尔自己的说法，当他说总体幸福是对于关于所有人的聚合的一个善的时候，他并不意味着每一个人类存在的幸福是一个对每一个其他的人类存在的善(所有的个别的幸福——最大的幸福——是对于各个人类存在的一个善)。在这个特殊句子里他仅仅意味着去争辩，由于A的幸福是一个善，B的是一个善，C的是一个善，等等，所有这些善的总和必定是一个善。与上面一段的分析一致，各个个别的幸福是一个善是可欲求的推出了各个个别的聚合的幸福是一个善。

遵循功利主义原理的实质性标准——一个目的是否是可获取的或者一个可欲求的对象是否是可欲求的——上述的说法事实上可以通过检测。并且，在通过这样的标准的检测的时候，密尔不需要触及合成谬误或分割谬误[分解谬误]之类的问题上面去。对于密尔，既然“任何事物是可欲求的”已经得到证明，幸福是可欲求的。并且，既然个别的幸福是可欲求的，总体的幸福也是可欲求的。在这么说的时候，“是可欲求的”当然是在表明这样一个事物是它的主语——个别的幸福——的一个性质，且同理在谈论总体幸福是可欲求的时候，该短语也在表明总体幸福的一个性质。然而这并不代表着这个性质需要被加以一个严格的与事实相符的标准的检测，比如，它需要通过利己快乐主义与普遍快乐主义的检测，或者它既需要担保任何一个个别欲求那个人的自己的幸福且欲求总体幸福或总体幸福的一部分，并且，也需要担保一个个别的聚合体欲求那个总体自身的幸福或自身幸福的一部分。而毋宁是，为了使得“是可欲求的”的断言可言之成理，需要担保的仅仅是这样一个主语——个别的幸福与总体的幸福——可以作为一个可获取的目的被提出，或者可以被判定为一个可欲求的对象。

从逻辑上说，一个个别的幸福是可欲求的已经通过一个个别欲求他自己的幸福建立起来。密尔认为，这随即建立起了总体幸福在可欲求性方面的肯定。在这个地方密尔使用的不是诸如“一个个别的幸福是可欲求的，如果这是成立的，那么总体幸福也是可欲求的是有可能成立的”之类的语气，而是一个强的因果关系的句式。这使得前者必须能够确定地推断出后者而不能仅仅是作为后者的一个充分条件。这样一来，即使一个个别的幸福是一个可以获取的目的的断言是成立的，它是否能够从因果关系上推断出总体幸福是可欲求的似乎是成疑问的。

一个人欲求一片菠萝面包，这片菠萝面包构成了那个人的幸福或幸福的部分的候选者及产生者，这片菠萝面包随即是可欲求的，作为一个目的是可获得的，另一个人欲求一片乳酪面包，这片乳酪面包构成了那个人的幸福或幸福的部分的候选者及产生者，一片乳酪面包随即是可欲求的，作为一个目的是可获得的。总体的幸福是其中一个人的对于那片菠萝面包的欲求以及其中另一个人对于那片乳酪面包的欲求，并且，既然第一个人对于菠萝面包的欲求是可行的，且第二个人对于乳酪面包的欲求也是可行的，这可以构成第一个人对于菠萝面包的欲求加上第二个人对于乳酪面包的欲求也是可行的。总体的幸福——第一个人对于菠萝面包的欲求加上第二个人对于乳酪面包的欲求——是可以作为一个可获得的目的的，是可以被判定为一个可欲求的对象的。

根据同样的道理，一个人欲求一首莫扎特的曲子以及另一个人欲求一首贝多芬的曲子，或者，一个人欲求一片菠萝面包和一首莫扎特的曲子以及另一个人欲求一片乳酪面包和一首贝多芬的曲子，或者，甚至是一个人欲求一片菠萝面包和一首莫扎特的曲子以及另一个人欲求一杯酒精饮料或一段国际标准舞的舞步，在上述的各种各样的情况里，个别的欲求是成立的，所以个别的各自的目的的可欲求性是成立的，在此基础上，总体的欲求是否是可欲求的？对密尔的观点的否定意见认为答案是否定的，因为各个个别的各种不同的欲求之间不可加总，或者即使可以被加总但作为一个被加总的总和是荒谬的，或者各个个别不是彼此承认对方的欲求的，或者各个个别的各种不同的欲求之间是相互冲突的、不可通约的，等等。

然而如同这一节已经强调过的，一个人并不需要认为一个人欲求一片菠萝面包和一首莫扎特的曲子以及另一个人欲求一杯酒精饮料或一段国际标准舞的舞步需要被彼此承认。一个人可以只欲求那个人自己欲求的一片菠萝面包和一首莫扎特的曲子，而不用认为另一个人欲求的一杯酒精饮料或一段国际标准舞的舞步是对于他自己也同样可欲求的。同样的，对于另一个人而言，他也可以继续坚持自己可欲求的标准和喜好，而不必同时认为一片菠萝面包和一首莫扎特的曲子对他是有吸引力的。但是，不同的个别之间可能拥有不相互承认彼此欲求对象或彼此的目的的情况，只导致不同的个别或个别的聚合不去欲求彼此欲求对象，或者不同的个别或个别的聚合不去欲求总体的欲求对象，这不导致总体欲求对象的可欲求性的提出不成立。为了使得总体欲求对象的可欲求性可以提出——即一个功利主义原理的提出是可行的——所需要的全部仅仅是它们各自都分别被提出过或分别可提出。

密尔关于总体幸福的断言——"除非在其相信它是可获得的程度内，各个人欲求他自己的幸福，否则对于为什么总体幸福是可欲求的就没有什么理由能被给出；幸福是一个善"——即各个人的幸福是对于那个人的善，以及因此总体幸福是对于关于所有人的聚合的一个善——由此完全对应于在它之前的一句话所刚刚说的，在那里密尔告诉我们，"如果功利主义学说就自身提出的目的在理论和实践之中不是被公认为是一个目的的，没有任何事物将说服任何人相信它是如此"。目的是否被认可是理解幸福原理是否是可提出的一个极容易被人忽略的关键。据我所见，几乎所有的密尔研究者都忽略了这一点，或者是在引用到这句话的时候不加以对它的意思的任何实质性论述和留意。不过存在一些例外。埃弗里特·韦斯利·霍尔对这句话的解释是：

"如果功利主义学说就自身提出的目的在理论和在实践之中不是被公认为是一个目的的，没有任何事物将说服任何人相信它是如此。"也就是，如果没有一个人诉诸最大幸福去验证伦理判断或甚至在实践之中欲求最大幸福，没有什么考虑是能够给予能推理的人去把那个原理作为伦理学上最终将被呈现的而接受。让我们称这个直接面向任何伦理学第一原理（*ethical first principle*）的要求为"心理现实主义（*psychological realism*）"。由于一个第一原理是没有能力证明的，任何一个人将任意地设立任何他选择的伦理学第一原理，且对于介于这个和任何其他的原理（如果我们避开直觉主义者的不证自明）的决定将没有基础，除非某个比如心理现实主义那样的要求是被设立的。①

杰弗里·萨瑞一麦科德的解释也是相当富有启发性的，我将照其原文引用：

密尔既不是在论证也不是假定某个事物因为我们欲求它而是善的……事实上在第四章，密尔关注的不是产生一个欲求，而是验证幸福是可欲求的、且是唯一作为一个目的可欲求的事物的信念，且由此关注于辩护对于决定什么将是被欲求的标准。

① Hall. "The'Proof'Of Utility in Bentham and Mill. "：9.

密尔的目标是采用人们已经——且他认为不可避免地——视为可欲求的，并论证那些承认它们对总体幸福是有价值的见解(无论他们的欲求是否遵从他们的推理的判决)。那些像是密尔那样欲求总体幸福的人，已经持有总体幸福是可欲求的见解。他们接受了密尔试图去辩护的主张。然而，如同密尔知道的，有许多不拥有这个欲求的人——许多人只欲求他们自己的幸福，且某些人甚至欲求别人受损害。这些人是他想要去说服的人，以及那些更为宽宏的和仁慈的、但尽管如此却没有视幸福为可欲求的且是唯一作为一个目的可欲求的事物的人。密尔的例证是直接要使他们所有人确信——无论他们的欲求是否遵循——对于“与一个目的一样，其他人的幸福也是有价值的”，他们拥有对之的根据；且事实上已经承诺了。

密尔认识到了他希望提供的无论什么论证，都将需要诉诸人们已经接受了的评价性主张(因为他为休谟的关于从一个“是”到一个“应当”的推论的警告耿耿于怀)。密尔认为他能够诉诸——即一个人自己的幸福是一个善(比如可欲求的)——的主张是某个使得由人们欲求他们自己的幸福是可行的准许的事物。①

亨利·韦斯特的解释也是值得参照的：

然而该论证的确也包括了一个对于由之是一个实用主义论证的欲求的诉诸：“如果功利主义学说就自身提出的目的在理论和在实践之中不是被公认为是一个目的的，没有任何事物将说服任何人相信它是如此”。没有任何有关推荐一个行为的目的的逻辑，把无论任何目的从是被推荐的那里阻止开，但只有一个人基于实际的欲求将是信服的。这是在其中“证明”不是一个在通常意义的证明的一个方面。有关把欲求接受为对于可欲求性的唯一证据不存在什么逻辑上的必然。诉诸什么是被欲求的力量只是去使人相信，不是从逻辑上排除所有其他的可能。但是除非存在一个可言之成理的候选替代，它才将是有分量的……“幸福”名目成了作为关于行为的目的之一，结果是成为道德的标准之一。②

因此，即使各个个别不彼此承认或甚至否认彼此的欲求对象，且因此导致可能发生的总体欲求对象的不可加总、不可通过累积得到一个可言之成理的总和，或者是作为一个总体的目的或欲求对象在被欲求性上不成立(甚至在可欲求性上也不成立)，所有这一切的局面都没有使得各个个别的欲求目的或欲求对象的提出的加总不可以成立，由于这一点可以保证，欲求的加总就可以提出。各个个别的欲求对象的加总和聚合的提出是不可能的，只有在

① Sayre-McCord. “Mill's ‘Proof’ of the Principle of Utility: A More than Half-Hearted Defense.”: 340－341.

② West. *An Introduction to Mill's Utilitarian Ethics*: 126.

非常有限的情况下才成立，比如在所有的个别的欲求对象之中，其中一些并不是一些可获得的目的或可欲求的对象，也就是说有一部分的个别(或罕见的极端情况即全部的个别)是不可欲求的。现在，显而易见的是，鉴于密尔已经通过一个普遍的命题——任何事物是可欲求的——的真值的肯定建立起了任何一个个别目的是可欲求的(比如任何一个个别快乐的增加与痛苦的减少即任何一个个别的幸福是可欲求的)，那么，所有个别的可欲求对象的加总和聚合就可行，一个总体的可欲求对象可以提出为可欲求的且被断定为可欲求对象。包括总体的幸福在内的幸福原理即功利主义原理因此就是被提出的且是可以被提出的。

如果我的这个论证是正确的，鉴于之前已经进行过的一个判断(即在密尔说一个事物是善的时候，他的意思常常是在表明它们是和目的以及可欲求的对象相关的)，那么当各个人欲求他自己的幸福的时候，各个人的幸福是对于那个人的善。因此，“这[各个人欲求他自己的幸福、总体幸福是可欲求的]作为一个事实，我们能使得幸福是一个善——即各个人的幸福是对于那个人的善，以及因此总体幸福是对于关于所有人的聚合的一个善”，也就完全是各个人欲求他自己的幸福、总体幸福是可欲求的的再一次的论述，只不过在两者之间存在着术语方面的措辞差别。它们都是被密尔认为可以提出作为公认的目的的，是除此之外将无法说服人们相信它是如此的。这样，幸福(总体的幸福)是可欲求的——各个个别的幸福是可欲求的且总体的幸福是可欲求的；并且，幸福(总体的幸福)是一个善——各个个别的幸福是一个善且总体的幸福是一个善——就都是成立的。它们是一些可行的功利主义原理的内容，且按照密尔的理论来说是唯一的。

该原理的最终表述现在可以得出如下：

(UP2d)功利主义原理是一个这样的伦理学理论原则，从定位的角度它是一个艺术学说由艺术向自身提出的——有别于科学——宣布了针对的对象、并肯定该目的是一个可欲求的对象的第一前提、第一原理、一般原理或一般大前提——有别于所有次级原理和其他所有衍生原则的。从内容的角度它是有益于有感觉力的存在的幸福(最大的幸福)，或者是幸福(最大的幸福)的推动；它是一个善或者是善的——除在它或者是快乐的，或者是关于获得快乐或避免痛苦的一个手段的范围，没有任何事物是对人类存在的一个善；是一个目的——人类本性是如此构成的以至于不欲求任何既不是幸福(最大的幸福)的一个部分也不是幸福(最大的幸福)的一个手段的事物；是一个可欲求的对象，并且是唯一作为一个目的可欲求的事物，所有其他事物只作为对于那个目的的手段是可欲求的。且如果功利主义原理——有益于有感觉力的存在的幸福(最大的幸福)或幸福(最大的幸福)的推动——被证明了就是一个行为的标准，鉴于道德是行为的一部分，它也是一个道德的标准。

或者，如果希望该原理是尽可能简洁的，可以只指出它的最实质，并且在进行了这样的约简之后依然同样完全符合功利主义原理的各个部分的要求，它可以是：

(UP2e)唯一作为目的可欲求的有益于有感觉力的存在的幸福(总体的幸福)以及幸福(总体的幸福)的推动。

# 第七章　感觉、感觉官能与感官感觉

## 第一节　证明之前

迄今为止我们获得了一个功利主义原理的精确且全面的表述，如果它是被恰当地表述的话，就将不仅准确地捕捉约翰·密尔该原理的要旨，而且将把密尔心里所考虑的该原理的所有因素都囊括在内。拥有一个功利主义原理的精确全面的表述，与不拥有这样一个事物，在针对密尔的“证明”的考察活动之中效果截然不同。如前所述，一个能够被证明的事物不能够仅仅是一个拥有它的名称的原理，比如一个被称作功利主义原理或功利原理的词组，这样一个专名严格而言不能传达它所包含的全部规定。与之对照的是一个以命题形式或断言形式表述的功利主义原理，它呈现为诸如以下的样式，即唯一作为目的可欲求的有益于有感觉力的存在的幸福(总体的幸福)以及幸福(总体的幸福)的推动，并且鉴于在密尔那里“有关目的的问题，换言之是什么事物是可欲求的问题”，这样一个原理的内容宣布了针对的对象，并肯定它是一个可欲求的对象，也就是宣布了幸福或总体的幸福是针对的对象，且幸福或总体的幸福是一个可欲求的对象，由此一来一个肯定命题或断言就是被作出的。我们因此可以对此进行证明的活动。

如同第一章一开始就表明的那样，在进行功利主义原理的证明之前，密尔做的第一件事情不是对这个证明的过程进行任何的论述，而是或多或少出人意料地从这样一个原理的可证明性亦即它是可证明的还是不可证明的开始。尽管如此这样一个举动仍然可以理解。事实上，从根本上说，在进行任何一个声称要进行的证明活动之前，可行性的宣布的确位于所有需要进行的准备工作或甚至所有打算进行的活动开始之前的首位。任何一个活动是否能进行至少包括了两种可能，它要么是一个可行的活动，要么是一个不可行的活动。对于密尔，功利主义原理的不可证明性(或者更准确地说，不可在“证明”这个术语的通常意义方面被加以进行)，这是在整个证明活动之前就需要被宣布的。这样的宣布保证了对于功利主义原理证明论述的基本的诚实性，如果它的确实际上根本就不可证明，在不带有任何明确标识的情况下断然进行的其他任何谈论都将是缺乏正当合理的基础且甚至在一些人那里将被认为是欺骗性的。

人们因此看到，在《功利主义》之中论该原理的证明的第一句话就是这样一个宣布，“已经论述过，在通常认可的术语那里，关于终极目的的一些问题是不允许证明的”。[①] 根据第一章第一节已经指出的那样，它被功利主义或密尔的解释者公认为指同一本书之前的一个地方，在那个地方密尔说的是，“我将试图提供某种对于功利理论或幸福理论，以及对于既然如此可容许的证明的理解和鉴识。明显的是，在不能够是在该词语的平常意义和通行意义的证明。终极目的的问题是不受直接证明的检验的。无论什么能够被证明是善的，必定由被表明是一个对某种不用证明地被承认是善的事物的手段而是如此的。医学艺术由它有益于健康是被证明是善的；但是怎么可能去证明健康是善的？音乐艺术是善的，因为在各种原因之间尤为值得一提的是它产生快乐；但是什么证明对快乐是善的是可能给出的？则如果被断言的是有一个全面的公式，包括了所有就其自身是善的事物，并且任何其他事物是善的不是如此作为一个目的而是作为一个手段，该公式可能被接受或被拒绝，但不是一个通常通过证明得以理解的主题。然而，我们不是在推论，它的接受或拒绝必定取决于盲目驱使或任意选择。词语‘证明’有一个更大一些的意义，其中这个问题是如同任何一个其他哲学的有争议的问题一样受它的检验的。该主题位于理性感觉官能的认识之内；那个感觉官能不单独地以直觉的途径处理它。考虑可以被提交为有决定或者给予或者保留它的对该学说的同意的智力的能力的；且这是等于去证明”。[②]

以上这些话所论及的内容包罗甚广。它不仅如同第四章的第一句话所说的那样，是一个对于功利主义原理的通常术语意义的不可证明性的已经进行过的论述，而且，它也论及了真正声称进行证明的那一章的第一个段落的所有内容。具体而言，在这个被称作不可证明性的预告的部分，密尔已经把功利主义原理心照不宣地表述成为一个诸如终极目的的一些问题这样的事情。“证明”一词在《功利主义》稍后地方通常认可的术语的表述，在预告的部分被说成是意思分毫不差的该词语的平常意义和通行意义，以及不是一个通常通过证明得以理解的主题的包括所有目的项目的公式。与此同时，声称论证原理证明一章的标题所说的容许或允许以及第一句话的不允许证明的措辞，在之前的预告部分同样被说成是表达着同样意思的不受直接证明的检验，这后一种表达方式显然是前面一种方式的另外说法。随后，在预告部分，与原理密切相关且很可能就是同一个事情的终极目的通过目的与手段这样一组概念得到详尽解释，它之所以不可以在“证明”词语的平常意义和通行意义之上得以进行，理由在于所有能够被证明是善的事物必定通过它在某一个手段与目的的序列之中处于手段的位置上而得以进行。就其自身是善的事物是不可作

---

① Mill, J. S. UT. *CW*, Ⅹ: 234.

② Ibid., 207—208.

为其他事物的手段的作为目的的事物，所有就其自身是善的事物是不可作为其他事物的手段的作为目的的事物的聚合，即是被密尔设想为功利主义原理的对象的所有候选事物。如同已经在文中且在笔者的论述里多次被明确表明的那样，是不可容许通常意义上证明或不能通过通常意义的证明进行的。

密尔由此在原理的"证明"之前对它的不可证明性进行了预备性质介绍。在谈及密尔的"证明"问题的时候，许多论者在一开始所谈论的也常常是这个话题。功利主义原理是不可证明的，这对于这个专门论述领域不是什么闻所未闻的事情。那么它是否算作密尔的证明的步骤的一个部分？如果把一个证明的可证明性的预备部分也算作所有证明的筹划的一部分，它就能够在某种程度上算作证明的所有步骤的一个部分；如果一个人认为一个证明的所有步骤包括的只能是那些涉及对于被证明对象的证明或证据提供的过程，它就不算，而只能算是一个相当于背景性质的介绍。

较少被人注意到的是，在关于可证明性的预告部分对于将要在一般认为第四章里实际作出的"证明"的说明之中，密尔还表明的一个情况是，他的整个《功利主义》都服务于这样一个活动。按照他的上述引文里的说法，试图提供的是某种对于功利理论或幸福理论以及对于既然如此可容许的证明的理解和鉴识。如果严格遵循这样一个说法，《功利主义》只需要除了第一章之外的额外的两个章节，也就是只需要什么是功利主义以及关于什么类的证明功利的原理是容许的这两个部分；除此之外，论功利原理的终极约束力可以视为对于什么是功利主义的一个补充的说明，因为约束力被其他功利主义理论家认为构成或可能构成一个与整个主题有关的问题；并且，论正义与功利的关联从根本上说可以被认为是从属于关于什么类的证明功利的原理可容许的章节，原因不仅在于如同密尔本人所说的，之所以正义与功利需要得到一个专门的讨论，理由是正义一般被世人认为是与功利相距最为遥远的一个事情，而且，论正义与功利的关联部分原本就被他在写作和整体考虑上都置于一个与其他四个章节更为独立和孤立的位置，不仅如此，论正义与功利的关联从本质上——且如同《人类心灵现象分析》一个注释里提及的那样——继续了"什么类的证明功利的原理可容许"章节的后半部分的联结心理学分析。通过对《功利主义》篇章这样一个非常简略的论述，可以看出的是，它的要旨就在两个部分，其一是功利主义的定义和阐述；其二是功利主义的证明。功利主义原理之所以需要得到一个定义，是由于在密尔看来这样一个伦理学学说与人类行为的学说一直处于隐而不显的状态，在相当大的程度上没有得到世人的承认，功利主义原理的证明之所以是需要的，是因为出于密尔的逻辑学的长期学习和修养，在他那里，一个学说得到一个正式的证明是一个非常自然且非常必要的事情。当然，如果一个明确的和良好的证明是得以给出的，一个学说的使得世人信服的力量就得到更大程度的揭示，它就不仅是如同它可能获得的证明那样本身应当是被相信、实际是被相信的，而且也自然更值得更多的人或所有的人相信。

由于某种特殊的原因，功利主义原理是不可以得到通常意义的证明。但是这不代表其他的可能性被封闭。按照密尔，我们不是在推论它的接受或拒绝必定取决于盲目驱使或任意选择，并且可以提出一种被他称作是考虑的东西，这样的论证能够被推荐给有推理能力的或理性的人，作为这些人们给予对于该原理的接受或拒绝的考虑，或以他在不可证明性的预告的末尾部分说的那样，这样的考虑拥有被提交为有决定或者给予或者保留的能力。最后，这样的证明等于去证明，也就是这样的证明在最终的说服人们相信的效力上与通常意义的证明是一样的，甚至很可能是在证明的严格性周密性等特征上也有着同等的标准和效力。

遗憾的是密尔没有在任何地方明确地告诉人们什么是他所指称的通常意义的证明，以及他为功利主义原理所提议和设计的非通常意义——扩大意义——的证明。可以推测的仅仅是，前者可以指一种以目的和手段的方式进行的证明，比如医学艺术由它有益于健康是被证明是善的，音乐艺术因为在各种原因之间尤为值得一提的是它产生快乐是善的。但是快乐是善的或幸福是善的是一些与终极目的有关的事情，它们不属于前者阵营之内。对于扩大意义的证明，密尔说的是，词语“证明”有一个更大一些的意义，其中这个问题是如同任何一个其他哲学的有争议的问题一样受它的检验的。可什么是受这样一个意义范围的证明的检验所意味的？一个直接的回答是他在那个地方随即做出的，且我认为，与直接论证明的一章里对于感官感觉和感觉官能的说明所受到的重视程度不同，这个理由很容易被忽略，密尔在不可证明性的预告部分说的是该主题位于理性感觉官能的认识之内，那个感觉官能不单独地以直觉的途径处理它。

有关感官感觉和感觉官能之类的事情，密尔对它们的谈论或多或少有些出人意料，一个人很难想象在一个原理的证明部分被提到的是和认识论或实体论形而上学、心灵哲学之类的东西有关的。在绝大多数的读者那里，密尔的这个论述都遭到了有意无意的忽略，也许读者认为密尔对感官感觉和感觉官能之类的事情的谈论没有非常大的实质意义，对于整个功利主义原理的证明没有重要影响的或者干脆就只不过认为这样一类话题超出自己的兴趣或所想要加以领会思索的范围之外。但是在我看来，对感官的涉及不仅不是一个可有可无的事情，而且恰恰相反的是，它是一个在密尔证明的第一个阶段那里极其重要的一个过渡，正是由于这一点，一个关于目的论的基本成立的性质才是被建立的，具体而言，正是借助于感官的认识的一些特征，一个被认为是和欲求与可欲求方面的事情直接有关的行为的目的才有可能被纳入正式的考虑，且一个通过主语与谓语的判断的命题或断言才能够被分析，一个关于实际欲求的证据才能够被认为恰当地得以提出和受到逻辑严密性检测。通过这样的过程，任何一个事物是可欲求的有可能得以建立，在此基础上功利主义原理的快乐或幸福的内容得以在可欲求的对象针对的主语位置就位，由此幸福是可欲求的这样一个功利主义原理的核心要旨得以建立。对于感官方面的问题，笔者将在随后的部分对之做专门的论述。目前继续对于证明的步骤的讨论。

在介绍了在通常认可的术语那里关于终极目的的一些问题是不允许证明的之后，密尔接着所说的再次是与上一段里谈论的感官方面相一致的，即不能通过推理而证明对所有第一原理，对所有关于我们知识的、也对所有那些我们的行为第一前提都是共同的。但是前者作为事实的事情，可以是关于一个直接的诉诸关于事实——也即是我们的感官感觉与我们的内在意识——的判断的一些感觉官能。关于实践目的的问题，一个诉诸能够作为同样的一些感觉官能吗？或者认识它们是由哪个其他感觉官能？论证明的章节的第一个段落就此结束。但留下的问题毫无疑问依然为数众多。

最显著的一个划分是在关于我们知识的第一前提与那些我们行为的第一前提之间的。密尔的意思显然是，在两者那里都各自拥有着一些第一前提或第一原理。尽管对于什么是我们知识的领域和我们行为的领域，以及更重要地，什么是第一前提、第一原理以及这样的前提或原理的划定，密尔都没有给予人们任何一丝进一步的阐释；但是，无论如何两者之间在第一原理方面的关系是被指出的，它们都拥有这样一个类型的原理，且它们都不可以受到通常意义的证明或直接的证明的检测。看看密尔再次论及关于感官感觉和感觉官能的论断。密尔说，关于知识的领域是一些作为事实的事情，是可以直接的诉诸关于事实的判断的一些感觉官能。事实的事情经常被译成事实，但事实的事情是密尔专门使用的一个逻辑学术语，它指的是存在的属性或者存在的关系的一些重要的类型，比如继起存在和共同存在等。在感官感觉之类的话题之余密尔接着引介了更多的概念和事情。比起对于不可证明性的预告部分，在这里被说出的是，所有这些和感觉官能的判断有关，这与那个地方的“感觉官能不单独地以直觉的途径处理它”相对照。另外，在这里密尔告诉人们知识的第一原理可以诉诸关于事实的事情的判断的感觉官能，且询问在行为的领域能够同样诉诸一些感觉官能，注意到在这里密尔说的是同样的一些感觉官能，这一点是相当重要的，我们首先需要考虑这样的诉诸是否能够关于同样的一些感觉官能的；其次，如果它不能够，那么可能性的推测就转移到某一个其他感觉官能那里去。与第四章这样的疑问的措辞不同，在第一章里说法更直接一些，“该主题位于理性感觉官能的认识之内”。这一点不是无关紧要的，且它事实上是对第四章的对于行为领域能够诉诸感觉官能的提问的一个潜在的回答，且是一个事先就已经作出了的回答。不幸的是这一点是极其容易找到人们的忽略的。密尔接着在第四章第二段谈论关于目的的问题与可欲求的问题，且开始了一般被人们所认为的证明的正式的步骤，即一个有关可见的以及被看见、可欲求的以及被欲求的这样的样式的证明。

在结束对于《功利主义》中密尔在“证明”之前的这一节最后还有一个情况值得指出。这个情况是由密尔作出的位于各个门类的科学与各个门类的艺术之间的划分。科学指的是与知识有关的事情，密尔设想的最典型的一些理论科学是物理学、天文学、动力学、几何学等。艺术由于它对于人类行为的指向性从而与科学区别开。但是这样对于二者的区别的通常见解还可以通过密尔的一些具体陈述得到进一步的精确化。如同第三章第三节已经介绍过的那样，“道德”被密尔说成是“知识的分支”。在“道德科学”的术语下，一个对于不以陈述语气，而以祈使语气或等同于它的迂回的话的形式下，被称作“义务”的知识，实践的伦理学，或道德的事情。陈述语气和祈使语气在命题领域引发了事实命题(科学命题)和目的命题之间的区别，在密尔那里很自然引发了“是”与“应当”、“将是”与“应该是”之间的区别。而在一般被归入密尔宗教学论述的《自然》一文之中，密尔则通过自然这一术语是否有除了是与应当之外的第三种意义的考虑，否定或削弱了应当的意味：

所有的探究或者是进入什么是，或者是进入什么应当是：科学和历史属于第一个划分，艺术、道德和政治属于第二个。但最先指出过的词语“自然”的两种意义只在归为什么是的方面一致。在第一个意义那儿，“自然”是一个对于每一个是的事物的集合名称。在第二个意义那儿，它是一个对于每一个不带有意志性的人的干预的是其自身的事物的名称。但借用词语“自然”作为一个伦理学的术语，似乎透露了一个第三个的意义，其中“自然”不列为什么是，而是对于什么应当是；或者对于什么应当是的规则或标准。然而，经过一点考虑将表明这不是一个模棱两可的情况；词语在这里没有第三个意义。那些把自然设为一个行为标准的人不意在一个仅仅是字面的命题；他们不意味着标准——无论它是什么——应该被称作自然；他们认为他们是在给出某个作为对于行为真正地是的标准的信息。那些说“我们应当去做符合自然的”人，不意味着仅是“我们应当去做我们应当去做的”的同命题。他们认为词语“自然”提供了某个我们应该去做的外在标准；且如果他们放置了一个对于什么应当是的规则，一个在其恰当含义里指谓了什么是的词语，因为他们拥有一个观念——或者是清晰地或者是混淆地——也即是什么构成了什么应当是的规则和标准，他们做到了这一点。[①]

密尔并不像许多人理所当然认为的那样赋予艺术以超出科学的特殊的价值，恰恰相反，密尔对科学的热衷是他从童年时期就拥有的一个兴趣。如同他在自己的自传里回忆的，在童年时期，在介绍了他对于希腊文、拉丁文、小说、诗歌、历史学、修辞学、哲学、地理学、宗教学、政治学、神话学、传记文学、百科全书等的阅读之后，密尔告诉人们他对于科学尤其是实验科学的读物的看法：

在我的孩童时期，我最大的兴趣之一是实验科学（*experimental science*）；然而是在理论里的，不是在词语的实践意义的；不是试验的实验（*trying experiments*）——一个我常常叹惜为没拥有过的种类的学科——甚至没有看见过，而仅仅是读到过关于它们的。我从不记得在任何书里像我在读乔伊斯（*Joyce*）的《科学对话录》（*Scientific Dialogues*）时那样全神贯注过；且我相当反对我父亲对有关遍布在那本著作开头部分的物理学第一原理的坏推理的批判。在我出席一次讲座或观看一次实验之前的好多年，我尽可能读论化学的著作，尤其是我父亲早年的朋友和校友汤普森（*Thomson*）博士的。[②]

且鉴于约翰·密尔把艺术与自然看作是同质性的，或者更准确地说，艺术在特征上与自然相似。仍然用他在论自然的文章里的说法：

比方说，自然是和艺术相反的，比起自然的是和人为的相反的，由这样的说法是和通常形式的说法冲突的。因为在已经被界定了的词语自然的意义里，且在真实科学意义里，艺术是和任何其他事物一样自然的；且每一个是人为的事物也是自然的——艺术没有它自己独立的力量：艺术只是为了一个目的借用了自然的力量。由人类中介产生的现象——不比那些我们考虑为自发的事物少——取决于初步力量的性质，或者初步实体和它们的成分的性质。全体人种的联合力量基本上不能够创造一个新的物质的性质，或任何一个它的类的性质。一艘船由同样的具体重力和平衡定律而漂浮，就像一棵树被风连根拔起并被风刮入水中。人们为了食物种植的玉米，由相同的植物生长

① Mill，John Stuart. Nature. in Three Essays on Religion. Edited by John M. Robson. Vol. X：Essays on Ethics，Religion，and Society，*The Collected Works of John Stuart Mill* (in 33 Vols). Toronto and Buffalo：(1963—1991) University of Toronto，Routledge & Kegan Paul，1969：377. Other editions included，in *Nature，the Utility of Religion，and Theism*. London，：Longmans，Green，Reader，and Dyer，1874；New York：Henry Holt and Co.，1874；*Theism，The Library of Liberal Arts*，Indianapolis，：The Liberal Arts Press，1957；New York：Greenwood Press，1969；1st AMS ed. New York：AMS Press，1970；with Sell，Alan P. F. *Mill and Religion*：*Contemporary Responses to Three Essays on Religion*，*Key Issues*. Bristol，England；Dulles，Va.：Thoemmes Press，1997；with Louis J. Matz. *Three Essays on Religion*，Broadview Editions. Peterborough，Ont.；Orchard Park，NY：Broadview Press，2009；et cetera.

② Mill，J. S. AU. *CW*，1：21.

定律——由之野外的玫瑰和山上的草莓产生它们的花朵和果实——生长和产生它的谷粒。……甚至构思的意志——智力发明了它，和执行这些运动的肌肉力量，也自身是自然的力量。①

在上述引文里密尔提到了“艺术只是为了一个目的借用了自然的力量”。正是艺术在目的方面的特征形成了密尔眼中的它区别于科学的差异的大部分内容。这个“是”与“应当是”或者陈述语气与祈使语气这样两者之间的差异，是通过艺术独特的目的论或目的学说而具备的。“在纯物理科学里，没有多少区假定这个隐蔽职责的诱惑；但那些处理人类本性和社会的人持续地主张它；他们总是许诺去说不只什么是，而且也说什么是应当是的。为了使他们有资格做到这一点，一个完整的目的论学说是不可或缺的”。② 同样如同第三章第三节已经论及的，密尔认为，尽管把每门艺术的手段与目的或意向关联的推理属于科学的论域，目的自身的定义专门地属于艺术，并形成它的独有领域。诸如道德和政治这样的艺术门类里的每一个步骤都需要。缺少目的论的一般原理或不完善的目的论的一般原理将损害艺术。

艺术提出的第一前提或第一原理恰恰是功利主义原理的内容。并且，完整的艺术学说由这样一个功利主义原理以及艺术与科学合作而产生的其他一些定理或定律从而形成。“对于这个艺术(总的来说不幸地仍有待创造)，所有其他的艺术是从属的；因为它的原理是那些必定决定了任何特殊艺术的具体目标是否是有价值或可欲求的，以及在可欲求事物的刻度里它的位置是可欲求的原理。因此每门艺术是关于由科学揭露的自然定律，以及被称作‘目的论’或‘目的学说’的一些一般原理的结合后果。”③

## 第二节 感觉官能与感官感觉

早在第一章第三节就已经出现过的一个问题有关感官能力，这个词语也可以被说成是感觉官能或感官感觉，且是一个与感官感觉也密切相关的事情。在那个时候笔者评论的是，它与我们对于功利主义原理的证明的关系似乎相当疏远。一个人能从感官能力与最大多数人的最大幸福这样两件事情之间看成什么奥妙打着一个很大的问号。

但是，我认为密尔自己的感官能力论却不仅是他的经验主义哲学以及功利主义伦理学的一个极其重要的组成部分，而且，这样一种论点也是他的联结主义心理学的重要根基。感官能力论塑造了约翰·密尔的形而上学。在

① Mill, J. S. Nature. *CW*, Ⅹ: 375.

② Mill, J. S. SL: RI. *CW*, Ⅷ: 950, Bk. Ⅵ, Chap. Ⅻ, Sec. 6.

③ Ibid., 949.

《功利主义》里，为了证明打算进行证明的原理，密尔在对于不可证明性的预告部分首先提及了对于感觉官能的诉诸，且这在第四章里再次被论及。对这个问题的考虑在现在的场合可以被尝试做出。

从密尔的整个证明过程来看，感官能力论在被引介的位置方面介于两个事情之间，一方面是该原理不可进行通常意义证明的断言，以及另一方面是密尔所说的任何一个事物是可欲求的可能拥有的唯一证明或证据。根据我们在上一章里最终得出的功利主义原理的精确内容，一个对于“唯一作为目的可欲求的有益于有感觉力的存在的幸福(总体的幸福)以及幸福(总体的幸福)的推动”这样陈述的原理的证明可能是什么样的？显而易见一个功利主义原理是一个表达了以幸福或总体的幸福为内容的目的的原理。要证明该原理，也就是一件去证明与它作为一个以该特定内容为目的的内容的事情。比方说，如果证明了幸福是一个目的且是唯一一个目的，那么功利原理就得到了证明。

在证明一个目的的目的性方面，如同密尔在《功利主义》里已经告诉我们的那样，无论什么能够被证明是善的，必定由被表明是一个对某种不用证明地被承认是善的事物的手段而如此。一个能被证明的对象，可以通过被表明它是一个相对于其他只为其自身的对象的手段而被证明。它可以被更通俗地表达为，一个能被证明的对象可以通过表明它有益于某种事物、是某种其他的自为的目的的事物的手段被证明。这方面的例子是，已经在笔者的整个讨论里几次被提及的医学艺术与建筑艺术之类的事物，它们是善的，是因为它们可以被表明为有益于健康和房屋的建造。但是与此同时，要证明快乐是善的，或者证明幸福以及总体的幸福是善的，却被密尔认为是不可能的。它们不能通过上述的证明结构来进行，因为它们自身就是自为的目的。我们无法说快乐是善的，幸福或总体的幸福是善的，或者换一种说法，说可以证明快乐是一个目的，幸福或总体的幸福是一个目的。所以密尔说道，如果被断言的是有一个全面的公式，包括了所有就其自身是善的事物，并且任何其他事物是善的不是如此作为一个目的而是作为一个手段，该公式可能被接受或被拒绝，但不是一个通常通过证明得以理解的主题。

上述手段与目的的因果关系的证明可能就是密尔所说的对于一个作为目的的事物的通常意义证明。现在，由于对于终极目的它不可行，密尔开始寻求功利主义原理的其他的证明方式，或者从证明的策略角度来说，寻求证明这样一个术语的其他意义，并去考察其他意义的证明方式是否可行。密尔的答案是肯定的，因为他最终得出了一个通过他所说的证明术语的其他含义或扩大意义的证明方式，认为这样一个替代性质的证明等同于去进行的通常意义的证明。对于这些情况，如同伊利亚·米尔格兰说的：

把某个事物作为一个“第一前提”描述蕴意了一个样式的推论，在其中它占据了这个位置。所以从这个较早的讨论，首先我们需要的是推论的样式，在其中这个特征有它的归宿。在我刚才引用的段落之后，密尔立即勤快地为我们界定了它。“无论什么能够被证明是善的，必定由被表明是一个对某种不用证明地被承认是善的事物的手段而是如此的”。一个看待密尔见解的当代方式可能是去说成是，所有的实践推理是手段—目的的推理；或者用一点现在的词汇来说是，密尔是一个工具主义者(*instrumentalist*)[工具论者]。

我们现在能够作出密尔心里想的介于我们的知识和我们的举止之前“第一前提”的类比。在工具主义者的见解里，一个实践的验证包括了表明一个被提议的目的是对于一个进一步的目的的手段(更密尔式的词汇是：“有关目的问题，换言之是什么事物是可欲求的问题”)。一个进一步的目的可以被反过来验证——也就是由表明它是对于一个仍然是进一步的目的的一个手段而表明是可欲求的。以这样的途径重申验证暗蕴了能够落入三个基本类型的更大的验证样式：能够继续不断地返回的验证序列；它们能够包含循环；或者它们能够终止于不自身进一步被验证的目的。[①]

但是这些说法有一点问题，密尔的确在功利主义原理的证明中强调了“有关目的问题，换言之是什么事物是可欲求的问题”，但是，与米尔格兰上述说法不完全相同的，这样一个说法是在密尔在证明的开始之前的部分告诉了人们终极目的是不可证明，一个对于感官感觉或感觉官能是否在实践目的的问题方面可以如同在知识的问题方面那样也可以诉诸一些人们的认识的感官之后提出的。因此，米尔格兰声称的目的是对于一个进一步的目的的手段的工具主义者的证明方法，在约翰·密尔那里很可能在一开始就被排除。一个目的是一个进一步的目的的一个手段的确是一种有效的可言之成理的证明方法，但是它对于诸如快乐或总体的幸福这样的功利主义原理就只不过是不可行的。只有在这样的论述之后，密尔才说目的问题是什么事物是可欲求的问题。可欲求性的引介在感官能力论的引介之后才被做出。为了考察“可欲求的”与“被欲求的”之类的与可欲求性相关的问题，遗漏和跳过感官能力论是不恰当的。并且，在这个过程之中，对于感觉官能的诉诸是一个被密尔在《功利主义》里在提出且没有在它被提出的时候得到直接回答的事情，他在问完关于实践目的的问题，能否诉求同样的一些感觉官能？或者认识它们是由哪个其他感觉官能之后，直接就转到“有关目的问题，换言之是什么事物是可欲求的问题”的可欲求性的论述。实践目的问题诉诸的感觉官能到底是什么？它与作为目的可欲求的之间的关系又是什么？

虽然这个问题在以功利主义原理的何种证明是可允许的为标题的章节里没有得到直接的回答，但是，事实上密尔的确在《功利主义》里曾经给出过一

① Millgram. “Mill’s Proof of the Principle of Utility.”：287—288.

个答案。

依靠通行的自然感觉官能理论——一个告知我们正确和错误的感官感觉或本能——不能避免困难。因为在这样一个道德本能的存在自身是处于争议的情况之一以外，那些对哲学有任何自负的它的相信者也不得不放弃它有把握分辨特殊情况里什么是正确或错误的观念，因为我们分辨视力和声音的感官感觉实际上是存在的。①

在说这些话的时候，密尔刚刚讨论过的正好是关于人类存在的行为目的的问题，他在这些话之前所说的是，所寻求的一个与行为规则有别的行为的目的是所需要的首要之物而不是最后要被寻求的事物。如果还记得笔者对于目的论的讨论，那么这个观点就不是不熟悉的。原文是：

所有行为都是为了某个目的的，且似乎自然地去假定的是，行为的规则必定从对之它们是从属的目的那里取来所有的品质和外貌。当我们参与一项探寻的时候，我们正在探寻之物的一个清楚的和精确的概念似乎是我们需要的第一样事物——取代是我们去找寻的最后一样事物。一个人将认为，正确和错误的一个测试必定是确定什么是正确或错误的手段，不是一个已经确定它的结果。②

然而在之前关于感官感觉的论述里密尔的观点却相当晦涩。他并没有具体指明通行的自然感觉官能理论是什么样的理论——即使它被说成是一个告知我们正确和错误的感官感觉或本能的理论。按照他在那几句话末尾说的，密尔的意思是，自然感觉官能理论声称，可以通过它自身持有的一个告知我们正确和错误的感官感觉或本能，从而分辨特殊情况里什么是正确的或错误的，但是，与我们的分辨视力和声音的感官感觉实际上是存在的不同，对于正确与错误的判断的感官感觉或本能却很难被认为是存在的。

事实上在说正确与错误的判断的时候，密尔是在说对于道德的或行为道德方面的判断。且在说通行的自然感觉官能理论的时候，密尔是在说他认为在当时一直占据哲学观点的主流的道德直觉主义论。这个问题曾经在第三章第六节论伦理学归纳学派与直觉学派的时候被涉及过。

按照所有那些有资格以思想家冠名的它的解释者，我们的道德感觉官能只提供给我们道德判断的一般原理；它是我们推理的一个分支，不是我们的有感觉力的感觉官能；并且必定表现为对道德的抽象学说，不是对它在具体之中的感知。③

道德直觉主义论者到了这里被称为那些有资格以思想家冠名的它的解释

① Mill, J. S. UT. *CW*, X：206.

② Ibid.

③ Ibid.

者。这句话对这种理论的解释更清楚一些，上述的对正确与错误的判断现在被明确地与道德感觉官能联系起来，且现在这句话直接论及了正在处于讨论焦点之中的感觉官能的事情。在这句话里道德直觉主义论者对感觉官能的事情所支持的观点恰恰是约翰·密尔想要反对的。前者那里被认为不属于我们的有感觉力的感觉官能的道德感觉官能，在密尔那里恰恰被认为就属于人类的有感觉力的感觉官能，或者换言之，在密尔看来道德感觉官能属于人类的有感觉力的感觉官能，而不是像道德直觉主义论者持有的那样，认为与此相反，道德感觉官能是一个告知我们正确和错误的感官感觉或本能。笔者重新论述的这句话的最后一个分句本来可以在密尔自己的论说那里得到更好的补充，密尔本来应该告诉人们的是，道德感觉官能是一个特殊的和单独的告知我们正确和错误的感官感觉或本能。由于没有完全说清楚这些，人们在理解密尔的意思时就有着潜在的障碍。密尔在论述的顺序方面还存在一个问题，因为在说完上面这些话之后，密尔本来有一个很好的机会继续解释他自己对于道德感官感觉的论点，然而他转而论述的是上面这些话中第一原理方面的问题，即坚持一般定律的必要性的问题。

《功利主义》第一章对感官能力论的最后一次提及是在论述功利主义原理的不可证明性的中间发生的。回顾第一章第一节就曾经引用过的：

该主题位于理性感觉官能的认识之内；那个感觉官能不单独地以直觉的途径处理它。[①]

这句话里说到的主题指的是包括了所有为其自身的目的的功利主义原理或功利主义公式。在这句话里，感觉官能的论述与刚才几个引文的观点一致。只不过在目前的这句话里一个被称为理性感觉官能的概念被引介进来。如同接下来将看到的那样，密尔本来可以使用他在其他地方使用的智力的感觉官能的术语，因为理性一词在哲学领域的使用中有着更多的不同含义。根据密尔，理性的或智力的感觉官能不只是凭借直觉的方式来认识功利主义原理的内容，它的基本意思等于之前所说的，告知我们正确和错误的感官感觉或本能——或者对于道德的或行为道德方面的判断——不完全成立，因为直觉的认识方法不完全成立。

如同第三章第一节已经论及的，密尔认为边沁在功利主义原理的形而上学基础方面所述不足。“评论边沁的哲学”里，在说完“边沁先生的哲学的第一原理”是“快乐和免除痛苦”、“是在其自身可欲求的唯一事物”，“最大的可能幸福”等之后，密尔紧接着评价的是，“边沁先生显得没有很深的涉足这些学说的形而上学根据之中”。[②] 且在“休厄尔论道德哲学”里他再一次指出，

---

① Mill, J. S. UT. *CW*, Ⅹ: 208.

② Mill, J. S. Remarks on Bentham's Philosophy. *CW*, Ⅹ: 5.

“这些直接朝向行为的天然自满和天然惧怕和厌恶的感受，达到假定我们称为‘道德感受’的特别特征，不是一个伦理学的问题，而是一个形而上学的问题，并且非常适合在恰当的场合得以辩论。边沁自己没有考虑它。他把它留给了其他思想家”。[1] 感官能力论就属于形而上学的问题之一。事实上它是如此的重要，以致于在“塞奇威克的讲谈”里密尔把这个问题与功利主义原理相提并论，作为功利主义的两个宣称去解决的部分，他在那个地方说的是：

……这个理论有时被称作功利理论；是塞奇威克先生由“道德的功利主义理论”所意味的。

对这第二个理论塞奇威克先生称为“否认道德感受的存在”。首先这是在说错(*misstate*)[作虚伪叙述]问题。没有人否认道德感受的存在。感受存在着，明显地存在着，是不能够被否认的。基于其上有一个不同之处的问题是——首先，它们是简单感受还是复杂感受，且如果是复杂的，它们由哪些基本感受组成：这是个形而上学的问题；其次，什么种类的行为和习性是那些感受的恰当对象；换言之，什么是道德的原理。这些问题，尤其是后者，是被称作功利主义的理论公开宣称去解决的。[2]

在这篇重要的文章之中，密尔把《功利主义》里被称作通行的自然感觉官能理论以及那些有资格以思想家冠名的它的解释者，说成是处于一个与功利主义伦理学所处的道德感官感觉理论相对立的自古有之的两个哲学阵营之中。且前者被称作道德感理论、道德本能理论、外在道德理论、不变道德理论以及道德直觉原理理论：

在人类的本性里，我们有道德判断和道德感受，这是一个事实。我们判断特定行为和特定习性是正确的，其他的是错误的：我们把这称作赞同它们和不赞同它们。我们也拥有在思辨前一类行为和习性时的快乐的感受——不喜爱和厌恶后者的感受；因为每一个人都必定是有意识的，感受不完全类似任何其他我们的痛苦或快乐的感受。

这些就是现象。关于它们的真实性是没有争议的。但是有两种关于这些现象起源的理论，从哲学最早的时代就把哲学家划分为两个阵营。一方是，正确和错误之间的区别是一个终极和不可解释的事实；我们由一个特别感觉官能感知这个区别，就像我们感知颜色的区别一样；快乐和痛苦，欲求和厌恶，在这感知之上的结果，全部都是在我们本质的终极事实；就和甜味或苦味、使人愉快的声音和使人烦躁的声音的快乐和痛苦或欲求与厌恶一样，都是对象。这被称作道德感理论——或道德本能理论——或外在和不变道德理论——或道德直觉原理理论——或其他一些名称；在那些常常给接受理论附

① Mill, J. S. Whewell on Moral Philosophy. *CW*, Ⅹ: 185.

② Mill, J. S. Sedgwick's Discourse. *CW*, Ⅹ: 51—52.

加很大重要性的人来说它们是不同的，但对我们目前的目标来说，可以全被考虑为是等同的。①

这与《功利主义》里对于这样类型的道德感官感觉理论的说法完全相同。只不过在"塞奇威克的讲谈"里，这样一个派别的观点被加以了更为清楚明晰的解释。对于密尔，道德判断和道德感受的事实是道德直觉主义论者与功利主义伦理学所属的非道德直觉主义论者都赞同的。但是与后者不同的是，前者把道德与行为方面的正确与错误的判断归为一个与我们其他的感觉官能在感知各种感官感觉有所不同的官能，一个特别的官能，并且道德方面的正确与错误不可解释，它就只不过是先天地和非经验地给予我们的，对之人们只能接受，不能在起源上进行追溯探究或者把它们用一些其他分解性质的语汇与方法进行运作。与之相反的是功利主义伦理学理论所属的阵营：

另一方理论是，正确和错误的观念，以及附加它们于那些观念的感受，不是终极事实，而可以被解释和说明；不是任何我们本性的特别定律的后果，而是基于其上所有我们的其他复杂观念和感受所取决的相同定律：介于道德行为与不道德行为之间的区别不是一个行为自身特别的和难以了解的性质——我们由一个感官感觉感知它们，就如同我们由我们的视力感官感觉感知颜色；但是，是来自于那些行为的通常性质的，因为我们不需要除了我们的智力和我们的身体感官感觉之外的其他感觉官能去认识它们。在行为里构成它们为道德的或不道德的特殊性质，在那些持有这个理论的人看来(这里我们需要注意至少是他们的所有)，是那些行为和行为由之产生的习性对人类幸福的影响。

这个理论有时被称作功利理论；是塞奇威克先生由"道德的功利主义理论"所意味的。②

这对于目前处于讨论中的问题更加具有价值。在这些话里，密尔详细地阐述了他在《功利主义》里所指涉的与道德感官感觉理论的直觉论或本能论不同的他自己坚持的理论到底是什么。正确和错误的观念在人们接受它的同时可以被进一步分析，不是行为自身的特别和难以了解的性质，对于人们不是不由分说地给予的。它也不是本能的或本能地认识的。"不是我们有感觉力的感觉官能，并且必定表现为对道德的抽象学说，不是对它在具体之中的感知"的道德直觉主义论者的立场因此被否定。此外《功利主义》里被称作理性感觉官能的概念在这里也变得异常明确，它指的正是我们的智力和感官感觉。佐证的地方还有一些。《功利主义》的"我们的分辨视力和声音的感官感觉实际上是存在的"，在这里被说成是如同由智力感官感觉相似的我们的视

---

① Mill, J. S. Sedgwick's Discourse. *CW*, Ⅹ: 50—51.

② Ibid., 51.

力感官感觉、我们的身体感官感觉。换言之，与视觉和听觉相关的感官感觉是一些普通的身体的感觉官能，比如视觉方面是眼睛，听觉方面是耳朵，触觉方面是身体尤其是四肢，味觉方面是口腔尤其是舌头，嗅觉方面是鼻腔。

按照密尔，道德和行为方面正确与错误的判断由此完全不是一个特殊的或本能的感觉官能所管辖的事情，而只不过是我们的智力和其他的身体感觉官能就能够管辖的事情。道德与不道德行为的性质不是特殊的，而就只不过是一些与视觉和听觉等通常感官感觉没有根本差别的通常的性质。功利主义理论支持的就是这样一种关于感官能力论的学说。

在这同一篇文章的几页之后，功利主义理论支持的感官能力论以及它的相反阵营的论点——塞奇威克为代表——各自得到了类似的且同样明晰的论述：

令人吃惊，塞奇威克先生在争论里没有看到他的论证在用未经证实的假定来辩论(*beg the question*)[以尚未解决的问题作为论据]。去证明我们的道德判断是内在的，他假定了它们发生于一个截然不同的感觉官能。但这正是功利原理的拥护者否认的。他们力辩，行为的道德是由同样一些由之我们感知任何其他行为性质的感觉官能所感知的，即是我们的智力和我们的感官感觉。①

此外，约翰·密尔把这样的感觉官能的性质描述为能力，并坚称这是感觉官能这个词语原本的含义。在这一点上密尔直接嘲讽了塞奇威克，因为在密尔看来后者完全没有看到它的能力的含义：

他们认为感知道德区别的能力，不是比起试验原因的能力或对一个陪审团作出演说的能力的一个截然不同的感觉官能。最后一者是非常特别的力量，但没有人说，因为教导和实践不能够创造一个新的感觉官能，所以在詹姆斯·斯卡利特(*James Scarlett*)爵士取得律师资格之前，它必定在他那里预先存在了。它们能够创造一个新的感觉官能；且一个只是对一个力量的更好名称的感觉官能。塞奇威克先生没看见词语“感觉官能”的真实的意思——能力。他把一个感觉官能说成“无力因为未经检查”。一个力无力！②

在“培因的心理学”里，与《功利主义》等著述一样，密尔也提出了哲学上对立的两个阵营，在该文里这两个阵营通过先验论心理学家和后验论心理学家的术语得到了描述，两者在观点方面的共同之处与不同之处是：

他们全部都认为，关于对象的存在和它们的定律的某些知识——或多或少——是由人可获得的，且是由从人的心灵的构成的方式获得的…… 然而，基本的区别不关联于事实自身，而是关联于它们的起源。简要地和宽泛地，

① Mill, J. S. Sedgwick's Discourse. *CW*, Ⅹ: 61.

② Ibid., 61－62.

我们可以说一个理论把关于心灵的更为复杂的现象考虑为是经验的产物，另一个相信它们是起源性的。[①]

其中先验论心理学家更具体的立场被阐述如下：

以更精确的语言，先验派思想家认为，在每一个想法的活动里，降到最初步的，有一个成分不是给予心灵的，而是由心灵依靠它的固有力量而提供。按照他们，最简单的现象——一个外在感觉——要求一个心灵因素成为一个知觉，并因此从一个只是关于我们自己存在的难以捉摸的状态转变为对一个外在于心灵的不变对象的认知。尽管是经由我们获得它们的感官感觉的，范围、坚固、数量、大小、压力的概念，不是任何在我们意识上的印象的摹本，而是心灵的自己的定律由我们的感觉而开始运作的创造；并且这些理想创造的特质不是由经验证明的，而是从观念自身先验地演绎的，构成了关于算术学、代数学、几何学、静力学和动力学的证明科学(*demonstrative sciences*)。取代作为我们观念的源泉和原型，经验自身是一个心灵自己作用于我们接收自外在的印象的力量，并且总是拥有一个心理因素和外在因素。[②]

那么后验论心理学家如何？与先验论心理学家对比的情况，与刚刚看到的道德直觉主义论者与非道德直觉主义论者的对比是相似的。在这两批哲学或心理学的观点的对立阵营里，双方都共同地分享了一些基本立场，在前者那里是心灵的观念的定律之类的事物，在后者那里是我们拥有人类本性里的事实性的道德判断与道德感受。但是，两者的差异之处都是在这样的共同基础之上的可分解性方面产生的。前者的两个阵营那里，争议的焦点是那些心理因素是不是可分解的，先验论心理学家认为不可以，后验论心理学家认为可以。后者的两个阵营那里，争议的焦点是道德的正确与错误的感官感觉是不是可分解的，道德直觉主义论者认为不可以，非道德直觉主义论者认为可以。且如果按照这两批各自的两个不同阵营的后一种立场，复杂的或终极的一些事实因素总是可以通过更简单的一些因素去加以解释，心理因素与道德判断的因素都不是特殊的或本能的，而只不过是普通的，能够通过通常的心理事实或感觉官能加以认识或分析：

我们现在接触到了分离先验论心理学家和后验论心理学家的一个真正要点。这些后者的人大部分也承认一个心理因素在我们观念里的存在。他们允许了，范围、坚固、时间、空间、义务、美德的观念，不完全是任何在我们意识上的印象的摹本。他们授予它们是由心灵自身建构的观念，材料单独地

---

① Mill, John Stuart. Bain's Psychology. Edited by John M. Robson. Vol. XI: Essays on Philosophy and the Classics, The Collected Works of John Stuart Mill (in 33 Vols). Toronto and Buffalo: (1963—1991) University of Toronto, Routledge & Kegan Paul, 1969: 343.

② Mill, J. S. Bain's Psychology. *CW*, Ⅺ: 343.

被供给于它。但他们不认为这个理想的由心灵的特别的和难以了解的定律发生的建构。他们认为一个更进一步的解释是能够被给出的。他们允许了心理因素作为一个事实，但不是一个终极事实。他们认为它可以被分解为更简单的一些定理和一些更一般的事实。[①]

按照这一节之前的这些引介，《功利主义》里关于实践目的的问题，即能否诉诸与所有关于我们知识的命题一样的一些感觉官能，或者认识它们是由哪个其他感觉官能，这个没有在它提问之后得到直接回答的问题本来应该在密尔那里得到的充分阐述。

答案是肯定的。

所有关于我们知识的命题是一些作为事实的事情的事物，它们可以是关于一个直接的诉诸关于事实——也即是我们的感官感觉与我们的内在意识——的判断的一些感觉官能。

艺术学说持有的看法是，所有行为都是为了某个目的的，且似乎自然地去假定的是，行为的规则必定从对之它们是从属的目的那里取来所有的品质和外貌。当我们参与一项探寻的时候，我们正在探寻之物的一个清楚的和精确的概念是我们需要的第一样事物，而不是我们去找寻的最后一样事物。

关于实践目的的问题，即也可以是一个直接诉诸关于事实——也即是我们的感官感觉与我们的内在意识——的判断的一些感觉官能。

自古有之的两个哲学阵营，其中一方可以被称作道德感理论、道德本能理论、外在道德理论、不变道德理论以及道德直觉原理理论，功利主义学说站立于另一方阵营之中。

感受存在着，明显地存在着，是不能够被否认的，是两个阵营的学者都能同意的。同样，在人类的本性里，我们有道德判断和道德感受，这是一个事实。我们判断特定行为和特定习性是正确的，其他的是错误的：我们把这称作赞同它们和不赞同它们。我们也拥有在思辨前一类行为和习性时快乐的感受——不喜爱和厌恶后者的感受，因为每一个人都必定是有意识的，感受不完全类似任何其他的我们的痛苦或快乐的感受。这些就是现象。关于它们的真实性是没有争议的。

所有那些有资格以思想家冠名的道德直觉主义论的解释者的见解是，我们的道德感觉官能只提供给我们道德判断的一般原理，它是我们推理的一个分支，不是我们的有感觉力的感觉官能。正确和错误之间的区别是一个终极和不可解释的事实，我们由一个特别感觉官能感知这个区别，就像我们感知颜色的区别一样，快乐和痛苦，欲求和厌恶，在这感知之上的结果，全部都是在我们本质的终极事实；就和甜味或苦味、使人愉快的声音和使人烦躁的

① Mill, J. S. Sedgwick's Discourse. *CW*, Ⅹ: 345.

声音的快乐和痛苦或欲求与厌恶一样，都是对象。

道德的功利主义理论或功利主义学说认为该主题位于理性感觉官能的认识之内，那个感觉官能不单独地以直觉的途径处理它。正确和错误的观念，以及附加它们于那些观念的感受，不是终极事实，而可以被解释和说明。不是任何我们本性的特别定律的后果，而是基于其上所有我们的其他复杂观念和感受所取决的相同定律：介于道德行为与不道德行为之间的区别不是一个在行为自身的特别的和难以了解的性质——我们由一个感官感觉感知它们，就如同我们由我们的视力感官感觉、感知颜色。但是，是来自于那些行为的通常性质的，因为我们不需要除了我们的智力和我们的身体感官感觉之外的其他感觉官能去认识它们。在行为里构成它们为道德的或不道德的特殊性质是那些行为和行为由之产生的习性对人类幸福的影响。道德直觉主义论的论证在用未经证实的假定来辩论去证明我们的道德判断是内在的，假定了它们发生于一个截然不同的感觉官能。但这正是功利原理的拥护者否认的。他们力辩行为的道德是由同样一些由之我们感知任何其他行为性质的感觉官能所感知的，即是我们的智力和我们的感官感觉。

## 第三节 感受、客体、心灵

为了更好地了解感官能力论，对感官感觉和感觉官能在所有事物之中的位置的介绍有其必要，如果这样的介绍是被做出的，我们就能够更好地看到这个被密尔使用的术语的含义。值得一提的是，笔者在这一节进行的论述并不包括密尔在可命名事物的分类学说那里所说的全部事情，而是选择一些与目前的讨论关系较为密切的一些部分。

从根本上说，感官感觉和感觉官能的考察需要依赖于密尔的形而上学或存在论与认识论。在密尔的《逻辑学体系》里，对目前处于讨论中的问题的引介归在命名理论的题目下。第一卷第三章以“命名”为题。密尔从对于亚里士多德的范畴（*categories* 或 *predicaments*）分类法的不满开始。范畴是所有可命名事物的枚举，一个通过“总属（*summa genera*）”的枚举。[①] 这方面的例子是，

*Substantia* 实体
*Qualitas* 质
*Quantitas* 量
*Relatio* 关系
*Actio* 能动

① Mill，J. S. SL：RI. *CW*，Ⅶ：46，Bk. Ⅰ，Chap. Ⅲ，Sec. 1.

*Passio* 被动
*Quando* 时
*Ubi* 处
*Situs* 位
*Habitus* 态

密尔认为它的不完美如此明显，以至于它的优点可以视而不见。这样一个范畴分类只不过是粗略的以日常语言标识的区别，缺乏真正的哲学分析，缺乏对于可命名事物的差异的洞见。一些对象被忽略，另外一些则重复在不同的范畴类目下出现。然而这些不是最严重的问题，在密尔看来，最不可接受的是这样一个范畴分类只包括了实体的事物与属性的事物，从而没有把任何一个在实体与属性之余的事物囊括在内。当密尔说这些其余的事物的时候，他心里所想的是感觉(*sensations*)或其他任何心灵的感受和状态。感受或意识的状态不能被认作是在那些实体之中或在属性之中。他举的例子是“希望”、“欢喜”、“害怕”；“声音”、“气味”、“味道”；“痛苦”、“快乐”；“想法”、“判断”、“概念”，等等。[①]

密尔把感受(*feeling*)列为他的四个类别的可命名事物里最简单的一类。[②] 这样的说法也许是成问题的，因为这个部分是现代的心理学理论的一个重要部分，它存在的各种疑难并不比其他几个可命名事物的种类——比如在现在一般被认为是心理学范围的身体、被认为是认识论范围的客体——来得要少。一个感受与一个意识的状态(*State of consciousness*)在哲学里是意思相同的表达：每种事物都是心灵意识到的感受，都是每种它感受到(*feel*)的事物，或者说形成了一部分它自身的有感觉力的(*sentient*)存在。[③] 与此同时密尔也清楚看到在日常语言里感受和意识状态不是同义词。前者用于指属于我们本性敏感的(*sensitive*)或情绪的(*emotional*)的一面，有时候有更狭窄的限定，仅指情绪部分本身，以区别于被设想为属于有知觉的(*percipient*)或理智的(*intellectual*)方面。[④] 但密尔认为这事实上是语言运用方面的偏差，他接着指出了一个更大的误解，术语“感受”有时不止限制在身体感觉，而且也不加说明地限制在关于单一感官感觉的那些感觉里，比如触觉。恰当的对于术语“感受”的含义是，它是一个“感觉(*Sensation*)”、“情绪(*Emotion*)”和“想法(*Thought*)”这些附属“种”的“属”。[⑤]

感觉需要与一些别的事情区别开。首先是对象以及对于对象的内在意识

① Mill, J. S. SL: RI. *CW*, Ⅶ: 47, Bk. Ⅰ, Chap. Ⅲ, Sec. 1.
② Mill, J. S. SL: RI. *CW*, Ⅶ: 51, Bk. Ⅰ, Chap. Ⅲ, part I.
③ Mill, J. S. SL: RI. *CW*, Ⅶ: 51, Bk. Ⅰ, Chap. Ⅲ, Sec. 3.
④ Ibid.
⑤ Ibid.

到的想法，以白的雪为例，白的雪是可以被想到的，但是白的雪不是想法，且白的雪的观念是想法。其次是感觉与感觉的对象，比如白的雪的感觉与白的雪。再次是感觉与属性，比如白的雪的感觉与“白”(*whiteness*)。在事物的名称方面，感觉的对象是得到命名的，比如白的物体被命名为白的(*white*)，对象的属性也是得到命名的，比如白的物体的性质被命名为白。但是，密尔指出在谈及感觉自身的时候语言缺乏直接的单词或指名，从而使得我们必须使用遁词(*circumlocution*)，比如，对于感觉的对象的感觉，这以对象来为感觉命名(*denominate*)，例如“‘白的’感觉”，对于感觉的对象的性质，这以由之感觉得以刺激的属性(*attribute*)来为感觉命名，例如“‘白’的感觉”。[1]感觉不可以在不存在刺激感觉的对象的情况下存在，尽管它可以被设想为是在这样的情况下存在的，如果情况是后者那样，用任何名称指示(*denote*)它们就会造成误称(*misnomer*)。听觉方面的例子最明显，因为设想不存在任何可知觉的(*perceptible*)对象的对于听觉的设想是最轻而易举的。对各种感觉的名称常常不加区别地指示对象的感觉与对象的属性。比如，“白”代表了“‘白的’感觉”，也代表了白的对象之中的“‘白’的性质”。感觉的名称“白”与感觉的对象的性质“白”是被相提并论的。[2]

另外的两类的可命名事物是实体与属性。实体包括了客体(*body*)与心灵。其中值得一提的是，在使用客体这个术语的时候，密尔使用了同一个英文单词去指示身体(*body*)与客体(*body*)，身体与身体器官(*bodily organ*)直接相关，客体与非身体器官的外在的某物直接相关。密尔在随后进行总结的地方的一个说法是有益的：

我们的枚举从感觉开始。我们把各种感觉小心翼翼地与那些刺激起它们的对象区分开来，并且，把它们与那些中介传递器官、或被认为是起了传递作用的器官区别开来。[3]

密尔按照与他同时代的形而上学的已有学说，把客体定义为我们归咎我们的感觉的外在原因：

当我们看到和触摸到一块金子的时候，我们意识到一个黄颜色的感觉，以及感觉到坚硬和重量；并且随着抓着它的各种不同模式，我可能从这些方式为这些感觉添加上许多其他完全不同的感觉。感觉是各种各样我直接意识到的；但我把它们考虑为通过某种不仅独立于我的意志存在的，而且外在于我的身体的器官和我的心灵的某物所产生的。这个外在的某物我称作一个

① Mill，J. S. SL：RI. *CW*，Ⅶ：51，Bk. Ⅰ，Chap. Ⅲ，Sec. 3.

② Ibid.

③ Mill，J. S. SL：RI. *CW*，Ⅷ：75，Bk. Ⅰ，Chap. Ⅲ，part Ⅶ. Sec. 15.

客体。[1]

且相应地在客体的观念部分，组建的因素由我们自己的感觉概念来担当：

我的关于正在进行书写的桌子的概念，是它的可见的外形和尺寸的混合，是视觉的一些复合感觉；它的有形外形和尺寸，是我们接触的和我们肌肉的器官的复合感觉；它的重量也是接触的和肌肉的感觉；它的颜色是视觉的一个感觉；它的硬度是肌肉的一个感觉；它的成分是另一个对于所有我们在各种频繁感觉下接收到的多种感觉的另一种说法，如此等。所有的或大部分这些各式各样的感觉都是并且——如同我们通过经验了解到的——总是经验上同时发生的，或以我们任选的许多不同次序，且整个感觉在心理上合并为一种混合的意识状态，用洛克和哈特莱(*Hartley*)学派的语言来说，是一种“复杂观念”(*complex ideas*)。[2]

迄今为止这样的相当于客体和主体之间的哲学考虑非常浅显。但约翰·密尔接下来对于这个话题的推论则不尽然如此。对这个推论的简单表达是，一个刺激了感觉的客体与这个客体所刺激的感觉是否一致？且第二个问题是，从我们所接收到的客体刺激的感觉我们是否能够演绎出任何的关于该客体的东西？第一个回答相对显明。一个客体并不必然与一个客体刺激的感觉相同，因为一个客体是一个在目前的形而上学语境下被设想为在它自身那里存在的一个对象，与此同时，一个客体刺激的感觉在目前的语境下，被设想为是一个在我们的身体器官之上形成的感官感觉，这两件事情不是同一回事：

没有一丁点理由相信我们乘坐对象的有感觉的性质，是一种任何在它自身固有的类型，或与它自己的本质有任何紧密联系。就这点而论，一个原因不类似于它的结果；一阵东风不相像于冷的感受，也不像开水的蒸汽那样热。那么为什么物质应该类似于由它们的对象对我们的感官感觉做出的印象?[3]

但是在第二个问题那里，也许不同的人将会持有一些不同的考虑，因此结论也将在很大程度上不是统一的。一个人可以认为，根据对于我们的感官感觉的一种理解方式，认为世界上的所有对象仍然是可知的或者拥有可知的可能性，这样的认识世界或彻底认识世界的可能性的哲学理论属于可知论。与之相反，一个人可以根据对于我们的感官感觉的另一种理解方式，认为世界上的所有对象不是可知的或者不拥有可知的可能性，这样的否认认识世界

---

① Mill，J. S. SL：RI. *CW*，Ⅶ：56，Bk. Ⅰ，Chap. Ⅲ，Sec. 7.

② Ibid.，57.

③ Ibid.，61－62.

或彻底认识世界的可能性的哲学理论属于不可知论(*agnosticism*)。密尔在这一点上站在了后一种立场之上。

一个为人熟悉的例子是考虑一个诸如普特南(*Hilary Whitehall Putnam*)的钵中之脑，我们的脑皆被放进一个盛有维持脑存活的营养液的大钵中，脑的神经末梢被连接在一台超级计算机上，这台超级计算机使得所有钵中之脑经历着有如日常人的经验，但这些钵中之脑所经验到的整个世界其实是这台超级计算机制造出来的集体幻觉。钵中之脑的论证当然可以在心灵哲学等各种维度遭到许多不同路线的争辩，但对于目前的讨论，这对于表明感官感觉的局限性是足够的。我们所拥有的全部是客体在我们的身体器官上刺激的感官感觉，感觉是感官感觉的唯一证据，但是鉴于客体与客体刺激的感官感觉全然不同，且客体刺激的感官感觉是我们所拥有的全部，所以有关于客体的所有事情是我们无法接触到的，客体因此不可认识和不可知道。在不可知论方面约翰·密尔与洛克主义、贝克莱主义、休谟主义、实证主义、新康德主义站在同一边：

或者基于什么原理，除了它是一个足以产生那些结果的原因之外，我们可以从结果演绎出任何关于原因的东西？因此，对于它自身是明显的，同时也被所有现在必然加以考虑的人所承认的，可以有把握地把它作为一个真理，即关于外在的世界，我们完全不知道任何事情，也只能不知道任何事情，除了那些我们从它经验到的感觉之外。[①]

与客体相对，心灵是又一类重要的实体，它与同样位于实体之中的客体相对立。一个自然的想法是，由于感觉在感官感觉那里是不可感知到的，且感觉是由一个上述规定的不可知从而是神秘的客体所刺激的，那么，心灵就是感觉在人类那里感知的空间或场所。“身体是我们对之天生地倾向于关连一部分我们感受的非感觉的原因，所以心灵可以被描述为关于所有感受的有感觉的‘主体’(在该术语的学术意义上)。”[②]

身体现在已经被定义为外在的原因，以及对于我们关联我们感觉的(按照更为合理的见解)未知的外在的原因；仍然需要形成对心灵的一个定义。在之前的观察后，这也不是困难的。因为，由于我们的一个客体的概念是关于感觉的未知的刺激原因，所以我们关于一个心灵的概念是关于它们的一个未知的接受者(*recipient*)或感知者(*percipient*)。[③]

或另一个地方的说法是：

实体既可能是客体也可能是心灵。在不卷入引发对物质和心灵是否作为

① Mill，J. S. SL：RI. *CW*，Ⅶ：62，Bk. Ⅰ，Chap. Ⅲ，Sec. 7.

② Mill，J. S. SL：RI. *CW*，Ⅶ：64，Bk. Ⅰ，Chap. Ⅲ，Sec. 8.

③ Ibid.，63.

客观真实而存在的形而上学怀疑的基础的情况下，就我们自己得出的结论，我们的表述足以让最佳的大部分思考者都同意，我们能够对物质所知悉的全部，在于它给予我们的感知，以及那些感知所发生的次序；并且，客体实体是一种我们感知的未知原因，心灵实体是未知的接收器。[①]

同时，根据密尔在客体方面不可知论的立场，心灵也被他认为是不可知的从而是神秘的，并且完全不可知。约翰·密尔对此的详细解释如下：

如同身体被理解为是某种刺激了心灵去感受的神秘的事物一样，所以，心灵是感受和思考它的神秘的某物……所有我们觉察到的——甚至在我们自己的心灵之中——是(以詹姆斯·密尔的话说)“一串意识”，一序列的感受，也就是说一系列的感觉、想法、感情，以及意志，基本是无数的和复杂的。存在着某种我称作“我自己”的某物，或用另一种表达，“我的心灵”，是我考虑为不同于那些感觉、想法等的；一个我设想为不是想法，而是作为拥有想法的某物，而且是我能永远在静止状态里设想为存在的，完全不用带有任何想法。但是，尽管想法是我自己的，可除了所有的它的意识状态之外，对这个存在我没有任何知识。如同身体只能通过我认作原因的感觉向我呈现，所以在我自己本性中的思考原理或是心灵，只通过它意识到的感受从而对我们是可知的。关于我自己我不知道任何事情，除了我的感受能力或者是有意识的之外(当然包括了思考和意志)：并且如果我了解到任何新的关于我自己的本性，除了我拥有某些额外的关于感受、思考或意志的能力——迄今对我是未知的——之外，我不能以我的现有感官能力去设想这个新消息为任何别的事物。[②]

## 第四节　性质、属性、感觉的感觉

以上已经经过简单介绍的是所有可命名事物的种类里的前两种，还有第三个种类的可命名事物，它是包括了三个次级名目——“性质”、“数量”、“关系”——的“属性”。属性被密尔认为是一个毫无疑问独立于感受与实体之外的另一个类别的存在，且根据之前在感受与客体那里，对于我们所拥有的所有事物只不过是客体刺激的感觉，密尔认为如果从主体的角度试图考虑属性，我们所能做的全部是对于感觉的依赖。所以我们看到了约翰·密尔的如下的说法：

从已经对实体所说的，可以对属性所说的很容易被推知出来。因为如果我们不知道且不能够知道任何关于身体的事情，而只是它们在我们或其他人

---

① Mill，J. S. SL：RI. *CW*，Ⅶ：75，Bk. Ⅰ，Chap. Ⅲ，part Ⅶ. Sec. 15.

② Mill，J. S. SL：RI. *CW*，Ⅶ：63－64，Bk. Ⅰ，Chap. Ⅲ，Sec. 8.

那里刺激的一些感觉，实际上，那些感觉必定就是我们通过它们的属性所能意味的全部；并且，我们言辞上在事物的特质(*properties*)以及我们从它们那里接收到的感觉之间的区别，必定来源于谈论的便利，而非属于通过这些术语意谓(*signified*)的性质。①

且上述的"属性"的三个名目"性质"、"数量"、"关系"只不过是通常意义上被归入属性的范畴的事物，它们究竟是否就是属性有待考察。密尔的结论是否定的，且在其中只有最后一者即关系真正属于属性，性质和数量这两种其他的名目都属于其他的可命名事物的基本分类，亦即实际上属于之前已经介绍过的感受或感觉的范畴。密尔首先着重论证了事物"性质"的作为感觉而非作为属性的真正特征。他仍然以白的雪为例。白的雪拥有性质"白"，当一个人声称白的雪有性质白的时候，在那个人那里，由于他所感知到的全部是白的雪刺激的"白的"感觉，所以，他所意味的和所能意味的全部只不过是，在他的身体器官之前(比如在他的眼睛之前)他拥有一个感觉，这个感觉被称作"白的"感觉。性质"白"因此归咎于感觉"白的"。用密尔的话来说：

则让我们以可以被称作"对象的可感觉性质"的例子为例，且让那个例子是"白"。当我们归咎"白"于任何实体，如同比方说雪；当我们说"雪拥有性质'白'"，我们真正断定的是什么？仅仅只是，当雪呈现在我们的器官时，我们拥有一个特殊的感觉，我们习惯于称为"'白的'感觉"。但我们如何知道雪是在我们面前的？显然是通过我们得自于它的感觉，且不是任何其他的。我推论，该对象是现存的，因为它给了我一个一些感觉的配置(*assemblage*)或一系列感觉。并且，当我们归咎它属性"白"的时候，我的意思仅仅是关于包含在这个组或这个系列里的一些感觉，我称作"'白的'颜色的感觉"就是其中之一。②

这是关于性质与感觉的归咎论的观点，密尔声称这是关于目前这个事情的两种观点之一，另一种观点是性质对于感觉的唯一证据或唯一证明的观点。较为具体一些，仍然以上述的白的雪为例，白的雪的"白"的属性是我们从白的雪那里刺激而来并拥有的"白的"感觉的根据，是性质"白"的唯一证明或唯一证据。

它可以说成是，关于可感觉对象我们不"知道"任何事情，这是真的，除了那些在我们这里刺激的感觉之外；我们从雪那儿接收被称作"白色的"一个感觉的特殊感觉，是基于它我们归咎那种"白的"属性的"根据"；它具有那种性质的唯一证明。③

---

① Mill, J. S. SL: RI. *CW*, Ⅶ: 65, Bk. Ⅰ, Chap. Ⅲ, Sec. 9.

② Ibid.

③ Ibid.

我们现如今手头正在采纳和考虑的是两个事物，其中之一是属性“白”，另一个是感觉“白的”。按照上方引文的论点一个问题可能被提出，这两种事物是否是等同的同一个事物？答案似乎是否定的，一般看来属性和感觉是不同的，这符合刚才说过的通常意义的分类，作为性质的属性属于自身独立的一个可命名事物的基本类目，感觉则属于三个可命名事物的基本类目之一。属性或性质“白”是白的雪的对象那里的，是白的雪的对象的一个部分或一个元素，与此同时感觉或感受“白的”在与作为客体的对象相对立的主体这边，是心灵所接收到的，按照常识，它反映了对象，一个感觉反映了一个对象或一个对象的性质。这种关于属性与感觉的等同性的论点用密尔的话是：

但因为一个事物可以是另一个事物存在的唯一证据，并不推论那两种事物是一种事物且是同样的事物。属性“白”(可以说)不是接收该感觉的事实，而是某种在该对象自身之中的某物；一种固有于它的“力量”；某种因之对象产生了感觉的事物。而且，当我们肯定“雪具有属性‘白’”的时候，我们并不仅仅是在断定雪在我们这里产生感觉的现存，而是它通过——以及由于——那个力量或性质而做到如此。[①]

出乎意料的是约翰·密尔否定了这样的观点，并论证了一个与之完全相反的观点。与属性和感觉不是等同事物的观点相反，在密尔那里被认为正确的观点是，属性与感觉不是不等同，而恰恰就是等同的。由于这与人们的通常见解差距甚远，这一点肯定需要得到充分的解释。密尔的理由与这个问题所在的卷节的主题相同，即他在论述这一观点时使用的是和命名理论有关的知识。一个事物可能拥有一个名称，不同的两种事物可能拥有两个不同的名称，然而这最后一点当然不绝对，显然且常常可以获知的情况是，不同的两种事物也可能拥有同样一个名称。另一方面，不仅在不同事物那里一个共同的名称是可能的，在同样一个事物那里，它既可能只拥有一个名称，也可能拥有不同的甚至是初看上去含义相当不同的两个名称。目前处于讨论中的问题就在这种情况范围内。

属性或性质“白”与感觉或感受“白的”被认为是拥有不同含义的名称，因此，它们被断定为是两个不同的事物的名称，一方是“白”的性质，另一方是“白的”感觉。但是，如果采纳的是非通常意义的看法，即不把“白”的性质和“白的”感觉看作是不同的事物，它们就需要是同一个事物。这是如何可能的？密尔的回答事实上并不超出这一节已有的介绍，他在这个地方的论证再次依赖于对感觉或感受的压倒性地位的强调。如前所述，我们拥有的仅仅是出现在自我的感官感觉或者出现在自我心灵之中的一些感觉或观念，由于这个再次出现的原因，一个客体显然已经很好地被排除在与我们的感觉可能等

---

① Mill，J. S. SL：RI. *CW*，Ⅶ：65，Bk. Ⅰ，Chap. Ⅲ，Sec. 9.

同的事物之外，根据目前的名称与事物的命名理论问题，现在需要决定的是一个性质是否也被排除在与感觉等同的事物的可能性之外。

考虑任何一类事物的感觉的情况，比如拥有“白的”感觉的事物。一个拥有这样颜色的感觉的事物可能是一片白的雪，也可能是一朵白的花。当出现在我们的诸如眼睛这样的身体器官之前的时候，一片白的雪给予我们的感觉是“白的”，一朵白的花给予我们的感觉也如此。在两者那里“白的”感觉的拥有都确定无疑。密尔的论证在这个地方有一个关键推进，他继续认为的是，一个感觉或感受就自身而言是一个感觉，但是就一个感觉或感受与很大数量的那些产生该感觉的客体的角度，这样的感觉被称作是一个性质。回顾这一节的开头部分曾经论及的下述密尔的观点：在谈及感觉自身的时候，语言缺乏直接的单词或指名，从而使得我们必须使用通词，比如，对于感觉的对象的感觉，这以对象来为感觉命名，例如“‘白的’感觉”，对于感觉的对象的性质，这以由之感觉得以刺激的属性来为感觉命名，例如“‘白’的感觉”。这个论点现在发挥了它的作用，这清楚地使我们看到，由于关于感觉名称的不完美或缺陷性，我们对名称和名称所指称的事物之间有时候拥有一些混淆。无论是“白的”感觉或者是“白”的性质，尽管它们被我们认为是在指称不同的事物，但事实上它们都是我们所拥有的一些有着相同的感受或意识状态的感觉。

无论在什么情况下我们碰到两个不是完全同义的名称，我们假定它们必定是关于两种不同事物的名称；而事实上它们可能是同一个事物在两种不同路径下的名称，或在不同的作为对于相关环境的假定。因为“性质”和“感觉”不能不加区别地代替另一者，所以被假定的是它们不能都意谓同样的事物，即是说我们随之通过一个对象的出现而通过我们感官感觉影响的印象或感受；尽管假定这个同一的印象或感受，当仅就它自身考虑的时候可以被称作一种感觉，当以一种与任何一个无数对象的关系的角度来看的时候是一个性质，其出现是对我们器官在我们心灵之中刺激了各种其他感觉或感受，这不是荒谬的。[①]

且密尔也在随后论及了“白的”感觉与“白”的性质的例子：

当我们说“因为它拥有‘白的’性质，所以雪是‘白色的’”的时候，我们仅仅是再次以更为技术化的语言断定了它在我们这里刺激了“白色的”的感觉的事实。如果感觉被说成是逼得你拥有某个原因，我回答，它的原因是被称作对象的现象配置的现存。当我们时常断定对象是现存的，以及我们的器官出于正常状态的时候，感觉发生了，我们已经陈述了所有我们知道的事情。[②]

毫不奇怪的是，以密尔在客体与心灵那里所论述的，我们所知道的全部

---

① Mill, J. S. SL：RI. *CW*, Ⅶ：66, Bk. Ⅰ, Chap. Ⅲ, Sec. 9.

② Ibid., 65.

仅仅是在我们的感官感觉这里拥有了感觉，在身体的部分我们可以描述这些感觉或感受，但是我们不知道在感觉在感官感觉之外的任何事情，在心灵的部分我们可以描述这些感觉、感受或观念，但是我们不知道在感觉和观念之外的任何事情。与此相同，既然任何一个性质也只不过是一个事实上与之有着等同性的感觉，任何一个性质的追溯在人们那里也是不可以进行的，所知道的全部仍然只不过是感觉。密尔说道：

为了使得真正原因可以产生它的效应的目的，在指派(*assigning*)了一个特定的和合理的原因之后，没有必要假定一个其他的神秘原因。如果我被问到，为什么在我这里该对象的现存引发了这个感觉，我说不出来：我只能说，这是我的本性，以及是该对象的本性；该事实形成了构成事物的一个部分。并且这是我们最终达到的论点，甚至在添入想象的实存之后。原因与结果序列的任何数量环节可能包含在内，一个环节如何产生了一个接续它的环节，这对我们仍旧同样是无法解释的。对象应直接并立即地产生感觉，如同它应通过某种其他被称作产生它的“力量”的协助产生同样的感觉，这是同样易于领会的。①

或用密尔在《逻辑学体系》里该章节后来的第十五小节的总结里说的：

如同实体一样，性质除了通过感知，或其他性质刺激我们的意识状态之外，别无其他知悉途径。并且，按照通常用法，我们继续把它说成是一种独特类别的事物，我们表明了，在这样断言性质的时候，除了断言那些感知或意识状态之外，没有人意在断言其他事情，只有在感知或意识状态的基础上，性质才可以被说成是有依据的，且只有在这样的基础上，性质才可以被得以定义或得以描述。②

根据上述的论点，密尔继续得出了关于可证明对象的一个论点，且这个论点对于我们关于其功利主义原理“证明”的整个计划是重要的。按照密尔，我们刚才已经知道且已经得出过的一个论点是人们的一个通常见解，性质对于感觉的唯一证据或唯一证明，比如白的雪的“白”的属性是我们从白的雪那里刺激而来并拥有的“白的”感觉的根据，是性质“白”的唯一证明或唯一证据。由于“白”的属性与“白的”感觉的等同性，且我们拥有的全部不过是“白的”感觉，所以“白的”感觉是我们在声称二者或二者关系时的有意义的全部事情。在进行证明活动的事情方面也就是逻辑学管辖范围方面，所能够被证明的因此也就仅仅是“白的”感觉，且如果它被成功证明，“白”的属性也将一道被成功证明。

我将说——是至少被承认为没有异议的——归咎于对象雪的性质“白”，

① Mill，J. S. SL：RI. *CW*，Ⅶ：66－67，Bk. Ⅰ，Chap. Ⅲ，Sec. 9.

② Mill，J. S. SL：RI. *CW*，Ⅶ：75，Bk. Ⅰ，Chap. Ⅲ，part Ⅶ. Sec. 15.

是“根据于”它在我们这里刺激了“白的”感觉；采用已被经院逻辑学家所说的语言，以被称作“关系”的属性的种类的话说，我将把“白的”感觉说成是性质“白”的“基础”。就逻辑学目的而言，通过词语，感觉是其所意味的唯一本质部分；唯一我们能考虑去证明的部分。当它被证明的时候，性质就得以证明；如果一个对象刺激了一个感觉，它当然就拥有刺激它的力量。①

在实体的两个部门里一方面是客体；另一方面是心灵。其中，由于密尔同时使用同一个英文单词指称身体与客体，而在他那里大部分时候实体之中的客体仅仅指客体，在他那里身体是否算是客体不是非常确定。不过，由于密尔的确告诉人们感觉需要与那些中介传递器官(或被认为是起了传递作用的器官)区别开来，所以身体的地位是确定的。让我们继续把身体视为一个与心灵对应的有着感觉器官的事物，这些感觉器官拥有以各种各样的感觉或感受为内容的感官感觉，按照密尔的能力论或力量论的观点，这些感觉器官有能力或力量，在这样的意义上它们是一些感觉官能，感觉官能也可以被称作官能(尽管前者比起后者而言能全面地表达这个英文单词的意思)。

我们身体的感觉器官由于拥有感官能力，且感官感觉的感觉在每个人那里都被各个人自己所亲自感知到，所以，感觉的发生是在我们身体的感觉器官那里的，是在这样一个层面上被我们觉察和意识的。不过，在这一点上密尔进行了明确的否定。他把这说成是：

在感觉的情况里，另一个区别也应该持有，它常被混淆，而且从来都具有有害结果。也就是介于一者是感觉自身，以及另一者是在感觉之前的身体器官的状态，以及通过它的产生而构成了生理中介的身体器官状态。基于这个主题的混淆源泉之一在于通常把感受划为“身体的”和“心理的(*Mental*)”之间的区分。从哲学角度来看，对于这个区别根本没有根据：即便如同它所区别的那样，感觉是有感觉力的心灵的状态，而非身体的状态。②

在密尔的看法那里，我们无法准确地意识到在我们的感觉器官那里所发生的感觉。比如，当一片白的雪出现在我们面前的时候，我们通过我们的眼睛这样的器官完成对它的感知。我们得到的是作为“白”的属性的基础且与之相当的“白的”感觉。“白的”感觉是否在我们的感觉器官比如视网膜那里？它的确是，但是我们只知道有一些事情发生在视网膜那里，比如一些神秘的和不可知的感觉，与此同时，我们声称我们感知到的“白的”感觉或感受却不是在视网膜那里发生的那些情况，相反，密尔的看法是，“白的”感觉或感受是我们心灵所意识到的一些感觉内容。如前所述，心灵是客体的一个未知的接受者或感知者，心灵的意识范围也并不就是无限的，它的确意识到了感觉、

① Mill, J. S. SL: RI. *CW*, Ⅶ: 67, Bk. Ⅰ, Chap. Ⅲ, Sec. 9.

② Mill, J. S. SL: RI. *CW*, Ⅶ: 52—53, Bk. Ⅰ, Chap. Ⅲ, Sec. 4.

感受或想法和观念，但是它所有意识到的也仅限于此，再次如前所述，“尽管想法是我自己的，可除了所有它的意识状态之外，对这个存在我没有任何知识。如同身体只能通过我认作原因的感觉向我呈现，所以在我自己本性中的思考原理或是心灵，只通过它意识到的感受从而对我们是可知的。关于我自己我不知道任何事情，除了我的感受能力或者是有意识的之外”。[①]

当我们看到颜色“蓝色的”时候，我意识到的是一个蓝颜色的感受，这是一回事；我的视网膜上的图像，或迄今在我的光感神经或在我的大脑里发生的神秘性质本质的现象，是另一回事，关于此我完全不是有意识的，并且是科学研究将能独立地告知给我的。存在着一些我的身体的状态；但“蓝色的”的感觉——这是实体的这些状态的结果——不是一个身体的状态：被感知（*perceives*）和意识到的是被称谓为“心灵”。当感觉被称谓为“身体的感受”时，它只是作为一个直接通过身体的状态而发生的感受的类别；在其间另外一些种类的感受——比方说想法或情绪——不是直接通过任何作用于身体的器官而刺激的，而是通过感觉或通过先前的想法而作用于身体的器官的。[②]

按照这样的论点，“白的”感觉就不像我们原本自然而然设想的那样是一个在我们的眼睛那里或视网膜那里的感觉，而应该被准确地说成是我们的心灵所感知或意识的对于白的客体刺激在我们的视觉感觉官能之中发生的感觉，有时候这被密尔称作是观念、情绪、想法之类的事物。在所有已知的情况的条件下，客体刺激的是感觉或感知，心灵刺激的不是感觉或感知，而是思想或情绪。[③]

只考虑它自身，除了自身的一系列感觉之外，我们无法断言任何其他事情。当我们说任何心灵是虔敬的，或是迷信的，或是沉思的，或是欢跃的，我们的意思是这些语词所暗含的一些观念，一些情绪，或一些意志，形成了一种反复出现的系列感觉或者意识状态，这些感觉和意识状态填满了那个心灵的有感知的存在。[④]

且根据刚刚说过的，心灵与感觉器官所感知到的感觉不同，心灵那里发生的是对于感觉的意识，因此：

如同我们因此把心灵的各种属性归咎于基于一些观念和情绪一样，由此，我们也可以把身体的各种属性归咎于相似的基础之上，而不仅仅是把属性基于感知之上：如同在说一尊雕塑的美丽的情况那里一样；原因乃是在于，这种属性基于雕塑在我们心灵之中产生的特殊的愉快感觉；那不是一种

① Mill，J. S. SL：RI. *CW*，Ⅶ：64，Bk. Ⅰ，Chap. Ⅲ，Sec. 8.

② Mill，J. S. SL：RI. *CW*，Ⅶ：52，Bk. Ⅰ，Chap. Ⅲ，Sec. 4.

③ Mill，J. S. SL：RI. *CW*，Ⅶ：74，Bk. Ⅰ，Chap. Ⅲ，Sec. 14.

④ Ibid.

感知，而是一种情绪。[①]

根据以上的论述，如同《功利主义》的“证明”开始部分表明的那样，在声称任何对象在感官感觉那里是认识到的时候，比如，“关于我们知识的事情作为事实的事情，可以是关于一个直接的诉诸关于事实——也即是我们的感官感觉与我们的内在意识——的判断的一些感觉官能”，如果我们以视觉与可见性为例，这样的说法的准确意思是，关于一个对象的可见性，是一个拥有了可见性的性质的客体——比如一片白的雪——在我们的诸如眼睛这样的感觉器官这里刺激而起的一些神秘的不可知的感觉，且这样的感觉被我们所认识的或判断的，不过在这样的过程里，感官感觉如视网膜那里的感觉的确被感知，然而我们独它一无所知，我们之所以认识到了这些诸如雪的“白的”感觉的可见性，是由于我们的心灵感知到了这些从眼睛感官那里感知到的“白的”感觉，这是一些可以被称作内在意识的事情，形成了对于“白的”感觉的感觉，或者说形成了“白的”感受、“白的”观念。由此“白的”感觉或白雪的可见性这样的作为事实的事情是被我们的感觉官能所认识和判断的。

且如同这一章第二节已经得出的结论那样，《功利主义》里关于实践目的的问题，即“能否诉诸与所有关于我们知识的命题一样的一些感觉官能，或者认识它们是由哪个其他感觉官能”，这个没有在它提问之后得到直接回答的问题的答案是肯定的。所有关于我们知识的命题是一些作为事实的事情的事物，它们可以是关于一个直接诉诸关于事实——也即是我们的感官感觉与我们的内在意识——的判断的一些感觉官能。感受存在着，明显地存在着，不能够被否认。在人类的本性里我们有道德判断和道德感受是一个事实。我们判断特定行为和特定习性是正确的，其他的是错误的：我们把这称作赞同它们和不赞同它们。我们也拥有在思辨前一类行为和习性时的快乐的感受——不喜爱和厌恶后者的感受，因为每一个人都必定有意识，感受不完全类似任何其他我们的痛苦或快乐的感受。这些就是现象。关于它们的真实性没有争议。

道德直觉主义论的解释者的见解是，我们的道德感觉官能只提供给我们道德判断的一般原理，它是我们推理的一个分支，不是我们的有感觉力的感觉官能。正确和错误之间的区别是一个终极和不可解释的事实，我们由一个特别感觉官能感知这个区别，就像我们感知颜色的区别一样，快乐和痛苦，欲求和厌恶，在这感知之上的结果，全部都是在我们本质的终极事实；就和甜味或苦味、使人愉快的声音和使人烦躁的声音的快乐和痛苦或欲求与厌恶一样，都是对象。这是错误的，因为与作为知识的情况的视觉或可见性的事例一样，道德方面的正确与错误的判断也可以诉诸我们的智力和其他一些普

① Mill，J. S. SL：RI. *CW*，Ⅶ：74，Bk. Ⅰ，Chap. Ⅲ，Sec. 13.

通的感觉官能，比如诉诸我们的触觉、味觉或其他的心灵官能等。一个对象——比如一首曲子——在我们这里产生了快乐的感觉，它通过耳朵这样的感觉器官作用，音乐在耳朵那里刺激了声音的感觉，耳蜗和大脑神经方面拥有了一些神秘的和不可知的，或者说可以留待一些门类的科学研究去进行探索的事情，心灵感知到了这些感觉、刺激起了一些情绪，比如一些快乐的情绪。所以如同在这一章的那个时候已经得出的结论那样，正确和错误的观念以及附加它们于那些观念的感受不是终极事实，可以被解释和说明。不是任何我们本性的特别定律的后果，而是基于其上所有我们的其他复杂观念和感受所取决的相同定律：介于道德行为与不道德行为之间的区别不是一个在行为自身的特别的和难以了解的性质——我们由一个感官感觉感知它们，就如同我们由我们的视力感官感觉感知颜色。但是来自于那些行为的通常性质，因为我们不需要除了我们的智力和我们的身体感官感觉之外的其他感觉官能去认识它们。在行为里构成它们为道德的或不道德的特殊性质是那些行为和行为由之产生的习性对人类幸福的影响。功利原理的拥护者认为行为的道德是由同样一些由之我们感知任何其他行为性质的感觉官能所感知的，即我们的智力和我们的感官感觉。

如同这一章第三节开头所设想的，如果感官能力论的介绍被做出，那么，这样一个一眼看上去与认识论、形而上学之类的事情而不是与目前的“证明”或可欲求性有着更大关系的事情，它得以做出的意义现在也就能被看得更清楚一些。首先，《功利主义》论“证明”的篇章里，第一段提出的关于知识的问题与关于实践目的的问题各自对应我们的感觉官能诉诸的可行性，在它们之所以被提出的背景方面得到了较为完整的澄清。密尔并不是在随意地指出一些与功利主义原理“证明”无关的论点，恰恰相反，感官能力论是在密尔那里被认为与解释功利主义原理的内容同等重要的功利主义学说声称去做的事情。其次，感官能力论是密尔的一个基本的哲学论点，在感官能力论方面的不同见解使得密尔把自古至今的哲学流派划定为两个不同的阵营，其中一方是持有感觉官能的本能论或直觉论的直觉主义学派，另一方是持有感觉官能可分解论的经验主义学派。在心理学领域这两个阵营是先验论心理学学派与后验论心理学学派，且在道德哲学的领域这两个阵营是道德直觉主义论与非道德直觉主义论，其中，功利主义伦理学站立在后一种流派的那边。最后，由于功利主义伦理学所属的哲学流派把道德判断的事情看作可以通过我们的感觉官能的认识进行追溯性质的分解和说理，并且，通过对象在我们的智力的或其他那些与认识知识的事情一样的通常感觉官能那里刺激的感觉的感知和内在意识，我们能够对这些有关道德的内容的感觉进行证明——尽管如前所述它是我们唯一能进行证明的事物——一个对于这样的事物的证明就是可行的。它证明的是这样的感知、感觉或感受在形成一个或者肯定或者否定的命题的情况下的真。比如一个诸如“任何事物是可欲求的”这样的命题的真。

不过，鉴于密尔所说的话是，“能给予‘一个对象是看得见的’的唯一证明是人们实际地看到它。‘一个声音是听得见的’的唯一证明是人们听到它：我们经验的其他来源也如此。以同样的方式，就我理解，可能去产生‘任何事物是可欲求的’的唯一证据是人们的确实际地欲求它”，对于这样的证明过程还需要进一步解释，为此，密尔《逻辑学体系》里逻辑学与语言学的更多内容，尤其是名称理论、命名理论的更多的知识就需要进一步作出。对于目前这一章的目的，即对于感官能力论的阐述以及对于下一章的整个“证明”步骤的论述而言，前者的任务基本完成了。到目前为止已经作出的关于前者的所有论述，不仅使得我们拥有了感官能力论本身的一些结论，还将为继续进行的在这一章第一节论述的“‘证明’之前”的步骤之余的其他步骤的分析提供一个良好基础。只有在这样的阐述已经作出的情况下，我想要表明的一个论点——密尔在《功利主义》里的功利原理“证明”事实上更是一个严丝合缝的逻辑学方面的证明而非近几十年非常流行的心理快乐主义之类的心理学证明——才可能得以实现。

# 第八章 证明的步骤

## 第一节 证明的其余部分

仅就《功利主义》专门论“证明”的部分来看，名为“证明之前”的上一章第一节以及随后三节所论述的只不过是这个部分的第一个段落，并且，由于在我整个讨论的迄今为止的其他部分，也已经对诸如可证明性和第一原理这样的问题做过专门考察，可以有所担保地说的是，密尔在这个段落里所涉及的所有问题都已经得到很好的讨论。把如此多已经作出论述的篇幅在如此大程度上仅仅限定在诸如针对那个部分的第一段所牵涉的各个问题初看上去当然有些不合常理，人们必定可以认为，如果对于密尔的证明的讨论是被作出的，完全可以在更早的阶段就进入到对于证明的其他步骤中去。这样的做法不是不可以，但是，一旦忽视密尔证明的基调和密尔在《功利主义》里的证明所说的话之余的其他所有没被直接说出来和进行回答的话，我相信更迅速进行的任何方式的考虑都将面临各种各样问题。

《功利主义》专门论“证明”部分的第二段话是：有关目的问题，换言之是什么事物是可欲求的问题。功利主义的学说是幸福是可欲求的，并且是唯一一个作为目的可欲求的事物；所有其他事物只作为对于那个目的的手段是可欲求的。关于这个学说，什么是应当被要求的——什么是一些必要的该学说应该满足的条件——以成功使得它的主张能被相信？[①]

这段话有三个句子。先从第二个句子和第三个句子开始，就现在的讨论而言它们比第一个句子在需要得到的处理方面更为简单。第二句是在提出一个功利主义的学说。这句话在整个讨论里有几个地方曾经得到过重点的研究，它们分别位于第三章第三节和第四节以及第五章的全部。这句话所说的“功利主义的学说”最恰当的理解方式——就笔者看来——应该是直接将它认作是对于需要被证明的事情的一个直接的且严格的表述，也就是说，《功利主义》整个第四章所声称打算证明的功利主义原理的具体内容恰恰是在这个句子里被直接指明的——尽管它被人忽视的可能性比想象的要大许多。亨利·韦斯特在这一点上是相当正确的：

密尔所寻求的结论是在第二段里表述的：“功利主义的学说是幸福是可

① Mill，J. S. UT. *CW*，Ⅹ：234.

欲求的，并且是唯一一个作为目的可欲求的事物；所有其他事物只作为对于那个目的的手段是可欲求的”。这个观点和道德之间的关联是在第九段的末尾提到的，在那里他说，幸福是增进是由之判断所有人类行为的测试，“自此处必然因循的是它必定是道德的标准，因为一个部分是包括在整体之中的。……该证明只旨在幸福是可欲求的以及唯一一个作为目的可欲求的结论”。①

所谓的“功利主义的学说”没有被所有阅读这本书以及希望对该原理的证明的人所重视，原因当然可能是各种各样的，在所有的因素里，也许一个重要的因素在于密尔在这一章的这个句子的前后所告诉人们的概念、术语与事情在数量与种类上都过于繁多。

在这些概念、术语与事情之中，包括的所有的项目是这样一些，终极目的，通常认可的“证明”术语(并且我们需要了解什么是所谓的对于这一点的“已经论述过”的话)，不允许证明的真正特征，通过推理的证明，不能够通过推理的证明，第一原理的推理证明，关于我们知识的第一前提，以及与此有关的我们行为的第一前提。但这些还远不是全部，还有作为事实的事情的我们的知识，诉诸关于事实的判断的一些感觉官能的事实的事情，并且这些感觉官能是我们的感官感觉与我们的内在的意识，然后是实践目的的问题，以及这样的问题是否也能够诉诸与知识的事情相同的一些感觉官能，或者如果不能够的话，有哪一个其他的感觉官能能够被诉诸。所有这些是在第二章之前的简短的——以至于它通常只占据了两三行的篇幅——一个段落所涉及的。这里不继续枚举在第二章之后涉及的，让我们把它们留到这一章之后论证明的其他步骤的地方再具体去谈论。

笔者在书中的第五章和第六章两个章节的结尾部分曾经得出过一个全面且精确的功利主义原理表述，它是这样的：此原理是一个这样的伦理学理论原则，从定位的角度它是一个艺术学说的由艺术向自身提出的——有别于科学——宣布了针对的对象、并肯定该目的是一个可欲求的对象的第一前提、第一原理、一般原理或一般大前提——有别于所有次级原理和其他所有衍生原则的。从内容的角度它是有益于有感觉力的存在的幸福(最大幸福)，或者是幸福(最大幸福)的推动；它是一个善或者是善的——除在它或者是快乐的，或者是关于获得快乐或避免痛苦的一个手段的范围，没有任何事物是对人类存在的一个善；是一个目的——人类本性是如此构成的以至于不欲求任何既不是幸福(最大的幸福)的一个部分也不是幸福(最大的幸福)的一个手段的事物；是一个可欲求的对象，并且是唯一一个作为目的可欲求的事物，所有其他事物只作为对于那个目的的手段是可欲求的。且如果功利主义原

① West. *An Introduction to Mill's Utilitarian Ethics*：121.

理——有益于有感觉力的存在的幸福(最大的幸福)或幸福(最大的幸福)的推动——被证明了就是一个行为的标准，鉴于道德是行为的一部分，它也是一个道德的标准。

且上述这个段落最简单的表述可以约简为一个单一的句子，即唯一作为目的可欲求的有益于有感觉力的存在的幸福(总体的幸福)以及幸福(总体的幸福)的推动。与《功利主义》第二章第二句话相比，无论是上面那段全面精确的表述还是这里最为简单的表述，在实质内容方面这几个说法都相同。但是让我们继续看看它的实质是什么，仅仅把它说出来或写出来并不代表它的所有要点之中，哪些在关于它自身的证明的问题方面将是更具有决定性的意义的事情同时也被自动标示出来。首先，从最根本的特征上看，功利主义原理是在提出幸福，或者说是在约翰·密尔、詹姆斯·密尔和杰里米·边沁等人那里都被认为与之意思相同的快乐的增加与痛苦的免除。功利主义当然是一种幸福理论或快乐理论，它奉行的是幸福主义或快乐主义，或者像20世纪开始的一些人们愿意称呼的，它是一种福利主义或效用主义。如果让这个原理最后只保留为一个单词的话，那个单词就可能是幸福或快乐。

其次，在这样的前提下，幸福的含义到底是个别的幸福还是作为一个聚合物的总体的幸福，或者是作为一个各个个别人数聚合的总体幸福，或者是作为一个各个个别幸福聚合的总体幸福，或者是——尽管在约翰·密尔那里对于总体幸福的偏向是显而易见的——个别幸福与前面三种含义的总体幸福兼具？我认为任何一种思路都不是不存在可能性，比如我们不能彻底否定各个个别的幸福这样一种可能的——但最为可能会在人们的所有几个选择的筛选过程的第一个环节就被去掉——解释，在密尔那里，任何对于某种可能意义的总体幸福的欲求，以及任何某种可能意义的总体幸福是可欲求的，不那么严格地说，都相当大程度建立在各个个别的幸福是被欲求的及可欲求的基础之上。一个人欲求它自己的幸福，在此基础上一个人欲求总体的幸福，与此同时一个人欲求总体的幸福，他也必定会欲求他自己的或任何一些人与所有人的幸福。另一方面，一个人的幸福是可欲求的，这使得所有的人的幸福是可欲求的可以成立。除此之外，在密尔那里，直接被指明的还有一个关于两者关系的论点：虽然功利主义的学说是幸福或总体幸福是作为目的可欲求的，但在实际的情况里一个人在欲求幸福的时候在许多场合下都是欲求自己的幸福，一个人欲求总体的幸福当然是被鼓励和推荐的，但是如果一个人能够很好地、恰当地欲求那个人自己的幸福，以及在欲求自己幸福之余欲求那个人周围的一些特定数量的人的幸福，这已经足以构成一个相当完美的功利主义执行的事例。这不仅不是不符合功利主义的最大幸福的要求，相反，这么一个执行已经几乎做到了事实方面能做到的极限。普遍的仁爱对于功利主义不抵触且多多益善，但是功利主义从根本上不是一种对于仁爱的规范性学说，与之相对，它毋宁是一种描述性的有关于普遍仁爱的学说。

但是它们之中肯定有密尔本人更愿意意味的。考虑作为一个各个个别的人数的聚合的总体幸福的论点，这种论点把人数推到了前台，我的看法是，仅就《功利主义》的范围，这样一个解释不是最被着重的，密尔的功利主义并不是完全不关心功利涉及的人数，只不过它无法成为一个首要特征。继续考虑在上一段开头提出的第三种候选，作为一个各个个别的个人幸福聚合的总体幸福意味着总体幸福作为一个单一主体性，在欲求方面它可能导致一个作为单一主体的所有个别的聚合体去欲求总体幸福的一部分或总体幸福的全部，在可欲求性方面它可能导致一个作为单一主体或各个个别幸福聚合的总体幸福是对于每一个个别或所有的个别是可欲求的。这些可能性都存在。由于我们目前需要解决的不是在这些更为详尽地被设想的可能性之间进行一个最终选择，而是在考虑一个——从考虑和解决问题所需要最低限度要求的角度——对于功利主义原理证明而言，什么样的原理的内容(在这里是幸福的含义)是更被采纳的问题，所以，指出密尔在上一段里列举的四个可能里的偏向对于计划的目标就基本足够。上一段提出的第四个选择是个别幸福与前面三种含义的总体幸福兼具，甚至这一点也不被完全排除，理由可以从上面的分析里提取出来。

约翰·密尔在直接谈论功利主义原理或功利主义学说的含义时在有些场合使用了个别幸福与总体幸福的同时的指称，有些场合——且很可能是最大多数的场合——仅仅使用一个单一的幸福术语，他也在一些场合专门指出或提醒人们总体幸福才是功利主义原理的内容的一个组成部分。这使得仅仅是该原理其中的幸福的内容就变得复杂起来。如前所述，我们可以把密尔的原理视为一个相当大程度上偏向总体幸福的幸福论学说，在这样的基础上我们可以继续考察该原理的其他内容，去继续了解这些其他特征对于这一章处于讨论中的证明步骤所可能拥有的各种影响与启发。

幸福是可欲求的，并且是唯一一个作为目的可欲求的事物，其他所有事物只不过是作为它的手段从而是可欲求的。这是在明确告诉人们幸福的可欲求的性质，以及目的与可欲求之间的关系——如同在这句话之前已经铺垫过的，有关目的问题，换言之是什么事物是可欲求的问题——且它在作为一个目的的地位方面是唯一的或终极的。鉴于之前所有作出的讨论中已充分论述过功利主义原理的目的论色彩，这里将不继续就目的论进行更多的阐述。但是尽管如此，目的与可欲求的这两个事情之间的联系仍然需要得到最高程度的重视。它不仅是密尔在《功利主义》第四章第二段的一开始也已经预先指出过的事情，而且，也许与可能被认为的不同，它并不是一个密尔偶尔为之的——一个他即兴提出的——主张。恰恰相反，这个主张是亚里士多德在他的伦理学论著和形而上学论著里对于目的论明确作出过的见解。对这个见解的深究将不得不涉及目的论或目的学说的一些内在的理论，它是在整个讨论里基本没有特别涉足的。

对于功利主义原理的证明，重要的是看到密尔关于作为一个目的的事情与作为一个可欲求的事情的等同，并且在对此的注意之余，也充分看到并评估在《功利主义》这一章里关于目的与可欲求的其他一些地方的尽可能多的要义。比如，在所有以此观点为核心的其他那些话里，一个最重要且直接与目前对于原理证明的讨论相关的地方是，密尔在他的证明过程里基本上采取的是对于可欲求性的证明，即一个以"能给予'一个对象是看得见的'的唯一证明是人们实际地看到它。'一个声音是听得见的'的唯一证明是人们听到它：我们经验的其他来源也如此。以同样的方式，就我理解，可能去产生'任何事物是可欲求的'的唯一证据是人们的确实际地欲求它"为形式的证明。

对于目的与可欲求的这两个概念之间关联的最基本的解释仍然是目的论的。一个目的是一个被提出的目的，在《逻辑学体系》里这一点得到了相当明确的阐述。在那本书论社会科学的逻辑的一卷的末尾部分，密尔在一些地方作出了对于社会科学的目的学说的重要规定，其中目的是一个艺术的学说——同时是一个目的学说——一开始就需要被寻求和提出的事情，这一点与除了艺术之外的所有其他科学门类那里的情况都有所不同，具体而言它们在被提出的顺序以及在各自的整个学说之中的原理、定理的推导地位方面截然相反。一方面，在艺术那里一个目的第一前提或目的第一原理是首先被提出的，而科学那里它的提出既不需要首先作出，也不必需作出的，甚至自然科学的第一原理或某些自然科学领域的公理在数量上也不必需唯一，且另一方面，在艺术那里一个第一前提或第一原理在学说系统的推导地位方面是起源性的，由此是根本上决定性的，它指定了任何一个行为的最为根本的目标指向，与此同时在许多门类的自然科学那里第一前提或第一原理的推导地位不是决定性的，其他的次级原理或衍生原则有可能不根据前者才被推导。

在提出一个目的的时候，这个目的的最基本的性质不是别的，恰恰就是它是一个可欲求的目的。或者用一个——在笔者看来——更为口语化的话，一个目的是可欲求的意味着它的提出是可获得的，或者说成它是可获取的或可实现的。可欲求的当然包括了一般认为的——且同时也是这个单词的基本意义的——人们对一个可欲求对象的想往、渴求的意思。然而，在对于"可欲求的"概念的这样路线的理解方式中，忽视遗漏"可欲求的"的"可获取的"层面的含义却是司空见惯的一个现象。而如果不把"可欲求的"视为可获取的，那么，作为第一前提被提出的这个目的论的原理就削弱了它的一大半含义。更为严重的一点是，对于我们目前进行的对该原理证明的解决而言，对之的忽视遗漏将导致一些论者理解方面的偏差，一个人也许将从各个方面理解密尔的证明，提出各种各样可能的解释样式，并且在此过程中间就是不看到在密尔那里一个功利主义原理首先是一个被提呈为可获取的目的的原理。

对于密尔的证明，上面一段话所论述的对于“可欲求的”的“可获取的”层面的含义的忽视还有一个现实的且严重的影响。它使得人们无法判断密尔在功利主义原理的证明里的每一个步骤，以及在此基础上的整个证明的所有步骤。比如，如同这一章接下来将在许多时候都论及的那样，一个解释者可以认为密尔要论证的是幸福，或者要论证的是总体的幸福，或者要论证的幸福是善的、总体的幸福是善的，诸如此类。一个特别的状况出现了，就密尔的证明而言，说它想要证明幸福或总体的幸福，乃至幸福是善的、总体的幸福是善的，这些以及其他还可能继续列举下去的要证明的内容都是可行的——因为也如同这一节再次表明的，幸福和总体的幸福本来就是功利主义原理的核心要义和最重要的内容——但是所有这些解释都或多或少地不能很好地或完整地对密尔的证明近似解释。出现这个问题的原因在什么地方？

在笔者看来，如果认为密尔希望证明的是幸福的概念的确定性，或幸福是善的、总体的幸福是善的之类的命题，这样的看法或解释路线的一个最大且致命的弊端在于它未能区别可证明的部分与不可证明的部分，以及与此同时作为证明的预设部分与作为证明的直接对象部分。在可证明部分与不可证明部分的方面，如同包括笔者讨论的第一章在内所论及的，事情当然相当不清楚，而且无论如何相当复杂，但是更严重的在于作为证明的预设部分与作为证明的直接对象部分的方面。在密尔那里，整个功利主义原理的证明过程之中，在所有步骤那里有些事情是心照不宣的或明确标示的预设的部分，另一些是——同样是心照不宣的或明确标示的——证明的直接对象的部分。幸福以及总体的幸福恰恰坐落于上述方面的前者一边。

“功利主义的学说是幸福是可欲求的，并且是唯一一个作为目的可欲求的事物；所有其他事物只作为对于那个目的的手段是可欲求的。”然后是“关于这个学说，什么是应当被要求的——什么是一些必要的该学说应该满足的条件——以成功使得它的主张能被相信？”非常明显的是，在密尔的证明活动真正开始之前，幸福的概念就已经被提出。在此后的证明过程里，幸福或总体的幸福在几个地方被提到过，但是在大部分情况下它们都是在强调幸福（或者如同密尔也经常采用的措辞，把它说成是快乐的增加与痛苦的免除）。在其余的几个关键地方，其中之一是一系列的关于个别幸福与总体幸福的推导性质的建立，比如，“除非在其相信它是可获得的程度内，各个人欲求他自己的幸福，否则对于为什么总体幸福是可欲求的就没有什么理由能被给出”，以及与此直接相关且在很大程度上作为它的复述的“幸福是一个善——即各个人的幸福是对于那个人的善，以及因此总体幸福是对于关于所有人的聚合的一个善”。在这个地方，从表面上看被论证的是诸如幸福、总体的幸福，或者幸福是一个善、总体的幸福是一个善这样的再次出现的一些事情。

然而也许持有这样看法的论者忽略了约翰·密尔在这些话里同时也说出的其他一些东西。

事实上，通过说“除非在其相信它是可获得的程度内，各个人欲求他自己的幸福”，如同笔者已经在第六章里进行过详细阐述的那样，这意味着它的最根本性质是作为一个在一句话之前已经被当成进行证明的证据——而不是要被证明的“任何事物是可欲求的”的命题——提出的，也就是对于任何一个人欲求幸福而言，它已经是通过任何一个人欲求任何事物建立起来了的。这一点的原因事实上相当清楚——尽管它几乎是不为人所注意的——如果任何一个事物是被人们欲求的，那么快乐或幸福当然是一些事物或存在，它们当然是被人们——至少包括任何一个个别的人——欲求的。如果快乐或幸福是被一个未定的个别欲求的，那么，由于一个人欲求快乐或幸福，则只有在这样的情况下，个别的聚合——所有的人——欲求幸福才可以被建立起来；这一点的原因再一次相当简单，虽然密尔在这个地方使用了在语气上似乎过强的因为和所以的句式，然而无论如何，如果一个人欲求幸福的事实不成立，个别的聚合——所有的人——欲求幸福就的确不可能建立起来。用目的学说的可获取的这样一个层面的话来说，从个别到总体的人的欲求这一点将会显得更为清楚，如果一个个别欲求幸福是不可获取的，是不能作为一个目的被提出的，那么，个别的聚合——所有的人——欲求幸福就必然不可获取，不能作为一个目的被提出。

同样道理，幸福是一个善——或总体幸福是对于关于所有人的聚合的一个善——被认为是密尔意欲证明的功利主义原理的内容，这之所以被一些人采纳，同样是由于这是一个貌似合理的伦理学原理的主张。然而严格说来它并不是。如前所述，在使用善这样一个术语的时候，密尔当然是在论述一些和伦理学有关的事情，但是从这个词的本质方面来看，密尔在更大程度上是在把它用作与一个目的、一个作为幸福或快乐的目的之类所旗鼓相当的事物。善的概念不是《功利主义》的论证焦点，相反，一个目的论大前提——或者也可以说成一个以幸福为内容的功利主义原理——才是，而这进一步构成了密尔声称想要提出的善的、至善的标准——一个千百年来一直处于争议之中的事情。为了确定什么是至善的标准，在密尔的哲学思想那里，需要进行的不是针对善的考察，而是与这样的伦理学路线相当不同的另一个，即对于人类行为的根本因果关系的规律的考察，并继而提出一个有能力充当所有行为的因果关系规律的起源性和最高程度的归纳性的第一前提、第一原理，确定什么样的事物有资格充当这样一个原理的内容。该原理的内容是幸福或总体的幸福，它是至善的标准，且与此同时自然而然地也是善的、也是一个善。

由于上面一段话所论述的原因，也许一个更为恰当的方式是——与那些持有这样论点的论者不同，不去继续认为，幸福是一个善或总体幸福是一个善是密尔的证明的焦点，并转而认为，在说幸福是一个善、总体的幸福是一个善的时候，他是在说，幸福是一个可欲求的目的、总体的幸福是一个可欲求的目的。而这是由它们所在的那句话之前的各个人欲求各自的幸福、总体的幸福是可欲求的建立起来的。如果各个人欲求那个人自己幸福，一方面总体的幸福是可欲求的可以被建立起来，另一方面各个人的幸福是对于那个人的一个善也可以建立起来——比如根据密尔自己的"可能去产生'任何事物是可欲求的'的唯一证据是人们的确实际地欲求它"的已作出的论点。与此同时，如果总体的幸福是可欲求的，一方面总体的幸福是一个可欲求的目的同等意义的直接成立，且总体幸福是一个善也根据善与可欲求的目的之间的可推导或关联关系而可以建立。

密尔在正在讨论中的几句话里，在措辞方面当然不是不存在问题，相反，他在每句话里都留下了大量很难完全分析清楚和被完全加以最终确定的事情。个别的幸福与总体的幸福孰轻孰重是其中之一，"可欲求的"与"被欲求的"的关系是另外的一个，善与可欲求目的的关系是又一个，此外，如同第六章里一直试图论述的那样，幸福的聚合——幸福的欲求与可欲求的聚合——以及善的聚合——个别的善到总体的或所有人的善的聚合，或者用密尔自己在《功利主义》里的话，从各个人欲求他自己的幸福到总体幸福是可欲求的，以及从各个人的幸福是对于那个人的善到总体的幸福是对于关于所有人的聚合的一个善(且最终到幸福是一个善)，这使得个别的与总体的聚合、个别与所有人的聚合的关系变得相当错综复杂。不用说，密尔在回应读者对于《功利主义》这些话的评注里进一步把事情弄得更千头万绪，因为他说的是——如同第六章第三节进行过的更为详尽的分析那样——"当我说总体的幸福是对于关于所有人的聚合的一个善的时候，我并不意味着每一个人类存在的幸福是一个对每一个其他的人类存在的善，尽管我认为在一个社会的和教育的好的状态里它将会如此。在这个特殊句子里我仅仅意味着去争辩，由于 A 的幸福是一个善，B 的是一个善，C 的是一个善，等等，所有这些善的总和必定是一个善"。通过这样的说法，《功利主义》里的总体的幸福是对于关于所有人的聚合的一个善就变得自相矛盾，《功利主义》里的密尔与解释《功利主义》的密尔不一致，如同第六章也已经讨论过的，更为麻烦且令人倍感受挫的是事实上我们可以相信这两个密尔——尽管原本只是不同时间的密尔的言论——之中的任何一个，且也可以不相信两个密尔之中的任何一个，最后，相信二者所有也不是完全不可言之成理。无论如何可以肯定的是，密尔为他自己在《功利主义》里这些地方的言之不详负有一定的责任，且——在引发了众多的且持续不断的讨论与争辩的同时——这无疑已经给他作为一个功利主义伦理学家和哲学家的声誉带来了许多实际的损害甚至恶名。

如果想要继续增加目前情况的复杂性，我们可以在现在继续进行更多的各种各样的论证。但是先做一个阶段性的总结。如同这一章的开头提出过的，首先分析的是第二段的第二句话，对它的分析已经进展到了现在的这个程度，以至于它贯穿到了第三段邻近结尾的部分。现在回过头来注意第二段的第三句话，它同时也是该段落的最后一句话。密尔说的是，“关于这个学说，什么是应当被要求的——什么是一些必要的该学说应该满足的条件——以成功使得它的主张能被相信?”而到了第三段里，除了一个不那么明显的说法——“如果功利主义学说就自身提出的目的在理论和在实践之中不是被公认为是一个目的的”，且随后紧邻的“除非在其相信它是可获得的程度内”——之外，该段落的最后一句话再次涉及了对于功利主义原理证明完成程度的标示。在那里密尔告诉我们，“‘幸福’名目成了作为关于行为的目的之一，结果是成为道德的标准之一”。

本来，如果功利主义原理的内容仅仅是“幸福是作为可欲求的目的”之类的非唯一性的论断，证明可以在这个地方就结束并宣告成功，一个等同于通常意义证明的功利主义证明就将是完成的。然而，密尔在《功利主义》里提议的是一个在内容方面排他性的或唯一性的原理，它不止要求幸福是为可欲求的目的，而且要求幸福是唯一一个作为可欲求的目的的事物，且根据手段与目的的关系的目的论学说，其他所有的事物由此都只不过是相对于它的一个手段或一个部分从而是作为目的可欲求的。由于这样一个幸福或总体幸福的唯一性的要求，所以密尔在第四段里接着说道，“但单独通过这个，它还没有证明它自身是唯一的标准”。为了做到这一点，所需要的事情说复杂也复杂(密尔为此花费了整个原理的证明的篇幅的所有后续部分)，说简单也简单，所需要做到的全部只不过是一个排除性的证明，即根据这个要求的字面意思，否定所有除幸福之外的作为目的可欲求的事物的可能性，或者肯定幸福作为唯一作为目的可欲求而且所有事物作为它的一个部分或一个手段而可欲求的确定性，“为了做到那一点，由相同的规则，将看到有必要不仅表明人们欲求幸福，而且他们从不欲求任何其他事物”。

确定幸福为行为的目的或道德的标准，所要求的只不过是论证它的确是行为的目的。在证明的方面，所需要的全部证明仅仅是去证明幸福作为一个可欲求的目的，在作为一个第一前提或第一原理方面，作为目的前提的提出确实存在，换言之，一旦一个以幸福或总体幸福为内容的功利主义原理的确是真正提出的，它就拥有了它本来应该拥有的所有预设性质的蕴意、规定，功利主义原理随即就在它的被证明对象——它的幸福或总体幸福的内容是一个唯一一个可欲求的目的——那里获得了肯定性，一个诸如幸福是可欲求的、幸福是目的之类的功利主义原理的内容性命题的真由此被担保，该原理的证明就完成了。整个证明过程从这样的角度看极其简单，它只有两个必要的步骤，第一个核心步骤是使得“幸福”名目被证明为行为的目的，比如证明幸福是一个善、总体的幸福是一个善，或者证明幸福是可欲求的、总体的幸福是可欲求的，等等，第二个步骤是一个角色尚不明确的步骤，它要做的是使得幸福是唯一的一个行为的目的。

关于这第二个步骤，如同杰弗里·萨瑞—麦科德说的：

如果我们前行到超出第三段的范围，担心会加倍。该章的剩余部分继承了上述问题，因为它只不过重新部署了第三段的论证，去表明基于它是唯一一个作为目的被欲求的事物，幸福是唯一一个作为目的可欲求的事物。它随即由包含——显然地——的关联的陷入乞题，或者是一个头脑简单的心理快乐主义的版本，或者是包含一个有关介于欲求作为一个目的的事物与把它作为幸福的一个部分欲求之间(或两者都是)，从而迅速地增加了麻烦。①

卡尔·韦尔曼对于这里所说的第二个步骤的解释是：

在建立了幸福的价值之后，现在密尔必须表明没有什么非幸福拥有内在价值。他的推理是在之前论证里的推理的翻转。首先，他表明了从归纳上没有任何别的事物是就其自身被欲求的。随即他推断了没有任何别的事物是就其自身之故可欲求的。由于这个是一个内在价值的问题，与是被欲求的蕴意了是可欲求的理由一样，不是被欲求的蕴意了不是可欲求的。这个证明的第二个步骤可能是成问题的，但至少它带来的问题不是新的。②

在笔者看来这样的解释是可疑的。密尔在《功利主义》里所做的事情似乎是，在幸福是可欲求的以及幸福是唯一可欲求的这两个步骤之间，所诉诸的主要证明方式并不相同。在前者那里他的确采用了一个与“可欲求的”与“被欲求的”相关的证明方式，然而，显然在后者那里采用的证明方式和心理快乐主义息息相关。让我们继续看看其他的一些论者的观点。贝雷尔·兰与格雷·斯塔尔的说法是：

可以承认，知道了某个事物是被欲求的，对于密尔还不是它是可欲求的充分证明。但它指示了由之可欲求的知识必须到来的方向；且只有在以这样的方向看待之后，密尔才推促他的幸福是可欲求的结论。然而，只表明幸福是被欲求的，将不过证明了幸福可以是可欲求的。为了验证“最大幸福原理”，密尔必须也表明幸福是唯一被欲求的事物。只要这没有被表明是情况，幸福就只不过是“可欲求的”的成员之一——且我们没有区别开它们的手段(在现有术语上)。另一方面，如果“人类本性是如此构成的至于与不欲求任何既不是幸福的一个部分也不是幸福的一个手段的事物”，那么对于幸福和

① Sayre—McCord. “Mill's‘Proof’of the Principle of Utility: A More than Half—Hearted Defense.”：337.

② Wellman. “A Reinterpretation of Mill's Proof.”：272—273.

单独幸福，我们拥有了足够的它是可欲求的证据（假定存在着可欲求的事物）。[1]

这介绍了密尔证明的情况，但没有告诉我们密尔之所以在“幸福是可欲求的”已经是被证明了之后继续去证明“只有幸福是可欲求的”的理由。就目前整个对于密尔证明的讨论，主要被考虑的是密尔在“只有幸福是可欲求的”的证明之前的部分，所以，对此的解释的负担在这里是被减免的。

## 第二节　可见性的证明与可欲求性的证明

先不顾及相当不清楚的和复杂的可证明部分与不可证明部分，仅就证明的预设部分与作为证明的直接对象部分而言，上一节结尾刚刚得出的结论将使得这一章的上一节里在论述密尔证明的第二段起——尤其是第二段和第三段——内容的诸多或隐或显困难面临一个突破性开口。这恰恰是通过坚持两个相辅相成的方面做到的，一方面是证明的明示对象——或者说一些直接的证明；以及另一方面是证明的预设部分——或者说一些证明的预设条件。

同样如同上一节主张的，从密尔明示的直接证明角度来看，一个只包括两个从表述上看相当简单的证明的步骤，可以被说成，首先证明幸福是行为的目的，其次证明只有幸福是行为的目的。其中，证明之前的部分是第一个段落和第二个段落，前者宣称了功利主义原理通常意义的不可证明性，并且开启了一个通过感官能力论来尝试进行对于诸如功利主义原理这样实践目的问题证明的疑问，且在后者那里提出了目的问题与可欲求问题的等同性，随即在主动宣布功利主义原理的内容——同时也是要被证明的内容——之后，提问什么是证明这样一个原理或学说所要求的，即宣告证明活动帷幕的拉开。在具体进行证明的时候，也就是从《功利主义》这一章的第三个段落开始，第一个步骤由它的一个单一段落——第三个段落——完成，该章节所有的剩下段落则献给第二个步骤的证明。在这方面，如同弗莱德·伯杰指出的：

我并不相信我们能够在独立于关于我们认为他需要去表明的事情，以及该证明想要起作用的是哪些人的一个估价的情况下，评价密尔的证明的效力，很清楚他试图通过让对手面对将把他们引向作为行为的终极目的的幸福的“考虑”，从而推动论证。密尔指出过，为了做到这一点，他需要使得反对者信服的是，幸福是行为的目的之一，并且它是行为的唯一目的。基于这个特征，证明拥有两个主要的部分。然而，非常惊人的是，第一个部分被压缩在一个很小的段落里，而经常是以挥霍性的细节地，第二个部分铺陈了大概

[1] Lang, Berel, and Gary Stahl. “Mill’s ‘Howlers’ and the Logic of Naturalism.”: 564.

十倍的篇幅。当然，可能的情况是，他认为他拥有对于第一个部分的决定性的论证，并且，第二个部分所采用的心理学理论需要更多的修饰。[①]

这样一种直接证明的步骤的看法也与密尔自己对于整个证明的理解完全一致。笔者在第六章的大部分地方以及这一章上一节所提出的一个功利主义原理证明的困难是——一个公认的疑题之一——在密尔那里该原理的内容指的究竟是幸福还是总体的幸福，且如果是幸福或总体的幸福它的含义究竟如何。在持有直接证明与预设条件论立场的情况下，我们可以松一口气，不用像之前一直默认承诺的那样负有如此沉重的对于幸福或总体幸福精确含义的阐明的负担。在"'幸福'名目成了作为关于行为的目的之一"这样的说法里，被论及的再次与密尔在之前的第二段里提出的功利主义学说定义——幸福是可欲求的，并且是唯一一个作为目的可欲求的事物，所有其他事物只作为对于那个目的的手段是可欲求的——相符。辅助了幸福为内容的功利主义原理论点的另一个好消息是在指出幸福是行为的目的之一是已经被证明之后紧接着说出的，它不是陌生的，因为我们在上一节临近结尾的地方同样引用过它——"有必要不仅表明人们欲求幸福，而且他们从不欲求任何其他事物"。在这些地方，密尔所声称的都只不过是一个既可以被认为是单一含义的、也可以被认为是宽泛含义的"幸福"的概念，而不是一个被认为是更为专门的、具体的"总体的幸福"的概念。至少在《功利主义》的原理证明的部分，密尔在更多时候设想的仅仅是对于作为可欲求目的的幸福概念的证明，而较少是关于同样作为可欲求目的的总体幸福的证明，尽管如同在证明一章的第三段几次看到的那样——同时也正是产生个别幸福与总体幸福、幸福与总体幸福的悖论的地方——后者并不被他忽略。

按照以上的论述，对待密尔证明或证明的步骤的一个可行的视取方式，是不那么强烈地主张，它在证明总体的幸福是唯一一个作为目的可欲求的事物，而是把它看作是在试图证明幸福是唯一一个作为目的可欲求的事物。如果笔者的这个论点是正确的，我们将会发现一些相当不同的事情，这将导致一些非常不同的对密尔证明的理解路线。

首先，我们是否能够满足直接证明论的上述两个步骤的证明方式观点？对这个问题的回答取决于多方面因素。一个人也许只需要相当粗略地了解密尔的功利主义原理的证明是什么样的，为了服务于这样的一个目的，仅仅提供幸福是可欲求的、并且是唯一一个作为目的可欲求的事物的两个步骤的观点就足够。然而笔者认为成问题的是这并不只是一个对于功利主义理论或功利主义原理证明的偶然的阅读者或爱好者所将被告知的论点，恰恰相反，众

① Berger. *Happiness, Justice, and Freedom* : *The Moral and Political Philosophy of John Stuart Mill*：53.

多这个理论或这个特别的证明的解释者或研究者也持有这样两个阶段的论点。在这样一些论者看来，一个密尔的功利原理证明不仅存在着被表述为“第一，幸福是可欲求的，并且第二，幸福是唯一一个作为目的可欲求的事物”的两个步骤，或者取而代之但从根本上没有差异的，第一，总体的幸福是可欲求的，并且第二，总体的幸福是唯一一个作为目的可欲求的事物的两个步骤，而且，该原理的证明只能也最为理所应当地通过这样的步骤得到介绍或阐述。

这方面可以参照亨利·韦斯特的重述。第一步可被叙述为：

在第四章里密尔给出了一个对于“幸福是可欲求的，并且是唯一一个作为目的可欲求的事物；所有其他事物只作为对于那个目的的手段是可欲求的”的功利主义学说的一个心理学的论证。这个所谓的功利原理的“证明”是一个该书中最为争议性的部分，并且是当前这本著作其中一章的主题。密尔并没有宣称它是一个在从前提出发的逻辑演绎的意义里的证明。它只是被宣称是对于本质上善的事物的判断是可行的证据，当被恰当分析后支持密尔在较早前称之为“生活的理论”的功利主义的价值理论。

不能通过推理而证明，他说，对所有第一原理是共同的。但是前者作为事实情况，可以是关于一个直接诉诸关于事实——也即是我们的感官感觉与我们的内在意识——的判断的一些感觉官能。对于实践目的的问题，诉诸必须是作为对于欲求的感觉官能的：“能给予‘一个对象是看得见的’的唯一证明是人们实际地看到它。‘一个声音是听得见的’的唯一证明是人们听到它：我们经验的其他来源也如此。以同样的方式，就我理解，可能去产生‘任何事物是可欲求的’的唯一证据是人们的确实际地欲求它。”

诉诸这个证据，密尔认为显然的是，幸福至少是一个可欲求的事物：“除非在他[或她]相信它是可获得的程度内，各个人欲求他[或她]自己的幸福，否则对于为什么总体幸福是可欲求的就没有什么理由能被给出。然而，这作为一个事实，我们不仅拥有所有容许幸福是一个善——即各个人的幸福是对于那个人的善，以及因此总体幸福是对于关于所有人的聚合的一个善——的例子的证明，而且也拥有所有它可能去要求的。‘幸福’名目成了作为关于行为的目的之一，结果是成为道德的标准之一”。①

且第二步的主要内容可以被叙述如下：

对于密尔更困难的是去使人信服，信服是唯一一个作为目的的可欲求的事物，他承认了人们的确欲求一些作为目的的事情，它们“以通常语言来说断然区别于幸福的事物。比方说他们欲求美德以及恶习的消除，不亚于快乐以及痛苦的消除”。功利主义者，密尔说，“相信活动和习性是有德的，只是

① West. *An Introduction to Mill's Utilitarian Ethics*：185.

因为它们推动了另一个比起美德的目的”(235［IV，5］)；可他们仍然认作对于个体的一个美德存在的可能性的心理事实，而不寻求任何超出它的目的。

密尔宣称这是与幸福原理一致的，因为这样一个人在美德的具有之中“发现了幸福”。是一个有美德的人随即是那个人的幸福的一个“部分”：“幸福的成分是非常多样的，它们各个是就其自身可欲求的，不只是当被考虑为增加一个聚合时候。功利原理并不意味着任何快乐——比方说像是音乐，或任何约定的痛苦的免除——例如比如健康，是由于那个原因是被欲求。他们是就它们自身和为他们自身被欲求的和可欲求的；除了是手段之余，它们是目的的一个部分”。

密尔认为美德通过一个与快乐和痛苦的联结的过程成为了作为一个目的被欲求的，且他给出了另一些因此作为一个个体的幸福观念的成分而被欲求的事物的例子：金钱、权力和名望……［密尔］得出结论，事实上没有任何事物而除幸福之外是作为一个目的被欲求的：“无论任何除了一个作为对于某个超出它自身的目的的手段是被欲求的，且最终对于幸福被欲求的，是作为它自身关于幸福的一个部分被欲求的，且直到它变得如此，否则就不是为了它自身被欲求的”。如果关于事物的意识没给予他快乐，或者对不具有它的所是的意识没给予痛苦，那么个体将不欲求它或或将只为了其他益处——它可能对他产生或对他关心的人们产生益处——而欲求它。这是一个心理学的主张，“一个事实和经验的问题”，“仅能够由实践的自我意识和自我观察决定，由对其他人的观察协助”。且密尔认为这些证据的源泉将宣布，把一个事物作为一个目的欲求并发现它是快乐的，对它厌恶并认为它作痛苦的，是“两个不同模式的关于同一个心理事实的命名”。

密尔相信这个心理证据提供了对于道德的一个基础。如果他的心理主张是真的，则“幸福是人类行动的唯一目的，且它的增进是由对所有人类行为的判断所测试的；自此处必然因循的是它必定是道德的标准，因为一个部分是包括在整体之中的”。①

这一切看起来当然很好，事实上迄今为止这样的论述的确没有直接违反约翰·密尔在这个问题上的基本看法。但是有一个小问题，如果我们采取上述的两步骤论，在第四章第三个段落里的那个著名的可见性、可欲求性与被欲求性的证明——当然有着实质重要性的很可能仅仅是对于欲求与可欲求性的证明——又应该被放在什么样的位置上？

假定可欲求性的证明是有意义的而不是没有意义。在这样的前提下，对可见性的证明与可欲求性的证明关系的分析是需要作出。无论如何可欲求性的证明不是被单独提出的，且如果它是与可见性的证明一道被提出的，其间

① West. *An Introduction to Mill's Utilitarian Ethics*：186－187.

的关系的分析当然也就必要。此外还可以设想的是，一旦对于可见性与可欲求性的证明关系的分析被成功作出，在得出的结果或该结论得出的过程之中，将产生对于可欲求性的证明在整个功利主义原理证明的步骤之中地位的有益见解。

有一种对于二者关系的见解是，从证明的方式方面的角度，把实际被看见是事物的可见性的唯一证明，视为是与实际被欲求是事物的可欲求性的唯一证明相平行，从前者那里所发生的可以同等地——即密尔自己在其中声称的以同样的方式——在后者那里推导。

详细一些的解释可以如下，两者都共同分享了一个证明结构——任何一个事物的属性如果是成立的或需要被证明的，唯一证明它们的是与它们相关的情况在人们那里实际的发生。比如在《功利主义》里是一个事物的可见性如果是成立的或需要证明的，唯一证明的是人们看见该事物，或者，一个声音的可听性如果是成立的或需要证明的，唯一证明是人们听到该声音，且由此根据同样的事实情况发生的唯一证明的方式或结构，一个事物的可欲求性的唯一证明是人们的确欲求该事物。

这样一种看法还可以进一步根据是否需要借助于感官能力论从而划定为两个类型。第一个类型的见解是密尔声称的人们实际欲求那个事物的事情与感觉官能无关。进一步地，这需要一种与密尔持有的生理学、心理学和形而上学根本不同的解释路线，如同上一章已经详尽论证过的，在密尔那里，功利主义原理的形而上学的基础是他自己着力于去建立的，被认为是功利主义原理重要的题中之意。如同上一章第二节已经论及的那样，人类的本性里，我们有道德判断和道德感受，这是一个事实。我们判断特定行为和特定习性是正确的，其他的是错误的；我们把这称作赞同它们和不赞同它们。这些是现象，它们的真实性在道德直觉主义与非道德直觉主义那里都共同承认或没有争议。有争议的是两种理论对这些现象起源的理论。由此，诸如此类的一个不依赖于道德直觉主义论者持有的感觉官能论相同的非功利主义学派的与此有关的论点，将无法支持功利主义，也与功利主义背道而驰。

对于二者关系的第二个类型的见解包括两种衍生的情况。其中一方是，从对于感官能力论的诉诸方面的角度，把实际被看见是事物的可见性的唯一证明，视为是与实际被欲求是事物的可欲求性的唯一证明不相平行，从前者那里所发生的不可以同等地——即密尔自己在其中声称的以同样的方式——在后者那里推导。

此类见解的具体观点如下。可见性的证明与可欲求性的证明在性质上不同，前者的确诉诸感官能力论，即任何一个事物是可见的是建立在对于视力和视觉方面的一些实际发生的事实的证明基础上的，其中，视力的感觉官能和感官感觉、内在意识是任何一个事物是可见的基础。并且，认为后者不诉诸感官能力论，任何一个事物是可欲求的，不诉诸某些或某个欲求能力与欲求感官感觉的一些实际发生事情的基础上。按照这样的看法，所需要的是去认为密尔在《功利主义》这个章节的第一段末尾提出的问题的回答是否定性的，也就是去认为——与密尔自己的实际在其他地方的回答相反——实践目的的问题不能诉诸与关于知识的问题所诉诸的同样一些感觉官能，认识它们不由任何某一个其他的感觉官能。

在这样的情况下，任何一个事物是可见的证明与任何一个事物是可欲求的证明既有着某些实质性的关联，又存在另一些异质性的差异。差异我们刚刚已经介绍过了，这样观点所认可的两个证明的相同实质性关联又如何？回答是两者都共同分享了一个证明结构，即任何一个事物的属性如果成立或需要被证明，唯一证明它们的是与它们相关的情况在人们那里实际的发生。比如在《功利主义》里是一个事物的可见性如果是成立的或需要证明的，唯一证明的是人们看见该事物，或者，一个声音的可听性如果是成立的或需要证明的，唯一证明是人们听到该声音，且由此根据同样的事实情况发生的唯一证明的方式或结构，一个事物的可欲求性的唯一证明是人们的确欲求该事物。

这样的看法本来也许可以言之成理，因为也许对于一些人来说，自然的看法是把一个事物的可见性与一个事物的可欲求性视为相当不同的一些事情。一片白的雪是可以被看见的，唯一的证据在于人们实际看见了它，更具体而言可以是，当一片白的雪出现在人们面前的时候，人们通过眼睛或眼睛的各种与视力相关的构造，通过视网膜或视觉神经之类感觉官能实际看见了它。

甚至一个人可以继续在更大程度上采纳约翰·密尔的视觉的与感官能力论的理论，去认为在整个实际看见某个事物的过程中，白的雪是一个外在的神秘客体，它刺激了一些认识事物的感觉官能，由此在一些感觉器官那儿出现了一些可以被肯定为存在的感官感觉，作为与白的雪这样的客体相对的另一个实体亦即人们的心灵，感官感觉被感受和内在意识，白的雪的“白的”感觉被感受，感觉被意识到，或者说客体的“白”的性质被感受和意识到。由于在说一个事物是可见的时候，是在说它的可见的性质，在说白的雪是“白的”的时候也是在说它的“白”的性质，按照密尔的命名理论，在证明了“白的”感觉——它是唯一一个在我们这里所拥有的可以被证明的事物——之后，“白”的性质也随即被证明。且现在由于它的“白”的性质的确在人们的感觉官能那里产生的感官感觉且被心灵内在意识到——一个被感觉和意识为“白的”的感觉，感觉就被成功证明，客体的性质也是被证明的。

但是这同一个人可以在完全同意密尔的上述看法之余，不认为任何事物的可欲求性的唯一证明是人们的确欲求该事物。尽管视觉方面的证明路线可言之成理，然而欲求性方面，在人们这里不存在对应的有能力去感觉它们的感觉官能。如果这样的思路被采纳，这样一个人或许就有必要去表明什么可以去认识与判断任何事物的可欲求性。一个可能的路线将会是道德直觉主义者那样的，比如去认为，对于快乐或幸福的认识与判断是与诸如正确或错误的道德判断一道，经由的是一个人类的本能和直觉。

但是，经过我们在上一章里的分析，它的有效性不再如同它初看上去那么强。道德直觉主义论者的立场被密尔否定。在密尔那里真正成立的是，对于实践目的的感觉官能诉诸的提问，回答是肯定的。智力以及其他那些感觉官能是我们在道德的正确与错误方面的判断和认识也同样诉诸的，不需要什么特殊的专门管辖道德的感觉官能，也不存在什么本能。与道德、行为、实践目的等问题相关的感官感觉不仅存在，而且在起源上可以追溯，可以分解为一些更为简单的属性。这导致了下一种见解，这样的见解将不仅在事实的感官感觉的发生的方面，把可见性的证明与可欲求性的证明看作相互平行，而且在感官能力论方面，也认为两个证明那里，被证明的对象都可以拥有同样的诉诸，比如诉诸同样的一些感觉官能和感官感觉。

如果上一段的结尾刚刚论述过多，对于二者关系的第二个类型见解的其中另一方因此也就是，从对于感官能力论的诉诸方面的角度，把实际被看见是事物的可见性的唯一证明，视为与实际被欲求是事物的可欲求性的唯一证明相平行，从前者那里所发生的可以同等地在后者那里推导。我认为迄今为止已经有理由相信这就是密尔本人所设想的论证或证明。

然而，需要在这里指出的是，这里已有的对于可见性的证明与可欲求性的证明的分析并不是最终结论性的，为了达成一个我所认为的最终结论性的考虑，一个更为详细且更为细致的对于密尔的逻辑学理论的借鉴将必须作出，而那是到目前为止在笔者这个讨论里还没有得到阐述的，笔者将把这一点留到下一章去完成，当它被完成，密尔的可见性的与可欲求性的证明在证明方面的本质将得到充分地解释，它的合理性也将在那样的过程里得到判断，我们能够有机会了解在这样一个我认为是至关重要的证明步骤里密尔的论证是否成功。且如果它成功，一个完整的功利主义原理的证明最重要的一个环节就将也在笔者这个研究里得以建立。

目前让我们继续考察密尔证明的过程与步骤。根据笔者在这一节开头提出的计划，在讨论了可见性的证明与可欲求性的证明之间的关系之后，可以开始考虑可欲求性的证明在整个功利原理证明之中的地位。同样如同在那个地方指出过的，在之前这些段落的讨论里，被假定的是可欲求性的证明是有意义而不是没有意义的。它的真正的意义是什么？就笔者认为，任何事物的可欲求性的证明是整个密尔的证明之中最为重要的一个环节。这个解释不常见，更恰当地说这里提出的这个解释相当罕见。也许人们承认幸福的可欲求性或总体幸福的可欲求性的证明是整个密尔证明中最重要或最关键的一个步骤、环节，但为什么要把证明步骤的核心认定为是他对于任何事物的可欲求性的证明？

这一点的理由不是笔者在之前没有涉及过的。但到了这个地方这已经成为了一个需要直接面对的问题。答案只不过在于，它是功利主义原理的证明得以成功建立的前提。功利主义原理的内容是，幸福或总体幸福的推进是作为目的可欲求的唯一事物，或者简而言之，幸福或总体的幸福是可欲求的。为了使得这样一个命题的建立是可能的，一个前提条件是任何事物是可欲求的。且根据完全相同的道理，反过来，如果任何事物是可欲求的被证明，就可以有充分把握地让功利主义学说所推崇的快乐、幸福、总体的幸福都无挂虑地列入那个被欲求的事物的位置之中，并且由此很简单地建立一个对于该原理的证明：在目前暂时不考虑原理内容的唯一性要求的情况下，既然任何一个事物是可欲求的，那样一个事物可以作为一个被提出的可获取的目的，且在它被证明的情况下，幸福或总体的幸福是一个事物，幸福或总体的幸福因此是可欲求的，可以作为一个被提出的可获取的目的——所有这些都是有担保的且被证明的。而这等于功利主义原理，所以功利主义原理被证明。

在这一点上可能会有一个质疑。为什么密尔的证明不是从各个人的幸福的可欲求性或总体幸福的可欲求性开始，而需要从任何事物的可欲求性开始？难道从前者那里开始不是不可以的？这样的提问相当锐利，它的确是一个严重问题。但是，通过说除非在其相信它是可获得的程度内，各个人欲求他自己的幸福，否则对于为什么总体幸福是可欲求的就没有什么理由能被给出，在这样说的时候，如同第六章和上一章里都讨论过的那样，密尔已经认为各个个别对于幸福的欲求已经建立起来，或者至少已经在它所在的上一句话里被提出过。并且，根据它所在的上一句话，如果各个个别欲求幸福，那么各个个别幸福的可欲求性就能够被证明，且总体幸福的可欲求性随即被密尔认为可以由之推断出来。这也就建立起了功利主义原理，也就是幸福是一个善。它——幸福是一个善——再一次包括了总体的幸福是一个善的主张，且再一次地是从各个个别到总体的推理路线得来的，也就是如同他自己说的那样，各个人的幸福是对于那个人的善，总体幸福是对于关于所有人的聚合的一个善。幸福因此是可欲求的以及是行为的目的，且幸福是善的，是道德的标准。

接下来是唯一性的要求。在上面的讨论里这一点是被暂时搁置的，事实上在上一段的结尾的地方，密尔所说的原话是，幸福是行为的目的之一，是道德的标准之一。按照密尔已经建立起来的论证，且按照笔者在上面的阐述路线，如果任何事物是可欲求的被成功证明了，毫无疑问，幸福或总体幸福是可欲求的随即可以被无挂虑地建立起来。但是显而易见，这样一个主张并不直接意味着幸福或总体幸福是与任何一个事物相同的集合，恰恰相反，由于密尔承认了其他事物也的确是可欲求的：

易觉察的是他们的确欲求一些以通常语言来说断然区别于幸福的事物。比方说他们欲求美德以及恶习的消除，不亚于快乐以及痛苦的消除。美德的欲求比起幸福的欲求来不是那么普遍的，但它是同样可信的一个事实……功利主义规范的反对者通常认为他们有资格推论在幸福之余关于人类活动还有其他一些目的，幸福不是赞许与不赞许的规范。[①]

幸福或总体的幸福因此不是"任何事物是可欲求的"命题之中的主语所指涉对象的相当集合，它只不过是一个子集。鉴于这样的原因，且鉴于在密尔那里，一个作为目的论第一原理的功利主义原理不能够提出数量方面多于一个的标准(否则在任何数量的次级原理或其他的衍生原则发生冲突的时候，第一原理就不能提供一个唯一的标准和唯一的次序)，在这样的情况下，密尔认为他的证明的任务因此还没有随着《功利主义》这一章第三段的结束而结束，相反，"单独通过这个，它还没有证明它自身是唯一的标准"，他仍然需要去表明幸福是唯一可欲求的目的。很自然的一个被设想的方法是密尔马上告诉人们的，"为了做到那一点，由相同的规则，将看到有必要不仅表明人们欲求幸福，而且他们从不欲求任何其他事物"。[②] 如果这样一个对于幸福作为功利主义原理的唯一内容，或者说幸福是唯一一个作为目的可欲求的事物的证明最终成功建立起来，功利主义原理的证明也就随即彻底完成。在证明的过程的随后的一个地方密尔告诉了人们这一点：

则我们现在拥有对于关于什么类的证明功利原理是容许的问题的一个回答。如果我现在陈述过的意见是心理学上真实的——如果人类本性是如此构成的至于与不欲求任何既不是幸福的一个部分也不是幸福的一个手段的事物，我们不能够拥有其他的证明，且我们不要求其他的这些是唯一一些可欲求的事物的证明。[③]

除此之外，论功利主义原理证明一章的最后一段话以一个诉诸读者的开放提问结尾，在这个地方，一个对于整个证明已经结束的标识更加明显地作出：

可如果这个学说是真的，功利原理是被证明的。它是否如此，现在必须留待有思想的读者的考虑了。[④]

在这一节开始的时候笔者曾经提出一个对于密尔证明的看待方法，把它

---

① Mill, J. S. UT. *CW*, X: 235.

② Ibid.

③ Ibid., 237.

④ Ibid., 239.

视为由两个相辅相成的方面而做到的，一方面是证明的明示对象——或者说一些直接的证明；另一方面是证明的预设部分——或者说一些证明的预设条件。按照这样的方法，且把诸如第一章以及第七章第一节论述的证明之前的部分也包括在内，截至唯一性的证明被提出来之时，整个功利主义原理的证明迄今为止可以总结如下——且鉴于下一节即将进行的论述的便利，笔者把下述的 S9、S10、S13 也同时称作第一个证明步骤、第二个证明步骤和第三个证明步骤：

(BS1)可证明性和对证明的意义的预设：笔者将试图提供某种对于功利理论或幸福理论，以及对于既然如此可容许的证明的理解和鉴识。明显的是，这不能够是在该词语的平常意义和通行意义的证明。终极目的的问题是不受直接证明的检验的。无论什么能够被证明是善的，必定由被表明是一个对某种不用证明地被承认是善的事物的手段而是如此的。医学艺术由它有益于健康是被证明是善的；但是怎么可能去证明健康是善的？音乐艺术是善的，因为在各种原因之间尤为值得一提的是它产生快乐；但是什么证明对快乐是善的是可能给出的？则如果被断言的是有一个全面的公式，包括了所有就其自身是善的事物，并且任何其他事物是善的不是如此作为一个目的而是作为一个手段，该公式可能被接受或被拒绝，但不是一个通常通过证明得以理解的主题。然而，我们不是在推论，它的接受或拒绝必定取决于盲目驱使或任意选择。词语“证明”有一个更大一些的意义，其中这个问题是如同任何一个其他哲学的有争议的问题一样受它的检验的。该主题位于理性感觉官能的认识之内；那个感觉官能不单独地以直觉的途径处理它。考虑可以被提交为有决定或者给予或者保留它的对该学说的同意的智力的能力的；且这是等于去证明。这是在论证明的章节之前论述的，所以到了论证明章节的时候再次重复，并再次重申功利主义原理的目的论色彩：已经论述过，在通常认可的术语那里，关于终极目的的一些问题是不允许证明的。

(BS2)第一原理的分类；把行为的事情与知识的事情相提并论：不能通过推理而证明对所有第一原理；对所有关于我们知识的、也对所有那些我们的行为第一前提都是共同的。

(BS3)感觉官能论：但是前者作为事实情况，可以是关于一个直接的诉诸关于事实——也即是我们的感官感觉与我们的内在意识——的判断的一些感觉官能。关于实践目的的问题，一个诉诸能够作为同样的一些感觉官能吗？或者认识它们是由于哪个其他感觉官能？

(PS4)“正确的回答是它是能够的”的预设条件，即实践目的的问题可以诉诸同样的一些感觉官能以及一个智力的官能。

(PS5)快乐是一个善及幸福是一个善的预设条件。

(PS6) 目的与可欲求性：有关目的的问题，换言之是什么事物是可欲求的问题。

(PS7)人类的行为拥有一个目的的预设条件。

(SC8)即将被证明的功利主义原理的内容：功利主义的学说是幸福是可欲求的，并且是唯一一个作为目的可欲求的事物；所有其他事物只作为对于那个目的的手段是可欲求的。提出这样的证明需要满足的证明条件：关于这个学说，什么是应当被要求的——什么是一些必要的该学说应该满足的条件——以成功使得它的主张能被相信？

(S9，或第一个证明步骤)任何事物是可欲求的证明，或可欲求性的基本证明：能给予“一个对象是看得见的”的唯一证明是人们实际地看到它。“一个声音是听得见的”的唯一证明是人们听到它：我们经验的其他来源也如此。以同样的方式，就我理解，可能去产生“任何事物是可欲求的”的唯一证据是人们的确实际地欲求它。

(S10，或第二个证明步骤)在任何事物是可欲求的的证明或可欲求性的基本证明的基础上，幸福的可欲求性是建立的——各个个别的幸福可欲求性是被建立的。且由各个个别的幸福的可欲求性的建立，总体的幸福的可欲求性是建立的。功利主义原理的幸福的主张因此是得以建立的：如果功利主义学说就自身提出的目的在理论和在实践之中不是被公认为是一个目的的，没有任何事物将说服任何人相信它是如此。除非在其相信它是可获得的程度内，各个人欲求他自己的幸福，否则对于为什么总体幸福是可欲求的就没有什么理由能被给出。然而，这作为一个事实，我们不仅拥有所有容许幸福是一个善——即各个人的幸福是对于那个人的善，以及因此总体幸福是对于关于所有人的聚合的一个善——的例子的证明，而且也拥有所有它可能去要求的。

(PS－C 11)道德的领域属于人类行为的领域的一个部分的预设条件；功利主义原理的幸福的可欲求性得到证明：“幸福”名目成了作为关于行为的目的之一，结果是成为道德的标准之一。

(PS12)一个预设条件：作为目的论第一原理的功利主义原理不能够提出数量方面多余一个的标准，否则，在任何数量的次级原理或其他的衍生原则发生冲突的时候，第一原理就不能提供一个唯一的标准和唯一的次序。

(S13，或第三个证明步骤)幸福作为可欲求目的的唯一性：但单独通过这个，它还没有证明它自身是唯一的标准——易觉察的是他们的确欲求一些以通常语言来说断然区别于幸福的事物。比方说他们欲求美德以及恶习的消除，不亚于快乐以及痛苦的消除。美德的欲求比起幸福的欲求来不是那么普遍的，但它是同样可信的一个事实。所以功利主义规范的反对者通常认为他们有资格推论在幸福之余关于人类活动还有其他一些目的，幸福不是赞许与不赞许的规范——为了做到那一点，由相同的规则，将看到有必要不仅表明人们欲求幸福，而且他们从不欲求任何其他事物。

## 第三节　步骤方案种种

内尔・库伯完全否定了第一个证明步骤(S9)之中的可见性证明与可听性证明的存在的必要性，并且认为密尔在S9里提出的貌似意味的充分条件实际上是一些必要条件，“像是边沁，密尔想要强调任何可接受的道德的根源必须在于人的欲求。重建的论证的第二个前提提出的是这个重要论点，不带提议关于欲求的任何与视力和声音的不当类比。则我们能够省却类比，并且通过如此做使得论证是有效的”。且随即以第三个证明步骤(S13)为焦点提出了他的如下的对证明的重新建构：

则我的“重建”是如下的：

存在某个因其自身之故被欲求的事物。(1)

因其自身之故被欲求的是关于因其自身之故可欲求的一个必要条件。(2)

只有一个就其自身之故被欲求的事物，就是说总体的幸福。(3)

我已经尝试“重建”一个很容易拒绝为无效的之论证。像是边沁，密尔想要强调任何可接受的道德的根源必须在于人的欲求。是这个重要论点，重建的论证的第二个前提生出，不带提议关于欲求的任何与视力和声音的不当类比。则我们能够省却类比，并且通过如此做使得论证是有效的。[①]

亨利・韦斯特对此正面提出不同看法，他的理由是，“密尔在第四章里的主要论证，是在关于就其自身之故被欲求的心理分析的基础上，去把个体主义的快乐主义建立为关于人类价值判断的终极原理。他假定了那些对于不同的个别的作为一个目的被欲求的事物，是能够被加总起来以给出对于一个个别的聚合的作为一个目的是可欲求的之物，这是成为道德的基础的终极价值”。[②] 他随即对库伯的功利主义原理证明的重建提出如下修正：

只有一个就其自身之故被欲求的事物，就是说总体的幸福。(3)

所以只有一个就其自身之故可欲求的事物，就是说总体的幸福。(4)

对于各个个体就其自身之故可欲求的事物的加总是对于各个个体就其自身之故可欲求的事物的聚合，是至善，是道德的基础。(5)

所以所有个体的幸福(“总体的幸福”)的加总是至善，是道德的基础。[③]

韦斯特在他自己的功利主义一书的导读里告诉人们，“密尔拥有一个关

---

① Cooper. “Mill's ‘Proof’ Of the Principle of Utility.”：279.

② West. “Reconstructing Mill's ‘Proof’of the Principle of Utility.”：257.

③ Ibid.

于增进幸福的终极标准在道德里被应用的方式的复杂的见解……该证明只旨在幸福是可欲求的以及唯一一个作为目的可欲求的结论”，按照这个说法韦斯特显然认为密尔的证明或论证目的是S10与S13的结合。韦斯特在开始他自己的密尔证明的步骤论的阐述之前告诉人们，“该论证的结构是非常简单的”，然而，根据他随即表述的内容，这句话有些名不副实，他提议的步骤——尤其在它在接下来马上将看到的那样扩展了第三点与第四点的情况下——事实上比较复杂。韦斯特的第一点是笔者在上一节里标识的第一个证明步骤(S9)，且第二点是笔者在上一节里标识的第二个证明步骤(S10)的一个组成部分，第三点步骤是笔者上一节标识的PS5：

在第三段里密尔论证了幸福是可欲求的。在该章节的其他部分他论证了幸福是唯一可欲求的事物。该论证的轮廓可以以密尔自己的话给出。

幸福是一个善的论证对密尔是如此显而易见，以至于他在一个段落里提出：

(1)“可能去产生‘任何事物是可欲求的’的唯一证据是人们的确实际地欲求它”。

(2)“除非在他[或她]相信它是可获得的程度内，各个人欲求他的[或她的]自己的幸福，否则对于为什么总体幸福是可欲求的就没有什么理由能被给出”。

(所以，)

(3)“幸福是一个善”。

尽管他用表述“是一个善”来代替较早的表述“是可欲求的”，我断定这只是为了文体上的原因，且我认为他在这个背景下是把这两个表述认作可替换的。

表明幸福是唯一一个作为目的可欲求的事物的论证可能基于实际的欲求的证据：

(4)“人类本性是如此构成的至于与不欲求任何既不是幸福的一个部分也不是幸福的一个手段的事物”(第九段，但在第5五到十段里被论证)。

(所以，)

(5)“除在它或者是快乐的，或者是关于获得快乐或避免痛苦的一个手段的范围，没有任何事物是对人类存在的一个善”。①

韦斯特把以上的内容说成是“该论证的简单轮廓”。不过，韦斯特继续对第三点和第五点各自提出它们的第一个分支和第二个分支。其中，第三点的第一个分支和第二个分支都属于第二个证明步骤(S10)的组成部分：

它由个别的欲求是对于那个个别的自己的幸福的事实而复杂化，然而密

① West. *An Introduction to Mill's Utilitarian Ethics*：121－122.

尔寻求去建立的功利主义学说是总体的幸福是道德的基础。在第三段里，这个区别是被明确说出的。在说过各个人欲求他或她自己的幸福之后，密尔说道，我们有了所有可能去要求“幸福是一个善——即各个人的幸福是对于那个人的善，以及因此总体幸福是对于关于所有人的聚合的一个善”的证明的全部。

这些命题我们可以表述为分离的论题：

(3A)“各个人的幸福是对于那个人的善”。

(3B)“因此总体幸福是对于关于所有人的聚合的一个善。”

这个区别也能够在该论证的第二个部分被引入。无疑心理学的前提(4)意味着：

(4*)各个人不欲求任何既不是他的[或她的]幸福或也不是关于他的[或她的]幸福第一个手段的事物。

且平行于(3A)和(3B)，介于各个人和所有人的聚合之间的区别能够被引入。这将给出：

(5A)除在它或者是快乐的或者是关于获得快乐或避免痛苦的一个手段的范围内，没有任何事物是对人类存在的一个善。

(5B)所以，除在它是或者是总体幸福的一个部分或者是总体幸福的一个手段的范围内，否则没有任何事物是对于所有人的聚合的一个善。[①]

**韦斯特在开始他自己的步骤论之前曾经指出过功利主义学说的结论，他说，“密尔所寻求的结论是在第二段里表述的：‘功利主义的学说是幸福是可欲求的，并且是唯一一个作为目的可欲求的事物，所有其他事物只作为对于那个目的的手段是可欲求的’”，且在上述所有的他提议的步骤都被作出之后，韦斯特继他之前已经得出过的功利主义学说的“幸福是可欲求的以及唯一一个作为目的可欲求的”的结论，再次得出了功利主义原理的一个公式：**

从(3B)和(5B)我们能够随即推导一个如下的关于“功利主义学说”的解释：

(6)“[总体的]幸福[或总体的幸福的一个部分]是可欲求的，并且是唯一一个作为目的可欲求的事物；所有其他事物只作为对于那个目的的手段是可欲求的”。[②]

**罗格·克里斯普先是提出了第二个证明步骤(S10)第三个证明步骤(S13)结合的密尔证明的步骤论：**

在第一段的结尾，密尔问道，在我们行为的第一前提的情况里我们是否能够诉诸感官感觉或某些其他感官感觉。在该章的第二段，他问了另一个问题。鉴于功利主义的见解是幸福是唯一作为一个目的可欲求的，且所以不能够被“直接地”证明，在功利主义是被相信的之前什么条件是必须被满足的？

---

① West. *An Introduction to Mill's Utilitarian Ethics*：122—123.

② Ibid.，124.

在该章的剩余部分里，密尔提供了对这些问题的回答。对之诉诸能够被作出的感官感觉是欲求。且必须被满足的条件是：(1)幸福必须是被欲求的且(2)没有任何其他事物必须是被欲求的。

密尔在声名狼藉的第三个段落里处理“幸福必须是被欲求的”。他在第三到八个段落里详细地讨论了“没有任何其他事物必须是被欲求的”。该论证在第九段里被概括，且证明自身(密尔在第九段里使用了该词)在第十段到来。由于该证明是一个对于读者去考虑已经之前做过的论证的诉诸，密尔的论证的两个路线——对考虑被要求的种类的讨论，以及它们的实际介绍——是连在一起运作的。[①]

随后，在第二个证明步骤(S10)分解为进一步的两个小点的情况下，一个第二个证明步骤(S10)与第三个证明步骤(S13)结合的密尔的证明的步骤论再次被作出：

则我们可以说，该证明拥有三个阶段，其第一个和第三个对应于上述两个考虑。在第三段里密尔试图表明下面的东西：

1. 幸福是可欲求的。

2. 总体的幸福是可欲求的。

他随即致力于在第五个段落里证明：

3. 除了幸福之外没有任何事物是可欲求的。

这些就是他对功利主义证明的三个阶段，且对各个阶段都有一些问题存在。[②]

弗莱德·伯杰的密尔证明的步骤论也属于这一类：

然而，我并不相信我们能够在独立于关于我们认为他需要去表明的事情、以及该证明想要起作用的是哪些人的一个估价的情况下，评价密尔的证明的效力，很清楚他试图通过让对手面对将把他们引向作为行为的终极目的的幸福的“考虑”，从而推动论证。密尔指出过，为了做到这一点，他需要使得反对者信服的是，幸福是行为的目的之一，并且它是行为的唯一目的。基于这个特征，证明拥有两个主要的部分。[③]

但是，事实上在克里斯普自己提出的三个阶段的具体论述时，情况发生了一些变化，在其中，现在他提出的第一个阶段事实上是S9、S10、PS－C11的综合体，而不仅仅如同刚才表明的那样，仅仅在他自己提出的第一个阶段那里指涉S10。克里斯普对于三个阶段的基本介绍如下(鉴于笔者的整个

① Crisp. *Routledge Philosophy Guidebook to Mill on Utilitarianism*：71－72.

② Ibid.，72.

③ Berger，Fred R. *Happiness*，*Justice*，*and Freedom*：*The Moral and Political Philosophy of John Stuart Mill*：53.

**讨论的侧重，这里省略他对于第三个阶段的描述）：**

第一阶段："可见的"与"可欲求的"

能给予"一个对象是看得见的"的唯一证明是人们实际地看到它。"一个声音是听得见的"的唯一证明是人们听到它：我们经验的其他来源也如此。以同样的方式，就我理解，可能去产生"任何事物是可欲求的"的唯一证据是人们的确实际地欲求它。如果功利主义学说就自身提出的目的在理论和在实践之中不是被公认为是一个目的的，没有任何事物将说服任何人相信它是如此。除非在其相信它是可获得的程度内，各个人欲求他自己的幸福，否则对于为什么总体幸福是可欲求的就没有什么理由能被给出。然而，这作为一个事实，我们不仅拥有所有容许幸福是一个善——即各个人的幸福是对于那个人的善，以及因此总体幸福是对于关于所有人的聚合的一个善——的例子的证明，而且也拥有所有它可能去要求的。"幸福"名目成了作为关于行为的目的之一，结果是成为道德的标准之一。①

第二阶段：从各个的幸福到所有人的幸福

回想第四章第三节的结束的一些句子。密尔提议的是一个人能够给予的为什么总体的幸福——也就是总体而言的最大量的幸福——是可欲求的唯一理由在于，各个人欲求他自己的幸福。由于各个人的确欲求他自己的幸福是一个事实，我们拥有了一个人将对"幸福是一个善——即各个人的幸福是对于那个人的善，以及因此总体幸福是对于关于所有人的聚合的一个善"所要求的全部证明。②

第三阶段：除了幸福以外没有其他的是可欲求的。③

**摩尔认为的证明步骤有两个，他直接称之为第一个步骤和第二个步骤。其中第一个步骤是上一节里的第一个证明步骤（S9）和第二个证明步骤（S10）——在这个步骤里快乐主义的自然主义谬误被认为是犯下的，且摩尔的第二个步骤是上一节的第三个步骤（S13）：**

能给予"一个对象是看得见的"的唯一证明是人们实际地看到它。"一个声音是听得见的"的唯一证明是人们听到它：我们经验的其他来源也如此。以同样的方式，就我理解，可能去产生"任何事物是可欲求的"的唯一证据是人们的确实际地欲求它。如果功利主义学说就自身提出的目的在理论和在实践之中不是被公认为是一个目的的，没有任何事物将说服任何人相信它是如此。除非在其相信它是可获得的程度内，各个人欲求他自己的幸福，否则对于为什么总体幸福是可欲求的就没有什么理由能被给出。然而，这作为一个

① Crisp. *Routledge Philosophy Guidebook to Mill on Utilitarianism*：72.

② Ibid.，73.

③ Ibid.，83.

事实，我们不仅拥有所有容许幸福是一个善——即各个人的幸福是对于那个人的善，以及因此总体幸福是对于关于所有人的聚合的一个善——的例子的证明，而且也拥有所有它可能去要求的。“幸福”名目成了作为关于行为的目的之一，结果是成为道德的标准之一。①

如同他认为的，在已经证明了善的意味着被欲求的之后，密尔认识到，如果他是进一步去主张单独快乐是善的，他必须证明单独快乐是真正地被欲求的。这个“单独快乐是我们所有欲求的对象”的学说是西季威克教授称之为“心理快乐主义”的学说：且它是大部分最显赫的心理学家现在一致拒绝的一个学说。②

摩尔在埃弗里特·韦斯利·霍尔那里被称作“第一线的哲学家”，他的上述步骤的第一个步骤——S9与S10——在后者那里被分解为1A和1B——“我们将只注意到摩尔称作‘第一个步骤’的是什么，并且事实上只注意该第一个步骤的前一半，我将指定为‘1A’”(尽管事实上即使如此霍尔在其中指出的第一点也不与摩尔的原文完全吻合)：

1A“能给予‘一个对象是看得见的’的唯一证明是人们实际地看到它。‘一个声音是听得见的’的唯一证明是人们听到它：我们经验的其他来源也如此。以同样的方式，就我理解，可能去产生‘任何事物是可欲求的’的唯一证据是人们的确实际地欲求它。如果功利主义学说就自身提出的目的在理论和在实践之中不是被公认为是一个目的的，没有任何事物将说服任何人相信它是如此”。③

且他说“摩尔的第一个步骤的下一半”将被“指名为‘1B’”：

1B“除非在其相信它是可获得的程度内，各个人欲求他自己的幸福，否则对于为什么总体幸福是可欲求的就没有什么理由能被给出。然而，这作为一个事实，我们不仅拥有所有容许幸福是一个善——即各个人的幸福是对于那个人的善，以及因此总体幸福是对于关于所有人的聚合的一个善——的例子的证明，而且也拥有所有它可能去要求的。‘幸福’名目成了作为关于行为的目的之一，结果是成为道德的标准之一。”④

约翰·格罗特(密尔少年时期就一直结识和交往的朋友，同时也是十二卷本的《希腊史》作者)既考虑了上一节提出的第二个证明步骤(S9)，也考虑了第三个证明步骤(S10)：

但是观察思考该证明涉及的方式以及被证明的是什么是重要的。……证明

---

① Moore. *Principia Ethica*：66.

② Ibid.，68.

③ Hall. “The‘Proof’Of Utility in Bentham and Mill.”：2.

④ Ibid.，6.

显得是这样的原因(倒退)：我们知道幸福是“道德的标准”，因为我们知道它是“人类行动的唯一目的”：我知道这最后一点再一次是因为我们知道它是“一个心理事实”，即“人类本性是如此构成的至于与不欲求任何既不是幸福的一个部分也不是幸福的一个手段的事物”：我们“由实践的自我意识和自我观察决定，由对其他人的观察协助”知道这一点：它是基于其上整个所以来的事实和经验的事情。且密尔先生庄重地说到，这是一个我们也许有可能怀疑的事实比如在观察之前，假定人们可能把不快乐的和不可欲求的作为可欲求的欲求是相当自然的，就好像它们涉及的术语和观念彼此没有关系。[①]

在五页之后他继续说道：

在他认为他是在把功利主义证明为是真正的且唯一的道德哲学的地方，密尔先生所证明的(就任何类的道德哲学是有证明的能力的范围)，就我看来只是人们欲求幸福或是快乐的事物，或换言之，即幸福是可欲求的……密尔先生的功利主义的证明事实上只不过表明了幸福的欲求对于人是自然的；但是由此他在我第一次引用过的段落里告诉我们愤恨对于人是自然的。因为他在那个地方向我们表明愤恨是如何“道德化的”；所以且由一个相同的方法，幸福的自然的欲求承认了和需要“道德化”：自然的欲求不是在第一个事例里的总体的幸福，直到社会感受和道德教导已经有时间去运作，且这个运作是以如同其他是被道德化一样的方式在后一种感受那里的道德化。“各个人的幸福是对于那个人的善，”密尔先生说道，“总体幸福是对于关于所有人的聚合的一个善。”在这里我们是在谈论作为一个“行动的目的”的“一个善”：让我们代之以等同的术语，且该论证随即将是比如各个人的幸福是对于他的“行动的目的”，所以总体的幸福是对于聚合的“行动的目的”。除非“聚合”能够行动，这后一个句子是没有意义的。但是密尔先生似乎认为他已经证明了哪一点，以在其中一个人的幸福对于他是一个目的的相同的方式，聚合的幸福是对于聚合的各个个体的一个目的。[②]

尽管格罗特的该著作对密尔功利主义的研究是重要的——因为事实上它是第一个提出了一系列密尔的伦理学面临的问题的论著——但是，笔者认为在论密尔的证明的时候他的论点成问题。格罗特自己在一个脚注里以包括了第二个证明步骤(S10)和第三个证明步骤(S13)的方式再次叙述了密尔的证明的步骤：

也许该论证可以更清楚地这样表达：

密尔先生的证明的步骤是：

A. 人欲求幸福：所以幸福是可欲求的。

---

① Grote. *An Examination of the Utilitarian Philosophy*：63.

② Ibid.，68，70—71.

B. 人单独只欲求幸福：所以单独幸福是可欲求的。

C. 则幸福是人类行动的唯一目的：幸福是增进是由对之所有人类行为的判断的测试：它由此是道德的标准。

作者由反驳A和B是不必要的开始，由于幸福可能被定义为“可欲求的”(在抽象地看待的时候，不指涉特殊的可能被考虑为等同于“被欲求的”的经验)。但不止A和B是不必要的，它们也是不真的；因为在实际之中“被欲求的”不等同于“可欲求的”。或者是说人(也就是所有的人们)欲求幸福是错误的，或者是说幸福是可欲求的是错误的。为拥有一个真的命题的逻辑转换必须被改变成，“所有的人们欲求快乐，所以快乐是被欲求的”，“所有的人们应当欲求幸福，所以幸福是可欲求的”[①]。

**约翰·格罗特的该书编者约瑟夫·比克斯特·梅尔在上述同一页脚注里指出格罗特的疏漏，梅尔指出格罗特对密尔那里感官感觉类比的忽视——一个对于整个S9的第一个证明步骤的阶段的完全忽视。梅尔说：**

由之密尔先生致辞他的论证的类比在这里应该得到注意，虽然它没有被格罗特教授注意到。他说(第五十一页)“能给予‘一个对象是看得见的’的唯一证明是人们实际地看到它。‘一个声音是听得见的’的唯一证明是人们听到它：我们经验的其他来源也如此。以同样的方式，就我理解，可能去产生‘任何事物是可欲求的’的唯一证据是人们的确实际地欲求它。”[②]

**亨利·西季威克在《伦理学方法》里指出了BS1，且指出了密尔证明的步骤之中的第一个证明步骤(S9)、第二个证明步骤(S10)、第三个证明步骤(S13)的各个部分：**

密尔由解释虽然“终极目的的问题是不受”对于“在该词语的平常意义和通行意义的证明”开始，存在一个在其中它们是容许它的“一个更大一些的意义”。“该主题，”他说，是“位于理性感觉官能的认识之内……考虑可以被提交为有决定智能的能力”接受“功利主义的公式”。他随后清楚表明由“功利主义公式的接受”他不意味着行为者自己的最大幸福，而是作为终极的“人类行动的目的”和“道德的标准”的“最大数量的全部幸福”：在功利主义的见解里，去增进是至高的“人类行为的指导规则”。则当他到了给出关于这个规则或公式的“证明”——在之前解释过的较大意义上的时候，他提供了如下论证。“可能去产生‘任何事物是可欲求的’的唯一证据是人们的确实际地欲求它……除非在其相信它是可获得的程度内，各个人欲求他自己的幸福，否则对于为什么总体幸福是可欲求的就没有什么理由能被给出。然而，这作为一

① Grote. *An Examination of the Utilitarian Philosophy*: 65, n1.

② Joseph Bickersteth Mayor's note for John Grote's. *An Examination of the Utilitarian Philosophy*. Edited by Joseph Bickersteth Mayor: 65.

个事实，我们不仅拥有所有容许幸福是一个善——即各个人的幸福是对于那个人的善，以及因此总体幸福是对于关于所有人的聚合的一个善——的例子的证明，而且也拥有所有它可能去要求的。"他随即继续论证单只快乐和幸福是所有人们实际地的确欲求的。①

在《伦理学史纲》里西季威克则认为密尔证明的步骤包括的是第二个证明步骤(S10)的各个部分，且西季威克在这里也指涉到了BS1：

然而在其中密尔在他的论《功利主义》的简短论述里致力于说服个体去把总体的幸福作为他的终极目的的方式，是多少有些复杂和令人困惑的。首先：他支持的——与休谟和边沁一道——是"在通常认可的术语那里，关于终极目的的一些问题是不允许证明的"；然而他认为，"考虑可以被提交为有决定或者给予或者保留它的对该学说的同意的智能的能力的。"他实际上提呈的(在第四章)考虑简要而言是这些：(1)各个人欲求的是对他自己的快乐(或痛苦的缺失)，且他总是以对于快乐的大小成比例欲求这一点；(2)任何事物是可欲求的唯一可能的证明是人们的确实际地欲求它；(3)各个人的幸福因此对他自己是可欲求的或是一个善；(4)总体的幸福因此是对于所有人的聚合的一个善。②

与此有些相似地，弗莱德·威尔森把上一节里的第二个证明步骤(S10)说成是密尔的证明的全部步骤，且他把该步骤按照他自己的看法分解为两个步骤：

我们可以把该"证明"划为两个步骤。第一个步骤是被设计为建立(就它能够被建立的范围内)"各个人的幸福是对于那个人的善"。第二个步骤从这推断出"总体幸福是对于关于所有人的聚合的一个善"。③

杰弗里·萨瑞一麦科德与弗莱德·威尔森在证明步骤的方案方面一致：

第四章的第三段交付辩护第一个主张，即幸福是作为一个目的可欲求的，而章节的剩余部分献给了对第二个的辩护，即幸福是唯一一个作为目的可欲求的事物。在两种情况里，论证都开启了一个关键的证据原理，据之"可能去产生'任何事物是可欲求的'的唯一证据是人们的确实际地欲求它"。在这个原理的视角下，密尔需要去表明的是，人们的确实际上作为一个目的欲求幸福，且那是唯一一个他们作为目的可欲求的事物。否则，鉴于该原理，他将没有证据去认为，首先，幸福是作为一个目的而可欲求的，或者其次，它是唯一一个作为目的而可欲求的事物。这都是非常直截了当的，尽管

① Sidgwick. *The Methods of Ethics*：387－388.

② Sidgwick. *Outlines of the History of Ethics for English Readers*：245－246.

③ Wilson. "Mill's 'Proof' of Utility and the Composition of Causes."：139.

证据原理当然是高度有异议的。[1]

**还有其他一些各异的步骤论。哈迪·琼斯的方案是：**

密尔想要排除的是什么是不清楚的，但他论证的几个部分能够重订为演绎的形式。例如他将论证如下：

(1)如果所有非终极的善是对某个目的的手段，并且如果E是被承认为是不带有证明的善的，那么E是一个终极目的。

(2)所有非终极的善是对于最大量幸福的手段，并且最大量幸福是被承认为是不带有证明的善的。

因此：

(3)最大量幸福是一个终极目的。

假定在这个论证里的前提将的确地产生对密尔的功利主义的理性的支持。但他没有以这种途径论证；他的证明是一个更为迂回的，更为复杂的证明。他没有声称最大量幸福是被承认为不带有证明的是善的。取而代之，他提供了一个对于为什么它应该被承认为是善的证明。

关键片段是第三段：

能给予“一个对象是看得见的”的唯一证明是人们实际地看到它。“一个声音是听得见的”的唯一证明是人们听到它：我们经验的其他来源也如此。以同样的方式，就我理解，可能去产生“任何事物是可欲求的”的唯一证据是人们的确实际地欲求它。如果功利主义学说就自身提出的目的在理论和实践之中不是被公认为是一个目的的，没有任何事物将说服任何人相信它是如此。除非在其相信它是可获得的程度内，各个人欲求他自己的幸福，否则对于为什么总体幸福是可欲求的就没有什么理由能被给出。然而，这作为一个事实，我们不仅拥有所有容许幸福是一个善——即各个人的幸福是对于那个人的善，以及因此总体幸福是对于关于所有人的聚合的一个善——的例子的证明，而且也拥有所有它可能去要求的。“幸福”名目成了作为关于行为的目的之一，结果是成为道德的标准之一。

这些传说的句子表达了密尔的坚信，即他支持两个中心主张：个别的幸福是一个善，并且总体幸福是一个善。

功利主义学说包括四个其他关键因素：正确的行为是有益于什么是善的，善是可欲求的，幸福是唯一内在的可欲求的人类目的，并且总体幸福是终极道德目的。密尔的证明没有涉及对正确的行为是有益于什么是善的支持。他的讨论继续于正确的道德理论是一个目的论的理论，在其中行为是被按照对至上善而评价的。尽管他也写到善是可欲求的是真的；他没有论证

---

[1] Sayre－McCord. “Mill's‘Proof’of the Principle of Utility：A More than Half－Hearted Defense.”：332－333.

“善”意味着“可欲求的”，或者是可欲求的无论如何必定也是善的。我将不质疑功利主义的这些特点。密尔以争辩人类本性的约束要求任何是被欲求的事物是作为一个幸福的手段或作为幸福的一个部分而被欲求的，从而论证幸福是唯一内在地可欲求的人类目的。这随即被用于支持总体幸福是终极道德目的。①

**最后让我们看看卡尔·韦尔曼从内在价值论的角度进行的步骤论，通过说密尔是普遍快乐主义的功利主义，韦尔曼提出他认为的密尔的需要证明的步骤：**

为证明这个立场[普遍快乐主义的功利主义]，密尔必须建立几个不同的论题。他必须表明(Ⅰ)所有的职责是单独地以价值为根据的。他必须随即表明善是幸福。这个论点真正上包括了两个主张：(ⅡA)所有的幸福拥有内在的价值，并且(ⅡB)没有什么非幸福拥有内在价值。最后他必须表明(Ⅲ)每一个人的幸福将相等地被计算。现在让我们转向他的证明并考察对这个结论的各个部分的论证。②

(ⅡA)所有的幸福拥有内在的价值。

那么密尔如何证明所有的幸福拥有内在的价值？他的证明包含了两个步骤。首先，他表明了所有的幸福是就其自身被欲求的。在论证里的这个步骤是归纳的。它的前提是有关我们的欲求的特殊事实，且它的结论是一个事实的概括。随即他推断了所有的幸福拥有内在的价值。在论证里的这个步骤从一个事实判断移动到了一个规范判断。它使人信服的力量取决于基于作为一个目的被欲求的永远不能够被表明为是不可欲求的被力辩的所持论点。③

(ⅡB)没有什么非幸福拥有内在价值。

在建立了幸福的价值之后，现在密尔必须表明(ⅡB)没有什么非幸福拥有内在价值。他的推理是在之前论证里的推理的翻转。首先，他表明了从归纳上没有任何别的事物是就其自身被欲求的。随即他推断了没有任何别的事物是就其自身之故可欲求的。由于这个是一个内在价值的问题，与是被欲求的蕴意了是可欲求的的理由一样，不是被欲求的蕴意了不是可欲求的。这个证明的第二个步骤可能是成问题的，但至少它带来的问题不是新的。④

(Ⅲ)每一个人的幸福将相等地被计算。

密尔假定了职责是根据于价值的，且已经论证了善是幸福。但是是谁的幸福？现在他必须表明(III)每一个人的幸福将相等地被计算。他论证道：由

① Jones. “Mill's Argument for the Principle of Utility.”：339－340.

② Wellman. “A Reinterpretation of Mill's Proof.”：268.

③ Ibid.，272.

④ Ibid.，272－273.

于各个人的幸福是由那个人欲求的，各个人的幸福是对于那个人可欲求的。并且所以，每一个人的幸福是对于每一个人可欲求的。[①]

总结整个过程，

密尔的证明现在是完整的。能够被理所当然地认为是(I)所有的幸福是单独地以价值为根据的。幸福是就其自身被欲求的事实蕴意了(IIA)所有的幸福拥有内在的价值。没有任何别的事物是就其自身被欲求的事实蕴意了(IIB)没有什么非幸福拥有内在价值。并且由于每一个人的幸福是被相等地欲求的，(III)每一个人的幸福将相等地被计算。它将似乎被证明了，正确的与错误的行动的标准是最大多数的最大幸福。[②]

## 第四节　对步骤方案的讨论

如同在上一节可以很好地看到的那样，大部分对于密尔证明的研究都把焦点放在第二个证明步骤(S10)和第三个证明步骤(S13)之上。在其中，基本上没有看到完全以第三个证明步骤为核心的证明的步骤论，也较少看到第一个证明步骤(S9)、第二个证明步骤、第三个证明步骤全部都被采纳为整个证明过程的论点。最常见到的是第二个证明步骤与第三个证明步骤的各种形式的结合，且在这样的过程中有不少论者把第二个证明步骤进一步分解为进一步的一些次级步骤。此外，仅把第二个证明步骤作为密尔证明的全部步骤的例子也不是没有被看到的。与此同时，在第一个证明步骤方面，单独以它为核心的论点几乎无从寻觅。

在阅读了密尔《功利主义》对功利主义原理的证明的读者那里，可能容易产生一个困惑，这个困惑相当自然，那就是，在这样一个证明里整个步骤到底是什么样的。它可能是什么样的是我已经在之前所有讨论里一直试图进行论证的，且它的一个基本蓝图是在这一章第二节结尾部分已经试图给出的。现在，一个在此基础之上的问题也出现了，人们会发问，在所有这些被设想或指认的功利原理的证明步骤里，哪些步骤才是密尔自己所认为的证明步骤？或者换个问题，在所有证明步骤之中哪些是真正合理的该原理的证明步骤？

就像已经看到的那样，这个问题没有什么公认的回答。一个人可以以上述证明的步骤的全貌之中，在三个证明步骤里任何选取任意一个作为证明的核心。

比如，可以认为建立起“任何事物是可欲求的”这样一个命题的成功证明

---

① Wellman. “A Reinterpretation of Mill's Proof. ”：273.

② Ibid. , 274.

之后，功利主义原理的证明就在很大程度上已经成功。在刚才的第一段里笔者把这样的论点称作几乎无从寻觅，不过，事实上笔者自己持有的对于密尔证明的基本看法就属于这一类。这一点的持有理由将在接下来得到进一步详细阐述。

还可以认为建立起第二个证明步骤的成功证明之后该原理就得证。这要求一个持有这样看法的人把密尔的功利原理视为一种着重于幸福原理而不是带有原理内容的唯一性要求的幸福原理。这并非全然没有根据，如同笔者在第五章第二节曾经论及过的，在密尔的逻辑学著作里，功利主义原理的表述并不带有唯一性要求，在那个时候它仅仅被说成是一个幸福原理或幸福的推动的原理。然而，也如同笔者在同样的章节里所作出的评价，最好的看待密尔功利主义原理的方式仍然是把它视为带有唯一性要求而不是与之相反，这虽然将要求我们去支持密尔在《功利主义》里的该原理的表述，并与此同时违反其逻辑学著作里该原理的字面表述，但是这样一来，一个更为恰当的原理的界定就将得到担保。另一方面，仅就《功利主义》来看，无论从证明的几个步骤的各自分配的篇幅还是密尔自己对于该原理的见解，第三个证明步骤即唯一性要求的证明步骤都并非无足轻重，且它在密尔那里很可能是无论如何都不可或缺的。因此这样一个对密尔证明的立场如果是成立或希望成立的，所需要冒的风险就将与刚刚论述的第一个立场一样巨大。

此外还可以认为建立起第三个证明步骤的成功证明之后该原理就得证。这要求一个持有这样看法的人把密尔功利原理内容的唯一性作为整个原理的立论基础，如果这样的立场成立，那么我们就需要与持有它的人一道去认为，在功利原理之中，作为内容的幸福或总体的幸福稀松平常，且与此同时只有唯一作为可欲求的目的的幸福或总体的幸福才不是稀松平常的，需要得到重点的证明。

就笔者看来，甚至这样的初看上去同样相当牵强的——在牵强的程度上在某种意义上说来，甚至不亚于之前的两种以三个直接被作出的证明步骤的单一步骤为证明核心的立场——看法实际上也并非无法言之成理。首先，如同上一段也表明过的那样，从《功利主义》论原理证明的一章里三个直接被作出的证明步骤各自得到分配的论证篇幅角度来看，这第三个证明步骤即唯一性要求的步骤拥有相比于在它之前两个步骤的任何一者或者那两个步骤的篇幅总和的压倒性优势。

其次，从密尔的原理证明各个部分的实质含义来看，对这样一个立场的解释同样也是可能的，这样的解释可以是这样的：不带有唯一性要求的幸福原理是——如同刚刚说过的——稀松平常的，除此之外，在它进行一个证明的活动方面也同样就只不过是稀松平常的，与此同时幸福原理的唯一性要求不是稀松平常的，且对此的证明也同样不是稀松平常的。如果这样去看待密尔的证明，他在第四段里开始声称的论者不同意幸福是唯一被欲求和可欲求的事物的担忧就将得到完美的支持，这看起来也很符合某种方式揣测之下的密尔的心思。

迄今为止一切都很好，但是笔者认为这个立场将可能遭到的反驳也同样有着充分的直接的文本证据。根据《功利主义》论证明一章的开头部分以及同一本书里对于证明的预告部分的论述，对于感官能力论的提及都紧随对于功利主义原理的不可证明性的介绍之后，且与后者一道都构成对于该原理证明开篇辞的全部内容。此外根据笔者在上一章里对于密尔的实体论形而上学的分类法的论述，且尤其是他的感觉官能与感官感觉的见解的论述，感官能力论不仅是约翰·密尔的哲学思想的一个基本要素，而且也被他明确表示为一个功利主义学说声称打算处理的两个基本问题之一。在这样的情况下，幸福原理的唯一性的证明对感官能力论的涉及程度就需要被纳入考虑范围。我们需要去考察它是否充分涉及了后者，一个判断的结论将根据涉及程度的强弱。如果涉及感官能力论的程度是强的，这第三种立场就可以获得密尔本人意见的良好支持，而如果该立场并不涉及多少感官能力论，它是否能够按照它自身声称的那样可言之成理的就打上问号。现在留待这个问题以及与此相关的问题到下一章。目前继续对于种种密尔的证明的方案的讨论。

以上各种方案都以这一章第二节拟定的三个直接声称进行证明活动的证明步骤的某一个单一步骤为核心。容易看到的是，把三个直接证明步骤的其中两个或所有三个结合起来，认为它们构成了一个完整证明的本质部分更为可取，也很可能更具有说服力。在上一节里，最大多数被选择引述的见解都把直接证明的第二个和第三个步骤列为那些论者认为的本质证明过程。一个以“幸福是可欲求的对象”且随即“幸福是唯一作为目的的可欲求的对象”的证明显得相当完整。

一个以直接证明的第二个步骤和第三个步骤为主要组成部分的见解，却并不全部都拥有一个对于完全单一的具体成分结构的一致赞同。相反，各种各样的可能性都是存在的。比如，有人认为密尔的证明以“幸福是可欲求的且幸福是唯一可欲求的”为组成部分。也有人认为整个证明过程以“总体的幸福是可欲求的且总体的幸福是唯一可欲求的”为组成部分。还可以认为两个阶段是以“幸福是一个善且只有幸福是一个善”，或者“总体的幸福是一个善且只有总体的幸福是一个善”为组成部分。以上各种情况在直接证明的第二个和第三个步骤之间有不同看法。在直接证明的第二个步骤即密尔的论及各个个别的幸福的欲求与可欲求性以及总体幸福的欲求与可欲求性的步骤里，人们对之的看法仍然不一致。如同第六章和在那一章之后的一些地方已经表明的，密尔在那个地方的论说充满了各种可能性。在各个个别对于各自幸福的实际欲求、各个个别的幸福是可欲求的、各个个别的幸福与作为聚合的即总体的各个个别的幸福的实际欲求与可欲求性之间，存在着各种各样的可能的证明与被证明、建立与得以建立的关系。它们究竟是怎样的不是特别清楚的，如同整个证明过程一样，密尔并没有指出一个一目了然且不会引起更多争议的规定。当然如同这一章的第二节已经指出过的，可以对这个部分的解释的困难先松一口气，对于目前的论证焦点更在于另外的一些方面，比如在所有三个直接声称在进行证明活动的步骤那里的整体的看法，或者比如在所有这几个步骤里哪一个更具有相对的决定性。

最后，三个步骤同时被指出的例子在上一节里也不是没有被看到。这是笔者认为，比把三个直接证明步骤的后两个结合起来作为主要组成部分的方案更为可取的一种见解。它全面顾及了密尔证明的各个主要部分。还值得一提的是，相当多的对于密尔证明的步骤论，事实上也常常把笔者在这一章第二节末尾拟定的证明过程的一些心照不宣的预设条件也包括在内。比如把快乐是一个善、幸福是一个善、人类包括道德行为在内的所有行为都拥有一个目的，等等。无论如何恰当看到并采纳这些预设条件对密尔的证明都将只会有益无害。但是现在我们面临一个比诸如把预设条件也采纳为整个证明的所有步骤更为紧迫和严重的问题。

这个问题是对第一个直接证明的步骤——一个声称证明了任何事物是可欲求的证明——的常见的忽略或轻视。在所有三个声称得到了证明的步骤里，这个步骤如果在被忽略的概率上不是最大的，也是在被轻视的概率上最大的。

许多人觉得，在证明了第二个直接证明的步骤(幸福是可欲求的总体幸福是可欲求的)的同时，任何事物是可欲求的显然包括在内。“任何事物是可欲求的”的证明或者被认为只不过是“幸福是可欲求的”的证明的前奏，或者前者甚至被认为不仅无关紧要，而且只不过是后者的一个可有可无的前奏。按照这样一个类型的见解，为了证明幸福是可欲求的，并不必然需要证明任何事物是可欲求的。为了支持这样的看法，论者作出的理由可能是，为了证明幸福是可欲求的，我们需要做的是直接去证明幸福是可欲求的，比如，去证明幸福这个事物的确是可欲求的，或者去证明除了幸福别的任何事物都不是可欲求的，等等。在这样的见解里，显然，任何事物是可欲求的是一个多余的过程。

把“任何事物是可欲求的”的证明视为对于“幸福是可欲求的”的证明的一个多余的前奏，这样的见解不是没有道理，只不过为了做到这一点，一个人事实上将不得不采纳一个心照不宣的假定，即任何是事物是可欲求的是成立的，换一种说法，如果任何一个事物并不是可欲求的，或者并不是任何一个事物都是可欲求的，在声称幸福是可欲求的是打算被证明的时候，这最后一个命题的可靠性就没有得到完全保证。

然而如同认为任何事物是可欲求的证明是多余步骤的论点所认为的那样，认为在证明幸福是可欲求的之前，需要先去证明任何事物是可欲求的，这的确初看上去是一个相当冗余的事情。它也许符合完全严密的证明的立场。如果任何一个事物是可欲求的是被建立起来的，为了证明幸福是可欲求的也是可以被建立起来的，所需要做的就只不过是考察，幸福是否是前者的主语所指涉的拥有可欲求性的事物里的一个元素。但说任何事物是可欲求的难道不是一个没有意义的话？难道有什么事物是不可欲求的？常识告诉我们，对任何事物是可欲求的这样的命题的发问很可能是笨拙的。任何一个事物是可以被看见的，这显而易见，不需要像密尔那样，提出一个唯一的以人们的确看见了那个事物为样式的对之的证明，任何一个声音是可以被听到的，这显而易见，不需要像密尔那样，提出一个唯一的以人们的确听到了那个声音为样式的对之的证明，同理，任何一个事物是可欲求的，这显而易见，不需要像密尔那样，提出一个唯一的以人们的确欲求那个事物为样式的对之的证明。

对此有一个直接的《功利主义》文本的反驳。如果任何事物是可欲求的的确不需要在幸福是可欲求的之前进行证明，或者前者没有证明的如此大的必要性，密尔为什么需要在论证明一章的一开始，就强调关于我们的知识的事情与关于我们行为的事情的可证明性的论点？按照现在这种见解，密尔完全不用对关于知识的与关于行为的可证明性说任何一句话，相反，他应该做的就只不过是——至多是在同样也声称了关于目的的问题等于什么事物是可欲求的问题的情况下——直接就对各个个别幸福和总体幸福的欲求与可欲求性的功利原理加以幸福为核心的证明。

然而关于知识的事情毫无疑问完全对应于在任何事物是可欲求的证明里与之并列的“任何事物是可见的”的命题，以及“任何一个声音是可以听到的”的命题。与此同时，关于行为的事情同样毫无疑问对应于“任何事物是可欲求的”的命题。密尔在论证明一章的第一段和第二段的关联如此明显，以至于对这一点的反对将无法言之成理。且任何对这一点的承认，都将导致对于任何事物是可欲求的命题的证明的必要性否认的观点都无法继续言之成理。如果一个人承认了所有这些，认为所有这些都是正确，那个人将需要在承认任何事物是可欲求的证明是一个必要的证明的步骤的同时，为这样一个看似冗余的或奇怪的证明步骤寻求更为坚实的存在与立论的根据。

如同在这一节已经看到的，且如同在这一章接下来的部分将继续看到的那样，对于“任何事物是可欲求的”的证明的解释不仅面临现在已有的这些困难，而且它实际上所面临的和牵涉到的困难将更为严重，这一问题所带来的对于密尔证明看法的影响也极其重大。任何对这个问题的忽视都不可取。笔者不打算回避这个问题，相反，笔者试图尽力阐述这个问题，并给出对于这个问题的一个尽可能全面的分析与论证。如果笔者的想法正确，那么任何事物是可欲求的证明不仅不是一个可有可无的密尔证明的步骤，正好相反的是——与一般认为的对直接声称进行证明的第二个步骤与第三个步骤的重要性的强调不同——它很可能是在所有的密尔式功利主义原理证明的步骤里最为重要且最为核心的一个。但是到现在为止，我们对于密尔证明的步骤的理由已经无法继续给予对这个问题更多启发。事实上限制了对于该问题进一步回答的原因恰恰是这一章截至目前的分析一直是在步骤论的基础上作出的。注意到在之前的几个章节里，曾经涉及的是其他一些密尔证明之中所具有的和牵涉到的问题，比如在第一章里牵涉到的对于这个证明的可证明性的讨论，在第二章里牵涉到的关于推理——在这里尤其相关的是从那一章的第六节开始的证明与推理的问题以及把密尔的证明视为一个考虑还是视为一个严格的证明等——的问题，或者在第三章里牵涉到的对于作为第一原理的功利主义原理以及它的原理系统与数学公理系统的比较，或者在论感觉、感觉官能与感官感觉的上一章里所涉及的感官能力论的问题。

所有这一切是一些不同的标准，它们超出了本章目前为止所重点讨论的证明的步骤论的观点，而是涉及了诸如可推理的标准、可证明性的标准、感官能力论的有效性的标准等。且不幸的是这个问题不可以得到一个一目了然的和轻而易举的回答，在所有这些不同的标准之中，与在密尔的证明乃至密尔功利主义学说的一些其他地方那里一样，许多矛盾和困惑之处的遭遇很难避免，在这里试图作出的最终的解答也很可能是遭到其他见解的强烈反对或不是最终的。

## 第五节　心理事实与可欲求性的基础证明

从表面上看，从《功利主义》论原理的证明的章节的第四段起，对感觉官能与感官感觉的涉及并非无影无踪，相反，这样一类事情经常被提及。这也许是一种错觉。笔者将直接提出对于这个论点的一个建议性质的理由。对于密尔的证明，笔者在上一节里提议的三个直接证明步骤的论幸福原理唯一性的第三个步骤，虽然也依赖于人类存在的对于快乐和痛苦，或者对于幸福的感知、欲求的感官能力论的见解，然而这样的依赖从本质上看不是一个推理性质的。相反，它是一个被密尔几次称为心理事实的性质的事情。密尔在《功利主义》里说的是：

不管功利主义道德家们视作由之美德成为美德的原始条件的见解可能是什么；然而他们可能相信（如同他们的确相信的那样）活动和习性是有德的，只是因为它们推动了比起美德的另一个目的；可如果这被授予，且从关于这个描述的考虑，什么是有德的已经被决定了，他们不仅把美德置于作为对终极目的的手段的善的事物之首，而且也把它的存在的可能性认作一个对于个别的心理事实——一个就它自身的善，不用寻求任何超出它的目的；并认为除非它的确以这一方式喜爱美德——作为一个就它自身可欲求的事物，甚至尽管在个别事例那儿，它将不产生那些其他的它倾向于产生的可欲求的结果，由之它被认为是美德——否则心灵就不处于一个正确的状态中，不处于符合“功利”的状态中，不处于最有助于总体幸福的状态中。①

是否人类的确不欲求任何对它自身的事物，而欲求是一个对他们的快乐的事物，或者是一个痛苦的缺席；我们已经明显到达了一个事实和经验的问题，像所有相似的问题一样依赖于证据。它仅能够由实践的自我意识和自我观察决定，由对其他人的观察协助。我相信，这些证据的源泉在公平无私地考虑的情况下，将宣布欲求一个事物和发现它快乐的，对它厌恶和认为它做作痛苦的，是完全不能分离的现象，或者毋宁是同样现象的两个部分；在语言的严格中，两个不同模式的关于同一个心理事实的命名：去认为一个对象作可欲求的(除非为了它的结果之故)，以及去认为它作快乐的，是一个事物且是同一个事物；并且，去欲求任何——除非与作为它是快乐的观念成比例的——事物，是心理上和形而上学的不可能性。②

心理事实这一概念的定义曾经在《逻辑学体系》作出过，在那个地方密尔刚刚结束对于所有可命名事物的他自己的分类，在总结里他重新划定了他自己认为最为合理的范畴分类法，“作为我们的分析的结果，我们获得了下述的所有可命名事物的一个列举与归类”，并且“如果它是正确地归类的话，这四个类包括了所有所有可命名事物，它们中的这些或某些必定当然会构成所有名称的含义(*signification*)；且它们中的这些的或某一些制造了任何一个我们所谓的一个事实”：

第一，感受，或意识的状态。

第二，经验那些感受的心灵。

第三，客体，或刺激了那些特定感受的外在对象，凭借力量或特质一道刺激它们；所包括的后者(至少)更与通常见解相符，因为它们的存在是被认为理所当然地从我不能审慎地偏离的那里产生的，而不是因为把这样的力量或特质认作显得被一种可靠哲学担保的真实存在。

第四且最后，介于感受或意识状态之间的相继(*Successions*)或共存(*Coexistences*)、相似(*Likenesses*)或不相似(*Unlikenesses*)。当被认为存在于其他事物之中时，那些关系只真实地存在于意识状态之中——如果是身体的，

① Mill, J. S. UT. *CW*, Ⅹ: 235.

② Ibid., 237－238.

就是刺激的，如果是心灵的，就或者是刺激的或者是经验的。[①]

在这样的基础上，密尔进一步作出了一个两分法，把上述所有四个类别的可命名事物分为心理事实(主观事实)与客观事实。第一个类别的感受或意识状态属于心理事实的范围，而所有的心灵实体、客体实体、身体实体和各种各样的事实的情况的关系全部属于客观事实。

为了区别的目的，每一个单单由被考虑为此的感受或意识的状态构成的事实，常被称为一个“心理事实(*Psychological fact*)”或“主观事实(*Subjective fact*)”；而每一个要么是整个地要么是部分地有不同于这些的其他某物构成的事实，被称作“客观事实(*Objective fact*)”。则我们可以说，每一个客观事实是基于一个对应的主观事实的，除了作为一个——通过它主观事实或心理事实得以引发的——对未知的和不可预测的过程的名称，它对我们不拥有意义(与主观事实远不相同)。[②]

功利主义原理的幸福的提出因此基于心理事实，人类存在的心理事实使得我们在自身之中发现了快乐、痛苦或幸福的事实和经验。“人类的确不欲求任何对它自身的事物，而是欲求是一个对他们的快乐的事物，或者是一个痛苦的缺席……明显到达了一个事实和经验的问题，像所有相似的问题一样依赖于证据。它仅能够由实践的自我意识和自我观察决定，由对其他人的观察协助”。“这些证据的源泉在公平无私地考虑的情况下，将宣布欲求一个事物和发现它快乐的，对它厌恶和认为它做作痛苦的，是完全的不能分离的现象，或者毋宁是同样现象的两个部分；在语言的严格中，两个不同模式的关于同一个心理事实的命名：去认为一个对象作可欲求的(除非为了它的结果之故)，以及去认为它作快乐的，是一个事物且是同一个事物；并且，去欲求任何——除非与作为它是快乐的观念成比例的——事物，是心理上和形而上学的不可能性”。

这样的说法显然以某种基于实体论形而上学的心理学的理论或者心理快乐主义的理论为根据，且无论如何它都拥有一定程度的可接受性。不过有一个问题。如同密尔自己已经在《功利主义》里声称的，快乐和痛苦的感受是心理事实，主要只能通过自己的观察来获得。现在让我们回顾笔者曾在第二章第六节里讨论过的一个问题，在那个名为“证明与推理”的章节里，《逻辑学体系》的一段话被引用：

逻辑学以两种方式对我们是可知的：某些是直接地知道的，是它们自身被知道的；某些是通过其他真理的媒介的。前者是“直觉”的主题，或“意识”的主题；后者是“推论”的主题。由直觉知道的真理是原始前提，由之所有其

① Mill，J. S. SL：RI. *CW*，Ⅶ：77，Bk. Ⅰ，Chap. Ⅲ，Sec. 15.

② Ibid.

它前提被推论……由直接意识对我们是可以知道的真理的情况，是我们的身体感觉与心理感受。我们直接知道，且是我们自己的知识的是，我们昨天是恼怒的，或者我们今天是饿的。我们只由推论的方式知道的真理的情况，是当我们不在场的时候发生的事件，在历史里记载的事件，或数学定理。前二者我们从被引证的证言那里推论，或从关于那些仍然存在的过往事件的踪迹推论；后者从写在几何学书本里的以定义和公理为名目的前提推论。①

在已经拥有了对那一章的对于推理的分析，以及上一章对于感官能力论的理论的分析之后，密尔这段话的意思现在能够得到更好的理解。在这里被称作“直接地知道”、“直接意识”、“身体感觉与心理感受”的事物，正是一些属于实体论形而上学的背景下作出的可命名事物范畴分类之中的感受和内在意识，或者也可以称作是一些属于心理事实的事物。但是这些话告诉我们的不仅是再次确认了心理事实这么一个事物，而是也告诉我们逻辑学、逻辑学的推理所能有效涉及的范围。诸如“我们昨天是恼怒的”或者“我们今天是饿的”这样的表述是一些与心理事实有关的事情，它们是我们直接感知到的身体感官感觉的感受，与此同时它们是一些命题，而根据密尔，能够被逻辑学证明的只能够是表述为一个命题或一个断言的事物。悖论性的是，诸如诸如“我们昨天是恼怒的”或者“我们今天是饿的”的命题是一些心理事实的命题，按照密尔所说，它们不属于由推论的方式知道的事实的情况。

同样如同笔者在第二章的那个地方分析和论证过的，推理可以等同于推论，推理或推论却并不能等同于演绎，且推理和推论也不能等同于证明。一个推理的过程是一个或演绎或归纳，或两者兼而有之的过程，在一般的看法里它是一个从一般到个别的思维过程，在密尔那里它是一个建立一个一般命题的归纳过程。但证明却并不是这样一个过程。根据密尔逻辑学关于证明的观点，一个证明过程是对于一个命题的肯定或否定的有效性的判断过程，它事实上依赖于密尔的命题理论尤其是命题含义的理论。推理和证明之间拥有不对等性，比如，“我们昨天是恼怒的”这样的被密尔明确声称为不属于推理或推论的范围的命题，在可证明性那里却并非不可证明。

笔者在第二章的那个地方继续指出的是，仅就“我们昨天是恼怒的”或者“我们今天是饿的”被密尔认为不属于推理范围但属于可证明范围而言，也许情况并不如此。虽然在推理的对象范围问题上密尔作出了清楚划定，但是在证明的对象范围问题上密尔并没有专门的涉及，他仅仅告诉我们，可证明对象必定表达为一个命题或一个断言的形式，根据之前的论述我们已经知道的是，不可证明的对象至少包括了非命题或非断言的词语或短语之类的陈述，以及虽然属于命题或断言可仍是不可证明的第一原理。现在，对于诸如“我

---

① Mill，J. S. SL：RI. *CW*，Ⅷ：6－7，Intro，Sec. 4.

们昨天是恼怒的"这样的命题，它们可以证明，但虽然在证明问题上，密尔没有像论"推理"那样专门写作一个或几个章节，我相信他不太可能会认为它们值得证明。情况毋宁是密尔可能会说，类似这样的表达一个人的自我感受从而是在表达一个人的意识状态、心灵状态的命题，是一个如同"'海德'是'克拉伦登'"、"'图利'是'西塞罗'"之类的字面命题或偶然命题那样不属于真正的证明需要去处理的一些命题。

密尔在《功利主义》里说的欲求发生的时候所发生的事实上是快乐与痛苦，或者换言之，欲求发生的时候所发生的事实上是幸福的感受，这也属于此种类型的证据。

无论任何由意识对我们是可以知道的，是超出问题的可能被知道的。一个人看到或感受到什么，无论是身体的还是心理的，一个人不得不肯定一个人看到或感受到了。对建立这样真理的目的，没有什么科学是必需的；比起它在它自身那里的，没有什么艺术的规则能提供给我们更肯定的关于它们的知识。不存在对我们知识的这个部分的逻辑学。[①]

任何一个人所感受到的欲求，比如，一个人在欲求一片面包时所感受到的，或一个人在欲求一支乐曲时感受到的，这些也是一些不属于推理范围内的事情。它们的解释最好是由各个具体感受到那些感觉的人自己作出，且没有任何其他人的解释和非感受者自己的其他解释比感受者自己的解释更好。我们因此无法提出对于这样一些事情的推理的证明。相反，我们能够对此提出的最好证明是那些感受者自己的欲求，是那些人的确实际欲求的证据。在这样的基本前提下，根据心理学理论，我们就可能得出某种类型的证据。功利主义学说所选择和推崇的是快乐主义的心理学，这样的心理学理论把欲求的事实通过快乐和痛苦来加以解释。再一次地，如果继续追问为什么快乐和痛苦是对于人类存在的实际欲求的最终解释，推理过程和证明过程无法作出的，因为快乐和痛苦的欲求具有最高程度的归纳色彩，它们可以解释任何其他心理事实，比如通过手段与目的的关系的解释去解释任何其他的感受，但它们自身不可证明，没有什么其他事物是作为对于快乐的欲求的目的的。

为什么密尔在整个证明的中间阶段才提出所有的欲求事实上的确是快乐和痛苦，这在顺序上令人困惑。本来，这样的见解应该在表明了任何事物是可欲求的证明之后就应当作出，在那个时候，如果继续指出可欲求之物事实上都是幸福，那么，无论幸福是可欲求的或者是各个个别欲求他们各自的幸福等的各种各样的论点的继续作出都将更为自然。且如果以《功利主义》实际上呈现的那样，这样一个见解甚至在幸福是人类行为的唯一目的的结论已经被基本确定，也就是在功利主义原理的证明的实质部分已经基本结束的情况

① Mill，J. S. SL：RI. *CW*，Ⅶ：7，Intro，Sec. 4.

下才被正式提出。

从第四段开始直至整个证明的结束，密尔诉诸了大量的心理学尤其是他自己的联结主义心理学的理论。这不仅并非不明显，而且无论如何也不能说不重要。如同它所占据的篇幅所表明的那样，也许密尔的确意在解释这一点。也许他认为对于所有的人而言，直接声称证明的第一个步骤和第二个步骤——任何事物是可欲求的证明与幸福是可欲求的证明——很容易被人所接受，比如它们是如此显而易见和容易被人所理解，或者在一个逻辑证明的形式上如此直截了当，以至于密尔几乎在一个段落里完成了所有的在幸福是唯一一个可欲求目的证明之前的证明过程。

已经非常熟悉的一个论点是，在论述功利主义原理的可证明性的时候，密尔声称它不是一个通常意义上的证明，且是在证明术语的其他层面或扩大层面的证明。这个扩大证明也许指的就是对于人类欲求的心理事实这样的证据性证明。一个通常的证明可能是一个严格的逻辑学三段论理论的背景下推导出来的，比如，所有的事物是如何的，某个事物属于所有的事物的一员，所以某个事物也是如何的。但在快乐的欲求的心理事实方面，不存在这样的处于外在的观察范围之内的一些可以得到推理的事情。所有的关于快乐欲求的心理事实只不过是一些——按照密尔自己的说法——由实践的自我意识和自我观察决定，由对其他人的观察协助的事情。但是另一方面，这不代表这样的自我意识和自我观察，在证明欲求的事实上是快乐或者欲求的事实上是幸福的问题上没有效力。密尔的逻辑学理论里关于证明部分的说法是：

逻辑学的范围必须严格限制在我们的由从之前知道的真理的推论构成的知识的部分之内；无论那些在前的资料是一般命题，或者是特殊观察和感知。逻辑学不是关于信念的科学，而是关于证明的科学，或证据的科学。就信念自称是建立在证明基础上的，逻辑学的职责是提供一个对确定信念是否是良好根据的测试。以任何一个命题要基于意识证据而相信的方式的一些宣言，也即是，如果没有恰当词语意义上的证据，逻辑学就无事可做。[①]

对于密尔的证明理论，一个好的证明与一个好的证据都被欢迎。我们不能认为一个证明就仅仅是去进行一般意义上的严格逻辑推理，比如进行一个以三段论为形式的证明性推理。如果一个对于证明结论的良好证据被提出，比如一个具有足够典型的个别证据得以提出，一个对于命题的判断甚至可以直接得出且在这个过程里被有效地得出。那些一个人的特殊观察和感知的部分并不是不能成为被证明的对象，但是它们如果是被证明的，一个必需条件是它们需要在人类存在那里形成了一定的信念，比如一个人认为特殊观察和感知是肯定的，或一个人认为特殊观察和感知是否定的，这构成了一个命题

① Mill，J. S. SL：RI. *CW*，Ⅶ：9，Intro，Sec. 4.

或断言。人类欲求快乐的事实不是一个被证明的对象，但是快乐是可欲求的却可能成为一个被证明的对象。

问题继续涌现。快乐是可欲求的的确是一个标准的命题和一个可能被证明的对象，但是它不可证明。对于快乐主义心理学或功利主义伦理学说，由于快乐处于一个目的前提的内容的地位，这决定了诸如快乐是可欲求的这样的断言，恰好等于一个功利主义学说的第一前提或第一原理。根据任何科学门类与艺术门类的第一原理的可证明性的基本要求，它们不可证明。

密尔声称证明了功利主义原理的句子是这样的，“这作为一个事实，我们不仅拥有所有容许幸福是一个善——即各个人的幸福是对于那个人的善，以及因此总体幸福是对于关于所有人的聚合的一个善——的例子的证明，而且也拥有所有它可能去要求的”。“则我们现在拥有对于关于什么类的证明功利原理是容许的问题的一个回答。如果我现在陈述过的意见是心理学上真实的——如果人类本性是如此构成的至于与不欲求任何既不是幸福的一个部分也不是幸福的一个手段的事物，我们不能够拥有其他的证明，且我们不要求其他的这些是唯一一些可欲求的事物的证明。如果这样的话，幸福是人类行动的唯一目的，且它的增进是由对所有人类行为的判断所测试的；自此处必然因循的是它必定是道德的标准，因为一个部分是包括在整体之中的”。

在肯定了诸如“唯一作为目的可欲求的有益于有感觉力的存在的幸福（总体的幸福）”以及“幸福（总体的幸福）的推动”为内容的功利主义原理证明的上述言论里，没有什么严格按照一般意义的逻辑推理被作出。所有被作出的仅仅是一些心理事实的证据。当然，这些扩大意义的证明，被密尔明确指出为是与去进行证明有着同等的效力。它们能够被推荐给任何判断对于自身对功利主义原理的接受与拒绝的智力，作为智力的接受与否的考虑。

或许我们可以满足于迄今为止在这一节里所作出的对于密尔证明的可证明性以及扩大意义证明的解释。这些解释并不与我们已经作出的对于推理与证明、第一原理、感官能力论等各种证明需要考虑的方面有明显矛盾。但是一个问题仍然存在，在这一章第二节里我认为作为整个证明的第一步骤的部分也被明确作出，且密尔为了进行那个证明——让我们从此开始称之为可欲求性的基础证明——进行了各种铺垫。但它仍然没有得到充分解释。笔者接下来的论述将致力于对这个证明步骤的分析。如同这一章里的其他一些分析是否完全符合密尔的意思是笔者无法充分肯定的那样，对于可欲求性的基础证明的论点笔者也同样没有特别大把握。密尔的证明存在着过多没有解释清楚的地方，为填补上各种各样的缝隙，为数更多的且更为严重的其他一些矛盾——或从其他的全局性的视角作出的比较性的审视所提出的批判性意见——的出现几乎总是无法避免。

笔者对于可欲求性的基础证明——从任何对象是可见的唯一证明是人们

实际看见了那个对象、任何声音是可听的唯一证明是人们实际听到了那个声音，到任何事物是可欲求的唯一证明是人们的确实际欲求那个事物——的看法总的来说如下。它当然是密尔的功利主义原理的整个证明之中最先被提出来的一个声称自己进行了证明的步骤。这已经在本章上一节得到过讨论。让我们看看它的其他一些情况。

它的一个重要然而极易被人们所忽略的特征是，与诸如“幸福是可欲求的”或“总体的幸福是可欲求的”、“幸福是唯一作为目的可欲求的”或“总体的幸福是唯一作为目的可欲求的”这样的被认为是功利主义原理内容的命题不同，“任何一个事物是可欲求的”的命题不是一个精确的功利主义原理。它的地位或角色如何？从本质上看，一个诸如“任何一个事物是可欲求的”的命题是一个基础的目的论的命题，在密尔已经声称过“有关目的的问题换言之是‘什么事物是可欲求的’的问题”之后，这一点就更为明显了。它意在表明的是一个目的论学说的有效性与成立性。

所有的功利主义学说，无论它可能是被持有作为一个快乐主义的功利主义的，或者是幸福主义的功利主义的，它都需要服从于一个作为它的背景的目的论学说——但是也许行为功利主义、规则功利主义、后果主义等形式的功利主义除外。在密尔《功利主义》的证明的各个地方，一个不断出现的事实是，密尔似乎把目的论或目的学说视为一个毫无疑问的功利主义学说的基础，且似乎对目的论或目的学说的承认与了解是不言而喻的。这当然很难是对于所有读者普遍如此的情况。并不是每一个阅读和赏识功利主义理论的读者都和约翰·斯图尔特·密尔一样接受过古典哲学——比如以目的论或目的因学说作为重要的形而上学理论的亚里士多德的论著——的长期熏陶，即使一个人非常碰巧地也把目的论作为功利主义原理建立的基础，如同第三章和第五章里论及的，像密尔那样把科学与艺术、艺术学说的目的前提与经过科学合作的定理推导出各个门类的艺术学说等论点作为该原理的基础，那样一个人也并不必然在试图论证功利主义原理的证明问题的时候，也碰巧与密尔一道采用他在《功利主义》里最终呈现出来的证明方式。

在可证明性方面也存在问题。功利主义原理是一个同时作为第一前提或第一原理以及作为一个终极目的的目的原理，从任何角度来看功利主义原理都不可证明，或不符合通常意义的证明。然而与此不同的是可欲求性的基础证明并不如此，它并没有声称它是一个快乐主义的或幸福主义的原理，相反，它只不过是在提议任何一个事物是否可以作为一个目的时而提出的，更具体一些，我们可以采用密尔在他的逻辑学论著里的说法，把这说成是，一个诸如任何一个事物是可欲求的命题，只不过是在提议任何一个事物是否可以作为一个可获取的目的而提出。这不涉及任何关于某个学说的第一前提或第一原理的事情，与此同时它也不涉及任何关于终极目的——比如快乐、幸福或总体的幸福——的事情。在该命题里，主语是任何一个事物，谓语是可欲求的，它是一个表明一个肯定判断的标准命题。对它的证明是可行的。

且现在考虑在此基础之上的一些不太确定的问题。首先，密尔是否认为这样一个命题的证明也同样不是处于证明这个术语的通常意义之上的，或换言之，是否对于目前的可欲求性的基础证明，它所属的也和整个功利主义原理证明的其他部分一样，是一些密尔所称的扩大意义的证明？对此的回答不明确。一方面，如果可欲求性的基础证明不是一个通常意义的证明，这似乎将直接自相矛盾。理由在于——如同下一章将详细看到的那样——按照密尔自己声称的通常意义的证明是一个可推理的证明，这个步骤的证明完全符合可推理的要求。

另一方面，如果它是一个通常意义的证明，它就将是与整个功利主义原理证明的所有步骤的基调不一致，我们由此需要去进一步辨别密尔证明的各个步骤，例如按照这段话里目前的讨论，把可欲求性的基础证明的步骤视为是一个证明一词通常意义的证明，并同时把幸福是可欲求的以及只有幸福是可欲求的证明视为是一个证明一词扩大意义的证明。这的确是可以言之成理的一个看待方法。但是这样一来，密尔所声称的功利主义原理的证明不是一个通常意义的证明就不能得到充分的保证。对此有两种解释，密尔或者需要在一开始就声称不是整个证明过程都不是扩大意义的证明术语的证明，或者，密尔在扩大意义的证明术语的证明的主张方面不严谨。

这随着扩大意义的证明的运用范围的不确定性变得更为复杂起来。如果密尔声称的扩大意义的证明的运用范围只不过是某一个或某几个证明的步骤——比如幸福是可欲求的证明的步骤以及只有幸福是可欲求的证明的步骤——上一段里提出的问题就不复存在。但没有什么非常明确的文本证据支持密尔声称的扩大意义的证明的运用范围的任何形式的明确含义，也就是，我们不仅不知道被声称的扩大意义的证明指的是否是幸福是可欲求的证明的步骤，或者是幸福是可欲求的证明的步骤以及只有幸福是可欲求的证明的步骤，并且，我们也不知道被声称的扩大意义的证明指的是否可欲求性的基础证明的步骤以及接下来的步骤的集合。

尽管如此，就《功利主义》所可以看到的，在可欲求性的基础证明是被建立起来的之后，密尔在第三段随后的并不是很长的篇幅里非常轻松且确定地推导出了包括总体的幸福是可欲求的在内的幸福是可欲求的这样一个功利主义原理的基本内容。情况似乎是，不仅可欲求性的基础证明是一个与诸如公认的目的是幸福或总体的幸福、人类存在的欲求实际上是对于快乐的欲求这样的心理事实相当不同的证明，而且在密尔那里，一旦前者是被建立起来的，随即需要表明的就只不过是心理事实的证据，即一些由心理快乐主义或联结主义心理学的证明来提供的证明。这一段所描绘的这个蓝图或许可以视为对于密尔证明的一个概略性但却具有完全针对性的解释。

且如同笔者整个讨论在之前部分曾经几次表明过的，可欲求性的基础证明作为密尔在功利主义原理证明的所有步骤里声称直接进行了证明活动的第一个步骤，它或者没有受到重视，或者是在解释者那里不仅常常遭到甚至是存在必要性的否认，或者也常常是被认为存在各种各样问题，比如犯下了一些逻辑谬误等。与所有这些常见的批评立场相反，就笔者的理解，密尔的这个步骤的证明不仅不是一个存在着逻辑缺陷的证明，相反，它是在整个功利主义原理的证明之中最为严格的一个逻辑证明。正如关于心理事实和欲求的快乐主义之类的后续证明步骤事实上完全取之于密尔的心理学著作，比如他为詹姆斯·密尔的《人类心灵现象分析》所做的注释，关于可欲求性的基础证明完全取自于他的逻辑学著作，是他的命名理论、推理理论和命题理论的严丝合缝的借用。在密尔的证明那里，对他自己的逻辑学著作的依赖是笔者整个讨论的一个主要观点且可能是最主要的一个观点，同时也因为同样的原因，笔者将不涉及他的证明里对于他自己的心理学理论的依赖的部分，尽管那无论如何并非不重要。

# 第九章　命名理论、命题理论、基础的可欲求性证明

## 第一节　一般名称、具体名称、抽象名称、指谓与涵谓名称

这一章是对以下被笔者称作“可欲求性的基础证明”的密尔功利主义原理证明的步骤的考察。

能给予“一个对象是看得见的”的唯一证明是人们实际地看到它。“一个声音是听得见的”的唯一证明是人们听到它：我们经验的其他来源也如此。以同样的方式，就我理解，可能去产生“任何事物是可欲求的”的唯一证据是人们的确实际地欲求它。[①]

在其中显然有三个关于可见的与被看见、可听的与被听到、可欲求的与被欲求的至少有相互关系的——如果不是所有人都承认它们是平行关系的话——被证明的命题与作出证明的命题。被证明的命题分别是“一个对象是可见的”、“一个声音是听得见的”、“任何事物是可欲求的”，作出证明的命题分别是“人们实际地看到它(那个对象)”、“人们(的确实际地)听到它(那个对象)”、“人们的确实际地欲求它(那个事物)”。

需要重点考察的是被证明的命题“一个对象是可见的”、“一个声音是听得见的”、“任何事物是可欲求的”。其中，从词语的角度，“一个对象”、“一个声音”、“任何事物”是名词，“可见的”(*visible*)、“听得见的”(*audible*)、“可欲求的”是形容词。形容词有资格作为主语。比如，“雪是白的”。有些场合下形容词甚至可以作为主语，比如“白的是一种令人愉快的颜色”。[②] 值得一提的是形容词的用法常常是省略的，比如“雪是白的”是“雪是一个白的对象”的略称，“白的是一种令人愉快的颜色”是“一种白的颜色是令人愉快”或“颜色白的是令人愉快的” 的略称。[③]

所有的名称都是某物真实或想象的名称，但所有事物并不全部都个别地拥有对于它们的相应(*appropriate to*)名称。因为某些个别对象我们要求独立的可区分的名称；对于每一个人、每一个显著地域都有一个各自的名词。

---

① Mill，J. S. UT. *CW*，X：234.

② Mill ，J. S. SL：RI. *CW*，Ⅷ：25，Bk. Ⅰ，Chap. II，Sec. 2.

③ Ibid.

其他没有机会如此频繁地说出的对象，我们并不通过一个它们自己的名称来指定(*designate*)，但当对于命名它们是必要的时候，我们通过把几个词语放在一起来给它们命名一个可区分的名称，就它们自身而言，每一个名称都可以被用于不定数量的其他对象。比如当"这个石头"，其中"这个"和"石头"各自是可以被用于许多除了个别意味之外的其他对象的名称，尽管它们都可以在约定时刻里能被使用的唯一对象——与它们的含义(*signification*)一致——可能是我想要去说的那一个。[①] 同样道理，在"一个对象是可见的"、"一个声音是听得见的"、"任何事物是可欲求的"之中，"一个对象"、"一个声音"、"任何事物"也同样不是一些用于指一个对象、声音或事物的名称，而是可以被用于不定数量的对象的名称，比如某一些对象、某一些声音、某一些事物，且在约定场合里它们也能够被用于指一个唯一的对象，比如特定的一个对象、特定的一个声音、特定的一个事物。

"对象"、"声音"、"事物"都是一般名称(*general name*)[通用名称；通名]而不是个别名称(*individual name*)。一般名称是精确定义的一个能真正地在相同意义上肯定不定数量事物的名称。个别名称或单数名称(*singular name*)[单名]是一个只能在相同意义上肯定一个事物的名称。比如，"人"是一个一般名称，"约翰"、"乔治"、"玛丽"以及其他未可指定限制的人是一些个别名称。[②] 一般名称与个别名称是密尔在他的逻辑学里指出的名称的第一个划分。

名称的第二个基本划分是具体名称与抽象名称。具体名称是代表了某事物的名称；抽象名称是代表了某事物属性的名称。"约翰"、"海"、"这个桌子"是事物的名称。"白的"也是一个关于事物的名称，或更是关于一些事物的名称。"白"是关于那些事物的性质或属性的名称。"人"是一个关于许多事物的名称；"人类性"是一个关于那些事物的属性的名称。"老的"是一个关于事物的名称；"老的年龄"是一个关于那些属性的其中一个名称。[③] 显而易见，"对象"、"声音"、"事物"是一些具体名称，"可见的"、"听得见的"、"可欲求的"也是一些具体名称，而"可见性"(*visibleness*)、"可听性"(*audibleness*)、"可欲求性"(*desirableness*；*desirability*)是一些抽象名称。抽象名称总是被相反于具体名称被密尔所使用，密尔通过抽象名称指属性的名称，通过具体名称指对象的名称。

在接着讨论了抽象名称属于一般类别还是属于单数类别的问题之后，密尔接着讨论了下述对于抽象名称的争论性的问题，不仅我们置于具体名称类

① Mill，J. S. SL：RI. *CW*，Ⅶ：27，Bk. Ⅰ，Chap. II，Sec. 3.

② Ibid.，28.

③ Mill，J. S. SL：RI. *CW*，Ⅶ：29，Bk. Ⅰ，Chap. II，Sec. 4.

别的名称被我们称作抽象名称，而且形容词也被称作抽象名称：

“白”如同“白的”同样是作为颜色的名称……当我们说“雪是白的”、“牛奶是白的”、“亚麻布是白的”之时，我们并不想要被理解意思为“雪是一个颜色”、“牛奶是一个颜色”或“亚麻布是一个颜色”。我们的意思是，它们是一些拥有颜色的事物。相反的是词语“白”的情况；我们肯定为是“白”的不是雪，而是雪的颜色。因此，“白”完全是颜色的名称：“白的”是一个任何拥有颜色的所有事物的名称，一个不是关于“白”性质而是关于每一个“白的”对象的名称。①

在《功利主义》里相对照的是，当“一个对象是可见的”、“一个声音是听得见的”、“任何事物是可欲求的”是被说出来的时候，被希望理解的意思并不是“一个对象是一个可见对象”、“一个声音是可听对象”、“任何事物是一个可欲求事物”，而是“一个对象是拥有可见性的一个对象”、“一个声音是拥有可听性的一个对象”、“任何事物是一个拥有可欲求性的事物”。被肯定为“可见性”、“可听性”、“可欲求性”的不是“一个对象”、“一个声音”和“任何事物”，而是一个对象的可见性、一个声音的可听性、一个事物的可欲求性。“可见性”、“可听性”、“可欲求性”是它们所属的感官能力论对应的感觉属性的名称，“可见的”、“可听的”、“可欲求的”是任何一个拥有各自的感觉属性的所有对象或事物的名称，一些不是关于“可见性”、“可听性”、“可欲求性”的性质而是关于每一个“可见的”、“可听的”、“可欲求的”对象或事物的名称。密尔由此说道，性质形成了它的含义(*signification*)的部分；但一个名称只能被说成是代表了或是一个关于能被述谓(*predication*)的一些事物的名称。②

名称的第二个基本划分是涵谓名称(*connotative name*)与非涵谓名称。密尔说非涵谓名称有时被不恰当地称作绝对名称(*absolute name*)。一个非涵谓词语是一个仅意谓(*signified*)了一个主语或一个属性的词。一个涵谓词语是一个指谓了一个主语并蕴含(imply)了一个属性的词。③

“约翰”或“伦敦”或“英国”是只意谓了一个主语的一些名称。“白”、“长”、“美德”只意谓了一个属性。因此这些名称之中没有一个是涵谓的。但“白的”、“长的”、“有德的”是涵谓的。词语“白的”指谓了所有白色的事物，比如雪、纸张、海的泡沫等，并蕴含了——或用学者的语言“涵谓”——属性“白”。词语“白的”不是属性的谓部，而是主语“雪”；但当我们述谓(*predication*)它们时，我们传达的意思是属性“白”属于它们。同样的方式也可以用

① Mill, J. S. SL: RI. *CW*, Ⅶ: 30, Bk. Ⅰ, Chap. II, Sec. 4.

② Ibid.

③ Mill, J. S. SL: RI. *CW*, Ⅶ: 31, Bk. Ⅰ, Chap. II, Sec. 5.

来说上述引述的其他词语。例如"有德的"是关于一个类别的名称，包括了苏格拉底、霍华德、名为罗斯的人以及未定数量的过去的、现在的和未来的其他个别。这些个别——集合地和各别地——能独自恰当地被说成是一个名称。但它是一个由于它们被假定共同具有的一个属性而应用于它们所有的名称，该属性唤名为美德。它被应用于所有被认作具有这个属性的存在；不被应用于任何一个不被认作有此属性的存在。[①]

显而易见"可见性"、"可听性"、"可欲求性"是一些非涵谓名称，它们各自只意谓了一个属性，而"可见的"、"可听的"、"可欲求的"是一些涵谓名称，词语"可见的"指谓了所有可见的事物，比如雪片、花朵、海洋等，并蕴含了或涵谓了属性"可见性"，当述谓词语用"可见的"的时候，意味的意思是属性"可见性"属于可见的事物。同理，词语"可听的"指谓了所有的可听的声音，比如刮风的声音、虫鸣的声音、海浪的声音等，并蕴含了或涵谓了属性"可听性"，当述谓词语用"可听的"的时候，意味的意思是属性"可听性"属于可听的声音。词语"可欲求的"指谓了所有的可欲求的事物，比如一片面包、一支乐曲、一段国际标准舞等，并蕴含了或涵谓了属性"可欲求性"，当述谓词语用"可欲求的"的时候，意味的意思是属性"可欲求性"属于可欲求的事物。

涵谓名称所以也被称作是"指名式(*denominative*)[自名词或形容词派生出来的；拟名词相；动化和名谓化]"，意谓它们指谓的主语是通过它们涵谓的属性而指谓的。雪，以及其他的对象，接收了名称"白色的"，意谓它们具有被称作"白的"属性；"彼得"、"詹姆斯"以及其他人接收了名称"人"，意谓他们具有被认作是构成了人类性的一些属性。该属性或一些属性可以因此被说成是取名(*denominate*)[命名]了那些对象，或给予它们一个共同的名称。[②]

因此，"可见的"意谓它们指谓的主语——"一个对象"——是通过它们涵谓的属性——"可见性"——而指谓的，"可欲求的"意谓它们指谓的主语——"一个事物"——是通过它们涵谓的属性——"可欲求性"——而指谓的。因此，属性"可见性"可以被说成是命名了那些对象——"一个对象"，或给予它们一个共同的名称；属性"可欲求性"可以被说成是命名了那些对象——"一个事物"，或给予它们一个共同的名称。用密尔自己的话说，名称被说成直接的意谓主语，属性非直接的意谓主语，它指谓了主语，并蕴含了——或涉及、或指示、或涵谓——一些属性。[③]

一些指谓被它们称谓的个别的专有名词(*proper name*)，比如以名称"保

---

① Mill，J. S. SL：RI. *CW*，Ⅶ：31，Bk. Ⅰ，Chap. II，Sec. 5.

② Ibid.，32.

③ Ibid.

罗”命名一个小孩或以名称“恺撒”命名一条小狗，专有名词只是用于使得那些个别可以作为谈论的主语。① 无论何时，给予对象的名称传达了任何信息，意思不在于它们“指谓”的，而在于它们“涵谓”的。唯一不指谓任何事物的对象名称是专有名词，严格地说这些名称没有含义。② 密尔在论专有名词的指谓性与涵谓性的地方再次论及了命名理论之中的事物之上的名称与事物的观念之上的名称的区别。

当我们使用一个专有名词的时候，我们在执行一个某种程度上与强盗意欲在屋子上用白粉笔画圈类似的活动。我们作出一个标记，实际上不是在对象本身上面，而是可以说是在对象的观念上面。一个专有名词只是一个——在我们心灵之中我们把它与该对象的观念联系，以使得当我们看到它的时候我们可以区分该对象——的无意义标记；它没有被附加到事物自身上面，它没有像白粉笔那样使得我们可以在当我们看到它的时候区别开；而是使得我们可以在当它被说出的时候——或者是以我们自己经验的记录，或者是以其他途径——去把它区别开；去知道，我们发现在任何命题里它是主语的时候所断定的，是关于我们之前熟知了的个别事物的断定。③

密尔接着说道，当对象是通过涵谓名称说出的时候，给予听者的是通过涵谓名称的含义。这样的名称不仅仅是对象的标志(*signs*)，而是伴随着一个属性的标志，它们不仅是标记，而是更多的东西，也就是说有含义的标记，构成了它们含义(*signification*)的是内涵(*connotation*)[内蕴；内含；含义]。④ 并且，涵谓名称的界限问题也在考虑的范围之内，在一些情况里不容易准确地决定一个特殊词语(*particular word*)是否是涵谓的；也就是说，我们不准确地知道(情况还没发生)在对象里什么程度的差异将导致名称的差异。除了动物生活与理性之余，词语“人”也涵谓了一个特定的外在外形；但准确地说是什么外形却将没有可能；也就是说，在一个新发现的属里面，决定在偏离我们习惯于称谓“人”的存在那里多大程度的偏离，足以使我们拒绝他们给“人”的名称。⑤

密尔在逻辑学著作的该地方也告诉人们，主语的意思是任何拥有那些属性的事物。与此相应的谓语是拥有属性的一些主语的对象。“一个对象是可见的”、“一个声音是听得见的”、“任何事物是可欲求的”之中，主语分别是“一个对象”、“一个声音”、“任何事物”，谓语分别是“可见的”、“可听的”、“可欲求的”。

---

① Mill，J. S. SL：RI. *CW*，Ⅶ：33，Bk. Ⅰ，Chap. II，Sec. 5.

② Ibid.，34.

③ Ibid.，35.

④ Ibid.，36.

⑤ Ibid.，36—37.

词语“人”指谓了“彼得”、“珍妮”、“约翰”，以及未定数量的其他个别，那些人作为一个类别是名称。但它被应用于他们，是因为他们具有——并意谓他们具有——特定的一些属性。这些属性似乎是“形体”、“动物生活”、“理性”，以及一个特定的外在外观，为了区别我们称作“人类”。每一个具有所有这些属性的事物将被称作“一个人”；且任何不具有它们或只具有它们中的一个或两个或甚至三个而不具有第四个的事物，将不会被作此称谓。比方说，如果非洲内陆被发现有一属动物具有同等于人类存在的推理能力，但却有着大象的形式，他们就将不会被称作“人”。斯威夫特的慧骃国将不会被如此称谓。或者，如果这样的新发现的存在具有人的外形而不带有任何推理能力迹象，可能某个“人”之外的其他名称将会找到给他们。①

## 第二节 全称命题与特称命题、感觉的观念与观念的观念

如同在命名理论的部分，事物的名称根据一些不同标准得到了一些被声称为重大的划分之外，在命题理论的部分一些基本的划分也是密尔声称作出的。在此之前是对于命题的定义，一个命题是谈论的一个部分，是包括了某物对于某物的肯定或者某物对于某物的否定的一种谈论。②

第一个划分是在肯定命题(*affirmative proposition*)与否定命题(*negative proposition*)之间作出的。在其中一个谓语被一个主语肯定或否定。一个谓语和一个主语对做出一个命题都是必要的。③ 两个放在一起的名称有可能构成一个命题，但它们其中之一作为被另一个肯定或否定，却并不在全部的两个并列的名称那里存在，所以并不是从两个放在一起的名称就一定可以推断它们是一个谓语和一个主语。密尔举了一个例子，从“火烧伤(*burn*)”到“火烧伤(*burns*)”，这两个短语都是两个并列放在一起的两个词语，但通过从“*burn*”到“*burns*”的细微的英文词尾改变，一个断言或命题的作出就被意味。④ 且就像密尔接着指出的那样，这样一个执行了或标志了作为一个断言或命题的功能更经常的是通过一种类型的词语实现的，即系词(*copula*)[系词；系动词]。⑤ 诸如“一个对象是可见的”、“一个声音是听得见的”、“任何事物是可欲求的”这样的陈述既拥有主语和谓语也拥有明确的系词，毫无疑问当然是一些合乎定义的肯定命题。在这个地方，密尔也指出了系词的功能

① Mill, J. S. SL: RI. *CW*, Ⅶ: 31－32, Bk. Ⅰ, Chap. Ⅱ, Sec. 5.

② Mill, J. S. SL: RI. *CW*, Ⅶ: 78, Bk. Ⅰ, Chap. Ⅳ, Sec. 1.

③ Ibid.

④ Ibid.

⑤ Ibid.

问题，容易倾向假定联系词比仅仅是一个述谓的标志(*sign*)要多的某物；它也意谓(*signifies*)了存在。在命题"苏格拉底是公正的"里，可能似乎不仅蕴含了关于苏格拉底的性质"公正的"能够肯定，且此外这也就是在说苏格拉底"是"存在的。然而这只表明了在词语"是"里存在着可作两种解释；一个不仅执行了在肯定方面的联系词的功能，而且也是它自己的意义，由此它可以自身被做成一个命题的谓语。[①] 不过，由于存在"半人半马怪是诗人的一个虚构"这样的命题，在其中蕴含的是"半人半马怪存在"这没有可能，该命题自身明白地断定了该事物没有真正存在。[②]

密尔其次加以作出的是简单命题(*Simple propositions*)与复合命题(*Complex propositions*)之间的划分，密尔认为后者更恰当的称谓是混合命题(*Compound propositions*)。一个简单命题是在其中一个谓语是关于一个主语的肯定的或否定的命题，如"恺撒是死的"、"布拉塔斯是活着的"。一个混合命题是在其中存在多于一个的谓语或多于一个的主语，或谓语和主语都多于一个的命题，如"恺撒是死的，而且布拉塔斯是还活着的"。在这个方面，《逻辑学体系》里被论及的是与析取命题(*Disjunctive proposition*)[选言命题]、条件命题(*Conditional proposition*)[条件式命题]、有假言命题(*hypothetical proposition*)[假设性命题；有前提的命题；假设命题]、直言命题(*categorical proposition*)[绝对命题]等一系列相似的或有密切关联——诸如析取的(*disjunctive*)[分离性的；分离的]、假言的(*hypothetical*)、条件的(*conditional*)、同义的(*synonymous*)、可推断的(*inferrible*)[可推论的]关系等——的命题样式的讨论。[③] 然而对于功利主义原理的证明的问题而言，和上一点一样，这方面也同样不存在任何疑难。在该原理的证明的部分所列举的全部都是一些直截了当的简单命题。

与密尔功利主义原理的证明问题关系比较密切的是他在命题理论部分的基本划分的第三个类型，即在"全称命题(*Universal proposition*)"、"特称命题(*Particular proposition*)"、"不定命题(*Indefinite proposition*)[无定命题]"，以及"单称命题(*Singular proposition*)"之间的划分。当命题的主语名称是一个一般名称时，我们可能意在肯定或否定谓语，或者是所有主语指谓的事物，或者只是某些主语指谓的事物。当谓语是关于所有的和各个的通过主语指谓的事物的肯定或否定的时候，命题是全称的，比如"所有人们是必有死的"就是全称命题，"每一个人是非不死的"也是。在这类命题那里，谓语是关于所有的和各个的通过主语指谓的事物的肯定或否定的情况也属于其

---

① Mill，J. S. SL：RI. *CW*，Ⅶ：78，Bk. Ⅰ，Chap. Ⅳ，Sec. 1.

② Ibid.，79.

③ Mill，J. S. SL：RI. *CW*，Ⅶ：83，Bk. Ⅰ，Chap. IV，Sec. 3.

中，因此“每一个人是必有死的”、“没有人是必有死的”、“所有人们是必有死的”全都是全称命题。当谓语是关于某些未定义的(*undefined*)部分的时候命题是特称命题，比如“某些人们是智慧的”、“某些人们是不智慧的”。当主语是一个个别名称时命题是单称命题，如“尤利乌斯·恺撒是必有死的”。表达的形式没有清楚地表明一般名称——命题的主语——是否代表了所有被它指谓的一些个别的时候或者只表明了是对它们的某些的时候命题是不定命题。且关于不定命题密尔指出：

尽管没有声称，但说话者必定意在断定或者作为一个全称命题的命题，或者作为一个特称命题的命题：并且常常发生的是，尽管词语没有表明他意向的是哪一个，但背景或言说习惯补充了不足。因此，当被肯定“人是必有死的”的时候，没有人怀疑该断言是意在“所有人类存在”的；指示普遍性的词语通常被忽略，只是由于没有它意思也是明显的。①

密尔接下来对这个话题进行了相当复杂的解释：

尽管是由于其他不同的原因，在命题“葡萄酒是好的”里，该断言不意在普遍的而在于特殊的，这是同样容易理解的。如同培因教授观察到的，“不定命题的一些主要例子发生在关于材料的那里，“有些时候是全称的主语，并且在另一些时候是特称的谓语”、“食物是在化学上由碳、氧等等组成的”是一个关于普遍性质(*universal quantity*)的命题；意思是所有的食物——所有种类的事物。“食物对于动物的生活是必需的”是一个关于特殊性质(*particular quantity*)的命题；意思是某类事物，不必然是所有类的。“金属是增加强度的必需品”不意味着所有种类的金属。②

对于功利主义原理的证明，需要了解的是“一个对象是可见的”、“一个声音是听得见的”、“任何事物是可欲求的”各自分别是全称命题、特称命题、不定命题、单称命题之中的哪一类。它们显然不是单称命题，且也不直接是特称命题。在全称命题与不定命题之间存在一些判断上的不确定性。如果密尔的意思是在用《功利主义》里的“一个”指代“每一个”，它们就是全称命题，如果不是，它们就是一些不定命题，且在不定命题的范围内，如果它们是指不同的类的一些对象，比如，在命题是关于普遍性质的可见性或可欲求性的情况下它们意味着全称命题，在命题是关于特殊性质的可见性或可欲求性的情况下它们意味着特称命题。

以上是命题分类的介绍。接下来需要考虑的是约翰·密尔的命题含义的理论，这是他的命题理论之中的一个极为重要的部分，也是对于我们目前讨论的对于密尔功利主义原理证明全过程之中的基础可欲求性证明部分最为重

---

① Mill，J. S. SL：RI. *CW*，Ⅶ：85，Bk. Ⅰ，Chap. Ⅳ，Sec. 4.

② Ibid.，85－86.

要的一个理论借鉴。为了做到借助于密尔的命题含义理论的对于功利原理证明的考察，首先，需要像密尔自己在《逻辑学体系》里的论述顺序那样考虑命题的含义不是什么；其次，考虑命题的含义可能是什么。如果命题的含义不是什么被排除，相应于《功利主义》里的情况，“一个对象是可见的”、“一个声音是听得见的”、“任何事物是可欲求的”这样命题的不正确解释就将得以界定和排除，且如果命题的含义是什么被纳入考虑，这些密尔的证明之中的命题的正确解释随即将得以发现，并且最终它们所谓的唯一证据或唯一证明的论断也将得到良好解释。在开始对于命题含义不是什么的介绍之前，有必要先介绍另一件可被称为感觉的观念与观念的观念等情况有关的与之直接相关的事情。

上一节之前已经提到过，形容词的用法常常是省略的，比如，“雪是白的”是“雪是一个白的对象”的略称，“白的是一种令人愉快的颜色”是“一种白的颜色是令人愉快”或“颜色白的是令人愉快的”的略称。同样，在《功利主义》里，“一个对象是可见的”、“一个声音是听得见的”、“任何事物是可欲求的”之中的“可见的”、“可听的”、“可欲求的”分别是“可见的对象”、“可听的声音”、“可欲求的事物”的略陈。且回顾在讨论感受、客体实体与心灵实体的第七章第三节里的一些关于密尔的可命名事物的范畴分类理论的论点。

感觉与感觉的对象需要得到区别，比如白的雪的感觉与白的雪。感觉与属性也是这样，比如白的雪的感觉与“白”。在事物的名称方面，感觉的对象得到命名，比如白的物体被命名为白的，对象的属性也得到命名，比如白的物体的性质被命名为白。在可见的与可见性、可欲求的与可欲求性的方面情况完全相同。一方面，可见的感觉与可见的对象、可欲求的感觉与可欲求的对象不同；另一方面，可见的对象被命名为可见的，可见的对象性质被命名为可见性，可欲求的对象被命名为可欲求的，可欲求的对象性质被命名为可欲求性。

但在谈及感觉自身的时候，语言缺乏直接的单词或指名，从而使得我们必须使用遁词，比如，对于感觉的对象的感觉，这以对象来为感觉命名，例如“‘白的’感觉”，对于感觉的对象的性质，这以由之感觉得以刺激的属性来为感觉命名，例如“‘白’的感觉”。显而易见，“‘可见的’感觉”是对于感觉的对象的感觉，“‘可见性’的感觉”是对于感觉的对象性质的命名，是可见的感觉得以刺激的可见性。“‘可欲求的’感觉”是对于感觉的对象的感觉，“‘可欲求性’的感觉”是对于感觉的对象的性质的命名，是可欲求的感觉得以刺激的可欲求性。

感觉不可以在不存在刺激感觉的对象的情况下存在，尽管它可以被设想为是在这样的情况下存在的，比如，可见的感觉不可以在不存在刺激感觉的可见对象的情况下存在，可欲求的感觉也不可以在不存在刺激感觉的可欲求的对象的情况下存在。此外，对各种感觉的名称常常不加区别地指示对象的感觉与对象的属性。比如，“白”代表了“‘白的’感觉”，也代表了白的对象之中的“‘白’的性质”。感觉的名称“白”与感觉的对象的性质“白”是被相提并论的。同样显而易见，“可见性”代表了“‘可见的’感觉”，也代表了可见的对象之中的“‘可见性’的性质”。感觉的名称“可见性”与感觉的对象的性质“可见性”是被相提并论的。“可欲求性”代表了“‘可欲求的’感觉”，也代表了可欲求的对象之中的“‘可欲求性’的性质”。感觉的名称“可欲求性”与感觉的对象的性质“可欲求性”是被相提并论的。

在以上的论述里涉及的仅仅是作为客体的对象与作为直接感觉的感觉之间的事情，如果涉及感觉的观念，情况就将复杂一些。不过这一点基本仍然没有超出第七章曾经论及过的范围。感觉发生在身体的感觉器官之中，即发生在身体实体之中。与之不同，感觉的观念发生在心灵实体之中。我们之所以能感知到客体实体，是因为客体实体刺激的感觉发生在身体实体之中，且身体实体的感觉在心灵之中通过感受或意识状态被我们感知。并且在所有的过程里，对于我们，能够被知道的仅仅是在心灵之中所发生的感觉或者说感受，任何其他实体都是不可知的，包括作为未知的刺激者的客体实体、作为未知的感觉发生者的身体实体、作为未知的感觉接收者的心灵实体在内。简言之，一个人只知道自己的一系列的感觉、想法、情绪和意志等，除了这些自我的意识状态，在感觉的整个链条里一个人对各种事情一无所知。

密尔把基于感觉的感受确立为拥有至高无上的重要性，坚定地反对先验认识论者或直觉主义认识论者的关于实体形而上学的知觉的见解。在《逻辑学体系》里密尔对这样的见解介绍道：

除了从外在的作用于我们身体的器官的影响，以及因此在我们的心灵产生的感觉，许多作者认可了在现象序列里的一个第三个环节，他们称之为一个“知觉(*perception*)”，构成了作为感觉的刺激原因的一个外在对象的认知(*recognition*)。他们说，这一知觉是一个心灵的“作用(*act*)”，从它自己自发的(*spontaneous*)活力(*activity*)那里出发；与此同时在一个感觉那儿心灵是被动的，仅仅通过外在对象被施加作用。①

密尔在心理学方面也持有这样的看法，这一点事实上已经在第七章第二节引述过了，在那个地方，知觉的形而上学的见解被密尔在“培因的心理学”里说成是心理学中的“先验派思想家”的见解。还有一些例子，这可以在约翰·斯图尔特·密尔针对萨缪尔·贝利(*Samuel Bailey*)论乔治·贝克莱的视觉理论的《贝利论贝克莱的视力理论》(*Bailey on Berkeley's Theory of Vi-*

① Mill, J. S. SL: RI. *CW*, Ⅶ: 53, Bk. Ⅰ, Chap. Ⅲ, Sec. 4.

sion)一文里看到。[①] 在那篇文章里密尔说的是：

当由视力接收的时候，变成一个关于外在对象的现存标记的内在感受是一个关于颜色的感觉。贝利是否是在佯装，或它是个事实，即这个感觉是被认作是外在的？当然不是。我们认作外在的不是感觉，而是感觉的原因——由其现存是被假定为引发了感觉的事物：有颜色的对象，或存在在那个对象里我们称作它的颜色的性质。不像贝利先生假定的，贝克莱并不必定要去表明颜色的感觉是“转换为关于一个外在对象的知觉”的，因为没有人必定要去证明一个没有人能够理解的命题。用不含糊的语言说，贝利先生称作一个对象的知觉，只不过是一个关于一个对象是现存的智力判断。贝克莱没有被召集去表明颜色的感觉能够被“转换”为这个判断，因为他的理论不要求这样的转换。它要求的是，判断不应当作为一个从感觉的推论而遵循，并且，贝克莱必定要去表明这是可能的。[②]

他关切的焦点在于知觉这一对于客体的认识环节上。密尔显然认为在拥有了关于客体实体、心灵实体以及感官感觉和感受的概念之后，一个关于知觉的环节的概念毫无必要，且一旦拥有就将对实体理论有害。除此之外，知觉的环节也将使得我们在关于相信或信念的理论方面产生出不能得到很好的解释的疑难。感官感觉在生理的身体感觉器官那里的发生的确存在且不能被很好地知道，客体实体的属性也是属于我们的感官感觉的范畴的事物，在此之余，心灵实体的感觉可以意识，这就已经充分解释了所有需要解释的现象。一个对于发生在感觉器官那里的感觉的认识的知觉因此没有必要，它将没有必要地动摇属性和心灵的良好定位，且将使得我们误解对于感觉的感知过程以及对于感觉的观念的判断过程。

在这些所谓的对象的知觉，或通过心灵的对象的直接认知，无论是生理的还是外在于它自身的精神的(*spiritual*)那里，我只能看到信念的例子，但是却声称是直觉的，或独立于外在证据的信念。当一块石头置于我面前的时候，我意识到了我从它那里接收到的一些特定的感觉；但如果我说，“这些

① Bailey, Samuel. A Review of Berkeley's Theory of Vision, Designed to Show the Unsoundness of That Celebrated Speculation. London: J. Ridgway, 1842. Other editions included A Letter to a Philosopher in Reply to Some Recent Attempts to Vindicate Berkeley's Theory of Vision. London: J. Ridgway, 1843; in The Cambridge Companion to Berkeley, edited Winkler, Kenneth. Cambridge Companions to Philosophy. Cambridge ; New York: Cambridge University Press, 2005; et cetera.

② Mill, John Stuart. Bailey on Berkeley's Theory of Vision. Edited by John M. Robson. Vol. XI: Essays on Philosophy and the Classics, The Collected Works of John Stuart Mill (in 33 Vols). Toronto and Buffalo: (1963—1991) University of Toronto, Routledge & Kegan Paul, 1978. Other editions included in Westm. rev. , 1842, 38; In Dissertations and Discussions, The New Universal Library. The Works of John Stuart Mill. Iv, Series I. London New York: G. Routledge & sons E. P. Dutton & Co. , 1905; et cetera.

感觉从一个我'感知'的外在对象那儿到我这里来的"，这些词语的意思是，在接收到一些感觉的时候，我直觉地"相信"一个那些感觉存在的外在原因。直觉信念的定律自身，以及它是正当的那些条件——如同我们已经如此经常地论述过的——是一个不属于逻辑学，而属于关于人类心灵的终极定律的科学的主题。①

感觉当然被密尔承认，感觉的感觉和感觉的观念同样如此。那么观念的观念是否也如此？在《人类心灵现象》的注释里密尔问道：

据我所知，一个被生理学家们忽略、但却不应当被遗为无解的问题在于：我们是否能够拥有观念的观念？我们拥有感觉，而且我们具有这些感觉的摹本，这些感觉摹本被称作观念：我们是否也能够拥有这些摹本的摹本，它们构成了一些第二层级的概念，与感觉不是间隔一层、而是间隔两层？②

他的回答是肯定的。我们可能从来没有看见过一个对象，比如，个人从来没有看见过一座全部用金子堆积而成的山，但是一个人可能在书籍上曾经看到过这样一个概念，对此一个关于全部用金子堆积而成的山的观念可以形成，它可以被称作一个关于金山的观念。不仅如此，一个关于金山的观念的观念也是可能的，比如，一个人可以在第一次拥有了关于金山的观念之后，在其他的环境下回想起这样一个观念。"每一个人都承认，我们能够对一个想法加以思考。我们记得或者想象我们自己是记得一个对象或一个事情的，恰如我们记得或想象我们自己曾经看到过一个对象或事情。但是，在一个简单的感觉的概念的例子那里，比如说，一个单一的无法拆分的感觉的概念或记忆那里，似乎没有任何东西，能够把观念的观念与感觉自身的观念区分开。当我想象我自己正在思考雪的颜色的时候，我没有意识到——即便从强度的程度来说——下述两者之间的任何区别，即随即呈现在我脑海中的白雪的画面，以及当我想象我自己看到颜色时所呈现的画面"。③

约翰·密尔随后举了伯里克利、哈姆雷特和福斯塔夫的例子：

我拥有关于伯里克利的一个观念；但它只是从历史证据里产生出来的：真正的伯里克利从来都没有呈现在我的感官感觉里。我拥有关于哈姆雷特和福斯塔夫的一个观念；这些结合虽然是由感觉的观念构成的，但是它们从来没有在感官感觉的范围里存在过；除了作为一些观念，它们从来没有在任何人的脑海里存在过。然而，通过莎士比亚的话，这些观念的结合呈现在我脑海里，我形成了可被称作恰当的一个观念，不是关于一个外在对象的观念，而是一个在莎士比亚的脑海里的观念；并且，我可以通过我的观念与别人进

① Mill，J. S. SL：RI. *CW*，Ⅶ：53－54，Bk. Ⅰ，Chap. Ⅲ，Sec. 4.

② Mill，J. S. Note for James Mill's *Analysis of the Phenomena of the Human Mind*. Vol. Ⅰ：68.

③ Ibid.，68.

行交流，他们的观念将继而成为在我的关于一个观念的观念。我的关于伯里克利的那些观念，或我的关于任何一个现在还在世、但我从未谋面的人的观念，在这种情形下就有了区别，我被人说服，一个真正的对应于观念的对象，现在或以前有一次确实存在在感觉的范围里：但是，由于我的观念并不是从那个对象那儿得来的，而是从一些其他人的话那儿得来的，那么，我们的观念就不是一个原本的摹本，而是某些其他人的摹本的摹本：它是个关于一个观念的观念。①

密尔继续说的事情超出了目前研究的范围，它们涉及其心理学更复杂的一些方面。

我所具有的关于一个对象的复杂观念虽然从未呈现在我的感官感觉里，但它被正确地描述为一个关于观念的观念；我记得一个我以前曾经拥有过的复杂观念，就我自己看来，与被记住的这样一个观念，它作为一个来自一种感觉的观念，两者之间并没有什么区别。我对勃朗峰的视觉观念与这个山峰的实际视觉之间存在着区别，而在我所记得的勃朗峰，与它之所以获得的最初印象之间，我找不出区别。我目前具有的福斯塔夫的观念，就我看来并不是一个摹本，而是对最初观念的一种复现；它是这样一种复现，可能会随着距离而模糊，或者可能相反地，被中介性的思考过程而加强；可能随着时间的流逝而丢掉某些想法，也可能随着重返最初起源而获得其他一些想法；但是，与第一印象相似，它不是与对一个对象的视觉那样的对于对象的想法，而是与对一个对象的第一印象相似的第二次视觉或第三次视觉。②

我们当前需要的仅仅是密尔关于感觉的观念与感觉自身的关系的见解，这将影响到与功利主义原理证明直接相关的命题含义的理论。

## 第三节　惟概念论、惟名论、要素论的命题含义理论

第一种被排除的命题含义理论是被密尔称作“命题是介于两种观念之间关系的表达”的学说。这被认为是一个关于“一个命题只用一个‘判断’的词语的表达”的介于意见与支持该见解的事实之间——在同意(*assent*)与是同意的(*assented to*)之间——的区别，一个被声称从笛卡儿到莱布尼茨和洛克的时期以来一直没有被观察到的区别。③ 用密尔自己的说法，这个使得命题理论彻头彻尾地成为一种判断的理论(*theory of Judgments*)的见解的情况是：

① Mill, J. S. Note for James Mill's *Analysis of the Phenomena of the Human Mind*. Vol. I: 68—69.

② Ibid., 69.

③ Mill, J. S. SL: RI. *CW*, Ⅶ: 87, Bk. Ⅰ, Chap. Ⅴ, Sec. 1.

他们把一个命题或一个判断考虑为由一个关于另一个观念的肯定或否定的“观念(*idea*)”组成。进行判断就是把两个观念放在一起，或者把一个观念放在另一个之下，或者是去比较两个观念，或者是去察觉介于两个观念之间的一致与不一致：命题的全部学说——连同推理理论(*theory of Reasoning*)[理论推理][总是必然地(*necessarily*)在命题理论那里会被发现]——被陈述为就好像“观念(*Ideas*)”、或“概念(*Conceptions*)”、或任何一个其他的那些作者偏好的作为一个对于基本心理表征(*mental representation*)的名称的术语，本质上构成了那些活动(*operation*)的主题和实体。①

密尔随即考虑了两个命题，“金子是黄色的”以及“穆罕默德是神的使徒”。无论在这两个命题的任何一个那里，我们对所涉及的主语和谓语的事物或概念的观念——在“金子是黄色的”还是“穆罕默德是神的使徒”的判断那里分别是“金子”的观念和“黄色的”的观念以及“穆罕默德”的观念与“神的使徒”的观念——都不可或缺。然而在承认了这一点的同时密尔也坚持主张这样的事情与命题的含义(*import of proposition*)没有关系。在正处于讨论中的问题那里，需要处理的是一个关于判断的事情，如果判断是成立的，人们赋予这样的断言以相信，如果判断不成立它可能是不被相信的。

按照命题含义的介于两种概念之间的判断的理论，命题是关于我们的关于事物的断言——或者换而言之，是涉及一个在我的心理历史(*mental history*)之中的有关于我的关于金子的概念或黄色的概念事实；而不是关于事物自身的断言——或者换而言之，是涉及一个有关于外在事物——金子和黄色的事物——的事实，以及有关联于由外在事物作用于一些人类器官之上造成的印象。② 关于事物的观念在人类的心灵之中的存在，对于任何一个命题的判断或相信的作出是必要的，但它们不是任何一个命题的判断或相信的作出过程之中的本质性的起作用因素。相反，起作用的本质因素应该是关于事物本身的一些诸如属性的事物的事实的考察：

除非我拥有关于土地的观念，以及关于铁锹的观念，以及关于所有我正在操作的其他事物的观念，并且，除非我把这些观念放到一起，否则我就不能够挖掘土地。但把挖掘土地的描述说成是它是把一个观念放到另一个观念上，这是相当荒谬的。挖掘是一个执行于事物自身之上的操作，尽管除非我在我的心灵之中拥有关于它们的观念，它就不能够被执行。以相同的方式，相信实际上是一个拥有对于它的主语的事实自身的活动，尽管关于事实的一个先前的心理概念(*mental conception*)是一个不可或缺的条件。当我说“火引发了热”的时候，我是在意味着“我的关于火的观念引发了我的关于热的观

① Mill，J. S. SL：RI. *CW*，Ⅶ：87，Bk. Ⅰ，Chap. Ⅴ，Sec. 1.

② Ibid.，88.

念”？不，我的意思是，自然现象“火”引发了自然现象“热”。[①]

《逻辑学体系》里密尔对这些事情的论述的首要的对象是关于逻辑学与自然科学之间的，这从马上将被引述的段落可以轻易看出。但它对目前的讨论仍然完全适用。

在一个命题之中，对于逻辑学家具有首要重要性的观念，在于介于两个对应于主语和谓语之间的“观念”的关系（取而代之介于两个它们各自表达的“现象”），就我看来是被引入逻辑学哲学的最为致命的错误之一；也是为什么关于科学的理论（*theory of the science*）在过去两个世纪里做出了如此不值得考虑的进展的基本原因。论逻辑学的，以及论与逻辑学家有关联的心理哲学（*Mental Philosophy*）的分支的论著……几乎总是心照不宣地蕴意了一个理论，关于真理的调查由沉思和处理我们的观念，或者关于事物的概念——而不是事物自身——构成：一个相当于断言探究本质的只是的唯一模式是去研究于二手的，比如在我们的心灵之中表征的。与此同时，对于每个种类的自然现象的探究，在大部分重要科目那里，通过一些这些关于“判断”和“推理”的本质的见解无法提供什么解释的过程，源源不断地建立起大量和富有成果的真理。[②]

按照迄今为止被辩证以上关于命题含义的不同路线，《功利主义》里的“一个对象是可见的”、“一个声音是听得见的”、“任何事物是可欲求的”这样的命题，在证明活动的过程里就不应当被理解为一方面是一个对象的观念、一个声音的观念和一个事物的观念之间，以及另一方面是一个可见的观念、一个可听的观念、一个可欲求的观念之间的判断；相反，它们应该被理解为一方面是一个对象、一个声音和一个事物之间，以及另一方面是一个可见的事物、一个可听的事物、一个可欲求的事物之间的判断。“我们需要的不是去探究‘判断’，而是那些判断，不是去探究相信的活动，而是被相信的事物。在一个命题之中的相信的直接对象？通过它所意谓的事实的情况是什么？当我们断定命题时，由此我给予我同意的，以及号召别人也给予他们的同意的是什么？通过被称作‘一个命题’的谈论形式，被表达的是什么，且其中对构成了关于命题的真的符合？”[③]

密尔接下来反驳的两种命题含义理论分别是被他称作“命题是介于两种名称意义之间关系的表达”的学说以及“命题在于它属于一个类、或它外在于一个类”的学说。前者突出地与托马斯·霍布斯这样的惟名论者（*Nominalists*）的逻辑学命名理论有关。在密尔看来，对于霍布斯：

---

① Mill，J. S. SL：RI. *CW*，Ⅶ：88—89，Bk. Ⅰ，Chap. V，Sec. 1.

② Ibid.，89.

③ Ibid.，89—90.

在每一个被意谓的命题里，言说者的信念是，谓语是主语是一个名称的同一个事物的一个名称，并且如果它真正地的确如此，命题就是真的。因此命题"所有人们是活着的存在"是真的，意谓"活着的存在"是一个其中"人"，是一个名称的每一个事物的名称。"所有人们是六英尺高"是不真的，因为"六英尺高"不是一个其中"人"，是一个名称的每一个事物(尽管它是关于某一些事物的)的名称。[①]

密尔评论道，"在这个理论里被陈述为作为一个真的命题的定义的，必须允许是一个所有真的命题具有的特质"。[②] 根据这样的见解，如果"一个对象是可见的"是真的，必定真的是、且该命题的确真正地断定的是在通过名称"对象"指谓的所有个别里，也是在那些通过名称"可见的"指谓的个别里。同理，如果"任何事物是可欲求的"是真的，必定真的、且该命题的确真正地断定的是，通过名称"事物"指谓的所有个别，也在那些通过名称"可欲求的"指谓的个别里。对于密尔这样的说法并非不真实，然而诸如霍布斯这样的命题含义理论的问题在于，这将导致在任何命题里只是所做出的仅仅一个的断言，也真正地是在每一个命题里做出的，且导致是对于必须是真实的一个断言的必要条件，密尔继续评论，如果这样的见解继续推进，将被认为的是，它是严格地关于不具有例外的所有命题的真的唯一分析。[③] 对这样的命题含义理论的拒绝理由由此可以得出。

为什么我拒绝它作为关于什么是一个命题意味的科学的定义？因为，尽管把命题作为命题的仅仅的词语搭配(*collocation*)没有传达比这一贫乏数量的意义更多的，那个相同的词语搭配与它们的环境结合——来自于与其他事情的结合——却的确传达了更多的，并且，在那些其他环境下的命题的确断定了比仅仅是介于两个名称之间的关联要更多的。[④]

与此同时，密尔认为那些在其中霍布斯的原理"是一个充分解释的命题"的命题是一些"局限的和不重要的类别"，即在其中谓语和主语都是专有名词的例子。专有名词严格而言没有意义，只不过是对于个别对象的标记，当一个专有名词是关于另一个专有名词的谓述的时候，所有传达的含义是两个名称都是对于同一个对象的标记。[⑤] 它们穷举了那些命题的意义，但却悲哀的是关于任何其他命题的不充分的理论。[⑥] 专有名词和一个一般名称之间不是不存在差别，也不是只不过差别于前者只指谓了一个个别而后者指谓了一些

---

① Mill，J. S. SL：RI. *CW*，Ⅶ：90，Bk. Ⅰ，Chap. Ⅴ，Sec. 2.

② Ibid.

③ Ibid.

④ Ibid.，91.

⑤ Ibid.

⑥ Ibid.

更大数量的个别。[①]

如同在命题“苏格拉底是智慧的”这样一个真命题里的情况那样，“当人类确定词语‘智慧的’的意义的时候，他们想的不是苏格拉底，情况也不是当他的双亲给予他名称‘苏格拉底’的时候，他们想的是‘智慧’。因为一个特定‘事实’，一些名称‘碰巧’适合于同一个人，当那些名称被发明的时候，事实是未知的，也不是在被发明时的事实。如果我们想要知道事实是什么，我们就应该在关于名称的‘内涵’里找到对于它的线索”：

“一只鸟”、或者“一块石头”、“一个人”，或者“一个智慧的人”，只意味着一个拥有这样和那样的一些属性的对象。词语“人”的真正意义在于那些属性，而不在于“史密斯”、“布朗”，以及其余那些个别。以相同的方式，词语“必有死的”涵谓了一个特定的属性或一些特定的属性，即，所有具有一个集合属性的存在，也具有其他集合的属性。如果——在我们的经验里——通过“人”涵谓的一些属性总是伴随着通过“必有死的”涵谓的属性，将作为一个结果的是，类别“人”将全部包括在离别“必有死的”里，且“必有死的”将是一个关于所有在其中“人”是一个名称的事物：可为什么？那些对象通过具有被它涵谓的名称，被放在该名称之下：但他们拥有一些属性是命题的真所取决的真正条件；而不是它们通过该名称被称谓。涵谓名称不是在一些它们涵谓的属性之前，而是跟随它们。[②]

这使得命名理论与命题理论联系起来，且使得密尔自己在他的逻辑学著述里的之前的命名理论对命题理论产生了影响。根据命名理论的涵谓名称已经展现过的一些特点，如同这一章第一节已经介绍过的那样，当对象是通过涵谓名称说出的时候，给予听者的是通过涵谓名称的含义，这样的名称不仅仅是对象的标志，而是伴随着一个属性的标志，也就是说有含义的标记——构成了它们的含义的是内涵。在“一个对象是可见的”、“一个声音是听得见的”、“任何事物是可欲求的”里，“对象”、“声音”和“事物”的意义不在于所有所指谓的在名称之下的个别，而在于涵谓了一个特定的属性或一些特定的属性。不是可见性、可听性和可欲求性跟随“对象”、“声音”和“事物”，相反，“对象”、“声音”和“事物”跟随可见性、可听性和可欲求性。拥有可见性、可听性和可欲求性是“一个对象是可见的”、“一个声音是听得见的”、“任何事物是可欲求的”的真的真正条件。密尔自己的命题含义理论自此初露端倪：

命题“钻石是可燃的”，肯定不是当词语“钻石”和“可燃的”第一次接收到它们意义的时候梦见的；而且也不能通过关于那些词语的含义的最精巧的和

---

① Mill，J. S. SL：RI. *CW*，Ⅶ：91，Bk. Ⅰ，Chap. Ⅴ，Sec. 2.

② Ibid.，92.

精细的分析所发现。只有通过一个非常不同的过程它才被发现，即通过运用感官感觉，并从那里了解，该可燃性的属性存在于被尝试的实验上面；实验的数量或性质是，关于那些个别是真的，可以被推断为业是对所有“通过该名称被称谓的”实体是真的，也就是说，关于所有具有的该名称涵谓的一些属性的实体。因此，当被分析之后，断言就是，“无论在哪里我们发现了一些特定的属性，也将会得以发现一个特定的其他的属性”：不是一个关于名称的含义的问题，而是过于自然定律的问题；关于存在在现象之间的次序的问题。①

这是作“命题是介于两种名称意义之间关系的表达”学说的情况，在“命题在于它属于一个类、或它外在于一个类”的学说那里情况与之非常相似，在这第三种遭到密尔反驳的命题含义理论那儿：

命题“人是必有死的”断定了类别“人”是包括在类别“必有死的”之中的。“柏拉图是一个哲学家”，断定了个别“柏拉图”是那些构成了类别“哲学家”的其中之一。如果命题是否定的，那么把某物放在一个类别下的意向就被说成是把某物从一个类别里排除在外。因此，如果命题是“大象不是食肉的”，被断定的是(按照这个理论)，“大象”是从类别“食肉的”里面排除在外的，或者不算是在那些构成了那个类别的事物之间的一员。②

按照这种述谓理论，在“一个对象是可见的”、“一个声音是听得见的”、“任何事物是可欲求的”里，所被断定的全部只不过是，“一个对象”、“一个声音”和“一个事物”是构成了可见的对象、可听的声音、可欲求的事物的类别的其中一个个别。关于这样的见解密尔明确评论，这个谓述理论与霍布斯的谓述理论在语言方面之余没有真正的差别。③ 理由在于“一个类别绝对地不是任何事物，而只是一些通过一个一般名称指谓的未定数量的个别。共同地给予它们的名称是使得它们是一个类别的。把任何事物指称于一个类别，因此是把它看作犹如那些通过该公共名称被称谓的事物之一。把它从一个类别排除是在说该公共名称不是可对它应用的”。④ 在密尔看来，这样的见解在逻辑学里流行甚广，著名的“遍有遍无公理(*Dictum de omni et nullo*)”也位列其中。遍有遍无公理被假定为是三段论理论的基础，它的定义是密尔直至《逻辑学体系》三段论理论的论述部分才被给出的，它是一个逻辑原理(*logica maxim*)，“在它那里，就推理的程度而言，可以被发现，并被应用于原理的所有的逻辑推理，都被假定为是一种并且是相同的一种事物——‘无论任何

① Mill，J. S. SL：RI. *CW*，Ⅶ：92—93，Bk. Ⅰ，Chap. V，Sec. 2.

② Mill，J. S. SL：RI. *CW*，Ⅶ：93，Bk. Ⅰ，Chap. V，Sec. 3.

③ Ibid.

④ Ibid.

一个能够被一个类别断定(或否定)的事物，也可以被每一种包含在该类别里的事物断定(或否定)’”。①

“‘第二实体(*substantia secunda*)’的全体本质与自然属性形成了各个被相同名称称谓的个别实体的本质与自然属性的部分”的断言——例如，当人们不意味着所有人们，而是意味着某种在人们之中与生俱来的事物的时候，“人”的那些自然属性是所有“人们”的那些自然属性——是一个有着真实重要性的命题……当人们知道，一个类别、一个普遍、一个属或种的，本身不是一个实存，而是完全同于置于该类别之中的个别实体自身，并且，在物质之中除了那些对象——一个给予它们的共同名称，以及通过命的指示的一些属性——之余没有什么是真实的；我很乐于知道，在我们被告知“任何一个能够被一个类别所肯定的，是可以被包含在该类别之中的每一个对象所肯定的”的时候，我们了解到了什么？类别只不过是包含在它之中的那些对象：并且，“遍有公理”仅仅是对于同命题的解释，即“任何一个那些对象的真，是各个那些对象的真”。如果所有的逻辑推理都只不过是这个原理对于个别例子的应用，那么三段论就将的确是——它如此经常地被声称为是——郑重的无聊。②

这样的命题的述谓理论是和把事物划分为个别类别并把每一个事物指称于它的恰当类别息息相关的事情，而这是不恰当的——是一个“常常在逻辑学里所犯的逻辑学错误的标志例子”。③ 他以“雪是‘白的’”这样一个命题为例，详细阐述了这样一种理论的实际事例的发生过程以及该实际事例那里真正的推理的发生过程：

当我说“雪是‘白’”，我可能并且应当想到的是作为一个类别的“雪”，因为我正在断定的一个命题是作为关于所有的“雪”都是真的：但我肯定不是在想到关于作为一个类别的“白的”的对象；我没有想到任意一个除了“雪”之外的“白的”的对象，而只是关于那个和关于它给予我的“白的”的感觉的。实际上，当我们判断或同意于命题“雪是‘白的’”，以及其他一些事物也是“白的”的时候，我逐渐开始想到作为一个类别的一些“白的”的对象，包括了“雪”和那些其他事物。但这是一个跟随了那些判断的概念，不是先在于那些判断的概念，并且，因此不能被给予作为一个关于它们的解释。④

迄今为止这三种学说——“命题是介于两种观念之间关系的表达”的学说、“命题是介于两种名称意义之间关系的表达”的学说以及“命题在于它属

① Mill，J. S. SL：RI. *CW*，Ⅶ：174，Bk. ⅠI，Chap. II，Sec. 2.

② Ibid.，174—175.

③ Mill，J. S. SL：RI. *CW*，Ⅶ：94，Bk. Ⅰ，Chap. V，Sec. 3.

④ Ibid.

于一个类、或它外在于一个类"的学说——都得到考察且都被反驳，后两者相似的属于惟名论的范畴且第一者属于惟概念论的范畴。事实上，密尔也反驳了其他一类命题含义理论，即他声称的从根本上说"不是关联于任何事实情况的，而是关于名称的意义的"学说。在命题的证明性方面它因此与前述的几者有所区别，因为在这样一个"要素述谓(*Essential Predication*)"的学说里，"名称和它们的含义是完全任意的，这样的命题——严格说来——不会是真或假，而只是关于对于用法或习惯的相符或不相符；并且所有它们能得到的证明是关于用法的证明；即词语被其他人接受使用的证明，在其中言说者或写作者想要使用它们"。[①] 按照这样的理论，要素命题(*Essential Proposition*)——也可译为本质命题、必要命题、实质命题——与偶然因素命题(*Accidental Propositions*)——也可译为偶然命题、意外命题——的定义是：

一个事物的要素是不带有它的情况下该事物既不能存在，也不能被设想的事物。因此，理性是人的要素，因为不带有理性，人就不能被设想为存在。制成了事物的要素的一些不同属性被称作它的要素特质(*essential properties*)；在其中任何关于这些要素特质被谓述的一个命题被称作一个"要素命题"……所有不是关于该事物的要素的特质，我们称作它的意外因素(*accidents*)；被假定为与它的最内部的本质是毫无关系或没有可比性的；在其中任何关于这些被谓述的一个命题被称作一个"偶然因素命题"。[②]

要素命题随即也被密尔反驳。理由在于这类命题对于任何一个之前已经理解了那些术语的全部意义的人没有传达任何信息。命题"每一个人是一个肉身的存在"，"每一个人是一个活着的造物"，"某一个人是理性的"，对任何一个已经觉察到词语"人"的完全的意义的人没有传达任何知识，因为该词语的意义包括了，每一个拥有通过所有这些谓语所涵谓的一些属性的"人"，当他被称作是一个"人"的时候是已经被断定了的。[③] 要素命题事实上是同命题(*identical propositions*)。[④] 且是一些"字面命题(*Verbal Propositions*)"——断定了一个在一个特殊名称之下的事物，尽管是被那个名称称谓的；只是关于它被断定的，因此没有给出任何信息，或者给它有关于该名称的，不是事物的。相反，非要素或偶然因素命题可以被称为"真正命题(*Real Propositions*)"——谓述了关于一个事物的某个不涉及在该名称——通过它命题说出了它——的含义的事实，某个不通过那个名称所涵谓的属性。[⑤] 就真正命题而言：

---

① Mill, J. S. SL: RI. *CW*, Ⅶ: 109, Bk. Ⅰ, Chap. VI, Sec. 1.

② Mill, J. S. SL: RI. *CW*, Ⅶ: 110, Bk. Ⅰ, Chap. VI, Sec. 2.

③ Ibid., 113.

④ Ibid.

⑤ Mill, J. S. SL: RI. *CW*, Ⅶ: 115—116, Bk. Ⅰ, Chap. VI, Sec. 4.

这是所有那些有关于被个别地指定的事物，以及所有在其中谓语涵谓了任何没有被主语所涵谓的属性的一般命题或特殊命题。所有这些命题——如果是真的——增加了我们的知识：它们传达了信息——是没有已经涉及所使用的一些名称的。当我被告知，拥有一些特定的特质的所有的甚至某些对象，或者是一些特定的其他关系，也拥有一些特定的其他特质，或代表了一些特定的其他关系，我从这个命题里了解到了一个新的事实；一个不包括在我的关于那些词语的意义的知识里——甚至也不是关于回答关于那些词语的含义的一些事物的存在——的事实。只有这个类别的命题是自身就是有教益的，或者是从它之中任何有教益的命题能被推论。[①]

## 第四节　真正的命题含义理论

密尔自己的与要素命题、名义命题、字面命题或同命题之类的非真正命题区别的真正命题的理论通过对于一些命题的分析阐述。按照《逻辑学体系》里的先后顺序分别是，第一种命题情况是在其中主语是一个专有名词、谓语是一个涵谓术语或涵谓名称，比如“钦博腊索山的峰顶是‘白的’”。第二种命题情况是在其中主语是一个具体名称(涵谓术语或涵谓名称)、谓语也是一个具体名称(涵谓术语或涵谓名称)，比如“所有人们是必有死的”。第三种命题情况是在其中主语是一个抽象名称、谓语是一个具体名称(涵谓术语或涵谓名称)，比如“欠考虑的行为是危险的”。第四种命题情况是在其中主语是一个抽象名称、谓语也是一个抽象名称，比如“‘白’是一个颜色”。

第一种命题情况被称作最简单的例子。密尔对于“钦博腊索山的峰顶是‘白的’”的解释是：

词语“白的”涵谓了一个属性——被通过词语“钦博腊索山”指定的个别对象具有一种包含在关于它在人类存在这里刺激了我们称作一个“白的”的感觉的感觉的物理事实(*physical fact*)[外界存在的事实]的属性。被承认的是，通过断定该命题，我们想要交流该物理事实的信息，并且，不是在想到一些名称，除了作为进行那个交流的必要手段之外，因此，命题的意义是，被主语指谓的该个别事物拥有被谓语涵谓的一些属性。[②]

如果 X 是 $\psi$ 的，那么 X 拥有包含在 X 之中的在人类存在这里刺激了被称作 $\psi$ 的感觉的属性，被主语指谓的 X 拥有被 $\psi$ 涵谓的一些属性。如果第七章里对于感官感觉与感觉官能的感官能力论的介绍和论述依然被记得，密尔在这里作出的这个对于真正的命题含义的规定就能够得到更好的理解。首

① Mill, J. S. SL: RI. *CW*, Ⅶ: 116, Bk. Ⅰ, Chap. Ⅵ, Sec. 4.

② Ibid., 97.

先，从形式上观察，在这样的命题里主语和谓语之间拥有一些关系性的联系。了解关系性质的联系不难，但是这样的关系性质的联系到底是什么正是密尔想要发现的。上一节已经表明了一些诉诸名称理论或命名理论以及范畴分类理论的命题含义理论的不可取性。现在我们得到了一个正面的论断。介于一个被肯定或被否定的命题或断言的主语与谓语之间的这样的关系特征不是别的，正是一个服从于感官能力论的见解。

密尔的感官能力论涉及了所有可命名事物的范畴分类法的一些东西。如前所述，所有的可命名事物可以各自归为感受或意识状态、客体实体、心灵实体，以及诸如一个存在、一个共同存在、一个继起存在或一个类似这样的关系。且在命题含义的这个规定里，整个事情完全在这样的几个范畴之中。我们之前也已经知道的是，在密尔那里一个作为属性的性质事实上是一个感觉的另一个意义上的称谓，与此同时在感官能力论里被要求的是，所有的感觉和感受都在心灵之中被感知。由于这样的理由，客体刺激的被称作 $\psi$ 的感觉的属性是在人类存在的感觉器官那里产生的，并进一步在心灵之中刺激起一些情绪。它们无论如何都需要在感知者这里出现并且加以判断。

目前的例子很好。可问题在于密尔没有止步于这个最为简单的命题。在上面的命题里，一个主语仅仅是一个专有名词，然而专有名词是在密尔的名称理论之中的不拥有真正意义的一类词语。它们的代表性因此不够强。为此其他性质的主语的考虑当然是有必要。第二种命题情况里主语与谓语都是涵谓名称。这样的情况在命题里相当常见，可以说是一类标准的和典型的命题。在这一节开头已经介绍过这方面的一个命题的例子是“所有人们是必有死的”。密尔对此的解释是：

如同在过去那里的情况，在这个例子里，命题断定的(或表达了一些信念的)当然是，被主语(“人”)指谓的一些对象具有被谓语(“必有死的”)涵谓的一些属性。但关于这个例子典型的是，那些对象不再是“个别地”被指定的。它们只是通过关于它们的某些属性被指出的：它们是被称谓为“人们”的一些对象，也就是说，拥有了通过名称“人”涵谓的一些属性；并且，关于它们，唯一已经知道的事物可能是那些属性：实际上，因为命题是一般的，并且通过主语指谓的一些对象因此是在数量上未定的，所以它们的大部分根本不是被个别地知道的。因此——不像之前——断言不是，谓语涵谓的一些属性，是被任何约定个别具有的，或者被任何数量的之前被知道为“约翰”、“托马斯”等个别具有的，而是，那些属性是被各个的和每一个具有特定的其他一些属性的个别所具有的。[①]

初看上去“所有人们是必有死的”与“苏格拉底是必有死的”或“威灵顿公

① Mill，J. S. SL：RI. *CW*，Ⅶ：97，Bk. Ⅰ，Chap. Ⅴ，Sec. 4.

爵是必有死的"之间的差别并不显著，我们对此也许将会自然而然地认为，在所有的这几个命题里，我们都可以通过诸如"如果 X 是 $\psi$ 的，那么 X 拥有包含在 X 之中的在人类存在这里刺激了被称作 $\psi$ 的感觉的属性，被主语指谓的 X 拥有被 $\psi$ 涵谓的一些属性"这样的公式来解释它们的命题含义。然而如同上一段引文里表明的那样，在这几个命题之间的差异不仅不是微不足道，相反，它们之间的差异很大程度上影响了对于命题的看待和处理。

"苏格拉底是必有死的"是一个在性质上与"钦博腊索山的峰顶是'白的'"相当的命题，它们的主语都是一个专有名词且谓语都是一个涵谓名称。然而，在"所有人们是必有死的"这里，谓语是关于所有的和各个的通过主语指谓的事物的肯定的事物，它是一个标准的全称命题，所有人们可以指任何一个人，比如苏格拉底、柏拉图、拿破仑、莎士比亚、乔治·巴顿、莫罕达斯·卡拉姆昌德·甘地等。且在"威灵顿公爵是必有死的"这里，没有清楚地表明命题的主语是否代表了所有被它指谓的一些个别——比如，"威灵顿公爵"可能指的是亨利·瓦莱里安·乔治·韦尔斯利，也可能指的是阿瑟·韦尔斯利和阿瑟·理查德·韦尔斯利，也可能指包括阿瑟·韦尔斯利、亨利·韦尔斯利、阿瑟·查尔斯·韦尔斯利、亨利·瓦莱里安·乔治·韦尔斯利、杰拉尔德·韦尔斯利、阿瑟·瓦莱里安·韦尔斯利在内的所有的各任威灵顿公爵——所以这是一个不定命题。

因此，按照密尔在上一段引文里的说法，在"所有人们是必有死的"与"威灵顿公爵是必有死的"之中被主语("所有人们"、"威灵顿公爵")指谓的一些对象不是如同"苏格拉底是必有死的"之中的情况那样个别地被指定的，它们只是通过关于它们的某些属性被指出的他被称谓为"所有人们"、"威灵顿公爵"的一些对象。唯一已经知道的事物是"所有人们"、"威灵顿公爵"涵谓的那些属性。不像在"苏格拉底是必有死的"那里对象是单一的且直接得知的，在"威灵顿公爵是必有死的"那里，对象的数量虽然未定，然而是有限的，但在"所有人们是必有死的"那里对象的数量是大量的，它无法被个别地知道。验证命题的真的过程或证明命题的过程因此在单称命题与全称命题和不定命题那里不一样。对于全称命题，我们需要知道所有的各个个别的被指谓的对象，比如，对于"所有人们是必有死的"，需要去知道苏格拉底、柏拉图、拿破仑、莎士比亚、乔治·巴顿、莫罕达斯·卡拉姆昌德·甘地，以及更大的数量的个别。对于不定命题，我们需要知道它在特定背景下的被指谓的个别，比如，在它指的是第一代威灵顿公爵的情况下，对于"威灵顿公爵是必有死的"，需要知道亨利·瓦莱里安·乔治·韦尔斯利，在它指的是所有威灵顿公爵的情况下，需要知道的是包括阿瑟·韦尔斯利、阿瑟·理查德·韦尔斯利、亨利·韦尔斯利在内的所有的各个威灵顿公爵。

这与《功利主义》的证明的"一个对象是可见的"、"一个声音是听得见的”、“任何事物是可欲求的”相关。在它们之中主语显然不是专有名词，与此同时也不是一些抽象名称，相反它们是一些具体名称或涵谓名称。在这些命题里“一个”指代“每一个”，它们就是全称命题，如果不是，它们就是一些不定命题，且在不定命题的范围内，如果它们是指不同的类的一些对象，比如在命题是关于普遍性质的可见性或可欲求性的情况下，它们意味着全称命题，在命题是关于特殊性质的可见性或可欲求性的情况下，它们意味着特称命题。为此，考察密尔将对这样的类型的命题的含义解释还说些什么仍然有必要。

任何一个拥有被主语涵谓的一些属性的，也具有那些被谓语涵谓的，后一组属性“持续地”“伴随”前一组。任何一个拥有关于“人”的一些属性的，拥有关于“必有死”的属性；“必有死”持续地伴随着关于“人”的一些属性。

记得的是每一个属性都基于某个事实或现象，或者是关于外在感官感觉的，或者是关于内在意识的，并且，去“具有”一个属性，是对于“是在其上属性是得以根据的事实或现象的原因、或形成部分”的另一种片语［短语；惯用语］。断定了一个属性总是伴随另一个属性的命题，因此真正地断定的不是任何事物，而是一个现象总是伴随着另一个现象；就在我们发现后者的地方，关于前者的存在我们是有保证的程度而言。因此在命题“所有人们是必有死的”里，根据它们展现的特定现象，词语“人”涵谓了一些我们归咎于一个特定种类的活着的造物的属性，且部分是物理现象(*physical phenomena*)，即是说通过它们身体的外形和结构在我的感官感觉上作出的一些印象，并且部分地是心理现象(*mental phenomena*)，即是说它们拥有关于他们自身的有感觉力的以及有智力的生命。当我们发出词语“人”的声音的时候，所有这些是被任何一个对于他该词语的意义是已经知道了的人所理解的。现在，当我们说“人是必有死的”，我们的意思是，无论这些各式各样的物理现象与心理现象在哪里被发现，我们有保证的在那里存在着另一个被称作“死亡”的物理现象与精神现象将不会不发生。[①]

在对于主语是涵谓名称且谓语也是涵谓名称的命题的含义的这样的解释里，密尔想要声称事物是存在着一些歧义的可能。不过，与之前的主语是专有名词且谓语是涵谓名称的命题的解释相比，上述解释的基本意思仍然是清楚的。在主语是涵谓名称的命题里，对于主语与谓语的属性的解释的公式仍然可以成立，只不过解释的表述发生了一些变化。在前者那里，主语直接被说成是拥有那些属性，但是在后者那里，主语与谓语指涉的属性被说成是伴随着或不伴随着的，或必然伴随着或必然不伴随着的，主语之中的任何一个都拥有或不拥有那个属性或那些属性。

① Mill，J. S. SL：RI. *CW*，Ⅶ：97－98，Bk. Ⅰ，Chap. Ⅴ，Sec. 4.

如同之前常常作出的那样，以“一个对象是可见的”、“一个声音是听得见的”、“任何事物是可欲求的”三个命题之中的以第一个和第三个为例。“一个对象是可见的”的含义是，词语“可见的”涵谓了一个属性，通过词语“对象”指定的各个个别对象那里的任何一个对象那里各式各样的物理现象与心理现象一旦是在人类存在的感知这里被发现的，另一个被称作“可见的”的物理现象与精神现象将不会不发生，任何 个拥有包括“可见的”的一些属性的对象拥有“可见的”的属性，“可见的”的属性持续伴随着关于“对象”的一些属性。同理，“任何事物是可欲求的”的含义是，词语“可欲求的”涵谓了一个属性，通过词语“事物”指定的各个个别对象那里的任何一个对象那里各式各样的物理现象与心理现象一旦是在人类存在的感知这里被发现的，另一个被称作“可欲求的”的物理现象与精神现象将不会不发生，任何一个拥有包括“可欲求的”的一些属性的事物拥有“可欲求的”的属性，“可欲求的”的属性持续伴随着关于“事物”的一些属性。

密尔继续指出，任何一个这样类型的命题都断定(或否定)一个继起存在，一个共同存在，一个简单存在，一种原因作用。

继起存在与共同存在不只是关于现象被断定的；我也把命题作为关于那些现象的隐藏原因——它们被命名为实体与属性……共同存在和继起存在不仅可以介于现象之间而被肯定或否定，而且可以在本体或在一个本体与现象之间被肯定或否地。且本体和现象我们可以简单地肯定为是存在的。但是什么是一个本体？一个未曾知道的原因。因此，在断定一个本体的存在的时候，我们是在断定原因作用［起因；因果关系］……对于这四个种类的事实的事情或断言，还必须增添上一个第五个种类的，“类似(*Resemblance*)”。[①]

首先得到讨论的是两个现象的共同存在，或者是两个现象是继起存在［序列；顺序］。论及这一点的时候密尔使用了一个“一个大方的人是值得尊敬的”的命题的例子且对之作出了详尽的解释。在设问了“谁会认为这是一个关于介于两个现象之间的共同存在的例子？但它的确如此”之后，他说道：

引发了一个人被说成是“大方的”的属性，是基于关于他的心灵的状态，以及他的行为的详情而归咎于他的，两者都是显现：前者是关于内在意识的一些事实；鉴于区别于前者而言，后者是一些心理事实，或感官感觉的知觉。“值得尊敬的”允许相同的分析。如同此处使用的，“尊敬的”意味着一种赞同的和赞赏的情绪，通过对应的外在活动伴随地发生。“值得尊敬的”涵谓了所有这个连同我们关于表现出“尊敬的”的活动的赞同［认可］。所有这些都是现象；都是伴随着或跟随着物理事实的内在意识状态(*states of internal consciousness*)。当我们说“一个大方的人是值得尊敬的”，我们肯定了介于两

---

① Mill，J. S. SL：RI. *CW*，Ⅶ：100，Bk. Ⅰ，Chap. Ⅴ，Sec. 5.

个分别地属于所涵谓的复杂现象。我们肯定了，无论何处和无论何时，在词语“尊敬的”蕴含的内在感受(*inward feelings*)和外在事实(*outward facts*)就位，那么一个内在感受——“尊敬的”——的存在和表现，将跟随另一个内在感受——赞同的——出现在我们的心灵之中。[①]

这五种关系穷举了密尔命题理论里的命题的主语与谓语之间的关系类型。“‘存在’、‘共同存在’、‘继起存在’、‘原因作用’、‘类似’：在每一个不只是字面的命题里，这些之中的一个或其他是被断定的(或否定的)。这个五重划分是一个穷举的关于事实情况的归类；关于所有能够被相信或倾向于被相信的事物；关于所有能够被理解的问题，以及所有能够回应它们的回答”。[②] 此外，密尔也作出了一些补充的规定，比如，共同存在的关系可以是潜在的而不是当前的实际的，一个例子是雪的白的属性的潜在性与现实性：

雪被很方便地说成是白的，即便在一个完全黑暗的状态下，因为尽管我们现在没意识到该颜色，但一旦破晓，我们就将会是意识到它的。一些属性的联合固有因此仍然是一种关于意识状态的共同存在的情况——尽管是一个复杂的情况：然而，是一件与“在空间中的次序”完全不同的事情。作为同时性的一部分，它不属于空间而属于时间。[③]

密尔在《汉密尔顿哲学的考察》(*An Examination of William Hamilton's Philosophy*)一书论推理的一章里给出过比上述解释更为复杂的一种说法。在那里一些背景情况是，“A、B和C是三个概念，就我们假定知道了A是B的一个部分，并且B是C的一个部分，但直到我们把这两个命题放到一起，我们并不知道A是C的一个部分。我们由直接比较，直觉地感知到B在C里”。[④] 并且“我们不能经由A是B的一个部分而发现A是C的一个部分，因为如果它真正的是如此的，一个真理必定就像与另一个一样多的一个直接意识的事情。但我们能够经由A是联合于B而发现A是联合于C的；因为我们的A是联合于B的事实的知识，可能是由一系列在其中C不是可感知的观察获得的”。[⑤]

C代表了一个属性，也即是，不是一个感官感觉的表征，而是一个产生这样表征的力量：一个力量可能是存在的而不是显著的是在事物里是通常情况，蕴含的只是必然决定为行为的条件不是全部在场的。这个力量或潜能

---

① Mill, J. S. SL: RI. *CW*, Ⅶ: 99, Bk. Ⅰ, Chap. V, Sec. 5.

② Mill, J. S. SL: RI. *CW*, Ⅶ: 104, Bk. Ⅰ, Chap. V, Sec. 6.

③ Ibid., 105.

④ Mill, John Stuart. An Examination of Sir William Hamilton's Philosophy. Edited by John M. Robson. Vol. IX, *The Collected Works of John Stuart Mill* (in 33 Vols). Toronto and Buffalo: (1963—1991) University of Toronto, Routledge & Kegan Paul, 1979: 342.

⑤ Ibid., 345.

C，可以以相同的方式，由另一组观察——在其中是轮到A是处于隐匿的、或可能被激活但不专注于此——被确定为联合于B。通过结合两组观察，我们得以发现均不包含在它们之中的，也即是一个介于C和A之间联合的恒久不变，如此以至于它们中的一个成为另一个的一个标记：尽管在两组观察中和在任何其他观察中，C和A都可能不是实际地被一起观察到的；或者如果是被观察到的，不是——将在概括事实方面担保我们的——以频率或处于实验条件下的。①

## 第五节　密尔证明的近似解释

在许多研究者那里密尔的可见性与可欲求性部分的论证是糟糕的，或者被许多别的人认为是糟糕的。如伊利亚·米尔格兰所言：

论证的第一段从各个人欲求他自己的幸福前进到各个人的幸福是对于他可欲求的结论。论证的第二段从之前一段的个人的幸福是对于他可欲求的的结论前进到进一步的结论，"总体幸福是对于关于所有人的聚合的一个善"。

论证的第一段包含了——或多或少地——一个关于从它的前提到它的结论的合理性的解释；该解释引证了明显秩序井然的类比论证。你通过表明它是被看见的表明某个事物是可见的；你通过表明它是被听到的表明某个事物是可听的。相似地，你通过表明它是被欲求的表明某个事物是可欲的。然而，它基本上被指为，功利主义对他的作模型用的论证的使用似乎产生了模棱两可的话。"可听的"意味着"能够被听到的"，"可见的"意味着"能够被看见的"。但是在由论证的结论要求的意义上，"可欲求的"并不意味着"'能够'被欲求的"，而是沿行"'应该'被欲求的"或者"'值得'被欲求的"的某个事物。论证的第一段显然被认定为只不过是一个坏的双关语。②

杰弗里·萨瑞—麦科德的说法是：

不管怎样，就许多人看来，一旦一个人注意到"可欲求的"可以拥有两种意义：如同"可见的"意味着"有是被看见的能力的"，它可以意味着"有是被欲求的能力的"，或者它可以以一个使得鉴定它为"善的"或"有价值的"是可行的方式意味着"值得欲求的"，对于从可见性到可欲求性的证据原理的扩展的该论证就完全崩塌了。以第一个方式解读，与视力、听力的类比，以及其他感官感觉的类比是易于且很好地支持证据原理的，但是与什么是实际上值

---

① Mill, John Stuart. An Examination of Sir William Hamilton's Philosophy. Edited by John M. Robson. Vol. IX, *The Collected Works of John Stuart Mill* (in 33 Vols). Toronto and Buffalo: (1963—1991) University of Toronto, Routledge & Kegan Paul, 1979: 342.

② Millgram. "Mill's Proof of the Principle of Utility.": 283.

得欲求的事物不相关的问题。可被辩护的主张关乎什么是值得欲求的。以第二个方式解读，证据原理如果是真的将是相关的，但是与我们的感官感觉的类比似乎整个是离题的。[①]

下面笔者想要通过一些比较性质的解释，了解密尔对于从可见性到可欲求性的类比的证明到底引起了何种程度的多元理解。在比较的过程之中，对于它可言之成理的理解的路径也可能变得更为明晰。简·纳维森对于任何关于知觉判断的证明的看法是：

当在我的后院里认出蓝知更鸟的时候，我知道在我的后院里有一只蓝知更鸟。在这里“论证”在哪里？前提和结论在哪里？但是这忽视了介于知识和是(在相关情况里)它的必备需要［首要事物；必要条件］的知觉陈述之间的区别。看见是知觉，但它不是相信：当你相信的是有关是被看见之时，它只是去相信的必备需要。且知道是能够去成为产生一个关于你相信之物的令人满意的捍卫的。“今天早上在后院有只蓝知更鸟。”“你怎么知道的?”“我看见了它。”(如果这继续被问道“你怎么知道你看见了它?”回答可能是，“好吧，这是和特别明亮的早晨，并且树枝离我们的厨房窗户只有六尺远，”或任何其他数量的事情。当知道的人表明了他的言谈已经恰当地由他的经验暗示的时候，满意是可以获得的，且这能总是卷入一个论证。)[②]

这个阐述在感官能力论方面与密尔自己的有相似之处，但纳维森在这样的时候所论证的时候是与密尔的证明不相关的其他一些事情。在这方面，伊利亚·米尔格兰的论述在观点方面与之几乎相同且更切合目前的主题：

这是密尔的“能给予‘一个对象是看得见的’的唯一证明是人们实际地看到它”的评论的要点。哲学家们由于过于强调“可见的”的范型维度，把“可见的”(且在下一个句子里是“可听的”)作为意味“有是被看见的能力的”，从而误读了该段落。这是一个错误。“可见的”在这里意味着——如果你喜欢的话——“能够是被看见的”；但只是在其中一个飞行员可能报告道他能够看见目标的意义上：他看见了该目标。“可听的”是以一个相似意义是同样意味着在其中在怪物电影里目瞪口呆的受害者低语道“它现在是可以听到的了——我能听到它正在往下挪”的意义。这不是意味着，在某个其他可能的世界里，怪物是被听到正在往下挪的，也不是在未来由某个额外努力，怪物可能是被听到的，而是在这个世界，这个现实世界里，怪物现在被听到正在往下挪。当我们返回到感觉的时候，在验证的序列的终点，一个对象是可见的——也就是是“被看见的”——的唯一的“证明”是，去再次示意于它是被看见的。一

① Sayre－McCord. “Mill's‘Proof’of the Principle of Utility：A More than Half－Hearted Defense.”：335.

② Narveson，Jan. *Morality and Utility*：259.

个对象是可听的——也就是是"被听到的"——的唯一的"证明"是，去再次示意于它是被听到的。

这就是密尔对于"作为可欲求性证明的欲求"的模型。在一个实践的验证的序列的终点的一个位置，目的占据了那个位置，并且对于它的验证是截然不同的；某个事物是否是被欲求的，与它是否是可欲求的，是两个不同的问题。被问到你为什么想要去做如此这般的，你能够引证对之它是一个手段的进一步的目的。但是在该序列的终点，当你回到快乐或幸福的感受、或者其满足是那个感受的欲求的时候，没有任何事物是进一步可以被说的。对欲求的对象的可欲求性的全部，在于它是被欲求的，且是所有在该序列的尽头所留下的，因为"可欲求的"对于手段是"被欲求的"。[1]

就笔者的理解，伊利亚·米尔格兰的上述的解释相当正确。的确，取而代之以"可见的"的"有是被看见的能力的"的解释以及"能够是被看见的"的解释，而采用一个感知者对于可见的对象的被看见的情况的示意，且把对于这样的"可见的"的证明视为是一个感知者对于可见的对象被看见的情况的再次示意，从本质上说这完全符合密尔的证明的意思。当一个人再次示意一个可见的对象是实际被看见的时候，这个对象的可见性就被确认了。同样，当一个人再次示意一个可欲求的对象是实际被欲求的时候，这个对象的可欲求性就被确认了。这可以构成一个充分的证明或充分的对于证明的证据。

一个与伊利亚·米尔格兰非常接近的——尽管在直接表述上是相当不同的——观点是由诺曼·克雷茨曼作出的，在前者那里证明通过一个感知者对于一个被感知对象的被感知的示意完成，在后者那里它被说成了一种感知的反应的公示：

现在，由"实际地看见的"所意味的是什么？由于它是一个处于讨论中的证明，我们将肯定期待数据是以由某个公众可及的种类为特征的，以构成在通常意义上的证据。这并不限定看见了是去看见在它可能是一个主体的报告——"我在左边看见一个红补丁而且在右边看见一个蓝的"——的程度上是有意识的，但如果要进行一个证明，在观察者这边某些公开行动是被要求的。当我们寻找一支笔并且没法找到它在哪个地方，我们被其他人告知，它就待在"显眼的地方"，在说"我们并没有实际地看见它"的时候我们似乎完全情有可原的。无疑从它反射的光线没有冲击我们的视网膜，并且可能存在整装待发的恰是为什么我们只看见了它而并没有认出它，为什么我们没能实际地去看见它的心理学解释。但无论"实际地看见的"的确意味着什么，如果它服务于可见性的指标的话，必定不同于这个没被认出的意外的看见。并且由于除了谈话或沉思领会或躲避一个物体之外的其他形式的公开行为是容易想

---

① Millgram. "Mill's Proof of the Principle of Utility. "：289.

象的且将肯定也如同它们一样做得那么好的，无论别的什么，通过“实际地”来修饰的“看见”必定传达了反应的公开性。

错误是什么？我们已经提及了产生幻觉者的错误——把某个可见的事物认为不是事实上如此的——但关于我们伸手去取我们看见的玫瑰并且取而代之领会成是在取一株荨麻的是什么？那个公开行动是否能够被考虑为是“该荨麻是像该玫瑰一样同样可见的”的一个证明？或则会更基本地，更清楚地，它是否指示着该荨麻是实际上被看见的？如果在伸手想拿玫瑰之前有一个愉快的惊叹且触碰了荨麻跟随的是一个痛苦的哭喊，我们把它归因于正常以下的视力或罕见的可怜的手一眼协调。并且如果赞叹的儿童伸手去击打火焰，他表明他看见了动人的颜色并且感受到了温暖，且赞赏所有那些，且他同样明白地表明了他并没有预见到被烧伤的痛苦和训斥。可以肯定在这样的例子里我们并不想要不得不去说，被实际地看见的是荨麻不是玫瑰，因为被领会的就是这个；或者，烧伤和责骂对儿童是可见的，因为那是他取得的。

在第一个例子里被看见的事物是完全不注意起作用的事物的；且在第二个例子里被看见的事物的特征是被判断错误的，所以对它的反应是不正常的。也许不必去说，但为了理解该类比论证，在脑子里谨记，与这些应用在特定的涉及欲求和可欲求的例子里的考虑是非常相似的是必要的。

介于看见和可见的之间关系的一个最终公式现在能够被建议了：如果任何事物是以这样一个方式被看见的，以至于在正常的观察者这边引起某些公开反应，且那个反应随后证明是对于考虑中的问题是正常的，那么那个事物是可见的。被希望的是，这是一个对由密尔在对整个类比论证的基础里提供的可见性标准的准确分析。

如果它是如此，且如果密尔的论证是基于一个相当地近视类比构造的，那么加上必要的变更，关于他的可欲求性标准的下述公式也是正确的：如果任何事物是以这样一个方式被欲求的，以至于在正常的欲求者这边引起某些公开反应，且那个反应随后证明是对于考虑中的问题是正常的，那么那个事物是可欲求的。[①]

然而米尔格兰在强调了对于实际发生的感知的示意的证明维度的同时，也在上述引文的最后一句话——对欲求对象的可欲求性的全部，在于它是被欲求的，且是所有在该序列的尽头所留下的，因为“可欲求的”对于手段是“被欲求的”——里同时强调了“可欲求的”与“被欲求的”的目的与手段的关系，这似乎并不必要。如果目的和手段的关系的理解被加入到密尔的证明的当前阶段，也许一些不必要的麻烦将会产生。毕竟对于目前的证明的阶段，所需要考虑的一切仅仅是感官能力论方面的事情，在这样的时候，一旦目的

---

① Kretzmann. “Desire as Proof of Desirability.”：252—254.

与手段的目的论的特定维度的考虑也被涉入，我们就无法继续将“可欲求的”与“被欲求的”完全通过感官能力论的维度去理解，而这样一来，对于密尔证明的解释就将与密尔本人在《功利主义》里已经声明过的论点相反。他在该书的第一章明确说过，一个不是善的事物可以通过证明它是另一个作为目的的事物的善的有益性从而得到证明，但是一个自身作为目的的事物的善不可证明。一个自身是目的的事物不是任何其他事物的手段，它不可能通过目的和手段的关系得到证明。且由此它需要的是其他的证明，这样的证明是一个基于感觉官能认识范围之内的感官能力论的证明。在此过程里，“可欲求的”与“被欲求的”以及目的与手段这两个证明的方式通过感官能力论被密尔所区别，米尔格兰的看法的问题在于他把这两者又再一次结合了起来。

事实上，伊利亚·米尔格兰对感官能力论的解释是相当到位的，他说道：

不令人吃惊地，鉴于密尔位列其中的英国经验主义的传统，他采纳基本的信念去对应“感觉”。密尔相似地采用基本目的去对应尤为直接感受的对象，且是这个预设，我们可以断定允许了密尔的词汇的引入，即我们看到了把欲求的对象(非工具性的)认明于快乐和幸福，把被欲求的自然地陈述为感受的状态……当某个人问你为什么你相信它的时候，你能够——如果信念不是不被验证的话——引证这些进一步的命题。但是当你是被问道，为什么你持有一个最终的信念的时候(也就是一个只是一个感觉的相关物的信念)，没有进一步的命题可以引证。所有你能够做的是重申你的主张，对你是感官感觉着的是感官感觉的，或者正在感受(因为密尔把感觉认作一类感受)你正在感受的。①

杰弗里·萨瑞—麦科德有相似的解释：

为了理解这个作用[当达到行为的第一原理的时候，欲求扮演了感官感觉在当它达到知识的第一原理的时候的同样的认识论作用]，区别某个人是在感官感觉某个事物，与是被感官感觉到的间的事实——是一个介于某个人是在欲求某个事物，与是被欲求的事实之间的对立的镜像——是重要的。在我们的感官感觉的情况里，我们拥有的对于我们关乎可感官感觉性质的判断的证据，回溯到是被感官感觉到的，回到我们感官感觉经验的内容。同样的，在价值的情况里密尔是在提议，我们拥有的对于我们关乎价值的判断的证据，回溯到是被欲求的，回到我们欲求的内容。他认为，最后，我们对于持有我们所做的原理的根据，必须回溯到我们的经验，到我们的感官感觉和欲求那里。可我们拥有的证据不是我们是在感官感觉某个事物或欲求某个事

① Millgram. “Mill’s Proof of the Principle of Utility.”：288—289.

物，而是什么是被感官感觉到的和被欲求的。[1]

这样的解释完全看到了约翰·密尔的感官能力论。然而笔者有些困惑的是，米尔格兰似乎同时地——或交替地——把感官能力论与工具—目的的目的论作为对于密尔的功利主义原理证明之中的这个阶段以及幸福是可欲求的证明的阶段的主要解释。他继续说道：

感觉以及对应于它们的信念不是被推论的，且所以当我们回到感觉的时候，我们被留待在恰当被称之的“证明”的范围里。相似的，举止的“第一前提”是终极目的，对于工具主义者是就假定来说不是从进一步的前提推论的欲求。关乎这些欲求唯一引发的问题是一个人是否实际地拥有它们，且它是个关于“意识”或“直觉”的情况。由于它们不是被推论的，它们也坐落在证明的范围之外。

让我们从这个长的旅程回到密尔论证的第一段。它的结论是各个人的幸福是对于他自己可欲求的。让我们固定在密尔的对于不只是作为对于进一步的目的的手段，而是基于它们自身被欲求的目的的限制的位置上，那么回想幸福只不过是作为一个人欲求什么的术语的情况。再一次地，随着这个限制的就位——也就是当我们爱行为者的手段—目的的验证的序列的终点的时候——“可欲求的”只意味着“被欲求的”：对于它不存在任何去意味的其他事物。所以该论证的结论只意味着一个人欲求(非工具性的)一个人(非工具性的)欲求的。进一步回想该论证的前提最后呈现为只意味着各个人欲求他欲求的。我们现在能够看到为什么论证的第一段是如此短的：被使用的推论规则是 $\rho \rightarrow \rho$。且它归根到底明显不是谬误的，相反于摩尔、西季威克以及许多其他人的见解：如果任何一个论证是演绎上有效的，它就是这一个。[2]

对此，杰弗里·萨瑞—麦科德的解释似乎更可取：

当我们拥有红的感觉的时候，当我们在看对我们显得红的时候，我们拥有该事物是红的证据(尽管是可覆写的和可废止的证据)。不仅如此，如果事物从不对我们看起来是红的，我们将永远获得不了事物是红的证据，且将实际上永远不能发展红的概念。相似地，当我们是欲求事物的时候，当我们是考虑对于我们显得善的时候，我们拥有该事物的善的证据(尽管是可覆写的和可废止的证据)。不仅如此，如果我们从来不曾欲求事物，我们将永远不去的事物是善的证据，且将实际上永远不能发展价值的概念。

回想对于密尔，像是味觉、触觉、幻觉和嗅觉的欲求，是一个“消极的感性(*sensibility*)”。他认为，所有这些提供给我们使得想法可能的内容，也

---

① Sayre—McCord. “Mill's‘Proof’of the Principle of Utility：A More than Half—Hearted Defense.”：338—339.

② Millgram. “Mill's Proof of the Principle of Utility.”：288—289.

提供给我们对于想法导致我们具有的结论的证据。“欲求一个事物”和“作为可欲求的对待它(除非为了它的结果之故)”是被密尔处理为是一个事情且是同一个事情的，正如看到一个作为红的事物，和认为它是作为一个红的事物，是一个事情且是同一个事情。据此，一个欲求 χ 的人是一个照其事实把 χ 看作可欲求的人。对于密尔，欲求某个事物是一个在善的幌子下看待它的一个情况。注释30这意味着在密尔的论证的背景里，一个人不把欲求仅仅思考成偏好或思考成如同是任何类的动机，是重要的。按照密尔，它们构成了一个我们的动机状态的特别子类，且是由它们的评价性内容被区别的(至少是部分的)。[①]

他接着说道：

因为欲求某个事物是一个把它视为善的的事情，基于密尔的见解，一个人将能够相信某个事物是善的而不用欲求它，正如一个人能够相信某个事物是红的而不用把它视为红的。虽然欲求是假定为是我们的概念的基础；且对于可欲求性的证据，一旦概念就位，就有在其中我们将拥有认为它甚至应用于当对应的可感官感觉的经验是缺乏的理由的背景……可他这里不是在假定他们欲求他们自己的幸福或任其他事情的事实，是它是可欲求的证明，正如他将不假定某个人看到某个事物作为红的事实是它是红的证明。相反，他是在假定，如果人们欲求他们自己的幸福，或者看到某个事物作为红的的，一个人能够依赖于它们拥有可行的——作为一个对进一步论证的前提——他们自己的幸福是可欲求的或该事物是红的主张(至少在不存在相反证据的情况下)。如他在第三段说的，“如果功利主义学说就自身提出的目的在理论和实践之中不是被公认为是一个目的的，没有任何事物将说服任何人相信它是如此。”

因此，诉诸介于感官感觉性质的判断与价值的判断之间的类比，密尔不是在利用一个模棱两可，他在这里的判断也不是涉及把是可欲求的等同为是被欲求的，或者假定了“可欲求的”意味着“被欲求的”。他是取而代之的完全依赖于一个概念以及它们的应用的经验主义者的说明——基于一个据之我们拥有概念、证据以及知识，我们之所以拥有只归功于我们拥有一个特定种类的经验——的见解。在不存在相关经验的时候，他认为(与其他经验主义者一道)，我们不仅将缺乏所需要的对于我们的判断的证据，而且我们也将缺乏起初作出判断的能力。可是在存在相关的经验的时候，我们就既拥有概念也拥有所需要的证据——“不仅是所有情况允许的证明，而且是所有可能需

① Sayre－McCord. “Mill's‘Proof’of the Principle of Utility: A More than Half－Hearted Defense.”：339－340.

要的证明”。[1]

在证明是诉诸感官能力论以及诉诸实际看见或实际欲求的立场方面，除了上述的研究者，还有一些人的看法也同样属于这个大致相同的类别。比如罗格·克里斯普的观点和例子是：

“事实的事情”——知识的第一原理——也不能够。然而，在事实的情况里，一个人能够诉诸判断它们的感觉官能：感官感觉和内在的意识。想象我们是在一个窗帘拉上了的房间里。我不能够演绎地对你证明外面正在下雨；但是我能够把你带到窗口，打开窗帘并向你表明雨正在下着。对于一个经验主义者，如果那不是证明，它也是等同于它的。在正常环境里，你将不再多问任何东西。

在第一段的结尾，密尔问道，在我们行为的第一前提的情况里我们是否能够诉诸感官感觉或某些其他感官感觉。在该章的第二段，他问了另一个问题。鉴于功利主义的见解是幸福是唯一一个作为目的可欲求的，且所以不能够被“直接地”证明，在功利主义是被相信的之前什么条件是必须被满足的？在该章的剩余部分里，密尔提供了对这些问题的回答。对之诉诸能够被做出的感官感觉是欲求。且必须被满足的条件是：幸福必须是被欲求的且没有任何其他事物必须是被欲求的。[2]

对于密尔的对象是可见的证明是人们实际看见了那个对象，克里斯普指出在一个户外正在下雨的日子里，在拉上窗帘的情况下，一个人需要向另一个人证明窗外正在下着雨，可行的证明方式是打开窗帘并通过实际看到窗外正在下着雨从而证明这一点。并且，如同克里斯普似乎是想要谨慎地加以规定的，在这样的情况下，一个经验主义者将对此不再问任何更多的事情从而相信它，并且使得一个人向另一个人表明窗外正在下着雨的确发生了的证明成立。可密尔说的是，一个对象是可见的，唯一的证明是人们实际看见了那个对象。在一个不打开窗帘的房屋里，一个人通过把另一个人带到窗口并打开窗帘，看到窗外正在下着雨，这的确是一个行之有效的证明的方法，但问题在于这是否是唯一的证明。对此也许读者将会说这里所要求的是过度的，无论如何，上述的举止的确可以证明窗外正在下着雨且可以令人信服。对此笔者完全同意。笔者所指出的只不过是，对于密尔，一个对象是可见的，人们实际看见它是一个唯一的证明，在这样的陈述里必定有什么事情在如此强的关于被证明性的论断之间发生了，也就是，必定有一些相当可靠的原因，它将解释为什么人们看见了一个对象证明了且唯一地证明了一个对象是可见

---

① Sayre－McCord. “Mill's‘Proof’of the Principle of Utility：A More than Half－Hearted Defense.”：339－341.

② Crisp. *Routledge Philosophy Guidebook to Mill on Utilitarianism*：71.

的。再次指出一个人看见了一个对象——比如一个之前没有打开窗帘而随后打开了窗帘从而看到了窗外正在下着雨，从而证明一个对象是可见的——比如那个人看见了窗外正在下着雨，这没有解释为什么一个看见的行为的发生就证明了且唯一证明了一个对象的可见性。

克里斯普在随后的地方接着继续谈到了这一点：

回想我通过打开窗帘并且诉诸你的视觉感官感觉向你证明外面正在下雨的尝试。现在想象我们正在争论从我的窗口拉德克利夫天文台是否是可见的。我将不能使用一个"直接的"或演绎的证明去说服你。我们将得去朝窗外望去，且当你看到天文台的时候，可以肯定它对说服你去接受它是可见的是充分的。

正如我能够在事实的情况里诉诸你的视觉的感官感觉一样，密尔是在提议，我能够在终极目的的情况里诉诸你的欲求的感觉官能。因为我们相信它们在某个方面有价值的或可欲求的，我们欲求我们的欲求的大部分对象。如果我问你，为什么对于你的假期你想要前往阿拉斯加，你不太可能回应，"我只是前往了"。你将提供前往的特定考虑，你采取去使得这样一个假期是可欲求的考虑，比如你将在那个地方的美丽与隔绝里经验到的愉快。如果我们考虑我们自己的欲求，我们将可以肯定地发现快乐至少是我们欲求的事物之一，且我们把它视为某种可欲求的事物。如同我在上面提议过的，密尔将同样良好地提供直白的主张，即幸福是可欲求的，且他的读者很少有人将不同意。但是他希望在该论证的最后阶段去使用介于欲求与可欲求性之间的关联。[①]

现在，就笔者的理解，可以看出的是克里斯普的问题似乎在于他过于纠缠于证明的性质方面，他过于着重于一个演绎的证明与一个非演绎的证明之间的规定，并且进而把对于这个关于证明的手段的问题，作为在解释密尔的证明的本质方面的最重要维度。如果事情的确如此，克里斯普的做法实际上无可厚非，对于密尔，他所要进行的——如同他自己说过的那样——的确不是一个直接的或演绎的证明，并且如同我已经在第二章里——尤其是在那一章第四节里——讨论过的那样，我们最好放弃使用诸如演绎的证明这样的说法，且转而采用一些密尔自己的逻辑学理论和推理理论的术语。然而密尔的证明之所以是一个困难，原因之一就是它的麻烦程度并不通过解决它的每一个方面疑惑就烟消云散。论证密尔的证明的非演绎色彩是一回事，论证密尔的证明的本质是另一回事。一个人可以通过各种各样的方式把密尔的证明理解为非演绎的，并且由于一个人对于非演绎的证明的看法可能有着相当大的差异，在此过程中间与密尔的实际的意思背道而驰。更不用说在当前的论述里，克里斯普仅仅是在表明密尔的证明是诉诸感官能力论的，事实上这并没

① Crisp. *Routledge Philosophy Guidebook to Mill on Utilitarianism*：75—76.

有真正解决问题。与此同时，克里斯普对于证明的有效性仅仅采用了一个模棱两可的“充分的”的词语，密尔自己对于功利主义原理以及可见对象的可见性证明的论断为什么如此确凿仍然没有得到彻底的解释。

在笔者看来刚才的这个引文还存在另外的问题。说“一个假期是可欲求的考虑”、“我们考虑我们自己的欲求”、“我们把它视为某种可欲求的事物”，这同样是在某种程度上——且在某种潜在的而不是直接的意义上——否认了密尔的证明是一个强的证明的主张。如果我们所能提出的仅仅是一些考虑，情况就将与第二章第八节里曾经介绍和讨论过的一样，一个人将不继续把密尔的证明视为是一个严格的——尽管不是在通常意义的证明的术语那里的——证明。但是如同笔者已经表明过的那样，他的证明不仅不同于一般被认为的严格的证明，而且即使他所实际作出的不是那样的一个通常意义的证明，他的证明仍然可以等同于另一类的证明，且它可以被推荐给智力作为接受或拒绝功利主义原理的考虑。这么说代表密尔的功利主义原理的证明可以作为一个考虑，但是它并不必然就导致密尔的证明就只不过是一个考虑。

## 第六节　欲求对可欲求性的证明

对密尔的证明的这个步骤的解释是否有可能更精确？

如同已经看到过的，在密尔的证明的开头，关于我们知识的第一前提作为事实的事情，可以是关于一个直接的诉诸关于事实——也即是我们的感官感觉与我们的内在意识——的判断的一些感觉官能。《功利主义》里的“事实的事情”也就是我们在这一节里看到的所有命题都必然通过主语和谓语之间的肯定或否定的陈述，断定(或否定)的事实的事情——一个继起存在，一个共同存在，一个简单存在，一种原因作用，以及一个类似。这方面的例子可以轻而易举地作出，比如以《功利主义》里马上提出想要加以证明的命题，它或它们从普通命题的角度可以是“一个对象是看得见的”、“一个声音是听得到的”。

在这样关于知识的命题里人们将诉诸一些感觉官能。在人们的通常看法那儿，基本的感觉官能是比如眼睛的视觉能力，耳朵的听觉能力，鼻子的嗅觉能力，口腔的味觉能力，四肢的触觉能力等。对于“一个对象是看得见的”，眼睛的视觉能力是可以被诉诸的。对于“一个声音是听得到的”，耳朵的听觉能力是可以被诉诸的。

如果一个对象是可见的，且如果它的确是在人类存在的意识判断这里得以提出，按照密尔的可命名事物范畴理论以及感官能力论，整个事情至少包括，首先，一个作为客体的对象是存在的，它必定是一个实体、一个存在物，但与此同时就感知者而言或感知者的心灵而言是未知的神秘的刺激了感觉事物；其次，根据密尔的事物的属性的论点，这个可见的对象拥有一种力量，它使得它的可见性的属性是能够被感知者的身体的感觉官能所接收到的。这个属性或性质是对于许多同样种类的事物的感觉的描述概括，在感知者这里被感知为一个关于该属性或性质的感觉。且就笔者理解，事物的属性的力量或能力与感知者的感觉器官的感官能力——感觉官能——或力量的相互关系以及它们的作用方式不太清楚，但我们可以继续对目前的情况的考虑。除了客体实体还有心灵实体，心灵对于感觉器官的感官感觉——比如眼睛或视网膜所得到的关于事物的属性的感官感觉——有内在意识，并且如同在身体那里发生的是对于客体实体的对象的刺激而来的感知——一个感知的感觉——那样，在心灵那里发生的是对于感觉官能的感觉的刺激和经验，在心灵之中刺激和经验的是情绪——一个基于感觉的感觉、基于感觉的观念。一个对象是可见的，这是心灵对于任何一个可见对象的可见性属性在感知者的眼睛那里刺激起的感觉的内在意识，心灵判断它为可见的。且除了对于这个可见性的可见的感觉是被感知者知道的之外，任何其他的事物——在客体实体那里发生的、在心灵实体那里发生的——都是对于感知者完全未知的。

既然在关于知识的命题那里情况如此，在关于实践目的的命题那里情况又如何？由于有关目的问题换言之是什么事物是可欲求的问题，所以实践目的的命题显然可以是一个密尔同样在《功利主义》里论证明的部分随后提出的"任何事物是可欲求的"这样的命题。对于密尔自己在他的功利主义原理证明论述的开篇就提出的问句，关于"实践目的的问题，一个诉诸能够作为同样的一些感觉官能吗？或者认识它们是由哪个其他感觉官能?"如同在第七章里已经讨论过的，结论是，尽管对于这个问题在它接下来的部分一个明显的正面回答是没有被作出，不过回答完全是肯定的。对于密尔，一个至关重要的基本的哲学立场(区别了被他在他自己的各种不同类型的著述之中不时提出的声称的自哲学出现起的两种基本的哲学流派)是，对于实体形而上学的看法不能是直觉主义的或先验主义的。在心理学方面这形成了先验心理学流派和非先验心理学流派，在道德哲学方面这形成了道德直觉主义流派与非道德直觉主义流派，如此等等。密尔的观点是，无论是哪一种哲学流派，感觉或感受的存在性都为双方所共同承认。但是在这样公认的事实之外，对于感觉或感受、道德义务等事物的起源两种流派开始出现了分歧，一方认为它是一些命令性的、直觉性的、本能性的事情，另一方认为它的起源可以通过一些更为简单的事情——比如在感官能力论方面诉诸一些通常的感官感觉——得到进一步的追溯和解释。

因此与非道德直觉主义者不同，密尔并不认为关于道德的、行为的事情，或他在《功利主义》证明部分所称谓的关于实践目的的事情，是不能被人类存在的感觉官能所认识和判断的。相反，认识和判断它们仅仅需要凭借与认识其他的各种感官感觉一样的一些感官能力，比如包括作为理性的感觉官能的智力在内的一些感官能力。如果一个事物是可欲求的，它必定如同一个拥有诸如可见性或可听性的属性的对象那样，也同样拥有一些可以被称作可欲求性的属性。且进一步地，如同可见性或可听性的属性在人类的感觉官能的认识和判断的范围之内一样，可欲求性也在人类的感觉官能的认识和判断的范围之内。可见性和可听性产生的是可见的感觉与可听的感觉，与此相似，可欲求性对于感知者产生的是可欲求的感觉。同样容易理解的是，再次与通常关于知识的感官感觉的情况一样，关于可欲求的对象与可欲求的感觉，感知者所能知道的唯一的和全部的事情仅仅是在心灵之中内在意识到的对于感官感觉的感觉或感受。在知识的命题那里，主语和谓语分别指称一个可通过通常的感觉官能感知的对象以及这样一个对象的感官感觉，且它的命题的含义是，在一个在感知者这里产生了感官感觉的对象被说出来的时候，这个对象的刺激了感官感觉的属性总是能在该对象刺激起来的感官觉那里被发现，它们的关系是且只能是一个共同存在，一个简单存在，一种原因作用，以及一个类似之中的某一个。与此相似，在实践目的的命题那里命题含义完全与前者相同。“一个对象是看得见的”、“一个声音是听得见的”和“任何事物是可欲求的”因此是完全可以平行的一些命题，由于在诉诸感官能力方面的完全一致性，它们不仅在命题含义方面完全平行，而且它们在得以证明的方法方面也完全平行。

当密尔在《功利主义》里声称，能给予“一个对象是看得见的”的唯一证明是人们实际地看到它。“一个声音是听得见的”的唯一证明是人们听到它：我们经验的其他来源也如此。以同样的方式，就笔者理解，可能去产生“任何事物是可欲求的”的唯一证据是人们的确实际地欲求它。这样几句话拥有了更好的理解的立场。按照前面的论述，显而易见的是，如果在感知者这里，对于客体实体的属性的感官感觉——它构成了在关于知识的和关于实践目的的命题的主语与谓语之间的肯定或否定关系的真的关键纽带——一个感知者所能知道的且唯一知道的全部事情就是这个或这些内在意识到的感官感觉自身，而且，这些被内在意识到的感官感觉只可能由一个外在的神秘和不可知的客体实体刺激。且在感知过程中，除了身体那里刺激的感官感觉的感知之外，别无他物。比如，不存在什么诸如知觉这样的事物，而只有基于这个或这些感官感觉的在心灵之中的感受或内在意识，那么，位于感知者的感觉官能的能力范围之内的感官感觉的内在意识在判断一个命题的真的方面也就的确是事实上的唯一纽带。

对于一个诸如“一个对象是看得见的”的命题，必要且唯一的证明只不过是对于一个可见性的感觉的发生的确认，而这样的确认的表述可以简单地通过一个可见的客体实体刺激的可见性属性在感知者的感官能力的作用之下在其感觉器官和心灵那里刺激了感官感觉和内在意识的确认来得以完成，或者换而言之，“一个对象是看得见的”的证明可以简单地通过一个感知者看见了该对象来得以完成。与此相似，“一个声音是听得到的”的命题，必要且唯一的证明只不过是对于一个可听性的感觉的发生的确认，这样确认的表述可以简单地通过一个可听的客体实体刺激的可见性属性在感知者的感官能力的作用之下在其感觉器官和心灵那里刺激了感官感觉和内在意识的确认来得以完成，或者说，“一个声音是听得到的”的证明可以简单地通过一个感知者听到了该声音来得以完成。

同样道理，“一个事物是可欲求的”的命题的含义是——如同本章第四节介绍过的——词语“可欲求的”涵谓了一个属性，通过词语“事物”指定的各个个别对象那里任何一个对象那里各式各样的物理现象与心理现象一旦是在人类存在的感知这里被发现的，另一个被称作“可欲求的”的物理现象与精神现象将不会不发生，任何一个拥有包括“可欲求的”的一些属性的事物拥有“可欲求的”的属性，“可欲求的”的属性持续伴随着关于“事物”的一些属性。“一个事物是可欲求的”的命题必要且唯一的证明只不过是对于一个可欲求性的感觉的发生的确认，这样的确认的表述可以简单地通过一个可欲求的客体实体刺激的可欲求性属性在感知者的感官能力的作用之下在其感觉器官和心灵那里刺激了感官感觉和内在意识的确认来得以完成，或者说，“一个事物是可欲求的”的证明可以简单地通过一个感知者欲求该事物来得以完成。

从根本上看，对基础的可欲求性证明的这样一个结论是简单的，它只不过表明了并不特别它在字面上表明的意思，即通过欲求的发生，“可欲求的”与“被欲求的”之间存在着证明与被证明的关系，但并不是所有的对于“可欲求的”与“被欲求的”的解释都将导向这样一个考虑的路线上来，这一点相信已在上一节里提出的各种各样对于密尔证明的这个部分的解释很好地被看到了。就算是这样一个人还是有理由质疑，为什么一个对象是可见的，它的唯一证明是它是被人们看见的——比如它是被人们在视觉方面看见且在视觉方面形成感官感觉的，且一个对象是可欲求的，它的唯一的证明是它是被人们欲求的——比如它是被人们在可欲求性的感觉官能方面欲求且在该感觉官能方面形成感官感觉的？

普里西拉拥有一个关于哈姆雷特的印象，如果她被玛格丽特问道，你是怎么知道哈姆雷特的，普里西拉的回答可能是，因为我曾经读过威廉·莎士比亚的《亨利四世》。可是普里西拉既没有看见过莎士比亚，也没有看见过哈姆雷特。普里西拉看见过的至多是一个画布上的、舞台上或屏幕上的莎士比亚和哈姆雷特。从这个意义上说，莎士比亚是可见的，哈姆雷特也是可见的。这是我们曾经看到过一个人物的形象的意义的说法。但一个人物的形象可能是那个人物本人也可能不是。从人物本人是否是可见的，当这一点是被论及的时候，情况会是莎士比亚当然是可见的，因为他是一个可以——根据证言性质的文献记载——被有把握地说成是存在过的历史人物，然而哈姆雷特不是，哈姆雷特只不过是一个文学作品之中的人物，如果它不存在与之完全同名且作品中所有描述都与之相符的原型人物的话，没有任何人可以有把握地说曾经看见过他。从这个意义上说，莎士比亚是可见的，尽管现在我们没有任何人有机会直接看见他，但哈姆雷特肯定是不可见的。

而且，我们不仅拥有关于画布上的、舞台上或屏幕上的莎士比亚和哈姆雷特的印象，我们还可以像是实际发生过的那样想到他们，这个我们未曾看见过的但是拥有印象和观念的感觉的观念被密尔描述为：

我能够形成一个关于我自己看见过和听到过福斯塔夫的逼真的观念。我能够不费劲地想象我自己在萨洛普的田野里，听到他特有的对哈利·热刺的身体的独白；或者，酒馆里，与他的同伴们一起，听到他与生硬之人相遇的故事。当我回想起场景的时候，我几乎无法把它与关于我自己在场的观念分离，我能够做到，就好像在大多数情况里，在其中，我是一个真正的见证者所做的那样。在构想里关于我自己的观念的自发出现，总是那些我自己作为一个知觉者的。[①]

与此有关的问题将完全依赖于密尔的心理学，且密尔的心理学是笔者在目前整个讨论里所极力避免的。如果条件允许，笔者希望在其他地方完成这个部分的论述。对于密尔的证明他的心理学当然必不可少，但如果笔者到目前为止的整个讨论是成立的，那么密尔对于可欲求性的证明就将拥有比它一般认为拥有的更多的合理性与重要性。

对于我们目前的论证，所需要做的事情是相当简单的，因为我们不需要直接处理或被明确要求去处理诸如记忆和想法、感觉和概念等问题之间相当复杂的心理学的看待方式和解决方式。普里西拉拥有一个关于哈姆雷特的印象，她认为她看见过哈姆雷特，她也相信自己的确如此。在这样的情况下，玛格丽特告诉普里西拉，她之所以拥有那个哈姆雷特的印象，意味看见过那个人物，其实是通过玛格丽特以前曾经有一次或经常向她提起这个戏剧人物。普里西拉的哈姆雷特可能是生动的，被认为看见过的，比如通过看见某一个版本的莎士比亚全集或者看过某一个版本的哈姆雷特的录像资料做到了这一点，而且普里西拉可以准确地回想起自己对于那个戏剧人物的观念，以至于在特定感知的状态下，只要一闭上眼睛，眼前的哈姆雷特的形象就栩栩如生。如果没有看见过哈姆雷特，这一切显得不太可能可以做到。但是普里西拉的记忆的错误是有可能的，她也许的确只不过听到过玛格丽特对于哈姆

① Mill, J. S. Note for James Mill's *Analysis of the Phenomena of the Human Mind*. Vol. I：422—423.

雷特的描述，并且，把一些别的相似的人物的样貌和声音给予了她想象之中的哈姆雷特。也就是普里西拉的确从没看见过哈姆雷特，没有看见过任何——除了玛格丽特的言谈所传达的那些发音为哈姆雷特的声音——关于哈姆雷特的事情。在当前设想的情况里，普里西拉听到了哈姆雷特的发音，但如果她没有看见任何与哈姆雷特相关的东西，她就不能说是看见了哈姆雷特，除非在梦里的形象或根据发音想象的形象也能算作一种看见。

一个对象是看见的，唯一证明是人们的确看见了那个对象。《功利主义》里的这个命题的情况似乎是更简单一些的。它所需要证明的全部事情仅仅是根据它是可见的，所以一个对象的可见性的属性是得到保证的。在证明这一个命题的过程之中，所被证明的和进行证明的一切的事情仅仅是一个属性在命题的主语部分和谓语部分之间的关系。这个证明因此不涉及除此之外更多的东西。一个对象是可欲求的，证明了它或对于它的证明的证据是人们欲求它，在这个关于事物是可欲求的证明里，与事物是可见的证明一模一样，所有得到证明的和需要全力证明的事情从逻辑学的角度来说仅仅是可欲求性的属性在命题主语部分与谓语部分的同时存在。

幸福是可欲求的，这表明了一个可获取的可欲求对象的声明是一个肯定性质的事情，且在此基础之上，幸福是可欲求的，唯一的证明或唯一的证据是人们欲求幸福，或按照密尔自己的说法，它如果不是一个理论上和实践上公认的目的，就没有更好的理由能够给出，这表明了幸福作为一个可获取的可欲求对象的声明是通过任何一个人欲求幸福而得到证明。如果任何一个人欲求幸福，一个欲求的事实的发生就将使得幸福处于那个人理性的感觉官能或其他各种知觉的感觉官能的认识能力的范围之内，那个人将通过智力或其他感觉官能获得幸福的可欲求性的属性，比如快乐的感官感觉或痛苦的感官感觉。快乐、痛苦或幸福的感官感觉一旦的确实际发生了，幸福就是可欲求的，幸福是唯一一个作为目的可欲求的对象的功利主义原理随即就获得了它的基础的可欲求性证明。

# 参考文献

Aristotle. *Ethica Nicomachea*.

Atkinson, R. F. "J. S. Mill's 'Proof' Of the Principle of Utility. "*Philosophy* 32, no. 121 (1957).

Bailey, Samuel. A Review ofBerkeley's Theory of Vision, Designed to Show the Unsoundness of That Celebrated Speculation. London, J. Ridgway, 1842.

Baker, John M. "Utilitarianism And Secondary Principles. "*The Philosophical Quarterly* 21, no. 82 (1971).

Baumrin, Bernard H. "Is There a Naturalistic Fallacy?"*American Philosophical Quarterly* 5, no. 2 (1968).

Bentham, Jeremy. *An Introduction to the Principles of Morals and Legislation*. London New York and Toronto: Clarendon Press, reprint of 1780's first edition(and first published in 1789), 1907.

Étienne Dumont, and Charles Milner Atkinson. *Bentham's Theory of Legislation; Being Principes De Législation and Traités De Législation, Civile Et Pénale*. London, New York etc.: H. Milford, Oxford university press, 1914.

Berger, Fred R. *Happiness, Justice, and Freedom : The Moral and Political Philosophy of John Stuart Mill*. Berkeley: University of California Press, 1984.

Bond, E. J. "On Desiring the Desirable. " *Philosophy* 56, no. 218 (1981).

Carmichael, Peter A. "Mill And "Desirable. *Philosophy and Phenomenological Research* 34, no. 3 (1974).

Cooper, Neil. "Mill's 'Proof' of the Principle of Utility. "*Mind* 78, no. 310 (1969).

Crisp, Roger. *Routledge Philosophy Guidebook to Mill on Utilitarianism*, Routledge Philosophy Guidebooks. London ; New York: Routledge, 1997.

Douglas, Charles. *John Stuart Mill: A Study of His Philosophy*. Reprint of the 1895 ed. published by William Blackwood and Sons, Edinburgh and London 1973. Reprint, Folcroft Library Editions.

Gracia, Jorge J. E. "The Meaning of 'Desirable'." *Philosophy and Phenomenological Research* 35, no. 3 (1975).

Griffin, Nicholas. "A Note on Mr. Cooper's Reconstruction of Mill's Proof." *Mind* 81, no. 321 (1972).

Hall, Everett W. "The 'Proof' Of Utility in Bentham and Mill." *Ethics* 60, no. 1 (1949).

Jones, Hardy. "Mill's Argument for the Principle of Utility." *Philosophy and Phenomenological Research* 38, no. 3 (1978).

Kretzmann, Norman. "Desire as Proof of Desirability." *The Philosophical Quarterly* 8, no. 32 (1958).

Lang, Berel, and Gary Stahl. "Mill's 'Howlers' and the Logic of Naturalism." *Philosophy and Phenomenological Research* 29, no. 4 (1969).

Mawson, Tim. "Mill's Proof." *Philosophy* 77, no. 301 (2002).

Mill, John Stuart. A System of Logic Ratiocinative and Inductive. Edited by John M. Robson. Vol. Ⅶ, Ⅷ, *The Collected Works of John Stuart Mill* (in 33 Vols). Toronto and Buffalo: (1963—1991) University of Toronto, Routledge & Kegan Paul, 1973.

An Examination of Sir William Hamilton's Philosophy. Edited by John M. Robson. Vol. IX, *CW*, 1979.

Autobiography. Edited by John M. Robson. Vol. Ⅰ: Autobiography and Literary Essays, *CW*, 1980.

Bailey on Berkeley's Theory of Vision. Vol. Ⅺ: Essays on Philosophy and the Classics, *CW*, 1978.

Bain's Psychology. Vol. Ⅺ: Essays on Philosophy and the Classics, *CW*, 1969.

Nature. in Three Essays on Religion. Vol. Ⅹ: Essays on Ethics, Religion, and Society, *CW*, 1969.

Note for James Mill's *Analysis of the Phenomena of the Human Mind*. With notes illustrative and critical by Alexander Bain, Andrew Findlater and Geogge Grote. Edited with additional notes by John Stuart Mill. Second ed. 2 vols. Vol. Ⅰ. London: Longmans, Green, Reader, and Dyer, 1878.

Note for James Mill's *Analysis of the Phenomena of the Human Mind*. Vol. Ⅱ.

Remarks on Bentham's Philosophy. Vol. Ⅹ: Essays on Ethics, Religion, and Society, *CW*, 1969.

Sedgwick's Discourse. Vol. Ⅹ: Essays on Ethics, Religion, and Society, *CW*, 1969.

Utilitarianism. Vol. Ⅹ: Essays on Ethics, Religion, and Society, *CW*, 1969.

Whewell on Moral Philosophy. Vol. Ⅹ: Essays on Ethics, Religion, and Society, *CW*, 1969.

Millgram, Elijah. "Mill's Proof of the Principle of Utility." *Ethics* 110, no. 2 (2000).

Moore, G. E. *Principia Ethica*. Cambridge,: At the University press, 1903.

Narveson, Jan. *Morality and Utility*. Baltimore, Maryland: The Johns Hopkins Press, 1967.

Popkin, Richard H. "A Note on The 'Proof' Of Utility in J. S. Mill." *Ethics* 61, no. 1 (1950).

Ryan, Alan. "Mill and the Naturalistic Fallacy." *Mind* 75, no. 299 (1966).

*The Philosophy of John Stuart Mill*. 2nd ed. Houndmills, Basingstoke, Hampshire: Macmillan Press, 1987.

Sayre—McCord, Geoffrey. "Mill's'Proof'of the Principle of Utility: A More than Half — Hearted Defense." *Social Philosophy and Policy* 18, (2001).

Sidgwick, Henry. *Outlines of the History of Ethics for English Readers*. 4th ed, Macmillan's Manuals for Students. London, New York,: Macmillan and co., ltd. The Macmillan co., 1896.

*The Methods of Ethics*. London,: Macmillan and co., 1874. 3d ed. London,: Macmillan and Co., 1884.

Wall, Grenville. "Mill on Happiness as an End." *Philosophy* 57, no. 222 (1982).

Wellman, Carl. "A Reinterpretation of Mill's Proof." *Ethics* 69, no. 4 (1959).

West, Henry R. *An Introduction to Mill's Utilitarian Ethics*. Cambridge, U. K.; New York: Cambridge University Press, 2004.

" Reconstructing Mill's'Proof'of the Principle of Utility." Mind LXXXI (1972).

Wilson, Fred. "Mill's'Proof'of Utility and the Composition of Causes."

*Journal of Business Ethics* 2, no. 2 (1983).

"Mill's Proof That Happiness Is the Criterion of Morality." *Journal of Business Ethics* 1, no. 1 (1982).

Zimmer, Louis B. "The 'Negative Argument' in J. S. Mill's Utilitarianism." *The Journal of British Studies* 17, no. 1 (1977).